Verkleinerung

Minima

Literatur- und Wissensgeschichte kleiner Formen

Herausgegeben von
Anke te Heesen, Maren Jäger, Ethel Matala de Mazza
und Joseph Vogl

Band 1

Verkleinerung

Epistemologie und Literaturgeschichte
kleiner Formen

Herausgegeben von
Maren Jäger, Ethel Matala de Mazza und Joseph Vogl

DE GRUYTER

ISBN 978-3-11-112645-6
e-ISBN (PDF) 978-3-11-061239-4
e-ISBN (EPUB) 978-3-11-061254-7
ISSN 2701-4584

Library of Congress Control Number: 2020943948

Bibliografische Information der Deutschen Nationalbibliothek
Die Deutsche Nationalbibliothek verzeichnet diese Publikation in der Deutschen Nationalbibliografie; detaillierte bibliografische Angaben sind im Internet über http://dnb.dnb.de abrufbar.

© 2022 Walter de Gruyter GmbH, Berlin/Boston
Dieser Band ist text- und seitenidentisch mit der 2021 erschienenen gebundenen Ausgabe.
Coverabbildung: artisteer/iStock/Getty Images Plus
Satz: Integra Software Services Pvt. Ltd.
Druck und Bindung: CPI books GmbH, Leck

www.degruyter.com

Inhaltsverzeichnis

Maren Jäger, Ethel Matala de Mazza, Joseph Vogl
Einleitung —— 1

I Reduktion

Juliane Vogel
Ephemeriden der Schere: Scherenschnitt und Zeitungsausschnitt im 19. Jahrhundert —— 15

Günter Oesterle
Geschichte und Verfahren der kleinen Gattung Annonce und ihre konstitutive Bedeutung in Heinrich von Kleists Novelle *Marquise von O….* —— 39

Jasper Schagerl
Schnell-Werden: Verkleinerungseffekte in Harsdörffers *Mordgeschichte* —— 59

Stephan Strunz
Bürokratische Verkleinerungen: Bewerbungskultur und Berichtspraxis in der preußischen Personalverwaltung um 1800 —— 75

II Selektion

Maren Jäger
Verkleinerungsregi(m)e antiken Herrschaftswissens: Selektion, Reduktion und *brevitas* **in Lipsius'** *Politica* —— 89

Florian Fuchs
Topisches Sprechen nach der Topik: Lockes *Commonplacing* **als Urszene kleiner Formen** —— 109

Helmut Pfeiffer
Memorabile: Gedächtnis und Kommunikation kognitiver Differenz —— 123

Marie Czarnikow
Umpragmatisierung durch Verkleinerung: Die Genese des *Kriegstagebuchs zu dem Weltkriege 1914* —— 141

III Verdichtung

Philip Kraut
Gestaltungen der Fabel. Nacherzählungen und Inhaltsangaben der Brüder Grimm zwischen philologischer Praxis und literarischer Kleinform —— 159

Sabine Mainberger
‚Listen', Alineas, Artaud —— 173

Liam Cole Young
Lists and other fragments from a general history of compression —— 189

Christoph Hoffmann
(Oreskes 2004): Über die Herstellung von Literaturtatsachen —— 205

IV Transposition

Volker Hess
Aphoristische Kürze: Eine Wissenstechnik der Medizin des frühen 18. Jahrhunderts —— 221

Rebeca Araya Acosta
‚Desunt non-nulla': Verfahren der Verdichtung und Transposition in Jonathan Swifts *A Tale of a Tub* **(1704)** —— 239

Hendrik Blumentrath
„Migniaturstück der großen Dichtkunst". Herders Fabeltheorie —— 257

Nils C. Ritter
Geschichte als Verkleinerung: Fontane, Virchow, Schliemann und die Allianzen von Anekdote und Archäologie —— 271

Personenregister —— 285

Beiträgerinnen und Beiträger —— 289

Maren Jäger, Ethel Matala de Mazza, Joseph Vogl
Einleitung

Kleine Formen sind häufig klein gemachte Formen. Jeder Autor, jeder Lektor[1] kennt den schmalen Grat zwischen Komprimierung, Kompromiss und Kompromittierung, auf dem man balanciert, wenn eigene oder fremde Texte zurechtgestutzt werden müssen. Zwänge zur Verknappung sind oft von außen auferlegt: durch Vorgaben von Maximallängen, die sich aus Geboten des Platzsparens ergeben. Das gilt etwa für die Zweckprosa von wissenschaftlichen oder verlegerischen (Para-) Textsorten wie Abstracts und Exposés, Klappen- und Vorschautexten, durch die Adressaten sich schnell und kompakt informieren sollen. Hinter solchen Kurzformen stehen nicht selten langwierige und mühsame Prozesse des Kürzens. Periphere Gebrauchstexte unterscheiden sich darin nicht prinzipiell von Werken, in denen der Eigenwille von Autoren sich stärker zur Geltung bringt (Neumann 1999). Vermutlich sind alle Schreibszenen immer auch Streich- und Schneideszenen. Jede Literatur beginnt mit der „rature" als dem Unbewussten des Textes (Bellemin-Noël 1972, 5).

Der produzierte Abfall ist bei kleinen Formen allerdings beträchtlich. Alfred Polgar verweist auf sein „mit mancher Qual verknüpftes schriftstellerisches Bemühen aus hundert Zeilen zehn zu machen" (1926, 10), und Georg Christoph Lichtenberg beschreibt Selbstdisziplinierung als Grundbedingung sprachlicher Effizienz mit einer chemischen Metapher:

> Gleich auf den ersten Wurf so zu schreiben wie z.E. Tacitus liegt nicht in der menschlichen Natur. Um einen Gedanken recht rein darzustellen, dazu gehört sehr vieles Abwaschen und Absüßen, so wie einen Körper rein darzustellen. (1994 [1789], 695–696 [J 283])

Während Polgar seine Feuilletonminiaturen in den 1920er Jahren für eine Leserschaft verfasste, die regelmäßig Zeitung las und alles Neue, auch kleinste Beobachtungen aus dem Großstadtalltag, begierig aufnahm, notierte Lichtenberg das Gros seiner Gedanken im ausgehenden 18. Jahrhundert zunächst für den Privatgebrauch und hielt sie in den Kladden seiner Sudelbücher fest. Ursprünglich dienten diese Schreibhefte dazu, über eigene Lektüren Buch zu führen, und zwar in Form von Exzerpten. Als Verfahren der Organisation von Merkwelten war ein solches Exzerpieren schon in der Antike gebräuchlich und fester Bestandteil der

---

[1] Innerhalb dieser Einleitung schließt die Verwendung maskulin konnotierter Personenbezeichnungen alle anderen Geschlechter mit ein; in den folgenden Beiträgen haben wir die Entscheidung den Autoren überlassen.

Rhetorik. Deren Techniken, Bemerkenswertes und Denkwürdiges als Zitatwissen in Katalogen topischer Gemeinplätze zu verwalten, blieben bis weit in die Neuzeit hinein für die Gelehrtenbildung grundlegend. Angesichts des gesteigerten Ideenumlaufs, den die Druckerpressen in Gang brachten, waren sie sogar gefragter denn je. Denn der Überforderung durch Neuerscheinungen und neu entdeckte alte Quellen ließ sich nur mit einem „information management" begegnen (Blair 2010), das rationell und selektiv verfuhr. In eigens dafür angeschafften Heften wurden partikulare Sätze oder Passagen separat notiert. So erklärt sich die Vielzahl an Kollektaneen, Thesauri, *Commonplace Books* und Florilegiensammlungen, die seit dem 16. Jahrhundert entstanden und Lesefrüchte ideell wie materiell mobil machten (Moss 1996; Décultot 2014). Auch auf dem Buchmarkt war die Nachfrage nach solchen „Schatzkammern" (van Ingen 1994) – Lichtenberg nannte seine privaten Hefte lakonisch „Exzerpten-Buch Sparbüchse" (1994 [1789], 722 [J 471]) – immens. Es gab, wie Ann Blair in ihrer einschlägigen Studie schreibt, „too much to know" (Blair 2010).

Dass kleine Formen des Schreibens und Räsonierens durch solche Dynamiken Auftrieb erhielten, da sie einen sparsamen Umgang mit knapp werdenden Zeit- und Aufmerksamkeitsressourcen ermöglichen, ist evident. Dennoch bleibt mit Blick auf ihre Diversität, auf ihre auch historisch wechselnden Konjunkturen zu klären, welche ökonomischen Vorteile im Einzelnen sie ihren Nutzern bieten und an welchem Maß sich ihre Kleinheit messen lassen muss, wie sie überhaupt zustande kommt. Wie wird das Kleine *klein*? Und wie wird es *Form*? Für die Beiträge des vorliegenden Bandes sind die Fragen Anlass für eine weitläufigere Sondierung der Gebrauchskontexte, in denen Kleinformen sich dadurch nützlich machen, dass sie situativen Erfordernissen angepasst und für sie disponiert werden. Ihr Kleinsein wird in dieser Perspektive nicht als Gegebenheit betrachtet, sondern als Resultat von Operationen der Verkleinerung, d. h. der Ein- und Aussparung zugunsten ästhetischer und erkenntnispraktischer Gewinnziele. Dass die Formen, die aus diesen Verkleinerungsprozeduren hervorgehen, sich auf heterogene Texttypen verteilen und weder in derselben Weise *klein* sind noch einander *als* Formen ähneln, hat – so unsere These – einerseits mit abweichenden Bewertungen von Überflüssigem, Störendem und nutzlos Gewordenem zu tun, andererseits mit Zeit- und Platzfaktoren, die in die Kalkulationen einfließen und die unterschiedlichen Verfahrensrationalitäten prägen, aus denen sich das „Wie" der Ausführung ableitet.

Jede Verkleinerungsoperation hat eine eigene Verlaufsdynamik und besitzt als Unterfangen des Zerschlagens, Abtragens oder Stauchens einen Vergangenheitsbezug, der meist latent bleibt, aber in Spuren „produktiver Negativität" (Gisi et al. 2011, 12; Wirth 2011, 23) am Resultat auch manifest werden kann, durch Schnittkanten etwa bei Ausschnitten. Da solche Eingriffe zugleich auf eine Vorratshaltung, eine Speicherung der Resultate für spätere Zeiten berechnet sind – Lichtenbergs Sparbüchse –, tragen sie auch einen Zukunftsindex. Außerdem folgen sie einem immanenten Rhythmus, gehorchen oft einer Dramaturgie, in die das Erfahrungswissen aus Ratgebern und Manualen einfließt. Allmähliche Verringerungen des Umfangs stehen neben stufenweise sich vollziehenden Abbauprozeduren, Alltagsroutinen und raschen, in Windeseile durchgeführten Schnitten. Einige der Zäsuren sind reversibel und durch Nacharbeiten korrigierbar, andere unwiderruflich gesetzt. Auch die Resultate solcher Aktivitäten haben ihre Eigenzeit. Vielem Fabrizierten sieht man die Flüchtigkeit, das Skizzenhafte an. Anderes überlebt sich aus historischen Gründen. Einiges soll zeitlos gültig sein.

Ähnlich mannigfaltig stellen sich die räumlichen Einsparungen dar. Was kleiner wird, verliert an Umfang, Ausdehnung, Trägheit, Schwere – und im Zuge solcher Einbußen nicht selten an symbolischem Gewicht. Dafür können, wie in Abstracts, Übersicht, Prägnanz, Kontur und Dichte zunehmen. Allzu stark Verkürztes gewinnt etwas Obskures. Welche Formen als klein betrachtet werden, ist bei all dem nicht nur eine Frage der äußeren Gestalt oder der inneren Struktur der Objekte. Jenseits solcher Eigenschaften sind für ihre Qualifizierung die medialen Umgebungen erheblich, in denen sie ihren Platz finden. Begegnet man ihnen auf Stein oder Metall, fällt die Geringschätzung schwerer als im Fall von fragilen Trägermaterialien, die zerfallen oder weggeworfen werden können. Die Freistellung auf weitem, leerem Grund wiederum lässt Kleines winzig erscheinen und verhilft ihm doch zu einem Großauftritt, wohingegen es sich im Gedränge einer eng bedruckten Seite schnell verliert.

Das erklärt, warum das Formmerkmal der Kleinheit nur als relative Größe behandelt werden kann. Mit ihr ist weniger eine substantielle Eigenschaft bezeichnet als eine temporäre Disposition, die potenzielle Veränderungen – Ergänzungen, Rekombinationen, Ausfaltungen – nicht ausschließt, sondern dazu anregt. Dem muss ein dynamisches Formverständnis sich anpassen, das vorausgegangene Transformationen ebenso in Rechnung stellt wie Steuerungen durch heteronome Formvorgaben. Dabei ist sowohl an kulturelle Konventionen in Gestalt von weitergegebenen Empfehlungen, Erfahrungsregeln oder Vorschriften wie an technische Normen zu denken, die sich als Formate materialisieren, in Gestalt von Buch-, Papier- und Karteikartengrößen auftreten und Proporzverhältnisse nahelegen, die weitergehende Formalisierungen – das Fabrizieren von Formularen beispielsweise – begünstigen.

Wenige dieser Formate sind so rigide, dass sie mit der Formatierung des Mediums auch die Form standardisieren, die Gegenstände in ihnen annehmen (Sterne 2012; Müller 2015; Niehaus 2018; Spoerhase 2018). Das Gros empfiehlt sich durch erprobte Leistungen oder versprochene Optimierungen, ohne sich Missachtungen zu widersetzen. Trotzdem kann ein fehlendes Gespür für angemessene Proportionen sich rächen. Darauf hat Nietzsche in seinem „Buch für freie Geister" aufmerksam gemacht, als er über das Verkleinern nachdachte und insbesondere dessen Grenzen hervorhob. „Manche Dinge, Ereignisse oder Personen, vertragen es nicht, im kleinen Maassstabe behandelt zu werden", bemerkt er dort.

> Man kann die Laokoon-Gruppe nicht zu einer Nippesfigur verkleinern; sie hat Grösse nothwendig. Aber viel seltener ist es, dass etwas von Natur Kleines die Vergrösserung verträgt; wesshalb es Biographen immer noch eher gelingen wird, einen grossen Mann klein darzustellen, als einen kleinen gross. (1988 [1878], 161)

Als Verkleinerungsoperatoren sind Kleinformen damit aber nicht *per se* desavouiert, wie der Aphorismus selbst zeigt, in dem Nietzsche die Maßstäbe des Großen und Kleinen zurechtrückt. Wer, wie er, gern „mit dem Hammer philosophirt" (1988 [1889]), braucht Genres, die dem Denken nicht durch strenge Formen Zwang antun und Schliff erst durch den Scharfsinn eines Freigeists erhalten, der seine Unangepasstheit – und nicht zuletzt die eigene Geistesgröße – mit solchen kleinen Gedankensplittern performativ unter Beweis stellt. Unter den kleinen Formen ist der Aphorismus deshalb ein Paradefall der non-konformen Genres, weil er die Regellosigkeit zur Regel macht und es individuellen Nutzern freistellt, ob sie sich zum Zweck der Zuspitzung und Pointierung selbst formale Beschränkungen auferlegen, ob sie eine lässige Informalität kultivieren oder ob sie den Konflikt suchen, es auf Formenkollisionen ankommen lassen und anderswo Erborgtes zweckentfremden, um ihm dadurch neue Qualitäten und Leistungsfähigkeiten – „Affordanzen" (Levine 2015, 6; Cave 2016, 46) – abzugewinnen. In der Literaturgeschichte genießen nicht umsonst besonders jene Kleinformen das größte Renommee, die ihre Herkunft aus prosaischen Zweckformen – der Notiz, dem Exzerpt, dem Brief, der telegraphischen Nachricht, dem Tweet – nicht verleugnen, aber durch die spielend unter Beweis gestellte Eignung fürs philosophische Räsonnement und für die Experimente der Avantgarde das Kunststück fertigbringen, über sich hinauszuwachsen.

Neben ihnen stehen andere von zweifelhaftem Ruf: Genres, die durch ihren formal markierten Anspruch den beständigen Vorwurf auf sich ziehen, durch den Schein des Wichtigseins ihr Nichtigsein zu überspielen. Keiner Kleinform haftet dieser Makel stärker an als dem Feuilleton, das im 19. Jahrhundert populär wurde. Bis heute gilt es als kleine Form par excellence. Gegenüber philosophisch nobilitierten Formen wie dem Aphorismus oder dem Essay ist das Feuilleton schon durch seine Herkunft deklassiert. Es entstammt dem ephemeren Medium der Tageszeitung und ist durch den marginalen Ort, an dem es dort seit seinen Anfängen erschien – der Sparte ‚unter dem Strich' –, im Blatt selbst als inferior markiert. Die Einrichtung der Sparte geht auf Zeitungen im revolutionären Frankreich zurück, die Ende des 18. Jahrhunderts ein neues Seitenformat einführten. Vorher sahen Tageblätter weder in Papiergröße noch Layout anders aus als Bücher. Mit der Verlängerung der Zeitungsseite um ein Drittel – die zunächst nur die Stadtausgaben der Pariser Zeitungen betraf – änderte sich das. Der Formatwechsel ermöglichte neben der medialen Trennung von Buch und Zeitung auch eine funktionale Differenzierung der Rubriken innerhalb des Blatts (Kernmayer 2018). Diese sicherte der Querbalken ab, indem er den politischen Hauptsachen die Nebensachen im Feuilleton unterordnete und letzteren von vornherein nur halb so viel Platz zuteilte.

Auf die Minderung der Relevanz, die bereits mit solchen Dispositionen vorweggenommen war, antwortete die Feuilletonprosa mit einer mikrologischen Vervielfältigung von Kleinigkeiten: Alltagsbeobachtungen, kurzen Szenen aus dem Großstadtleben, Modephänomenen, in denen die Gegenwart im Tempo ihres Wandels reflexiv wurde. Ein besonderer ästhetischer Reiz ging von dem witzig-leichten Stil aus, mit dem sie selbst aus Bagatellen ein Lesevergnügen machte. Kritiker vermissten daran das Gewicht und tolerierten solche Skizzen bestenfalls in der Presse, aber nicht im Buch. Vor allem auf sie war 1926 Polgars Apologie der kleinen Form gemünzt, in der er ihnen vorrechnete, wie viel Aufwand es ihn kostete, aus hundert Zeilen zehn zu machen, und darauf spekulierte, dass die Buchleser ihm die Mühe besser danken würden, weil denen mittlerweile sowohl die Zeit für lange Romane als auch für eine regelmäßige Feuilletonlektüre fehlte – daher die Neuausgabe ausgewählter Stücke, die dort jetzt jederzeit nachlesbar waren.

Nie umstritten war der Sinn und Zweck der fortlaufenden Buchführung über Alltägliches im privaten Hausgebrauch. Tagebücher, die als intimes Journal der chronologisch organisierten Selbstbeobachtung dienten, haben eine längere Geschichte als öffentlich vertriebene Tageblätter mit Nachrichten und Neuigkeiten. Eine wichtige Rolle spielen kontinuierliche Beobachtungsnotizen auch in der Wissenschaft – insbesondere, seit die Neugierde von Forschern sich im späten 17. Jahrhundert vom Wunderlich-Monströsen auf das Unscheinbare, Gewöhnliche verlagerte (Daston 2001). Der Erkundung bislang unbekannter Bereiche des Mikroskopisch-Kleinen leisteten neben optischen Geräten auch hier eigene „Papiertechnologien" (Hess und Mendelsohn 2013) Vorschub, die ein akkurates Registrieren aller möglichen Details erlaubten. Durch den Einsatz von Tabellen, Listen, Diagrammen, Schemata und Graphen wurden neue Standards der Genauigkeit gesetzt, und die „Abschneidung" von Überflüssigem, die der hohe Präzisionsanspruch – dem lateinischen Wortsinn von *praecisio* entsprechend – gebot (Vogel 2015), wurde von „little tools of knowledge" (Becker und Clark 2001) gewährleistet, die mit der Verkleinerung von Einzelheiten zugleich die Möglichkeiten des Entdeckens verborgener Zusammenhänge vervielfältigten. Dass Fakten „kurz" sind (Daston 2002), liegt nicht in der Natur der Sache, sondern gilt für

Artefakte, die den nackten Kern des Wirklichen erst nach aufwendigen Akten der Zergliederung enthüllen.

Die Beiträge des vorliegenden Bandes untersuchen solche Verkleinerungsoperationen an Fallbeispielen seit dem ausgehenden 16. Jahrhundert und sind mit ihrem Fokus auf wissenschaftlichen, administrativen und künstlerischen Kleinformen weniger an der historischen Bestimmung eines Modernephänomens (Althaus et al. 2007; Autsch und Öhlschläger 2014; Gamper und Mayer 2017) als an der strukturellen Analyse von Praktiken und Verfahrensweisen interessiert, die aus ökonomischen Nutzenerwägungen auf die Produktion von kleinen Formen abstellen. Sie liefern damit zugleich Ansätze für eine typologische Unterscheidung der vier Basisoperationen *Reduktion*, *Selektion*, *Verdichtung* und *Transposition*. Auch wenn die damit bezeichneten Prozeduren sich in konkreten Gebrauchskontexten oft überlagern, lässt ihre begriffliche Trennung deutlicher ermessen, wie sehr sie sowohl in den Zielsetzungen als auch im Radikalitätsgrad der erforderlichen Eingriffe voneinander abweichen.

Reduktionen operieren im Material, formen es durch Weglassung. Sie folgen einer Logik der Präzision, bei der Aussparungen im Interesse der Konturierung vorgenommen werden, so dass durch Subtraktion ein kohärentes Bild oder Profil entsteht. Mustergültig wird das Prinzip der schöpferischen Zerstörung in der Kleinkunst des Scherenschnitts vorgeführt. Bei der Anfertigung der Papierfigürchen ist die Produktion von Abfall unvermeidlich. Die Schere entfernt, was nicht zur Sache gehört. Übrig bleibt ein Fabrikat im Diminutiv und von größter Fragilität. So schwerelos es gerade durch seine filigranen Konturen wird, so wenig kann es mit seinem Leichtgewicht dem Luftzug entgegensetzen, der es, wenn niemand aufpasst, in Windeseile davonträgt (siehe den Beitrag von *Juliane Vogel* in diesem Band). Aus anderen Gründen brauchen Annoncen in der Zeitung einen klaren Umriss. Seit dem 17. Jahrhundert werden sie durch „Intelligenzblätter" bekannt gemacht. Als papierne Schaukästen und Kontaktbörsen entlasten diese Blätter öffentliche Büros und bringen Kleinanzeigen breit in Umlauf. Leser sollen durch die wenigen Zeilen nur soweit informiert sein, dass sie auf den ersten Blick erkennen, ob sie mit dem Inserenten ins Geschäft kommen wollen. Dass aus solchen Anzeigen unerhörte Begebenheiten resultieren können, steht auf einem anderen Blatt (*Günter Oesterle*). Mordgeschichten hingegen werden opaker, wenn ihre Erzähler an Details sparen. Das zeigen Fälle aus Frankreich, die man im 17. Jahrhundert in der deutschen *Schau=Platz*-Literatur kaum mehr wiedererkennt. Georg Philipp Harsdörffer hat in seiner Darstellung Einzelheiten systematisch ausgemerzt. Bei ihm gehen die Täter umstandsloser vor als in der französischen Vorlage und kommen schnell zur Sache. Durch den verknappten Bericht steigt die Drastik, die Untaten wachsen ins Monströse (*Jasper Schagerl*). In preußischen Verwaltungsbehörden wiederum dienen Kurzberichte im 18. Jahrhundert der

Rationalisierung von Entscheidungsprozessen, etwa über berufliche Eignungen. Die Sichtung von Bewerbern gestaltet sich als mehrstufiger Prozess, in dem Berichte von Berichten einerseits vervielfältigt, andererseits verkürzt werden, bis ein Fall entscheidungsreif ist. Aus weitschweifigen Bittschriften werden Kurzbilanzen, die Amtserfahrungen aufsummieren – die Keimzelle der biographischen Zweckform „Lebenslauf". Deren Geschichte beginnt in Preußen im bürokratischen Aktenverkehr von Beamten, die sich von Kandidaten schlicht durchs Zählen von Beschäftigungsdauern ein Bild machen (*Stephan Strunz*).

Selektionen liegt das Gewinnkalkül zugrunde, dass weniger mehr ist. Es geht um eine Sicherung nur der ergiebigsten Quellen. Lesen heißt hier – im etymologischen Sinn von *lectio* – Sammeln und Auswählen. „*Lectio* ist eine Kulturtechnik, die die Semantik des Ackerbaus mit der Praxis des Lesens verbindet. Der biblische Topos dafür ist die Geschichte von Ruth der Moabiterin, die auf fremdem Feld die Ähren las, die von der Ernte übrig geblieben waren" (Siegert 2003, 15). Wo Selektion betrieben wird, entscheidet über die Bewahrung von Lesefrüchten der Superlativ. Gesammelt wird allein das Repräsentativste, Produktivste, Bedeutendste, Populärste, Bemerkenswerteste. In der Praxis kann das bedeuten, Auswahlausgaben statt Gesamtwerken zu drucken, Auszüge vor Volltexten zu privilegieren und Aufzeichnungen auf wenige Zitate, wenige spezielle Vorkommnisse zu beschränken. Die Rhetorik hat diese Textökonomie durch Anleitungen zur Thesaurierung von Exempla aller Art – *loci communes*, Historien, Fabeln – jahrhundertelang geschult und dadurch Schreibweisen befördert, die Kleines, kurz Gesagtes auch durch die Form der Darstellung ostentativ wertschätzen. Das betrifft etwa den Cento, für dessen aphoristische Kleinform das Herausschneiden von ‚Flicken' aus Prätexten konstitutiv ist. Der Späthumanist Justus Lipsius verwebt seine Blütenlese aus den *Adagia* des Erasmus mit Tausenden von weiteren Sentenzen aus Tacitus, Seneca und anderen und liefert der frühneuzeitlichen Staatskunst mit diesem Florilegium antiken Herrschaftswissens ein Referenzwerk (*Maren Jäger*). Die Gedanken, die John Locke in seinen Heften als *loci* festhält und verschlagwortet, treten dagegen nur noch dem Namen nach als *Commonplaces* auf. De facto handelt es sich um Studiennotizen, in deren Kleinformen sich eine neue Empirie zur Geltung bringt, die hergebrachtes Gemeinwissen missachtet und sich der Sprunghaftigkeit subjektiver Einfälle und Beobachtungen überlässt (*Florian Fuchs*). Wandlungen lassen sich auch beim Umgang mit Memorabilien beobachten. Hatte der Römer Valerius Maximus unter diesem Namen noch in großer Menge *facta* und *dicta* von illustren Männern zusammengetragen, kommen als Denkwürdigkeiten später nur einmalige Widerfahrnisse in Betracht, die nichts Legendäres haben, wenn sie sich überhaupt in das Kontinuum der Erinnerungen fügen. Als partikulare Kleinform und Spielart des Exemplums ist das Memorabile Vergangenheit und lebt in neuzeitlichen Memoiren und Biographien nur mehr in

Einzelepisoden nach, die jetzt mit äußerster Detailversessenheit geschildert werden. Ihr Rang als *singulare tantum* rechtfertigt ein Extrem an epischer Breite, das in den Großerzählungen, in die die Episoden eingeschlossen sind, sonst selten ist (*Helmut Pfeiffer*). Das epochale Großereignis des Ersten Weltkriegs produziert 1914 eine eigene Erinnerungskultur. Freiwillige werden an der Heimatfront als Zeitzeugen mobilisiert, da in dieser ‚großen Zeit' auch das Alltäglichste bemerkenswert erscheint. Im Schreibwarenhandel sind für die Laienchronisten Tagebücher im Prachteinband und mit entsprechender Binnenformatierung erhältlich. Neben Sparten für die eigenen Aufzeichnungen sehen die Hefte Rubriken vor, in denen unter anderem eingeklebte Zeitungsausschnitte Platz finden. Zur Not kann so das Tagebuch zu einem Exzerpt des Tageblatts werden (*Marie Czarnikow*).

Verdichtungen betreffen den Proporz von Quantität und Qualität. Ihr Ideal ist die Minimierung des darstellerischen Aufwands bei gleichzeitiger Vermeidung von Sinn- und Informationsverlust. Die Qualität soll gleich bleiben, nur die Quantität abnehmen. Physikalisch bewirkt man eine Kompression durch die Erhöhung des Außendrucks. Wenn dadurch Luft oder Flüssigkeit entweicht, verringert sich das Volumen eines Körpers oder einer Masse. In der Informationstechnik spricht man von Kompression bei einer Verkleinerung des Platzbedarfs von Daten. Vergleichbare Effekte lassen sich an Texten durch redaktionelle Eingriffe erzielen: das Streichen von Redundantem oder die Entschlackung von Syntax und Stil durch den Abbau komplexer Satzgefüge, die Ersetzung gewundener Girlanden durch eine geradlinige Prosa. Dem Zweck der knappen, platzsparenden Zusammenstellung zentraler Elemente dienen außerdem eigene Textsorten, die abstrakt daher kommen und ästhetisch spröde wirken, durch ihre Synopsen aber Übersicht und Orientierung bieten und höchst nützliche Hilfsdienste leisten (Horster und Reitz 2010; Dubischar 2010). Beispielhaft sind dafür etwa Inhaltsangaben als Resümees von Handlungsfabeln. In ihren philologischen Studien an nordischen Tierfabeln kultivieren die Brüder Grimm solche Kleinformen der Nacherzählung nicht nur als Schreibtechnik des Exzerpts, sondern auch als Stilübung für den mündlichen Erzählerton der späteren Volksmärchen (*Philip Kraut*). Listen wiederum können als archetypische Syntheseformen schlechthin gelten, die mit der Schrift seit ihren frühesten Anfängen verbunden sind (Goody 1977; Damerow et al. 1991). Im 20. Jahrhundert demonstrieren Avantgarde-Autoren durch den künstlerischen Einsatz der Listenform ihre Anti-Haltung zum Formenkanon der Literatur, erinnern mit der Litanei der Aufzählungen aber zugleich an alte Residuen der epischen Poesie. Antonin Artaud nutzt die Kolumnen überdies als Schriftbild, in dem er Körpergesten indexikalisch mitaufzeichnet, die Unpersönlichkeit der Zweckform auf diese Weise reindividualisiert (*Sabine Mainberger*). Wissenschaftler setzen Listen in der Regel eher im Hintergrund ein, beim Management ihres Ideenhaushalts, wo die Register sich als unscheinbare, aber effiziente

Ordnungsinstrumente mit eigener *Agency* bezahlt machen, die an der Konversion von Macht in Wissen, Wissen in Macht wesentlich beteiligt sind. Was auf Listen fehlt, kommt nicht mehr in Betracht (*Liam Cole Young*). Oft Zitiertes genießt in Forscherkreisen das Renommee des Standardwerks. Da Thesen und Ergebnisse als bekannt vorausgesetzt werden dürfen, spart man sich die Referate und lässt die Referenz für sich sprechen. Dabei kommt es leicht zu einer gegenstrebigen Dynamik. Im häufigen Gebrauch erhärtet sich der blanke Quellennachweis zur starren Formel, während das mit ihm Besagte undeutlicher wird. Dass Details in Studien verzerrt werden, weil diese nur mehr als Minimalzitat kursieren, ist ein unfreiwilliger, wohl auch unvermeidlicher, im Einzelfall dennoch folgenreicher Kompressionseffekt (*Christoph Hoffmann*).

Bei *Transpositionen* handelt es sich um Umordnungen, in deren Folge Gegenstände neue Plätze einnehmen, einen anderen Stellenwert erlangen, mit anderem Maßstab gemessen werden. In diesem Fall ergeben Verkleinerungen sich aus neuen Korrelationen und treten als Schmälerung zutage. Qualitäten schwinden auch dann, wenn sich quantitativ nichts ändert. Effekte dieser Art lassen sich kritisch ausbeuten, wenn vertraute Dinge an anderem Ort aus größerer Distanz betrachtet werden und Erhabenes plötzlich lächerlich wirkt, Glanzvolles nur noch schäbig erscheint. Roland Barthes hat das sehr eingehend in seinem Essay über die Maximen und Reflexionen La Rochefoucaulds analysiert. Man habe es bei dessen formelhaften Sentenzen über menschliche Schwächen und Laster, schreibt er, „mit einer geradezu *metrischen* Anordnung des Gedankens zu tun [...], verteilt auf den begrenzten und festgelegten Raum, der ihm zugewiesen ist (die Länge einer Maxime), mit betonten (Substanzen, Essenzen) und unbetonten Taktteilen (Funktionswörter, Verhältniswörter)" (Barthes 2020 [1961], 228). Durch ihre Nähe zum gemessenen Vers seien die Sätze für Abwägungen und Vergleiche besonders prädestiniert, wobei als „bedeutsamste Relation" die „,enttäuschende' Identitätsrelation" heraussteche, die bei La Rochefoucauld „gewöhnlich durch die einschränkende Kopula *ist nur* ausgedrückt wird".

> „Die Milde der Fürsten ist oft nur eine Politik, um die Zuneigung der Völker zu gewinnen", oder auch „Der Gleichmut der Weisen ist nur die Kunst, ihre Unruhe im Herzen verschlossen zu halten" [...]. *Ist nur* ist im Grunde das Schlüsselwort der Maxime, denn es handelt sich hier nicht um eine bloße Enthüllung (was manchmal angezeigt wird durch den Ausdruck *in der Tat*, im Sinn von: *in Wirklichkeit*); diese Enthüllung ist fast immer ein Zurückführen-auf-etwas; sie erklärt nicht, sie definiert das Mehr (den Anschein) durch das Weniger (das Wirkliche). (232–233)

Verkleinerungen können mit Transpositionen auch dann einhergehen, wenn am neuen Ort weniger Platz zur Verfügung steht, die Proportionen zur Umwelt aber gewahrt bleiben und etwaige Abwärtstransformationen deshalb linear, d. h. skaliert erfolgen sollen (West 2017; Spoerhase und Wegmann 2018). Umgekehrt erlauben feinere Raster eine höhere Auflösung des Bildes. Im frühen 18. Jahrhundert gelingt es auf diese Weise einer Gruppe von Breslauer Ärzten, eine große Langzeiterhebung durchzuführen, zu der Dutzende von Fachkollegen aus Kleinstädten und Duodezfürstentümern in ganz Europa Beobachtungen beisteuern. In aufwendigen Tabellen werden die gesammelten Notizen zu Krankheitsverläufen und Witterungslagen einerseits minutiös erfasst, andererseits zergliedert, schließlich auf den Punkt von kleinen Aphorismen gebracht, die das induktiv gewonnene Handlungswissen bündeln und mit gewachsener empirischer Sättigung auftrumpfen. So lebt das alte hippokratische Genre in ärztlichen Merksätzen auf, die Bauernregeln ähnlicher sehen als philosophischen Aperçus (*Volker Hess*). In England nimmt Jonathan Swift den Eifer seiner Zeitgenossen, die Wissenschaften durch eine Rationalisierung des Bücherstudiums zu befördern, satirisch aufs Korn. Sein *Tale of a Tub* führt das geschäftige Exzerpieren durch hyperbolische Mimikry ad absurdum und denunziert moderne Denker als windige Gesellen, die ihn in der Treue zu den alten Meistern nur bestärken (*Rebeca Araya Acosta*). Auch Aesops Fabeln sind in der Bücherwelt der Neuzeit nicht mehr dieselben. Die Schrift hat sie entstellt, der Bindung an die mündliche Erzählsituation entrückt. Dennoch sind die Geschichten in den Augen Johann Gottfried Herders weiter nützlich, da sie Leser lehren können, Ähnlichkeiten zwischen Tier- und Menschenwelt zu entdecken. So sehr die Fabel in der Moraldidaxe ausgedient hat, so sehr wird sie benötigt, um den Sinn für rechtes Maß und rechte Proportionen zu entwickeln (*Hendrik Blumentrath*). Theodor Fontanes Interesse gilt im 19. Jahrhundert besonders Anekdoten. Viele hat er auf langen Wanderungen durch die Mark Brandenburg ausgegraben und sie – unter anderem – in seinen Romanen rundgetragen. Dort werden Grabungsforscher generell verehrt, Fundstücke bieten regelmäßigen Gesprächsstoff. Die Anekdoten mischen sich unter Reste und Trümmer und rücken die realistische Romanprosa dadurch eng an die Seite der Archäologie, aber auf Distanz zu den großen Erzählungen der Fachhistoriker (*Nils C. Ritter*).

Die hier versammelten Aufsätze gehen in der Mehrzahl auf eine Tagung zurück, die das Graduiertenkolleg „Literatur- und Wissensgeschichte kleiner Formen" im Januar 2019 in Berlin veranstaltet hat. Besonders danken möchten wir Steffen Bodenmiller und Stephan Strunz, die sich an der Entwicklung des Konzepts intensiv beteiligt haben, sowie Stephan Brändle und Christoph Jakubowsky, die uns bei der Redaktion der Beiträge eine wesentliche Stütze waren.

Literaturverzeichnis

Althaus, Thomas, Wolfgang Bunzel und Dirk Göttsche. „Ränder, Schwellen, Zwischenräume. Zum Standort Kleiner Prosa im Literatursystem der Moderne". *Kleine Prosa. Theorie und Geschichte eines Textfeldes im Literatursystem der Moderne*. Hg. Thomas Althaus, Wolfgang Bunzel und Dirk Göttsche. Tübingen: Niemeyer, 2007. IX–XXVII.

Autsch, Sabiene, und Claudia Öhlschläger. „Das Kleine denken, schreiben, zeigen. Interdisziplinäre Perspektiven". *Kulturen des Kleinen. Mikroformate in Literatur, Kunst und Medien*. Hg. Sabiene Autsch, Claudia Öhlschläger und Leonie Süwolto. Paderborn und München: Fink, 2014. 9–17.

Becker, Peter, und William Clark (Hg.). *Little Tools of Knowledge. Historical Essays on Academic and Bureaucratic Practices*. Ann Arbor, MI: The University of Michigan Press, 2001.

Barthes, Roland. „La Rochefoucauld: Reflexionen oder Sentenzen und Maximen" [1961]. *Das Sichtbare und das Sagbare. Evidenz zwischen Text und Bild in Roland Barthes' ‚Mythen des Alltags'*. Hg. Peter Geimer und Katja Müller-Helle. Göttingen: Wallstein, 2020. 225–246.

Bellemin-Noël, Jean. *Le texte et l'avant-texte*. Paris: Larousse, 1972.

Blair, Ann. *Too Much to Know: Managing Scholarly Information Before the Modern Age*. New Haven, CT: Yale University Press, 2010.

Cave, Terence. *Thinking with Literature. Towards a Cognitive Criticism*. Oxford: Oxford University Press, 2016.

Damerow, Peter, Robert K. Englund und Hans J. Nissen. *Frühe Schrift und Techniken der Wirtschaftsverwaltung im alten Vorderen Orient. Informationsspeicherung und -verarbeitung vor 5000 Jahren*. Bad Salzdetfurth, Hildesheim und Berlin: Verlag Franzbecker, 1991.

Daston, Lorraine. *Eine kurze Geschichte der wissenschaftlichen Aufmerksamkeit*. München: Siemens Stiftung, 2001.

Daston, Lorraine. „Warum sind Tatsachen kurz?" *Cut and Paste um 1900. Der Zeitungsausschnitt in den Wissenschaften*. Hg. Anke te Heesen. Berlin und Zürich: diaphanes, 2002. 131–143.

Décultot, Elisabeth. „Die Kunst des Exzerpierens. Geschichte, Probleme, Perspektiven". *Lesen, Kopieren, Schreiben. Lese- und Exzerpierkunst in der europäischen Literatur des 18. Jahrhunderts*. Hg. Elisabeth Décultot. Berlin: Ripperger & Kremers, 2014. 8–47.

Dubischar, Markus: „Survival of the Most Condensed? Auxiliary Texts, Communications Theory, and Condensation of Knowledge". *Condensing texts – condensed texts*. Hg. Marietta Horster und Christiane Reitz. Stuttgart: Steiner, 2010. 39–67.

Gamper, Michael, und Ruth Mayer. „Erzählen, Wissen und kleine Formen. Eine Einleitung". *Kurz & Knapp. Zur Mediengeschichte kleiner Formen vom 17. Jahrhundert bis zur Gegenwart*. Bielefeld: transcript, 2017. 7–22.

Gisi, Lucas Marco, Hubert Thüring und Irmgard M. Wirtz. „Einleitung". *Schreiben und Streichen. Zu einem Moment produktiver Negativität*. Hg. Lucas Marco Gisi, Hubert Thüring und Irmgard M. Wirtz. Göttingen und Zürich: Wallstein/Chronos, 2011. 7–22.

Goody, Jack. *The Domestication of the Savage Mind*. Cambridge: Cambridge University Press, 1977.

Hess, Volker, und Andrew Mendelsohn. „Paper Technology und Wissensgeschichte". *Zeitschrift für Geschichte der Wissenschaften, Technik und Medizin* 21 (2013): 1–10.

Horster, Marietta, und Christiane Reitz. „,Condensation' of literature and the pragmatics of literary production". *Condensing texts – condensed texts*. Stuttgart: Steiner, 2010. 3–14.

Ingen, Ferdinand van. „Strukturierte Intertextualität. Poetische Schatzkammern und Verwandtes". *Intertextualität in der Frühen Neuzeit. Studien zu ihren theoretischen und praktischen Perspektiven*. Hg. Wilhelm Kühlmann und Wolfgang Neuber. Frankfurt am Main, Bern und New York: Lang, 1994. 279–308.

Kernmayer, Hildegard. „Feuilleton. Eine medienhistorische Revision seiner Entstehungsgeschichte". *ZfG* XXVIII (2018) H. 1: 131–136.

Levine, Caroline. *Forms. Whole, Rhythm, Hierarchy, Network*. Princeton, NJ: Princeton University Press, 2015.

Lichtenberg, Georg Christoph. *Schriften und Briefe. Erster Band: Sudelbücher I*. Hg. Wolfgang Promies. Frankfurt am Main: Zweitausendeins, 1994.

Moss, Ann. *Printed Commonplace-Books and the Structuring of Renaissance Thought*. Oxford: Oxford University Press, 1996.

Müller, Susanne. „Formatieren". *Historisches Wörterbuch des Mediengebrauchs*. Hg. Heiko Christians, Matthias Bickenbach und Nikolaus Wegmann. Köln: Böhlau, 2015. 253–267.

Neumann, Gerhard. „Schreiben und Edieren". *Literaturwissenschaft. Einführung in ein Sprachspiel*. Hg. Heinrich Bosse und Ursula Renner. Freiburg: Rombach, 1999. 401–426.

Niehaus, Michael. *Was ist ein Format?* Hannover: Wehrhahn, 2018.

Nietzsche, Friedrich. „Menschliches, Allzumenschliches. Ein Buch für freie Geister" [1878]. *Kritische Studienausgabe in 15 Bänden*. Hg. Giorgio Colli und Mazzino Montinari. Bd. 2. Berlin: De Gruyter, 1988.

Nietzsche, Friedrich. „Götzen-Dämmerung oder Wie man mit dem Hammer philosophirt" [1889]. *Kritische Studienausgabe in 15 Bänden*. Hg. Giorgio Colli und Mazzino Montinari. Bd. 6. Berlin: De Gruyter, 1988. 55–161.

Polgar, Alfred. „Die kleine Form". *Orchester von oben*. Berlin: Rowohlt, 1926. 9–13.

Siegert, Bernhard. *[...] Auslassungspunkte*. Vortrag an der Hochschule für Grafik und Buchkunst Leipzig. Leipzig: Institut für Buchkunst, 2003.

Spoerhase, Carlos. *Das Format der Literatur. Praktiken materieller Textualität zwischen 1740 und 1830*. Göttingen: Wallstein, 2018.

Spoerhase, Carlos, und Nikolaus Wegmann. „Skalieren". *Historisches Wörterbuch des Mediengebrauchs 2*. Hg. Heiko Christians et al. Köln, Weimar und Wien: Böhlau, 2018. 412–424.

Sterne, Jonathan. *MP3. The Meaning of a Format*. Durham, NC: Duke University Press, 2012.

Vogel, Juliane. „Die Kürze des Faktums. Textökonomien des Wirklichen um 1800". *Auf die Wirklichkeit zeigen. Zum Problem der Evidenz in den Kulturwissenschaften. Ein Reader*. Hg. Helmut Lethen, Ludwig Jäger und Albrecht Koschorke. Frankfurt am Main: Campus, 2015. 137–152.

West, Geoffrey. *Scale: The Universal Laws of Growth, Innovation, Sustainability, and the Pace of Life in Organisms, Cities, Economies, and Companies*. New York, NY: Penguin, 2017.

Wirth, Uwe. „Logik der Streichung". *Schreiben und Streichen. Zu einem Moment produktiver Negativität*. Hg. Lucas Marco Gisi, Hubert Thüring und Irmgard M. Wirtz. Göttingen und Zürich: Wallstein/Chronos, 2011. 23–45.

I Reduktion

Juliane Vogel
Ephemeriden der Schere: Scherenschnitt und Zeitungsausschnitt im 19. Jahrhundert

1 Kunst im Diminutiv

Die bevorzugte grammatische Form, in der sich Liebhaber wie Kritiker der Kunst des Ausschneidens äußern, ist das Diminutiv (MacLeod 2015, 72). Den Quellen nach, die im 18. und 19. Jahrhundert über sie Auskunft geben, erfährt alles, was mit der Schere in Berührung kommt, eine Verkleinerung. Exemplarisch dokumentiert Karl August von Varnhagens 1814 erschienener Text *Vom Ausschneiden* den mit der Tätigkeit der Schere verbundenen Größenverlust. „[K]lein[]" ist das „Talent" (1990, 386), das zum Ausschneiden befähigt, „klein[]" sind die „Künste der Geselligkeit" (384), zu deren Herstellung die Schere beiträgt. Damen werden zu „Dämchen" (386), wenn sie schneiden, Götter zu „Götterchen" (384), wenn sie ausgeschnitten werden. Blumen werden zu „Blümchen", die so winzig sind, dass sie, einmal betrachtet, sofort dem Vergessen anheimfallen (386). Alles, was in den Radius des Ausschneidens eingeschlossen ist: Akteure und Ausschnitte, Künste und Talente, erleidet in den Augen ihrer Betrachter eine signifikante Maßstabsreduktion. Ausschnitte können so klein sein, dass sie kaum die Wahrnehmungsschwelle überschreiten und immer wieder Gefahr laufen, darunter zu verschwinden: Wie Varnhagens ausgeschnittenes „Entchen, dessen Kleinheit es fast den schärfsten Augen verbirgt" (386) und andere ausgeschnittene Dinge, die nur mit dem Vergrößerungsglas erkennbar sind, bewegen sich die ‚Papierschnitzel', von denen hier die Rede sein soll, an der Grenze der Sichtbarkeit und laufen Gefahr, in die Unsichtbarkeit zurückzutreten.

Zugleich versammelt der Text *Vom Ausschneiden* alle Faktoren, die mit der Verkleinerung zugleich eine Entwertung bewirken (MacLeod 2015; Vogel 2009, 141–143). Das Ausschneiden ist keine Kunst, sondern ein Künstchen, wobei einzig der Schere selbst eine gewisse Größe zugesprochen wird.[1] Die Akteure geben Beispiele für eine Praxis, die aufgrund ihrer materiellen wie ihrer sozialen Voraussetzungen als ephemer zu bezeichnen ist. An dieser Stelle soll der Versuch unternommen werden, die Schere als Katalysator des Ephemeren vorzustellen. Im Vergleich zweier Ausschnitttypen sollen einige Aspekte der mit

---

[1] Varnhagen 1990, 389–390: „Sie ist nicht allzu klein […]." Vgl. auch Varnhagens Roman *Versuche und Hindernisse Karls*: „daß diese kleine Fertigkeit […] auf Kunst Anspruch machen könne" (zit. n. Varnhagen 1990, 933).

der Schere verbundenen Flüchtigkeit in den Blick genommen werden: ihre Metaphern, ihre Umläufe, ihre Zeitlichkeit und die ihr zugeordneten Formen der Vergesellschaftung. Der erste Teil dieses Beitrags befasst sich mit dem modernen Papierobjekt des Scherenschnitts, das sich Ende des 18. Jahrhunderts herausbildet. Der zweite Teil beschäftigt sich mit dem Zeitungsausschnitt, insofern er in Hinblick auf seinen ephemeren Charakter mit dem Scherenschnitt vergleichbar ist. Dabei orientiere ich mich an einem Begriff des Ephemeren (Krausse 2010), der Erscheinungen beschreibt, die sich zwischen Erscheinen und Verschwinden realisieren und dabei spezifisch moderne Zeitgestalten ausbilden.

Die Verkleinerung all dessen, was mit der Schere in Berührung kommt, hat viele Facetten und betrifft zunächst die Scherenkunst selbst. Alle Kennzeichnungen deuten darauf hin, dass die Werke der Schere keinen künstlerischen Rang besitzen. Varnhagen vergleicht die Scherenkunst mit „fliegende[n] Götterchen", die den „Himmel der Kunst nicht erschwingen" (1990, 384). Jean Paul setzt die Scherenkunst Varnhagens durch die Bemerkung herab, hier lenke sich eine außerordentliche „Zeichnungs- oder Bildungskraft [...] nicht zu ordentlichen künstlerischen Zwecken" ein (Varnhagen 1987, 566). Auch die Scherenvirtuosen gleichen sich der Kleinheit ihrer Hervorbringungen an. Ohne erst das bekannte Urteil der Kunstwelt abzuwarten, das die Kunstfähigkeit der Schere generell in Abrede stellt und den Scherenschneidern den niederen Rang der Dilettanten anweist (Vogel 2009, 143–145; MacLeod 2015, 71), ziehen sie sich in die Anonymität zurück. Der hohe Frauenanteil unter ihnen sowie die Nähe des Ausschneidens zu den weiblichen Tätigkeiten führt in einen Graubereich jenseits gesellschaftlicher Anerkennung. „Mich kennt fast Niemand"[2] – dieser Satz Adele Schopenhauers steht nicht nur stellvertretend für die Unsichtbarkeit ihres Geschlechts, sondern auch für die Unsichtbarkeit, in der Scherenvirtuosen produzieren.

2 „Treffliches Surrogat"

In der Hierarchie der Künste ist die Schere bloße Platzhalterin anderer Künste und damit ohne eigenen Rang. Sie agiert als Stellvertreterin des Pinsels, der Feder oder des Meißels, die sie nachahmt, ohne dass deren Autorität ihr zugerechnet würde. Varnhagen gilt sie allenfalls als „treffliche[s] Surrogat" der Bildhauerei (1990, 384), das nicht am Marmor, sondern an leichtem, billigem, zugänglichem und

---

[2] Brief an Arthur Schopenhauer vom 27. Oktober 1831 (Lütkehaus 1991, 320; vgl. Fabbri und Häfner 2019, 37–44).

vergänglichem Material operiert; und er greift damit einen Topos auf, der den Scherenschnitt in die Nähe und zugleich in den Schatten der Skulptur rückt. In einem flüchtigen Anspielungsverhältnis zum Gedicht, zur Zeichnung, zur Skulptur und zur Musik stehend, ohne deren Geltung zu erlangen, kann die Schere ihre Hervorbringungen nicht verstetigen. „[W]enn Sie ein Mann wären, [hätten Sie] Bildhauer werden müssen", lautet ein Kommentar zu Adele Schopenhauers Scherenarbeiten (MacLeod 2015, 86). „Gedichte mit der Schere" oder „Impromptu poesie" nennt der um eine genaue Bezeichnung verlegene Karl Immermann ihre Schnittbilder (MacLeod 2015, 75), während Jenny von Pappenheim die Ausschneidearbeiten ihrer Freundin Adele Schopenhauer als schwachen Ersatz für eine starke Zeichnung betrachtet (Büch 2002, 73). Dieses schwache Profil ergibt sich aus ihrem Surrogat- wie ihrem Derivatcharakter, deren Leistungen immer nur im Verweis auf die kanonischen Künste beschrieben und gewürdigt werden können, aus denen sie ausgeschlossen sind:

> Vollkommen tadellos war ihre Geschicklichkeit im Silhouettenschneiden. Sie illustrierte einmal ein Märchen, das Tieck vorgelesen hatte, und zwar während er las, mit einer Feinheit und poetischen Auffassung, die deutlich zeigten, was sie hätte leisten können, wenn sie Ausdauer gehabt hätte, zeichnen und malen zu lernen.
> (Holtei zit. n. Houben und Wahl 1920, 352)

Der Papierschnitt wird als ein Gebilde ohne Dauer und der Papierschneider als ein Wesen ohne Ausdauer beschrieben.

Dass diese Diminutive neben dem Größenverlust auch einen Wertverlust anzeigen, hängt nicht zuletzt mit der Wertlosigkeit der Stoffe zusammen, die der Schere um 1800 zugewiesen werden. Schon aufgrund ihres Materialwerts können ‚Papierschnitzel' keinen Anspruch auf Werkstatus erheben. Varnhagens beiläufige Bemerkung: „Überall findet sich etwas Papier" (1990, 384) legt nahe, dass der Scherenschnitt zu einem Zeitpunkt populär wird, an dem sich die Papierherstellung signifikant verbilligt und Papierobjekte in vielfältigen Drucksorten und zunehmenden Mengen in die moderne Lebenswelt eindringen (Holm 2012, 17–19).[3] Seine Bedeutung wächst, als Autoren mit Papiermassen zu kämpfen beginnen (Holm 2012, 18–20). Das Papier, das nach den Worten Varnhagens „überall herumliegt", bedarf keiner Beschaffungsanstrengung, es bietet sich von selbst zur Bearbeitung an und tritt in Relation zu weiteren Entwertungen, die auch damit zusammenhängen, dass die textilen Grundlagen der Papierherstellung in der Buch- und Zeitungsproduktion allmählich durch die billigeren Holzfasern ersetzt werden (Müller 2012, 254–262). An dieser Stelle

---

3 Lothar Müller spricht von der „Einspeisung von Zeitungspapier in den sozialen Organismus" (2012, 375).

möchte ich der Bildhauerei am Papier bzw. an dieser Skulptur von ephemerer Stofflichkeit weiter nachgehen und dabei Grundlinien einer Praxis nachzeichnen, die sich in einer für die moderne Kunst und Literatur richtungsweisenden Weise an zeitsensiblen, verfügbaren und insbesondere an leichten Materialien abarbeitet. Die Ausschneidereien, von denen hier die Rede ist, reflektieren ein gesteigertes Interesse an Papierobjekten, die auftreten, als Festigkeit, Schwere und Dreidimensionalität der vormodernen Objektwelt im Schwinden begriffen sind. Sie lassen sich einer neuen und modernen Objektklasse zuordnen, deren materielle Struktur wesentlich von Verzeitlichung betroffen, in besonderer Weise zur Zirkulation bestimmt und durch Verlust und schnellen Verderb gekennzeichnet ist.

Diese Leichtigkeit bedingt auch die Beweglichkeit, die dem Ausschnitt zugeschrieben wird. Im Unterschied zur Marmorskulptur, mit der er eine lebendige Vergleichsbeziehung pflegt, wird sein Verhältnis zur Schwerkraft als lose bezeichnet. Seine Wertlosigkeit assoziiert sich mit einer Gewichtslosigkeit, die als banal oder unbedeutend wahrgenommen wird – oder aber als „sublim" in der von Goethe gebrauchten Bedeutung von: „in der Höhe schwebend", wenn er über kleine literarische Arbeiten von Jakob Michael Reinhold Lenz schreibt: „Lenz ist unter uns wie ein krankes Kind [...]. Er hat Sublimiora gefertigt. Kleine Schnitzel, die Du auch haben sollst."[4] Papierschnitzel werden in den Texten des 19. Jahrhunderts in der Regel wegwerfend beschrieben oder als potentieller Abfall angesprochen. Ihre Leichtigkeit ist nicht groß genug, um sie mit göttlicher Schwerelosigkeit auszustatten: Varnhagen attestiert ihnen eine begrenzte Flughöhe von nicht mehr als „ein Paar Ellen" (1990, 384), sie sind aber auch nicht schwer genug, um ‚Körper von Gewicht' (Judith Butler) zu sein oder eine stabile Form auszubilden. Wie bereits Varnhagen anmerkt, ist die charakteristische Bewegung, die dem Scherenschnitt zugeschrieben wird, das Fliegen. Sein Text über das Ausschneiden präsentiert ein ikonografisches Repertoire, das Flugkörper aller Arten umfasst und Formen begünstigt, die das geringe materielle Gewicht des Papierobjekts als Flugfähigkeit auslegen und der Schwerkraft nicht unterworfen sind (Matala de Mazza 2018, 66–68). Die Rede von der „Flatterhaftigkeit" der Scherenschnitte (Weinmayer 1917, 85), die anklingt, wenn Varnhagen vom „[A]ufflattern" der Götterchen spricht (1990, 384), hält sich noch in den Kunstzeitschriften des frühen 20. Jahrhunderts (Weinmayer 1917, 85).

---

4 Brief an Johann Heinrich Merck, 16. September 1776 (Goethe 1997, 65).

3 Flugobjekte

Diese Flugfähigkeit verdichtet sich zum Topos im Diskurs über den Scherenschnitt. Die Scherenkünstlerinnen Adele Schopenhauer, Luise Duttenhofer und Rosa Maria Assing entnehmen ihre Motive in der Regel dem mittleren mythologischen Milieu, den Sagen und Märchen, und bevorzugen Elfen, Feen – oder, mit Varnhagen gesprochen, „geflügelte Götterchen", die ihrer religiösen Bestimmung nach als Flugkörper in Frage kommen. Über Varnhagens Schwester Rosa Maria Assing, der eine überlegene Scherenvirtuosität nachgesagt wird, heißt es, sie habe die „Gedankenwelt bestimmter romantischer Dichtung in zarten und beflügelt erscheinenden Scherenschnitten zum Ausdruck gebracht" (Biesalski 1978, 49).[5] Das Ephemere solcher ‚Ausschneidereien' manifestiert sich in gewichtslosen Wesen, die sich an der Sichtbarkeitsgrenze bewegen: im Elfenwagen Rosa Maria Assings (Abb. 1), in den Elfenensembles Adele Schopenhauers sowie in den Arbeiten Lotte Reinigers, deren Scherenschnittanimation von Andersens Märchen *Däumelinchen* ebenfalls mit einer Apotheose schwerelosen Elfendaseins endet.[6]

Abb. 1: Rosa Maria Assing: Elfenwagen. Scherenschnitt 1832.

---
5 Zit. n. Schipke 1997, 6–13; online: http://www.scherenschnitt.org/assing (letzter Zugriff: 24.03.2020).
6 Zum Motiv des Fliegens im Scherenschnitt Kirchner und Kirchner 2010, 13–15.

Zum ätherischen Charakter trägt insbesondere die Technik der Entschwerung bei, die bei der Flügelgestaltung eingesetzt wird. ‚Entschwerung' bedeutet eine Durchbrechung der Papierfläche durch die Schere, die optisch als Gewichtsreduktion wahrgenommen wird (Metken 1978, 63).[7] Dass diese Leichtigkeit zugleich Kurzlebigkeit einschließt, zeigt sich daran, dass sich die Ephemeriden der Schere in ihrer Gestalt wie in ihrem Auftreten nicht sicher vom Insekt unterscheiden lassen. In vielen Scherenschnitten rückt die Elfe in die Nähe minderer Lebewesen. Sie gleicht einer zoologischen Gattung, die ebenfalls an der Unbeträchtlichkeitsgrenze existiert, die Assoziationen mit dem „Widrigen" (Rosenkranz 1996, 225–227) unterhält und in schwarmartigen Formationen auftritt (Abb. 2).

Abb. 2: Adele Schopenhauer: Scherenschnitt o. J.

Die Scherenskulptur wird nach dem Vorbild ephemerer und schwereloser Arten geformt, die stets im Plural auftreten. Sie bewegt sich ebenfalls an der Grenze der Sichtbarkeit, an der sie immer nur, wörtlich genommen, für einen Tag in

---

[7] Bei Hans Christian Andersen, der die eigene Produktion als eine weibliche auffasste, wird diese Leichtigkeit in der Bildformel der Tänzerin verkörpert. Zur Auflichtung: Schliepmann 1916, 441 und 444.

Erscheinung tritt. Anhand der Darstellung der Ephemeriden im neunten Band von *Brehms Thierleben* können die Überschneidungen romantischer und biologischer Imagination illustriert werden. Die Rede ist hier von Schöpfungen, die die Natur „mit Leben beschenkt" (Brehm 1877, 508), um ihnen dasselbe so schnell wieder zu entreißen, dass sie in der Kürze der ihnen zugemessenen Zeit weder eigenes Unglück fühlen noch fremdes Unglück zu sehen bekommen. Die der Darstellung beigegebene Illustration der Ephemeriden lässt sich von einer Formation fliegender Papierschnitzel kaum unterscheiden (Abb. 3).

Im Schnittfeld von Zoologie und Scherenschnittkunst erscheinen Gebilde, die zwischen Erscheinen und Verschwinden, Form und Formverlust schwanken und zugleich vom Pathos höherer Lebensformen entlastet sind. Ephemeriden bilden, mit einem Begriff aus Jakob von Uexkülls theoretischer Biologie gesprochen, keine starken Raumgestalten, sondern vielmehr schwache „Zeitgestalt[en]" aus (Uexküll 1973, 89), bei deren Erscheinen sich bereits ihr Ende abzeichnet, ohne dass sie sich tragisch in die Existenz verstricken. Die Nähe der Scherenschnitte zu den Insekten zeigt sich auch daran, dass beide als Sylphiden – als Luftgeister – bezeichnet werden:

> An einem stillen Mai- oder Juni-Abende gewährt es einen Zauber eigenthümlicher Art, diese Sylphiden im hochzeitlichen Florkleide, bestrahlt vom Golde der sinkenden Sonne, sich in der würzigen Luft wiegen zu sehen. Wie verklärte Geister steigen sie auf und nieder, ohne sichtliche Bewegung ihrer glitzernden Flügel und trinken Lust und Wonne in den wenigen Stunden, welche zwischen ihrem Erscheinen und Verschwinden, ihrem Leben und Sterben liegen [...].
> (Brehm 1877, 508)

Zugleich verweist die „Flatterhaftigkeit" des Scherenschnitts auch in dieser harmlosen Bezeichnung auf die Beteiligung elementarer Bewegungsmächte. Die ausgeschnittenen Figuren folgen spezifischen Flugmustern. Ihr ephemerer Charakter ist auch daran ablesbar, dass sie mit dem Wind in Assoziation treten, dem sie sich weitgehend überlassen. Die Windstöße, die sie erfassen, machen deutlich, dass die Hervorbringungen der Scheren schon der Logik ihrer Herstellung nach disloziert, d. h. aus ihren ursprünglichen Zusammenhängen herausgelöst werden. Der Ortswechsel ist die ihnen vorgezeichnete Bewegungsform. Andersens Märchen, die in vielfacher Hinsicht der Poetik der Schere verpflichtet sind (Müller-Wille 2017, 285–293; Andersen 2008), schildern Situationen, in denen Scherenschnitte mobilisiert und vernichtet werden. Ausgeschnitten zu sein bedeutet, den Zufallsbewegungen des Windes überlassen zu sein, an zufällige Orte verweht zu werden und einen zufälligen Tod zu sterben. Erinnerungen an Andersen heben außerdem hervor, dass dessen Scherenschnitte ausgeschnitten wurden, um hinweggeblasen zu werden: „When I was a child I was delighted when he cut out chains of little dolls in white paper that I could stand on the table and blow so they moved forward",

Abb. 3: Brehms Thierleben (1877). Illustration: Die Eintagsfliege.

heißt es in einem Kindheitsrückblick der Baronin Bohild von Donner (Wagner-Brust 1994, 54).

Umgekehrt zeigt sich die Instabilität solcher Figuren daran, dass sie dem Wind keinen oder vergeblichen Widerstand entgegensetzen. In Andersens Märchen *Herrebladene* („Figurenkarten") wird ein vollständig ausgeschnittenes Schloss durch einen Windstoß in den Kamin getragen. In dem Märchen *Der standhafte Zinnsoldat*, das von der Liebe einer aus Papier ausgeschnittenen Tänzerin zu einem Spielzeugsoldaten handelt, heißt es: „Da ging eine Tür auf, der Wind ergriff die Tänzerin [Abb. 4], und sie flog wie eine Sylphide geradewegs in den Ofen hinein zum Zinnsoldaten, flammte in einer Lohe auf und war weg [...]." (Andersen 1959, 158)

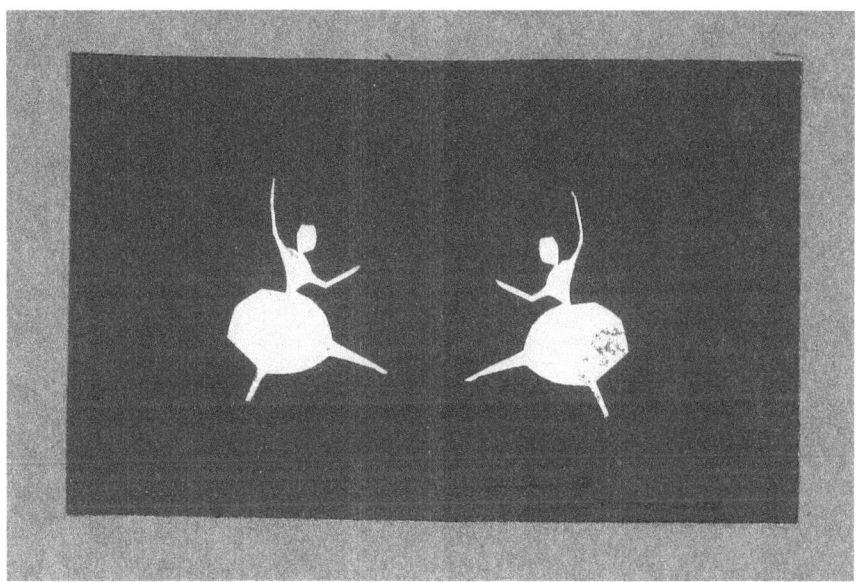

Abb. 4: Hans Christian Andersen: Tänzerinnen. Scherenschnitt o. J.

Der Wind mobilisiert das Geschnittene und signalisiert zugleich die Unwiderruflichkeit, mit der es sich zerstreut und verschwindet, er erweist die Unbeständigkeit des Papierobjekts und verdeutlicht die Übermacht anonymer Elementarkräfte über dessen schwache Beharrungskräfte. Auch unter den Scherenschnitten Adolph von Menzels, der sich in seinen Arbeiten wiederholt mit der Phänomenalität des Ephemeren auseinandersetzte, finden sich zwei Scherenschnitte, die dieses Verwehtwerden antizipieren. Anders als Elfen und Feen, die sich bereitwillig dem

Wind überlassen, leisten seine ausgeschnittenen Figuren einen letzten vergeblichen Widerstand. In der Papierarbeit: „Sechs Personen, die gegen den Wind anlaufen" (Abb. 5) stemmen sich diese mit Papiergewicht gegen eine Elementargewalt, die sie unweigerlich davontragen und zerstören wird (Borchert 2017, 80–84). Ein weiterer Scherenschnitt Menzels zeigt Aeolus, den Gott des Windes (Abb. 6), der Ausgeschnittenes an zufällige Destinationen trägt und ein Stehenbleiben nicht zulässt. Das Sujet „Figur im Wind", in dem der Scherenschnitt gegen die eigene Flüchtigkeit aufbegehrt, hält sich bis in die Scherenschnitte des frühen 20. Jahrhunderts (Abb. 7).

Abb. 5: Adolph von Menzel: Sechs Personen, die gegen den Wind anlaufen. Scherenschnitt 1845. Kupferstichkabinett der Staatlichen Museen zu Berlin. Preußischer Kulturbesitz.

Die Prognose des Ausgeschnittenen ist Dislozierung, Zerstreuung und Verlust, wie sich nicht zuletzt an den Nachlässen der Scherenkünstler zeigt: an Andersen, dessen „papirklips" dazu auffordern, „to be blown away", an Jean Huber, dessen Voltaire-Silhouetten in ganz Europa zirkulierten und erst nachträglich wieder zusammengetragen werden mussten (Apgar 1995, 40). Nach Auskunft Philipp Otto Runges werden Ausschnitte „lose umhergetrieben" (Metken 1978, 140). Zerstreuung und Verlust sind in der Biografie jedes Ausschnitts angelegt, so dass es der

Abb. 6: Adolph von Menzel: Aeolus. Scherenschnitt o. J. Kupferstichkabinett der Staatlichen Museen zu Berlin. Preußischer Kulturbesitz.

Mobilisierung von Gegenkräften bedarf: der Kompilatoren und Sammler, um sie zusammenzutragen, dauerhaft zu befestigen oder zu archivieren. Ein kürzlich erschienener Katalog zum Nachlass Adele Schopenhauers dokumentiert die Wege, die ihre Scherenschnitte zurücklegen mussten, um am Ende im Weimarer Archiv in die feste Form der Sammlung einzutreten (Fabbri und Häfner 2019, 53–59). Schnipsel und Ausschnitte sind unmittelbar davon betroffen, dass sich mit der Verbilligung des Papiers und der industriellen Massenproduktion der Papierverkehr steigert (Müller 2012, 251–271). Papierobjekte zerstreuen sich, wie schon Jean Paul in seinen Schriften feststellt (Menke 2008, 307–309), und müssen erst wieder versammelt werden: Das Leben seiner Romanfigur Fibel stellt sich posthum als „biographische Schneiderhölle voll zugeworfener Papier-Abschnitzeln" dar (Jean Paul 1975a, 376), die dem Sammler und Herausgeber von den Dorfjungen erst wieder zugetragen werden müssen.

> Als ich in Heiligengut abstieg, so war es von höchster Importanz, daß ich mich sogleich an die Dorfjungen wandte und namentlich an die Schwein-, Schaf- und Gäns-Hirten darunter,

> um durch Personen unter ihnen, welche zu Kompilatoren der im Dorfe zerstreueten Quellen tüchtig waren, mir die nötigsten einfangen zu lassen. (Jean Paul 1975a, 376)

Umgekehrt kann es nicht überraschen, dass der Scherenschnitt aufgrund seiner Kurzlebigkeit noch einmal im Horizont der barocken Vanitas erscheint. In einer frühen Szene seines Romans *Hesperus* versammelt Jean Paul alle Elemente, in denen und durch die sich die Kurzlebigkeit der Scherenproduktion manifestiert: den Wind, die zerstreuten Papierschnitzel, das „Blättchen" und die Vergänglichkeit des menschlichen Lebens.

> Er ging versäeten schwarzen Papierschnitzeln als Wegweisern nach. Das Geflüster des Morgenwindes warf von einem Zweige ein Blättchen feines Papier herab, das er nahm, um es zu lesen. Er war noch über der ersten Zeile: „Der Mensch hat dritthalb Minuten, eine, um einmal zu lächeln...", als er an einen fast waagrechten Zopf anstieß, der eine

Abb. 7: Lotte Nicklass: Flüchtlinge. [Scherenschnitt 1919.]

schwarze Herkules-Keule war, verglichen mit meinem oder des Lesers geflochtenen Haar-Röhrchen. Den Zopf stülpte ein niedergekrempter Kopf empor, der in einem horchenden Zielen aus einer Lauben-Nische eine weibliche Silhouette ausschnitt, deren Urbild im Nebenlaubengang mit Agathen sprach. (Jean Paul 1975b, 540)

Diese Passage belehrt uns jedoch auch darüber, dass der Scherenschnitt des 19. Jahrhunderts in erster Linie durch den flüchtigen Moment seiner Herstellung bestimmt wird und seine Geltung unmittelbar aus dem Akt des Schneidens bezieht. Anders als der vormoderne Scherenschnitt, der vor allem „Geduld" von seinen Herstellern forderte (Metken 1978, 101), ist sein modernes Pendant eine Gestalt der Plötzlichkeit mit epiphanischen Zügen: „plötzlich: ein Hahn!" (Varnhagen 1990, 388) – „sehr geschwind"[8] oder „ziemlich schnell" (Varnhagen 1987, 561), so heißt es bei Varnhagen. Indem sie im Augenblick entstehen und vielfach nur für den Augenblick hervorgebracht werden, gleichen Papierfiguren modernen Passanten, die im Augenblick ihres Erscheinens wieder verschwinden, nur im Vorübergehen wahrgenommen werden und die Selbstüberholung in die eigene Objektstruktur aufnehmen (Jauß 1989, 233–237; 1970, 55–56; Matala de Mazza 2018, 227–230).

4 Gesellschaftlicher Stoff

Gleichzeitig treten die Papierobjekte gerade wegen dieser Leichtigkeit in Beziehung zur Kommunikation und ihren Medien. Nicht zufällig ist der bevorzugte Ort des Scherenschnitts die Brieftasche oder das Portefeuille (Fabbri und Häfner 2019, 58, Abb. 46). Die Nähe des Scherenschnitts zum Brief, seine leichte Transportabilität und seine Kleinheit begünstigen die fortgesetzte Weitergabe gegenüber der Aufbewahrung an einem der Zirkulation entzogenen Ort. Viele der hier zitierten Stellen bauen eine postalische Adressierungsstruktur auf: Lenz' Papierschnitzel, „die Du auch haben sollst", und Goethes Aufforderung an die „zarte[n] schattende[n] Gebilde", zu ihrer „Künstlerin zu fliegen" (1988, 609), sprechen den Scherenschnitt als ein Wesen an, das sich zuerst in der Zirkulation realisiert. Hierzu trägt besonders die schwache Formausprägung der Scherenschnitte bei,[9] die ihre medialen Eigenschaften in den Vordergrund treten lässt. In den Scherenschnitten Duttenhofers und Schopenhauers werden

---

[8] Franz Liborius Schmitz in den Lübeckischen Anzeigen vom 7. Januar 1818, in: Metken 1978, 135.
[9] Vgl. Goethes Formulierung, der die ausgeschnittenen Figuren als „halbe[] Wirklichkeitserscheinungen" kennzeichnet und ihnen von daher nur einen schwachen formalen Artikula-

die Elfen als Zwischenträger wahrgenommen: Sie sind schwach artikulierte Flügelwesen, die Botendienste versehen und Verbindungen herstellen. Wie das Verwehtwerden ist auch das Versendetwerden oder Weggeschenktwerden: d. h. die Fähigkeit zur Übertragung zentrales Moment seiner Anlage. Nach Sibylle Krämer sind Boten schwach ausgeprägte Wesen, die jedoch den sozialen Verkehr zwischen anderen organisieren (Krämer 2008, 108–121). Die Funktion der ausgeschnittenen Elfen erschöpft sich darin, Zwischenräume auszufüllen und Korrespondenzen herzustellen. Zwischen Form und Medium schwankend agieren sie als „halbe[] Wirklichkeitserscheinungen" an deren Übergang. In der Unbestimmtheit ihrer Trägerdienste bezeichnen sie zuletzt Kommunikation selbst. Varnhagen spricht davon, dass Scherenbilder „in stetem Wechsel" von Hand zu Hand gehen (1990, 388).

Stets produziert die Schere für die aktuellen, momentanen Bedürfnisse der Gesellschaft und zugleich in Gesellschaft. Als alte Komplizin der Mode reagiert sie schnell auf wechselnde Situationen und gesellschaftliche Bedürfnisse. Wie sie den Menschen mit Kleidern à la mode ausstattet, trägt sie spontan zur Dynamisierung des gesellschaftlichen Verkehrs bei. Im Gebrauch des späten 18. und 19. Jahrhunderts sind Scheren kontaktstiftende, vergesellschaftende Werkzeuge, die bei ihrem Auftreten in Salons und Kinderzimmern kleine Versammlungen und Tumulte erzeugen. Varnhagen spricht von den „kleinen Künste[n] der Geselligkeit" (1990, 382): „Wenden wir uns jetzt zu dem, was wir selbst geschaut haben, oft genug Zeugen der plötzlichen Wirkung, womit eine ganze Gesellschaft belebt wurde, sobald diese Papierschnitzel erschienen. [...] [D]ie Hälse strecken sich neugierig vorwärts, die Kinder springen fragend herbei [...]." (387–388)[10] Scherenschnitte sind die Produkte momentaner und zufälliger Zusammenkünfte, die ebenso flüchtig sind wie diese und auch aus diesem Grund mit dem Wind verbunden. Die Schere hingegen produziert die ephemere Textur der Geselligkeit selbst. Ihr Virtuosentum besteht darin, eine kleine Gesellschaft einen Moment lang zu versammeln, in Atem zu halten und einen temporären Kollektivierungseffekt zu erzeugen, den, wie Varnhagen durchscheinen lässt, kein Gedicht zustande bringt. Der Text *Vom Ausschneiden* ist von einem Leser Schleiermachers geschrieben, der in seiner *Theorie des geselligen Betragens* auf die Produktion von gesellschaftlichem Stoff zu sprechen kommt (Schleiermacher 1984). Gesellschaftlicher Stoff ist ein gleichfalls ephemeres Produkt, das durch spontane soziale Wechselwirkungen hervorgebracht wird und umso dichter ausfällt, je geringfügiger

---

tionsgrad unterstellt (1998, 726). Zur Ungeschaffenheit des Scherenschnitts und seinem präsymbolischen Status vgl. Vogel 2009, 145.

10 Zur Beliebtheit der Schere im Salon und ihrem sozialen Anregungspotential vgl. MacLeod 2015, 73.

sein Anlass ist. Die Schere wird zur Bildung, zur Belebung wie zur Fortsetzung des gesellschaftlichen Verkehrs eingesetzt und produziert gerade wegen der Nichtigkeit ihrer Hervorbringungen Geselligkeit um ihrer selbst willen (Schleiermacher 1984, 168). Nach diesem Muster verliefen auch Andersens Auftritte in den Kinderzimmern seiner Gastgeber. Wenn er die Schere hervorholte, die er auf seinen Reisen stets mit sich führte, bildete er eine momentane Attraktionsquelle,[11] deren Vergänglichkeit auch daran abzulesen ist, dass ihre Produkte nur durch Zufall erhalten blieben. Seine Kunst stiftete unter den Kindern einen intensiven und als magisch erfahrenen Moment der Geselligkeit. Auch ein Blick auf das Weimar des Jahres 1806 zeigt, wie die Schere das soziale Leben selbst in extremer Gefahrenlage aufrechterhält. Als die Truppen Napoleons nach der verlorenen Schlacht von Jena-Auerstedt in Weimar einmarschierten, beugten sich die Mitglieder der Weimarer Gesellschaft, unter ihnen auch Johann Wolfgang von Goethe, tagelang über Ausschneidebögen. Adele und Johanna Schopenhauer ließen in ihrem Salon ausschneiden. In einer Situation der Krise arbeiten alle gemeinsam an der Herstellung von gesellschaftlichem Stoff: „Es giebt kein schönres festes Band fürs gesellige Leben" (Johanna Schopenhauer an Arthur Schopenhauer am 8. Dezember 1806 zit. n. Köhler 1996, 104). Mittels der Schere und ihrer nichtigen Arbeit erzeugten sie eine „alle Theilnehmer durchschlingende, aber auch durch sie völlig bestimmte und vollendete Wechselwirkung" (Schleiermacher 1984, 169).

Zu dieser Ephemeralität gehört auch, dass die Arbeit der Schere eine Nebentätigkeit ist und nicht mit voller Aufmerksamkeit ausgeführt wird. Sie wird als eine Form der begleitenden Beschäftigung geschildert, die zu anderen Tätigkeiten hinzutritt und zugleich in deren Schatten bleibt. In den Quellen zur Ausschnittkunst des 19. Jahrhunderts wird daher immer wieder die Beiläufigkeit betont, die die Verfertigung von Kleinigkeiten, Ornamenten, aber auch das Serielle und Wiederkehrende begünstigt. Das grammatische Äquivalent dieser Beiläufigkeit, die es verhindert, dass die Schere ins Zentrum der Aufmerksamkeit tritt, ist die Konjunktion ‚während', die dieses Mitlaufen einer zweiten Handlung organisiert. Das Schneiden wird praktiziert, während man gleichzeitig erzählt, spricht, zuhört oder isst. Über Philipp Otto Runge berichtet sein Bruder: „Während er sich dabei unterhielt, schien sich das entstehende Gebilde bei dieser gleichsam plastischen Kunstübung fast wie selbsttätig unter der Schere in seiner Hand zu bewegen." (Runge 2010, 25) In folgendem, missglücktem Satz aus der

---

11 „Als Jean Paul diese kleine Kinderwelt aus Papieren ziemlich schnell vor seinen Augen entstehen sah, wurde er selber von Kindergefühlen ergriffen, mit vergnügter Lebhaftigkeit rief er seine Frau herbei, weckte seine Kinder auf, das dritte hatte sich schon an mich geschmiegt, und nun sollte ich umständlich von allem Rechenschaft geben. Meine kleinen Arbeiten wurden von den Kindern mit Jubel aufgenommen [...]" (Varnhagen 1987, 561).

Erzählung *Columba* von Hermann Heiberg zeigt sich diese Beiläufigkeit in einem signifikanten logischen Fehler. „Der Doctor saß mit verschränkten Armen vor der Frau und sprach, während er mit einer Schere in ein Stück Papier schnitt, leise und eindringlich auf sie ein." (Heiberg zit. n. Anon., *Kladderadatsch* 1886, 160) Die Arbeit mit der Schere erfolgt so beiläufig, dass es dem Autor nicht einmal auffällt, dass er eine dritte Hand für sie einführt. Diese schneidet automatisch, gleichgültig und auf einer unbeachteten Nebenspur.

5 Zeitungsausschnitte

Zur gleichen Zeit beginnt die Karriere eines anderen Ausschnitttypus, der das Bewegungsschicksal des Scherenschnitts nicht nur teilt, sondern steigert. Zumindest soll an dieser Stelle der Versuch gemacht werden, die Zeitgestalt des Scherenschnitts mit jener des Zeitungsausschnitts in Beziehung zu setzen, der in Folge der Printrevolutionen des 19. Jahrhunderts zum beherrschenden Papierobjekt des industriellen Zeitalters aufsteigt (Müller 2012, 251–277; Holm 2012, 17–19). Mit diesem Aufstieg steht sowohl ein anderer Typus von Ephemeralität als auch ein anderer Typus von Vergesellschaftung zur Diskussion. Die prekäre Zeitstruktur des Zeitungsausschnitts erklärt sich nicht mehr aus der Flüchtigkeit geselliger Anlässe, sondern aus den Produktionsbedingungen eines Mediums, das nur mit gesteigerten Erscheinungsfrequenzen konkurrenzfähig ist. Die ‚Zeitgestalt' des ‚Papierobjekts', dem Anke te Heesen eine Monographie gewidmet hat, bildet sich in der beschleunigten Periodizität der Tageszeitungen aus, die bereits im Moment des Erscheinens wieder veralten. Die Arbeit der Schere bewegt sich erneut durch unbeständiges Gebiet, zumal das Papier, das nach Auskunft Karl August von Varnhagens „überall herumliegt", im Regelfall Zeitungspapier ist.

Hier ist zunächst daran zu erinnern, dass der Begriff der Ephemeriden bereits in der frühen Neuzeit mit der Publizistik assoziiert ist. Schon dort bezeichnet er das periodische Erscheinen von Zeitschriften und die immer kürzer werdende Geltungsdauer der in ihnen publizierten Neuigkeiten. Wie Sean Franzel in einer mediengeschichtlichen Darstellung aufzeigt, engt sich das Genre der Ephemeriden im 19. Jahrhundert auf die tägliche Ausgabe ein (Franzel 2017, 25). Maßgebliche Zeiteinheit des Ephemeren in der Ära der Massenmedien ist der Tag (Müller 2012, 265). Das ihm zukommende Format ist das Blatt, dem das Epitheton ‚fliegend' zugeordnet wird, das selbst aus einer Papierschneidemaschine hervorgegangen ist und damit dieselben Flüchtigkeitsassoziationen erzeugt wie der Scherenschnitt (Müller 2012, 251). Die Kurzlebigkeit des Zeitungsausschnitts erschließt sich jedoch nicht mehr über den Vergänglichkeitsdiskurs, der barocken Deutungstraditionen folgend das Papier noch denjenigen Materialien zuordnen würde, an denen sich die Hinfälligkeit des Menschenlebens ablesen ließ. Sie erschließt sich vielmehr aus den Erscheinungsrhythmen der Tageszeitungen, die durch die Produktionskapazitäten der Schnellpresse und der Rotationsmaschine festgesetzt, gesteigert werden und auf höhere Umsätze zielen. Eine Vergänglichkeitsklage nach der Art, wie sie Jean Pauls Viktor anstimmt, als ihm der Wind ein „Blättchen" in die Hände spielt, auf dem die Kürze des menschlichen Lebens beklagt wird (1975b, 540), wird an die Blätter der Zeitung nicht mehr gerichtet. Vielmehr bereitet der unmittelbare Verfall ihrer Aktualität den Boden für die nächste Ausgabe. Die umgehende Entwertung einer Nachricht bei ihrem Erscheinen erhöht nur die Nachfrage nach dem Nachfolgeprodukt. Der tägliche Entwertungsprozess hält eine Produktionskette in Gang, die täglich neue Nachrichten in Umlauf bringt, ohne dass der schnelle Verfall der Vorgängernachricht bei den Lesern Trauer über deren Vergänglichkeit auslösen würde. Gemeinsam bilden Nachrichten und Papier auch in diesem Zusammenhang einen Komplex des Ephemeren, der Materialien, Informationen und Werkzeuge, Produktionsmittel und Produktionsbedingungen umfasst, die auf die Produktion von Neuigkeiten zielen. In seinen Forschungen zur Ästhetik der Moderne hat Hans Robert Jauß den Begriff des „horlogisme" ins Spiel gebracht, der die Datierung des Objekts als Indiz seiner prekären Zeitlichkeit behandelt. Demnach verweist das Datum „auf den singulären Augenblick im Fluß der Zeit […], in den es eingeschrieben wurde" (Jauß 1989, 233), sowie es zugleich dessen unwiederbringliches Verlöschen anzeigt.

Zur prekären Zeitstruktur des Zeitungsausschnitts trägt außerdem bei, dass das Zeitungslayout die künftige Auftrennung der Zeitungsseite vorbereitet. Wie Anke te Heesen gezeigt hat, gibt die Anordnung vermischter Nachrichten den künftigen Scherenweg und Schnittverlauf vor. Schon dem Aussehen des Blattes kann die Fragmentierungs- und Zerstreuungsgeschichte abgelesen werden, die es durchlaufen wird, und schon vor seiner Verfertigung zeichnet sich das Reiseschicksal ab, das dem Zeitungsausschnitt zugemessen ist. Jüngere Forschungen zur Zeitungs- und Zeitschriftengeschichte haben die zentrale Rolle der Schere für den Redaktionsprozess von Zeitungen herausgearbeitet (Slauter 2019, 87–89; Gruber Garvey 2013, 25–60). Die redaktionelle Arbeit bestand ihnen zufolge darin, aus Ausschnitten alter Zeitungen wieder neue Zeitungen herzustellen. Redakteure schrieben nicht selbst, sie schnitten aus. Mit der Schere hielten sie die Zirkulation der Nachrichten in Gang und belieferten neue Seiten mit alten Informationen. In einer Zeitungssatire der *Fliegenden Blätter* heißt es: „Das Zeitungsmachen ist nicht schwer / D'rum hab' nicht Angst noch Graus: / Acht Blätter nimm und eine Scheer' / Und schneid' dein neuntes d'raus!" (Anon. *Fliegende Blätter* 1867, 53)[12]

Anke te Heesens Augenmerk war zuerst auf jene Vorrichtungen und Praktiken gerichtet, die wertvolle Nachrichten durch die Schere vor dem Verschwinden bewahrten und für einen spezifischen und persönlichen Gebrauch präparierten. Sie beschrieb die Archive, Mappen und Alben, die diese Nachrichten verfügbar hielten, während die Zeitung, der sie entnommen waren, ihre Aktualität verlor (te Heesen 2006, 77–79; Brinkman 2017, 105–107). Auch für die Zeitungsredaktionen lässt sich argumentieren, dass die Lebensdauer einer Nachricht durch das Ausschneiden verlängert und durch Neufixierung erhalten wurde. Im Zusammenhang des Ephemeren ist jedoch zuerst auf den Akt der Dislozierung hinzuweisen, die den Ausschnitt zu einem unsteten und unruhigen Objekt macht. In einer 1867 erschienenen Humoreske der Zeitschrift *Lustige Blätter*, die sich über die Scherenpraxis der Redaktionen belustigt, werden Beweglichkeit und Nichtigkeit von Ausschnitten in einem Bild festgehalten, das an die Scherenschnitte erinnert. In folgendem Ausschnitt werden Zeitungsausschnitte, für deren erfolgreiche Fixierung es keinen geeigneten Klebstoff gibt, mit Insekten verglichen:

> „Jawohl, da liegen sie alle", dabei wies er auf etliche Dutzend Zeitungsausschnitte, die unter seinen tastenden Fingern kunterbunt durcheinanderkrabbelten. „Die müssen jetzt sämtlich nach einem bestimmten Prinzip auf leere Blätter geklebt werden. Eine saure Arbeit, besonders wenn der Redaktionsdiener nicht für ordentlichen Kleister sorgt."
> (Moszkowski 1908, 11)

Auch die sogenannten ‚Briefkästen' der Zeitschriften und Zeitungen unterstreichen die Bedeutung, die der Zeitungsausschnitt für die Zeitungsproduktion hatte. Sie dokumentieren, wie sehr und wie häufig Zeitungen auf die Zusendung von Zeitungsausschnitten von Leserseite reagierten und in welchem Ausmaß sie sich dieser postalischen Ressource bedienten. Der Herausgeber der Zeitschrift *Die Fackel*, Karl Kraus, kommuniziert mit seinen Lesern über die unerwünschte oder erwünschte Zusendung von Zeitungsausschnitten, die nach der Formel: ‚Ein Leser sendet mir folgenden Ausschnitt zu'[13] in die Zeitschrift Eingang finden. Zugleich aber – das distanziert ihr Objektschicksal von der mechanischen Produktion, die sie hervorbringt – bleiben Ausschnitte dem

---

12 „Zeitungsschreiber-Rezept". *Fliegende Blätter* 45.1101 (1867), 53.
13 Beispiele: F 281 (1909), 33: „Von mehreren Lesern wurde mir folgender Zeitungsausschnitt zugesendet". F 120 (1902), 27: „aus beiliegendem Zeitungsausschnitt zu entnehmen". F 781 (1928), 95: Zit. aus einem Leserbrief: „Den beifolgenden Zeitungsausschnitt bitte ich mit meinen [...] Grüßen an K.K. zu übermitteln." F 193 (1906), 3: „Der Fackel wurde der Zeitungsausschnitt in einem halben Hundert Exemplaren zugeschickt [...]." (Kraus 1899–1936).

Zufall ausgesetzt. Wie aus den Zuschriften hervorgeht, ist der Zeitungsausschnitt ähnlich wie der Scherenschnitt ein unverlässliches und leicht zu beschädigendes Objekt. Er kann auf dem Postweg verloren gehen[14] oder auch von dem Leser so stark beschnitten werden, dass das Ereignis, das er weitergeben wollte, verloren geht.

6 Aeolus in Dublin: Zirkulationen eines *Cut out*

Anhand des Aeolus-Kapitels aus Joyces *Ulysses* soll abschließend das Spannungsfeld zwischen Zeitungsproduktion und urbaner Zirkulation erkundet werden. Es beginnt mit einer Scherenszene in einer modernen Zeitungsredaktion und spielt zugleich mit der Tagesgebundenheit journalistischer Erzeugnisse. Dabei geht schon aus der mythologischen Zuordnung des Kapitels hervor, dass der Windgott auch hier die Zirkulation geschnittenen Papiers begünstigt. Mit Blick auf die vorgängige Papierproduktion hat Lothar Müller eine eingehende Analyse des Kapitels vorgelegt. Mein Interesse gilt jedoch dem Zeitungsausschnitt, der zu Beginn des Kapitels verfertigt und in Bewegung gesetzt wird. Vor dem betriebsamen Hintergrund einer Zeitung wird hier ein Papierobjekt vorgestellt, dessen Schicksal sich nicht in der Fixierung, sondern im Verlust erfüllt. Dem Ausschnitt wird der Rang eines poetologischen Objekts zugeschrieben, das im Moment seiner Herstellung zugleich in die Textgestalt eingreift. Das Aeolus-Kapitel, das in die Welt der Dubliner Zeitungen einführt, ist selbst in Form von Zeitungsausschnitten organisiert. Es beginnt nach einem skizzenhaften *Setup* im Überschneidungsbereich zweier Zeitungsredaktionen und eines Postoffice, d. h. inmitten mehrerer, aufeinander bezogener und einander überschneidender Zirkulationskreise, innerhalb derer die Zeitung zirkuliert.

So ist die erste Handlung, die in der Redaktion des *Freeman's Journal* vor sich geht, die Verfertigung eines Zeitungsausschnitts. Der Redakteur Red Murray löst mit der Schere eine Anzeige des Schlosserei-Unternehmens Keyes aus der Zeitung und übergibt sie dem Annoncenakquisiteur Leopold Bloom, der sie in die Redaktion des *Telegraph* weitertragen will.

---

14 Vgl. die Briefkasteneinträge im *Kladderadatsch*: „Der Zeitungsausschnitt lag nicht in dem Brief." In: Anon., „Briefkasten". *Kladderadatsch* 30.15 (1877): 397. „Wir können leider ihren Wunsch nicht erfüllen, da der Zeitungsausschnitt begreiflicher Weise in den Papierkorb gewandert ist." In: Anon., „Briefkasten". *Kladderadatsch* 44.36 (1891): 340.

- Just cut it out, will you? Mr. Bloom said, and I'll take it round to the *Telegraph* Office.

    The door of Ruttledge's office creaked again. Davy Stephens, minute in a large capecoat, a small felt hat crowning his ringlets, passed out with a roll of papers under his cape, a king's courier.

    Red Murray's long shears sliced out the advertisement from the newspaper in four clean strokes. Scissors and paste.

- I'll go through the printing works, Mr. Bloom said, taking the cut square.

(Joyce 1961, 116)

Die Szene ist sorgfältig orchestriert. Der Akt des Schneidens wird im Durchzugsfeld zweier permanent auf- und zuklappender Türen angesiedelt, sodass der Ausschnitt bereits im Moment seiner Verfertigung von Zugluft erfasst und auf seine künftige Umlaufbahn gesetzt wird: „The door of Ruttledge's office whispered: ee: cree. They always build one door opposite another for the wind to. Way in. Way out." (1961, 117) Auf der Folie des zehnten Gesangs der *Odyssee*, der die Aeolus-Episode enthält, bestimmt auch hier der Wind das Schicksal des *Cut out*, das wie der Scherenschnitt verweht und weitergereicht wird. Zugleich zeichnet sich das bekannte Bewegungsprotokoll ab, das sich auch hier mit dem Wind verbündet. Ausschnitte entstehen und zirkulieren dort, wo ein zufälliges Kommen und Gehen herrscht. Die Phrase „Way in. Way out." entspricht der Formel „va et viens", die in Kunst und Kultur des 19. Jahrhunderts die ephemeren Erscheinungsformen des urbanen Lebens erfasst (Vogel 2016; Matala de Mazza 2018, 230) und daher auch über das Erscheinen und Verschwinden von Nachrichten oder Annoncen gebietet. Wie die Formel ‚va et viens' bringt auch Joyces „Way in; way out" die Kontingenz ins Spiel, die das Auftauchen und Verschwinden von Personen im städtischen Verkehr, sowie das Erscheinen einer Neuigkeit im täglichen Nachrichten- und Papierverkehr bestimmt. In diesem Durchzugsbereich trifft der Annoncenakquisiteur, von dem gesagt wird, dass er den Ausschnitt in die nächste Redaktion und dann weiter durch die Stadt tragen wird, auf Davy Stephens, der „with a roll of papers" durch die Tür tritt. Namentlich genannt ist damit ein Dubliner Zeitungshändler, der das Monopol für den Zeitungsverkauf auf dem „mail boat" hatte, sich selbst als „prince of the news vendors"[15] stilisierte und damit eine erst durch den Postverkehr hervorgebrachte Figur der Mobilität darstellt. Bei alledem ist jedoch auffällig, dass wir zwar die *scissors* oder *shears* in Aktion sehen, nicht aber den Klebstoff, der ihrer Fixierung dient. Auch wenn ausdrücklich von „scissors and paste" die Rede ist, bleibt der Roman zuletzt den Klebstoff schuldig, der den Ausschnitt wieder auf einer neuen Zeitungsseite befestigt und das Wiedererscheinen der Keyes-Annonce ermöglicht hätte.

---

15 Vgl. http://www.askaboutireland.ie/reading-room/environment-geography/physical-landscape/man-and-the-landscape-in/graveyards/davy-stephens (zuletzt aufgerufen am: 24.03.2020).

Das Keyes-Inserat ist ahasverisch wie sein Träger. Es verliert sich auf den Wanderungen Leopold Blooms, der den *Telegraph* nicht erreichen und das „cut square" nicht los werden wird. Dessen Schicksal ist ungewiss. Die Zufallserscheinungen des Kommens und Gehens werden jedoch durch das konstante Maschinen- und Druckgeräusch grundiert, das die Distribution der Zeitung erst ermöglicht und bei allen Transaktionen gegenwärtig ist. Im Hintergrund der an der Tür stattfindenden Durchzüge herrscht kontinuierliche mechanische Aktivität,[16] die dem steten Kommen und Gehen den regelmäßigen Rhythmus der Maschinen unterlegt. Zufallsregime und Mechanik der Massenpresse überlagern einander in einem Kapitel, das die Kontingenz des Windes mit der mechanischen Apparatur der Zeitungsproduktion in Beziehung setzt.

7 Papierobjekte

Beide Formen des Ausschnitts, der Scherenschnitt wie der Zeitungsausschnitt, gehören damit in je unterschiedlicher Weise dem Ephemeren an, das in Papierform in die moderne Lebenswelt, aber auch in die Künste eindringt, die die Zeitgestalt des Ausgeschnittenen in ihre Anordnungen aufnehmen. Beide begründen eine künstlerische oder redaktionelle Praxis, die das Flüchtige bzw. das Aktuelle inkorporiert und damit auch das Leichte, Vergängliche und Kleine in seiner vermeintlichen Unwesentlichkeit aufwertet. In beiden Ausgestaltungen des Ausschnitts werden Übertragungsprozesse als die bestimmenden formgebenden Prinzipien ausgewiesen. In beiden Fällen bildet das Papierobjekt eine dislozierte, schwache und nicht autorisierte Form aus, die sich nur schwach von den Medien abhebt, in denen sie sich realisiert. Ausschnitte können als Dinge beschrieben werden, in denen sich gesellschaftliche Verkehrsformen verdichten, die einmal im Salon und einmal in der Öffentlichkeit der Massenmedien zum Tragen kommen und dadurch determiniert sind, dass sie im Erscheinen bereits fortgetragen werden bzw. im Kommen bereits wieder gehen. Beide Male geht es gerade mit Blick auf die Nichtigkeit der Scherenprodukte um die Produktion von „gesellschaftlichem Stoff" (Schleiermacher 1984, 168).

---

16 Müller spricht von der „ununterbrochene[n] Produktionsbewegung" (Müller 2012, 196).

Literaturverzeichnis

Anon., „Briefkasten". *Kladderadatsch* 30.15 (1877): 397; https://digi.ub.uni-heidelberg.de/diglit/kla1877 (24.03.2020).

Anon., „Briefkasten". *Kladderadatsch* 39.17 (1886): 160; https://digi.ub.uni-heidelberg.de/diglit/kla1886 (24.03.2020).

Anon., „Briefkasten". *Kladderadatsch* 44.16 (1891): 340; https://digi.ub.uni-heidelberg.de/diglit/kla1891 (24.03.2020).

Anon., „Zeitungsschreiber-Rezept". *Fliegende Blätter* 45.1101 (1867): 53.

Andersen, Hans Christian. „Der standhafte Zinnsoldat". *Sämtliche Märchen*. Hg. Erling Nielsen. Übers. Thyra Dohrenburg. Bd. 1. Darmstadt: Wissenschaftliche Buchgesellschaft, 1959. 154–159.

Andersen, Jens. „The man who wrote with scissors". *Cut-Outs and Cut-Ups: Andersen and William Seward Burroughs*. Hg. Hendel Teicher. Dublin: Irish Museum of Modern Art, 2008. 141–148.

Apgar, Garry. *Voir Voltaire. L'art singulier de Jean Huber*. Paris: Adam Biro, 1995.

Borchert, Angela. „Charles Baudelaire: Die Karikatur und die Genese einer Poetik des Flüchtigen". *Flüchtigkeit der Moderne: Eigenzeiten des Ephemeren im langen 19. Jahrhundert*. Hg. Michael Bies, Sean Franzel und Dirk Oschmann. Hannover: Wehrhahn, 2017. 61–88.

Biesalski, Ernst. *Scherenschnitt und Schattenriß. Kleine Geschichte der Silhouettenkunst*. 2., erweiterte Aufl. München: Callwey, 1978.

Brehm, Alfred Edmund. *Brehms Thierleben. Allgemeine Kunde des Thierreichs*. 2., umgearb. u. verm. Aufl. Bd. 9, Abt. 4: *Wirbellose Thiere*. Tl. 1.: *Die Insekten, Tausendfüßler und Spinnen*. Leipzig: Verlag des Bibliographischen Instituts, 1877.

Brinkman, Bartholomew. *Poetic Modernism in the Culture of Mass Print*. Baltimore, MD: Johns Hopkins University Press, 2017.

Büch, Gabriele. *Alles Leben ist Traum. Adele Schopenhauer. Eine Biographie*. Berlin: Aufbau, 2002.

Fabbri, Francesca, und Claudia Häfner. *Adele Schopenhauer. Unbekanntes aus ihrem Nachlass in Weimar. Ein Ausstellungsbuch*. Wiesbaden: Weimarer Verlagsgesellschaft, 2019.

Franzel, Sean. „Ephemerische Lieblinge. The Periodical as Heterochronic Archive and F. J. Bertuch's *London und Paris*". *Flüchtigkeit der Moderne: Eigenzeiten des Ephemeren im langen 19. Jahrhundert*. Hg. Michael Bies, Sean Franzel und Dirk Oschmann. Hannover: Wehrhahn, 2017. 19–40.

Goethe, Johann Wolfgang. *Sämtliche Werke: Briefe, Tagebücher und Gespräche*. 40 Bde. Hg. Friedmar Apel et al. Abt. 2: *Briefe, Tagebücher und Gespräche*. Bd. 2 [Bd. 29 der GA]: *Das erste Weimarer Jahrzehnt (1775–1786)*. Hg. Hartmut Reinhardt. Frankfurt am Main: Deutscher Klassiker Verlag, 1997.

Goethe, Johann Wolfgang. *Sämtliche Werke: Briefe, Tagebücher und Gespräche*. 40 Bde. Hg. Friedmar Apel et al. Abt. 1: *Sämtliche Werke*. Bd. 2: *Gedichte 1800–1832*. Hg. Karl Eibl. Frankfurt am Main: Deutscher Klassiker Verlag, 1988.

Gruber Garvey, Ellen. *Writing with Scissors. American Scrapbooks from the Civil War to the Harlem Renaissance*. Oxford: Oxford University Press, 2013.

te Heesen, Anke. *Der Zeitungsausschnitt. Ein Papierobjekt der Moderne*. Frankfurt am Main: Fischer, 2006.

Holm, Christiane. „Goethes Papiersachen und andere Dinge des ‚papiernen Zeitalters'". *ZfG* 22.1 (2012): 17–40.
Houben, Heinrich Hubert, und Hans Wahl (Hg.). *Adele Schopenhauer. Gedichte und Scherenschnitte* II. Leipzig: Klinkhardt & Biermann, 1920.
Jauß, Hans Robert. „Literarische Tradition und gegenwärtiges Bewusstsein der Modernität". *Literaturgeschichte als Provokation*. Hg. Hans Robert Jauß. Frankfurt am Main: Suhrkamp, 1970. 11–66.
Jauß, Hans Robert. „Die Epochenschwelle von 1912: Guillaume Apollinaires ‚Zone' und ‚Lundi Rue Christine'". *Studien zum Epochenwandel der ästhetischen Moderne*. Frankfurt am Main: Suhrkamp, 1989. 216–256.
Joyce, James. *Ulysses*. New York, NY: Random House, 1961.
Kirchner, Ursula, und Otto Kirchner (Hg.). *Unterwegs. Wie und wohin? Das Motiv der Fortbewegung im Scherenschnitt*. München: August Dreesbach, 2010. 13–15.
Köhler, Astrid: *Salonkultur im klassischen Weimar. Geselligkeit als Lebensform und literarisches Konzept*. Stuttgart: Metzler, 1996.
Krämer, Sybille. *Medium, Bote, Übertragung. Kleine Physik der Medialität*. Frankfurt am Main: Suhrkamp, 2008.
Kraus, Karl (Hg.). *Die Fackel*. Wien 1899–1936. Online unter: https://fackel.oeaw.ac.at/ (24.03.2020).
Krausse, Joachim. Art. „Ephemer". *Ästhetische Grundbegriffe: Historisches Wörterbuch in sieben Bänden*. Hg. Karlheinz Barck, Martin Fontius, Dieter Schlenstedt, Burkhart Steinwachs und Friedrich Wolfzettel. Studienausgabe. Bd. 2. Stuttgart und Weimar: Metzler, 2010. 240–260.
Lütkehaus, Ludger (Hg.). *Die Schopenhauers: Der Familienbriefwechsel von Adele, Arthur, Heinrich Floris und Johanna Schopenhauer*. Zürich: Haffmans, 1991.
MacLeod, Catriona. „Cutting up the Salon: Adele Schopenhauer's ‚Zwergenhochzeit' and Goethe's *Hochzeitslied*". *DVjs* 89.1 (2015): 70–87.
Matala de Mazza, Ethel. *Der populäre Pakt. Verhandlungen der Moderne zwischen Operette und Feuilleton*. Frankfurt am Main: Fischer, 2018.
Menke, Bettine. „Ein-Fälle – aus ‚Exzerpten'. Die *inventio* des Jean Paul". *Rhetorik als kulturelle Praxis*. Hg. Renate Lachmann, Riccardo Nicolosi und Susanne Strätling. Paderborn und München: Fink, 2008. 291–309.
Metken, Sigrid. *Geschnittenes Papier. Eine Geschichte des Ausschneidens in Europa von 1500 bis heute*. München: Callwey, 1978.
Moszkowski, A.[lexander]. „Ein Debut mit Tinte. Skizze von Illustrationen von F.[ritz] Koch-Gotha". *Lustige Blätter* 23.6 (1908): 10–11.
Müller, Lothar. *Weiße Magie. Die Epoche des Papiers*. München: Hanser, 2012.
Müller-Wille, Klaus. *Sezierte Bücher. Hans Christian Andersens Materialästhetik*. Paderborn und München: Fink, 2017.
Jean Paul. „Das Leben Fibels". *Werke*. Hg. Norbert Miller. Bd. 2. München: Hanser, 1975a. 365–562.
Jean Paul. „Hesperus, oder 45 Hundsposttage. Eine Lebensbeschreibung". *Werke*. Hg. Norbert Miller. Bd. 1. München: Hanser, 1975b. 471–699.
Rosenkranz, Karl. *Ästhetik des Hässlichen*. 2., überarb. Aufl. Leipzig: Reclam, 1996.
Runge, Philipp Otto. *Briefwechsel. Eine Auswahl*. Hg. Peter Betthausen. Leipzig: Seemann, 2010.

Schipke, Regina. „'Du treibst die Kunst immer höher.' Rosa Maria Assing als Silhouetteurin". *Schwarz auf Weiß. Zeitschrift des deutschen Scherenschnittvereins* 3.6 (1997): 6–13.

Schleiermacher, Friedrich. „Theorie des geselligen Betragens". *Kritische Gesamtausgabe*. Hg. Günter Meckenstock et al. Bd. 1,2. Berlin und München: De Gruyter, 1984. 165–184.

Schliepmann, Hans. „Lotte Nicklass. Eine neue Schwarzkünstlerin". *Deutsche Kunst und Dekoration* 19 (1916): 437–444.

Slauter, Will. *Who Owns the News? A History of Copyright*. Stanford, CA: Stanford University Press, 2019.

Uexküll, Jakob von. *Theoretische Biologie*. Frankfurt am Main: Suhrkamp, 1973.

Varnhagen von Ense, Karl August. „Besuch bei Jean Paul". *Werke in fünf Bänden*. Bd. 1: *Denkwürdigkeiten des eigenen Lebens*. Hg. Konrad Feilchenfeldt. Frankfurt am Main: Deutscher Klassiker-Verlag, 1987. 552–567.

Varnhagen von Ense, Karl August. „Vom Ausschneiden". *Werke in fünf Bänden*. Bd. 4: *Biographien, Aufsätze, Skizzen, Fragmente*. Hg. Konrad Feilchenfeldt und Ursula Wiedenmann. Frankfurt am Main: Deutscher Klassiker-Verlag, 1990. 384–390 [Kommentar 930–942].

Vogel, Juliane. „Schnitt und Linie. Etappen einer Liaison". *Öffnungen. Zur Theorie und Geschichte der Zeichnung*. Hg. Friedrich Teja Bach und Wolfram Pichler. Paderborn und München: Fink, 2009. 141–159.

Vogel, Juliane. „Kommen und Gehen. Notizen zu einer Verkehrsformel der Bühne". *Ein starker Abgang. Inszenierungen des Abtretens in Drama und Theater*. Hg. Franziska Bergmann und Lily Tonger-Erk. Würzburg: Königshausen & Neumann, 2016. 35–45.

Wagner Brust, Beth. *The Amazing Paper Cuttings of Hans Christian Andersen*. New York, NY: Ticknor & Fields, 1994.

Weinmayer, Conrad. „E. M. Engert: Neueste Silhouetten". *Deutsche Kunst und Dekoration* 20 (1917): 85–87.

Günter Oesterle
Geschichte und Verfahren der kleinen Gattung Annonce und ihre konstitutive Bedeutung in Heinrich von Kleists Novelle *Marquise von O....*

1 Die kulturhistorischen Bedingungen für die Entstehung der modernen publizistischen Gattung Annonce in der frühen Neuzeit

Michel de Montaigne berichtet in seinen *Essais* (1572–1592) im 34. Kapitel des ersten Buches unter der Überschrift „Von einem Mangel in unserer Polizey", dass sein Vater ihm eines Tages folgendes Projekt vorgestellt habe: In den Städten fehle eine Einrichtung,

> wohin jedermann, der irgend einer Sache benöthigt, sich wenden und von einem dazu bestellten öffentlichen Beamten sein Bedürfnis zu Buche bringen lassen könnte. Wie z. B. [...] jemand sucht einen Bedienten von dieser oder jener Beschaffenheit; ein Bedienter sucht eine Herrschaft.

Montaigne folgert daraus:

> [E]s scheint, daß diese Art von allerley Fragen, Anzeigen und Nachrichten eine große Bequemlichkeit für die allgemeinen bürgerlichen Geschäfte erzeugen würden; denn alle Augenblicke entstehen Verhältnisse, die sich einander suchen, die aber, weil sie nicht bekannt werden, die Menschen in großer Verlegenheit lassen. (1793, 226)

Dieser zukunftsweisende Vorschlag kann als ein seismographisches Signal gelesen werden, dass die traditionellen Formen des kommunikativen Austausches über Frühformen von Angebot und Nachfrage im Bereich von Dienstleistungen und in begrenzter Weise von Informationen über luxusartige Waren (denn lange Zeit waren noch die von den Zünften kontrollierten heimischen handwerklichen Produkte davon ausgeschlossen) zumindest in größeren Städten unzureichend, weil undiversifiziert und nur in begrenzter Reichweite wirksam, erscheinen. Bislang waren diese Informationsweitergaben entweder an die Ansagen von Bütteln oder die Ankündigungen von Küstern am Ende des Kirchgangs gebunden oder in Anschlägen bzw. Tafelanschriften von Leih- und Pfandhäusern zu finden. Auffällig ist jedenfalls, dass bei der Diskussion um die Einrichtung eines organisatorisch zuverlässigen städtischen Büros für Gesuche von Anfang an die regierungsamtliche Unterstützung durch einen Beamten mitgedacht wird. Nicht weniger signifikant dürfte sein, dass der erste Verwirklichungsversuch einer derartigen Einrichtung durch den geschäftstüchtigen Armenarzt Théophraste Renaudot nicht nur die Bedürfnisse der höheren städtischen Schichten im Auge hatte, sondern um die Not der Arbeitssuche nicht zunftmäßig organisierter Unterschichten wusste.

Mit Unterstützung Richelieus erfolgte ab 1630 Zug um Zug die Errichtung von Büros in verschiedenen Stadtteilen von Paris. Dort lagen ‚Listen' aus, in die man seine Gesuche gebührenpflichtig eintragen konnte. Daher hießen diese neuartigen Institutionen zutreffend: *bureaux d'administration et de rencontre*. Ein Anzeichen für die hohe Akzeptanz und Effizienz dieser ortsgebundenen Service-Einrichtungen dürfte ihre rasch erfolgende Erweiterung um eine printmediale Ergänzung sein. Denn schon drei Jahre nach der Gründung des ersten Büros, also 1633, gab Renaudot die „Eintragungslisten" gedruckt heraus. Zunächst wurden diese noch arbeitsteilig vertrieben, entweder durch Kolporteure oder – das war die entscheidende Neuerung – als „Beilage" zur ersten politischen Zeitung Frankreichs, der *Gazette* (Schneider 1940, Sp. 100). Der Ergänzung der ortsgebundenen Büros durch printmediale Annoncen-Blätter, die sogenannten *feuilles de bureau d'adresses*, entspricht aufs genaueste eine parallele Begriffsbildung: Neben die Annonce, die Ankündigung, tritt der durch die Drucktechnik inspirierte Begriff des *Inserats* als Einrückung.

Diese Konstellation von unternehmerischer Eigeninitiative und staatlicher Unterstützung mit karitativen Nebeneffekten sollte für das Intelligenzblattwesen und die Entwicklung der publizistischen *Annonce* strukturbildend wirken. Die Zweiteilung der Annoncenblätter, die bald *Intelligenzblätter* (lat. ‚einsehen') genannt wurden, in einen offiziösen bzw. administrativen Textteil und einen privat bezahlten Annoncenteil ist heute fast ganz aus dem Bewusstsein verschwunden. Dass diese in den beiden Hauptstädten Frankreichs und Englands sich schnell durchsetzende Einrichtung einer Kooperation von regierungsamtlicher Bekanntmachung und gewerblich und gemeinnützig ausgerichtetem Annoncengeschäft im deutschen Reich trotz der Anregungen des von Utopien inspirierten Kameralisten Wilhelm von Schröder oder des Philosophen Leibniz erst mit Verspätung Fuß fassen konnte, dürfte der dafür notwendigen Umstellung einer großstädtischen Institution auf die städtische Kleinteiligkeit des deutschen Reiches geschuldet sein. Nach 1722 allerdings verbreitet sich, ausgehend von Frankfurt am Main, Hamburg und Berlin, sei es auf obrigkeitlichen Beschluss und verbunden mit Abonnenten- und Inseratenzwang wie in Preußen, sei es in loser Zusammenarbeit von buchhändlerischer Initiative und regierungsamtlicher Nachhilfe wie meist in Mittel- und Süddeutschland, ein Intelligenzblattwesen in „allen ansehnlichen Städten" des deutschen Reiches (Max 1941, Sp. 1809): 1750 gab es derartige Annoncenblätter in 44, am Ende des 18. Jahrhunderts in 200 Städten

(Böning 1999, 91). Diese Kleinteiligkeit und Zersplitterung wurde zunächst und lange als Nachteil begriffen, noch Justus Möser hat in der gemeinsam mit seiner Tochter verfassten Vorrede zu seinen *patriotischen Phantasien* den kleinstädtischen Provinzialismus als hinderlichen „Erdgeschmack" beschrieben (Böning 2017, 268), aber spätestens um 1800 wurde diese reichsdeutsche Vielfalt unter anderem von dem Zeitungsexperten Zacharias Becker als presserechtliche Spielraumermöglichung positiv gewürdigt (Becker 1792, 12 [Vorbericht]).

Die jüngere Forschung hat herausgearbeitet, wie in der Aufklärung das zunächst eher randständige Intelligenzblattwesen zunehmend als bedeutsames Instrument für aufklärerische Zwecke entdeckt wurde (Petrat 1987; Greiling 1995; Böning und Siegert 1990; Böning 2001; Böning 2005): „Die engen Bindungen lokaler Verhältnisse und die Nähe zum Alltagsleben" haben die Möglichkeit geboten, „solche Leser anzusprechen, mit denen eine Reform des Wirtschaftslebens durchsetzbar" gewesen sei (Böning 1999, 96). Das daraus resultierende Interesse der Forschung an Fragen der Popularisierung und Sozialdisziplinierung und der entsprechenden alltags- und kulturgeschichtlichen Auswertung der Intelligenzblätter vernachlässigte die formgeschichtliche Entwicklung der publizistischen Kleingattung Annonce, ihre zunehmende Pointierung, Kürze und aufmerksamkeitsökonomische Zielführung. Zwar beschreibt einer der besten Kenner eine „Literarisierung" des Intelligenzblattwesens in der zweiten Hälfte des 18. Jahrhunderts zutreffend (Böning 1999, 99) und macht dies fest an der zunehmend häufigeren Verwendung von literaturdidaktischen Kleingattungen wie „Fabel, Parabel, Dialog und Anekdote"; die gleichzeitig beobachtbare stilistische Profilbildung und – bei aller Variationsfähigkeit – Standardisierung der publizistischen Kleingattung Annonce als dem Kerngeschäft der Intelligenzblätter bleibt dabei jedoch unerörtert.

Es lassen sich sechs innovative Aspekte benennen, die zur Entstehung einer in der zweiten Hälfte des 18. Jahrhunderts medial und temporal reflektierten, auf publizistische Resonanz ausgerichteten Kleingattung Annonce beigetragen haben.

Da ist an erster Stelle der vergleichende Blick der nationalen und internationalen Verwendung der Annonce, der sogar intermediale Potentiale beachtet, anzuführen. Der publizistisch kundige Vorreiter auf diesem Gebiet, Justus Möser, hat derartige vergleichende Studien durchgeführt (Böning 2017, 241–243; 231–233); da sind zweitens die Förderung des historischen Wissens über das ‚Intelligenzwesen' und die dort gepflegte Gattung Annonce durch den ersten Zeitungswissenschaftler des deutschen Reiches Joachim von Schwarzkopf und – in seinem Gefolge und in Konkurrenz mit ihm – die vergleichbaren Versuche von Zacharias Becker zu nennen (Becker 1794, Bd. 1, Sp. 724); da ist drittens eine öffentlichkeitswirksame Dynamik zu beobachten, die dazu führte, dass Annoncen zum Medium von Antikritiken genutzt wurden. Dieser Vorgang lässt sich exemplarisch an dem angesehenen

Rezensionsorgan der *Allgemeinen Literatur-Zeitung* in Jena studieren, als die im offiziellen Teil der Zeitung anonym kritisierten Autoren nach und nach dazu übergingen, im Intelligenz-Beiblatt eben dieses Rezensionsorgans sich in selbstbezahlten Anzeigen zu verteidigen (Napierala 2004, 77–113). Von mentalitätsgeschichtlicher Bedeutung dürfte es viertens gewesen sein, dass um die Wende der 80er zu den 90er Jahren des 18. Jahrhunderts die ersten „Familienanzeigen" auftauchten: Die älteste Todesanzeige erschien im *Gothaischen Intelligenz-Blatt* 1783, die erste Geburtsanzeige in der *Vossischen Zeitung* vom 22. August 1793, die erste Verlobungsanzeige dort am 10. Juni 1794 (Schneider 1940, Sp. 107). Diese damals viel diskutierte Neuerung einer Ökonomisierung des Privaten durch die Einführung von „Familienanzeigen" hatte bedeutsame Folgen: Sie förderte das Einwandern der publizistischen Kleingattung Annonce in die poetische Literatur. Um die Wende vom 18. zum 19. Jahrhundert ist fünftens eine zunehmende Aufmerksamkeit für die drucktechnischen Gestaltungsmöglichkeiten der Annonce zu beobachten: Dazu zählt der Einsatz von Sperrungen und Fettsatz, der Wechsel von Schriftart und Schriftgrad, von Antiqua und Fraktur sowie die 1803 vollzogene Aufteilung des Satzspiegels in zwei Spalten (Schneider 1940, Sp. 108). Für eine Formkunde der Annonce ist schließlich sechstens die gegenseitige Konturierung kleiner Gattungen untereinander zu beachten. Die beiden kleinen, in der frühen Neuzeit entstandenen Gattungen beispielsweise, die Annonce und das Billet, haben sich trotz unterschiedlicher Profilierung gegenseitig in Stilbildung und Formatierung beeinflusst. Belegt ist, dass die in Weimar 1802 publizierte Schreibkunde zur Verfertigung von Annoncen – ihr Titel lautet: *Intelligenzblätterkunde für den nicht unterrichteten Privatmann* – sich ausdrücklich auf das Vorbild zeitgenössischer Briefsteller wie z. B. die Epistolographie von Karl Philipp Moritz berufen hat (Stiebritz 1802, 9). Es ist ein Desiderat der Forschung, derartige gattungs- und formalästhetische Bezüge auf zeitgenössisch kurrente Wissensordnungen zu beziehen.

2 Die Annonce als mediales Übungsfeld kameralistischer Wissensordnung

Die Gattung Annonce tritt im Verbund auf. Das spezifische Publikationsmedium für diese Ansammlung von Bekanntmachungen sind die sogenannten „Intelligenzblätter". Sie können selbständig, später auch als Beilagen zu Rezensionsorganen firmieren. Sie verbreiten sich im deutschen Sprachraum seit 1722 kontinuierlich; meist ist ihre Reichweite an eine Stadt und ihren Umraum gebunden. Erst ab 1792 entsteht in Gotha ein mit kaiserlichen Privilegien ausgestatteter *Reichs-Anzeiger oder Allgemeines Intelligenzblatt* mit dem Anspruch, den gesamten deutschen Sprachraum abzudecken. Es hat also über hundert Jahre gedauert, bis die ausdrücklich als „utopian" deklarierte Idee des Freiherrn Wilhelm von Schröder zur „Einrichtung eines General-Intelligenzwerkes" (1686) sich verwirklichen ließ (Bücher 1981 [1920], 326–345) – freilich auch mit einer bedeutsamen Akzentverschiebung: Der *Reichs-Anzeiger* verstand sich nicht als hierarchisch gegliederte Institution, sondern als Kommunikationsvermittler eigenständiger regionaler „Sprechsäle" (u. a. „gemeinnütziger Gesellschaften") (Becker 1791, 1).

Die Intelligenzblätter zeichnen sich durch zwei Charakteristiken aus: Sie grenzen sich (a) von politischen Zeitungen ab und erstreben (b) im Blick auf den „Nährstand" eine publizistische Kooperation von administrativen bzw. polizeilichen Bekanntmachungen einerseits und privat bezahlten Annoncen andererseits, die den Handel, Verkehr und andere Einrichtungen des gesellschaftlichen Lebens betreffen. Durch die Partizipation an einem Printmedium erschlossen sich Administration und Polizei einen öffentlichen Sprachraum (Max 1941, 1828). Entsprechend intensiv war die Unterstützung der Intelligenzblätter durch regierungsamtliche Stellen. In Preußen führte diese Bevorzugung sogar dazu, dass die Intelligenzblätter das Privileg des Erstdrucks von Bekanntmachungen erhielten. Zugleich wurde ein „Bezugszwang" angeordnet, der für Beamte, Geistliche, Juden, Innungen, Gastwirte verpflichtend war (Böning 1999, 92).

Diese Kooperation von administrativen bzw. polizeilichen und ökonomisch-gesellschaftlichen Bereichen kann als mediales Übungsfeld kameralistischer Wissensordnung angesehen werden (Vogl 1997, 69–78). So schreibt der Kameralist Johann Heinrich Gottlob von Justi in seinen *Grundsätzen der Policeywissenschaft* von 1782:

> Ein anderes Beförderungsmittel des Nahrungsstandes ist das Intelligenz-Wesen, welches eine glückliche Erfindung unserer Zeiten ist. Man sieht leicht, wie viel es bey dem Zusammenhange des gesamten Nahrungsstandes auf öffentliche Bekanntmachung allerley in die Gewerbe einschlagenden Nachrichten ankommt [...]. (1782, 221)

Die mediale Aufbereitung der Annoncen wurde befördert durch ein System von Zugriffsmöglichkeiten, z. B. eine ausgefeilte Rubrizierung der Annoncen oder die Anfertigung eines praxisgerechten Registers (Siegert 1978, 773). Stilistische Transparenz und Klarheit sind in der Verwaltungstechnik genauso wichtig wie in der Ökonomie und Publizistik. „Wohl kein Zeitungstyp hat je mit so reich gegliederten Rubrikeneinteilungen gearbeitet wie das Intelligenzblatt." (Max 1941, 1826) Man vergleiche die zwei Dutzend Rubriken, die in der Enzyklopädie von Krünitz aufgeführt sind, mit den veränderten und erweiterten Rubriken (etwa im Bereich von Erfindungen) im *Reichs-Anzeiger* Anfang des 19. Jahrhunderts, um die Differenziertheit und Flexibilität der Rubrikeneinteilung sich vor Augen zu führen. Regionale Besonderheiten waren durch diese diversifizierten Rubriken jederzeit möglich, in Hafenstädten wie Frankfurt am Main die Mitteilung der Ankunftszeiten der Schiffe, in Dresden die aktuelle Anwesenheit auswärtiger Künstler, in Halle die Publikation der Vorlesungsankündigungen.

Die ordnungspolitischen Unterstützungsmaßnahmen der Intelligenzblätter hatten eine formgebende Innenseite: In Format, Stil und Sprachgestus lässt sich eine Konvergenzbewegung zwischen Administration, Ökonomie und Publizistik feststellen. Evident wird dies, wenn man die Rubrik „Steckbriefe" bei den polizeilichen Bekanntmachungen mit der Rubrik „vermißte Personen" im privaten Annoncenteil vergleicht. Die *Intelligenzblätterkunde* gibt unter Nr. 19 dafür ein sprechendes Beispiel. Nachdem im ersten Teil der Annonce das Verschwinden eines 15-jährigen Sohnes genau beschrieben wird, folgen dem Steckbrief vergleichbare Erkennungsmerkmale: „Er ist gegenwärtig 70 Zoll lang, schlank von Wuchse, hat ein gelbliches abgeschnittenes Haar, trägt einen braunen englischen Tuchrock mit gelben Knöpfen..." (Stiebritz 1802, 115). Der Herausgeber dieser Schreibkunde für Anzeigen ergänzt dazu in einer Anmerkung: „Obiges Signalement oder Bezeichnung des Entwichenen, ist absichtlich beibehalten worden, damit ähnliche Bezeichnungen danach gemacht werden können. Es sind die wesentlichen Punkte darunter enthalten, wodurch sich jemand kenntlich macht." (Stiebritz 1802, 115–116)

Das kameralistische Ordnungswissen entwickelte ein topologisches Modell, das den gegenseitigen Austausch von Mangel und Überfluss in der Ökonomie wie in der Kommunikation organisierte und medial zu beschleunigen suchte. Die Optimierung der Verflechtung selbständiger Bereiche und die Beschleunigung der Zirkulation waren das Ziel dieser kameralistischen Operationen (Sandl 2002, 77). Das Annoncenarrangement war das kommunikative Schmiermittel in diesem administrativen, ökonomischen und publizistischen Ordnungsraum. Schriftstellerei, verstanden als präzise Protokollführung von Botschaften, Abläufen und komplexen Konstellationen, war kein „ornamentum" bzw. schmückendes Beiwerk zu den „trockenen Fakten" der Annoncen, wie Christian Friedrich Daniel Schubart glaubt das stilistische Phänomen Intelligenzblatt beschreiben zu müssen (Max 1941, 1806). Die kameralistische Koinzidenz von „Aussagen und Gegenstandsordnung" (Sandl 2002, 63–79) bringt der zeitgenössische Zeitungshistoriker Joachim von Schwarzkopf am Ende des 18. Jahrhunderts folgendermaßen auf den Punkt: Da der Hauptzweck der Zeitungen „abgekürzte Nachrichten [...] und Quintessenzen" seien (Schwarzkopf 1795, 81), findet „bey wohl eingerichteten Zeitungen ein topographisches Haushalts-System statt, nach welchem der innere Gehalt einer Nachricht mit dem Raum, den man ihr verleihet, in einem gewissen Verhältnisse stehen muß" (82–83).

Danach ist für die Annonce die topographische Hausregel so einzurichten, dass eine „kurze gedrängte Übersicht den Kaufmann, Künstler, Handwerker und Landmann auf alles aufmerksam macht, was zur Erleichterung und Erweiterung seiner Geschäfte"[1] tunlich ist. Es ist also nur konsequent, dass die kameralistisch ausgerichtete Enzyklopädie von Krünitz vorschreibt, die „gerichtlichen Notationen [...] in möglichster Kürze" (1784, 428; Stiebritz 1802, 12) zu veröffentlichen. Preußen, das gleichzeitig mit der Einführung von Intelligenzblättern kameralistisch ausgerichtete Professuren an seinen Universitäten einrichtete (Böning 1999, 91–92), fordert in einem Reskript vom 19. Mai 1752, „daß die Inserenda in den Intelligenzblättern in möglichster Kürze abgefaßt werden sollten" (Max 1941, 1814). Als „dritte Tugend" führt die *Intelligenzblätterkunde* „*Bestimmtheit*" und „*Kürze*" an, mit der Auflage, „jedes zu viel und zu wenig" zu meiden (Stiebritz 1802, 24). Es wundert daher nicht, dass ein in Frankfurt am Main erscheinendes Intelligenzblatt sich den aparten italienischen Titel „Frankfurter Staats-Ristretto" gibt, um mit dieser auf den „Kern" anspielenden Aussage anzukündigen, dass es sich einer bündigen und kurzen Schreibart befleißigen wird (Schwarzkopf 1802, 21).

Ein wichtiger Anreiz zur Verkürzung und Verknappung des Textvolumens war die Preisgestaltung. Bis zur Sattelzeit um 1750 wurden die Intelligenzblattanzeigen nach festen Stückpreisen ohne Berücksichtigung des Umfangs gedruckt. „Erst in der zweiten Hälfte des 18. Jahrhunderts begann die Herausbildung von Anzeigenpreisen nach einheitlichen Grundsätzen und auf der Basis, daß Umfang und Preis sich einander bedingten" (Max 1941, 1823). Gegen Ende des 18. Jahrhunderts hatte sich dann im *Reichs-Anzeiger* und in der *Leipziger Zeitung* der Zeilenpreis durchgesetzt. Die neuartige Steuerung der Länge bzw. Kürze der Annoncen lässt sich gut an den ersten Jahrgängen des *Reichs-Anzeigers* (1791–1798) studieren, insbesondere an den Anstrengungen des Herausgebers Zacharias Becker, die Auflagen durch Gratisangebote „ohne Inseratengebühren" zu steigern, die allerdings auf eine „halbe[] Spalte von 24 Zeilen" limitiert waren (Siegert 1978, 765–770). Die Einheitlichkeit der Annoncenbeispiele, die 1802 in der *Intelligenzblätterkunde* aufgeführt sind, nimmt aus diesem Blickwinkel nicht Wunder; sie schöpft ihre Beispiele größtenteils aus dem *Reichs-Anzeiger* und den innovativen Leipziger Intelligenzblättern (Stiebritz 1802, 16). Und doch muss unsere heutige Wahrnehmung historisiert und damit relativiert werden: Was um 1800 unter ‚kurzen Bekanntmachungen' verstanden wurde, war auf bis zu 16 Zeilen einer halben Spalte limitiert. Was einen kurzen Text ausmachte, wurde also damals relativ großzügig bemessen.

---

[1] Ankündigung des *Königlich Dänischen privilegirten Allgemeinen Niedersächsischen und Herzogthum Schleswigschen Anzeigers* von 1799 (zit. n. Böning 2014, 243).

Das alltagsnahe thematische Spektrum der Intelligenzblätter hat nicht erst die Kulturhistoriker der jüngsten Gegenwart fasziniert. Schon bei den Zeitgenossen um 1800 gibt es Experten, die „den großen Einfluss auf die bürgerliche gesellige Kultur" bemerken und die Intelligenzblätter „als Chronik, Publicitätsvehikel und Sittenspiegel" wertschätzen (Schwarzkopf 1801, 961–976). Noch ein Stück raffinierter als diese quellenkundlich interessierten Kulturhistoriker argumentiert der Herausgeber der *Intelligenzblätterkunde*, der Subkonrektor Stiebritz aus Weimar. Er vermutet, dass durch das Studium publizierter Annoncenblätter über einen längeren Zeitraum sich Diagnosen über die Veränderungen der „Art und Menge der Bedürfnisse unseres Zeitalters" anstellen ließen (Stiebritz 1802, 3). Dieser präsoziologische Ansatz lässt sich mit der Frage reformulieren: Was war zu dieser Zeit annoncefähig? Und was wird zu bestimmten Zeiten noch von der öffentlichen Anzeige ausgeschlossen oder erst allmählich um 1800 zugelassen? Es ist plausibel, dass die Zünfte das Angebot und die Nachfrage nach Waren in den „Intelligenzblättern" auszubremsen versuchen und daher Angebot und Nachfrage sich zumeist konzentriert auf gebrauchte, verlorene und gestohlene Sachen, Kapitalien, Grundstücke, Reisebegleitungen, Dienstbotenvermittlungen. Erst allmählich setzen sich Berichte von neuartigen Erfindungen oder, um ein weiteres Beispiel für Neuerungen zu nennen, Empfehlungsschreiben für das Gesinde durch (Stiebritz 1802, 101–104). Man kann sich gut vorstellen, dass Bekanntmachungen der Lotterie annoncefähig sind, nicht aber „Offerten und Wetten"; auch ist nachvollziehbar, dass die in einer Stadt ankommenden und durchpassierenden Fremden im Intelligenzblatt vor Ort vermerkt werden, nicht aber „Ankunft und Abgang vornehmer Personen" (Bücher 1920, 154). Für den heutigen Rezipienten dürfte überraschend sein, dass erst gegen Ende des 18. Jahrhunderts „Familienanzeigen" sich durchsetzen (Max 1941, 1826). In dem von Zacharias Becker herausgegebenen *Reichs-Anzeiger* heißt es um 1800: „Privatpersonen können Familienvorfälle allgemein und schnell bekannt machen" (Becker 1795, 12). Das war nicht immer selbstverständlich. Beim Aufkommen der Intelligenzblätter in der ersten Hälfte des 18. Jahrhunderts gibt es „anfangs" „am meisten Widerstand" gegen die von Amtswegen „gedruckten Taufen, Trauungen und Todesfälle" (Schwarzkopf 1802, 17). Offensichtlich laufen sie den „Interessen der Küster zuwider" (Schwarzkopf 1802, 17). Am dezidiertesten äußert sich über diese Verschiebung vom privaten zum öffentlichen Bereich die 1802 in Weimar erschienene *Intelligenzblätterkunde*. Unter anderem lobt sie die „neuere Anzeige-Methode der Todesfälle" (Stiebritz 1802, 11):

> Und man weiß, wie sehr sich der Geist unsers Zeitalters hierin von dem Geiste der vorigen Zeit, und wie sehr zu ihrem Vortheil! unterscheidet. Was für eine Menge Geschäfte, die ehedem privatim verhandelt wurden, werden jetzt frank und frei vor den Augen des grö-

ßern Publikums betreiben, und offenbar zum größten Nutzen der beiderseitigen Theilnehmer [...]. In was für einer peinlichen Lage befanden sich z. B. nicht bisher die guten Hinterlassenen der Verstorbenen! – Der gerechteste Schmerz über den Verlust des Freundes, der Eltern, der Kinder etc. sollte diesen betäubten Gemüthern Fassung lassen, zierliche Notificationsschreiben an Theilnehmer und Nichttheilnehmer aufzusetzen und zu besorgen! Welche Zumuthung! – die indessen honorirt werden mußte! – Der lästigen und widrigen Beantwortungen nicht zu gedenken, die das bisherige Cerimoniel ebenfalls unerläßlich gemacht hatte. (Stiebritz 1802, 4–5)

Die Lizenz zur Veröffentlichung privater Angelegenheiten ließ sich noch am ehesten rechtfertigen, wenn ein wohltätiges Motiv geltend gemacht werden konnte. Davon zeugt ein literarisches Beispiel, in dem eine Annonce aus menschlicher Rücksicht in ein Intelligenzblatt gesetzt wurde. Es handelt sich um eine von Anton Mathias Sprickmann im *Deutschen Museum* 1777 publizierte Erzählung unter dem Titel *Das Intelligenzblatt*. Ein Junggeselle, der im Umgang mit heiratsfähigen Frauen nicht besonders glücklich ist, lernt endlich eine ideale Partnerin kennen. Das Hindernis einer Verehelichung scheint zu weichen, als für den jungen Hochzeiter ein ansehnliches Erbe in Aussicht steht. Bei der Sichtung des Nachlasses entdeckt der redliche Erbe, dass sein Glück unrechtmäßigerweise zustande gekommen ist; er zögert nicht, per Annonce sich auf die Suche nach den rechtmäßigen Erben zu machen. Die tragische Konsequenz, der Verzicht auf die Heirat seiner Verlobten, bleibt aus, als sich herausstellt, dass der gesuchte Erbe just die Familie seiner Verlobten ist.

Wie heikel und grenzwertig der öffentlichkeitsorientierte Vorstoß in bisher als privat angesehene Familienangelegenheiten war, kann exemplarisch ein annonciertes „Hochzeitsgesuch" demonstrieren. Es findet sich mit Kommentar versehen in der *Intelligenzblätterkunde* abgedruckt. Der Kommentar dazu lautet: „Dieser Artikel, der anfänglich viel Befremdendes hatte, erscheint häufiger und warum nicht?" (Stiebritz 1802, 75–76) In vergleichbarer Richtung argumentiert der Herausgeber, Subkonrektor Stiebritz, auch zu Beginn seiner Schrift. Dort ermutigt er die „Vorurtheilsfreien" unter den Inserenten, bislang zurückgehaltene private Familienfälle zum eigenen Nutzen „mit Beiseitsetzung der falschen Scham" „in öffentlichen Blättern" (Stiebritz 1802, 5) publik zu machen. Eben solch einen kühnen und mutigen „Schritt" macht die Witwe Marquise von O.... in Kleists gleichnamiger Novelle, als sie in großer Not mit bewundernswerter „Sicherheit" zu einem „sonderbaren Mittel", einer Annonce in einem Intelligenzblatt vor Ort, greift – „einem Mittel, bei dem sie, als sie es zuerst dachte, das Strickzeug selbst vor Schrecken aus der Hand fallen ließ" (Kleist 1989, 62).

Es ist bemerkenswert, dass in der Kleistforschung im Blick auf die Interpretation der *Marquise von O*.... die publizistisch wirksame neuartige kleine Gattung Annonce nur am Rande Erwähnung findet (Doering 2009, 106–114; Siebert

1991, 323–327). In jüngerer Zeit hat Jake Fraser wenigstens auf das Printmedium die Aufmerksamkeit gelenkt, in der die Annonce ihr Potential entfalten konnte: das Intelligenzblatt. Die Berücksichtigung des Einsatzes von Zeitungsnachrichten in Kleists Erzählung erlaube es, die Begegnung der beiden Protagonisten der Novelle, der Marquise und des Grafen, nicht als ein „schicksalhaftes Zusammentreffen", sondern als den Effekt einer historisch technologischen Innovation zu begreifen (2017, 276). Diese theoretisch brillante und weitausgreifende Studie kann gleichwohl als Blaupause herhalten, die Frage nach dem Mehrwert einer – in Frazers Abhandlung fehlenden – Aufmerksamkeit auf die medial konfigurierte Kleingattung Annonce zu stellen.

Für eine medien- und gattungsgeschichtliche Kontextualisierung der Novelle *Marquise von O*.... reicht es nicht aus, darin einen „Nachrichtenverkehr" inszeniert zu finden, der durch die allgemein gehaltene Rekonstruktion der Entstehung der publizistischen Institution Intelligenzblatt genugsam historisiert wird. Eine historische und ästhetische Feinjustierung wird erst möglich, wenn die spezifische Brisanz der Einfügung der lakonischen Annoncen in die so ganz anders gestimmte Tonart der Novelle beachtet wird. In das novellistische Spiel mit Zweideutigkeit bringt die Annonce eine neue sowohl ernstere wie brisantere Grenzerfahrung zwischen Intimität und Öffentlichkeit hinein.

3 Die Gemeinnützigkeit und Sachlichkeit der Annonce korrigiert das frivole Amusement der Novelle: Zur Funktion der Annoncen in Heinrich von Kleists *Marquise von O*....

Durch einen Brief Clemens Brentanos an Achim von Arnim vom 10. Dezember 1811 wissen wir, dass Heinrich von Kleist das Novellenschreiben für sich als unwürdig, jedenfalls seiner hohen Kunsteinstellung nicht angemessen empfand (Schlaffer 1993, 3). An der *Marquise von O*.... kann man studieren, wie die Novelle als eine „Gattung ohne Poetik" (Lehmann 2013, 34) durch eine noch kaum literaturfähige, meist als trivial angesehene Kleingattung einen neuen Status erhält. Beide, Novelle und Annonce, sind in ihrer Rezeptionsausrichtung auf die Vermittlung von Neuigkeiten ausgerichtet. Während aber die Novelle von einer amüsanten frivolen Sensation erzählt und ein Publikum der „leisure class" zu unterhalten trachtet, ist die Annonce in Genese und Geltung sowohl als „gemeinnützig" (Schwarzkopf 1802, 32) einzustufen als auch „an den unmittelbaren Lebenskreis des Lesers" angebunden (Becker 1795, 9). Als gemeinnützige und erfahrungsoffene Kleingattung soll die Annonce die ansonsten versiegenden Kommunikationsmöglichkeiten in der Novelle *Marquise von O....* in Gang bringen. In der Erzählung ist diese Anschlussfähigkeit für alle anderen Kommunikationsversuche in hohem Maße verstellt, sodass das moderne Annoncenwesen, wenn auch als höchst unübliches Mittel, zumal im privat-intimen Bereich und obendrein von einer adligen renommierten Dame in Gang gesetzt, zu Hilfe genommen werden muss.

Die Herausforderungslage ist extrem: Während einer Festungsbestürmung rettet ein Offizier des feindlichen Lagers eine von den erobernden Soldaten bedrohte Marquise (die Tochter des Festungskommandanten), um dann aber dem in Ohnmacht gefallenen Opfer eben diese gerade verhinderte sexuelle Untat selbst zuzufügen (was freilich in der Novelle nur durch einen Bindestrich angedeutet wird). Zwei Versuche, diese unter dem Schein einer Rettung verursachte extreme Ordnungswidrigkeit unter Ausschluss der Öffentlichkeit zu reparieren und zu heilen, scheitern sowohl auf der offiziösen familiären Ebene durch den Antrag einer Blitzheirat wie auf der Ebene eines intimen geflüsterten Geständnisses in einer Laube. Der einzige Ausweg scheint der Wechsel von der mündlichen Kommunikation zum schriftlichen Geständnis zu sein, also zu einem Brief, den der reuige Täter aber als fast unschreibbar wie eine Verdammung erfährt (Kleist 1989, 69). In dieser dilemmatischen Situation ergreift die Gegenseite in Gestalt der Marquise eine für eine adlige Dame bislang unerhörte, doch inzwischen gesellschaftlich prinzipiell möglich gewordene Lösungsoption: Sie publiziert in den örtlichen Intelligenzblättern unter der Rubrik „Familienangelegenheiten" eine Annonce. Das heißt, sie wagt damit einen kühnen Schritt an die Öffentlichkeit. Durch die Darstellungsweise, die Erstellung und Aufnahme dieser Annoncen in Kleists Novelle wird die triviale und kleine Zweckform Annonce aufgewertet. Die Produktion der Annonce durch die Marquise ist keine schnell erledigte Standardnachricht, sondern ein von der verkannten Marquise sorgfältig bedachtes, nächtelang „gedreht und gewendete[s]" Nachrichtenensemble. Es ist ein Meisterstück an Kürze, Lakonie und komprimierter Information. Die von der Marquise geschaltete Annonce setzt sich aus drei Textsorten zusammen, die sich auf die drei Tempora Vergangenheit, Gegenwart und Zukunft beziehen: Eine Nachricht, eine Anfrage und eine Absichtserklärung werden gleich zu Beginn der Erzählung vom Erzähler in indirekter Rede zitiert: „daß sie ohne ihr Wissen, in andere Umstände gekommen sey, daß der Vater zu dem Kinde, das sie gebären würde, sich melden solle; und daß sie aus Familien-Rücksichten entschlossen wäre, ihn zu heiraten" (7). Die Rezeption und Lektüre einer solch unerhörten Begebenheit (wie es eine unwissende Empfängnis darstellt) in einem für solche diskreten Angelegenheiten unüblichen

Medium (einer Zeitung) ist wiederum außergewöhnlich. Sie wird nicht, wie es Lessing mit Blick auf die Kürze des Epigramms erläutert hatte, „gleichsam im Vorbeigehen" wahrgenommen (Lessing 1895, 237), sondern im Gegenteil wird sie „mit ganzer Seele" verschlungen und – wie es noch in der ersten Fassung geheißen hatte – „wieder[ge]käut" (Müller-Salget 1999, 795). Die Lektüre einer Annonce mit der Mnemotechnik der „ruminatio" sich lesend einzuverleiben, ist ungewöhnlich (Butzer 2008). Selbst die Eltern der Marquise werden angesichts der weiteren unerhörten Begebenheiten – zum Beispiel der Antwort-Annonce – von dieser eher meditativen Lesehaltung erfasst. „Der Obristin verging, ehe sie noch auf die Hälfte dieses unerhörten Artikels gekommen war, die Sprache: [...] Der Obrist durchlas das Blatt dreimal, als ob er seinen Augen nicht traute" (Kleist 1989, 74). Die auf die Bekanntmachung der Marquise in „öffentliche Blätter eingerückte Antwort" (79) löst, obgleich sie dem üblichen kargen Informationsstil einer Annonce entspricht, Staunen aus. Ursache ist die Tatsache, dass eine Alltagskommunikation, die Vereinbarung eines Treffens mit Zeit und Ort, für das üblicherweise das privat gehaltene Billet oder gar das intime Billet doux als Genres zur Verfügung stehen, in diesem Fall nicht wahrgenommen wird. Die Antwort auf den „sonderbaren Aufruf" (73) der Marquise wird in aller Öffentlichkeit ebenfalls in Form einer Annonce gewählt. War die erste Annonce der Marquise schon provozierend, so ist es die zweite antwortende Annonce nicht weniger, denn auch sie lenkt nicht in private Verschwiegenheit zurück, sondern verbleibt im Lichte der Öffentlichkeit. Diese hehre Absicht, in einer derart prekären Situation keine Geheimnisse haben zu wollen, wird später bei der Vorbereitung der Empfangsszene die Marquise eigens goutieren (93).

Der Reiz der Novelle besteht nun genau darin, dass sie die gattungsprägende Bestimmtheit und Klarheit der Annonce zur Disposition stellt. Der Vater der Marquise wird im Verlauf der Handlung sowohl die in der ersten Annonce geäußerte Absichtserklärung der Marquise vereindeutigen wie die in der Antwortannonce gebrauchte Metaphorik juristisch buchstäblich auslegen. Der Schlussteil der Annonce des Grafen lautet, dass der Gesuchte sich „ihr daselbst zu Füßen werfen" wolle (74). Diese Sprachfigur ist eine Demutsgeste, die der Vater der Marquise in dem von ihm entworfenen „Heirathskontrakt" (99) juristisch in eine freiwillige Unterwerfung des reuigen Grafen umformt. Der Marquise gegenüber rechtfertigt er diese seine Eigenmächtigkeit durch Umdeutung ihrer Absichtserklärung in ein bindendes Angebot. Mit dem Hinweis auf die Veröffentlichung in einem Annoncenblatt sei unumgänglich geworden, „daß sie ihr Wort halten müsse" (99). Hilfreich dafür ist zu wissen, dass Gesetze und Edikte in Preußen erst mit der Veröffentlichung in den heimischen Intelligenzblättern bindend geworden sind.

Aber warum will die Marquise plötzlich den überraschend als Täter sich entzaubernden Grafen nicht heiraten? Hatte sie doch noch kurz vor dem entscheidenden Erkennungstag des Täters ihre Absicht bekräftigt, „in jedem Falle, wenn die Person nur nicht ruchlos wäre, ihr gegebenes Wort in Erfüllung zu bringen" (92). In dieser Formulierung liegt der Schlüssel für ihren späteren Widerruf. Denn sie empfindet den Grafen, der bei dem Sturm als ihr Retter erschien, nun als „ruchlos", das heißt in der Deutung von Luther als „gottlos" (Grimm 1893, 1343). Aus dieser Einstellung wird verständlich, dass die Marquise sagen kann, „daß sie in diesem Falle, mehr an sich als an ihr Kind denken müsse, und nochmals, indem sie alle Engel und Heiligen zu Zeugen anrief, versicherte, daß sie nicht heiraten würde" (99). Gab es zu Beginn der Novelle die Versuche die Ordnungswidrigkeit zu reparieren, indem man vom privaten in den öffentlich-publizistischen Bereich wechselte, so ist jetzt zum Ende der Novelle der Gegensatz eines säkularen öffentlichen Versprechens der Marquise einerseits und der Befund eines gottlosen Verhaltens, das sie von ihrem Versprechen entbinden konnte, zu schlichten. Die Lösung findet der Vater mit einem juristischen Vorgehen, das in einem außergewöhnlichen Heiratsvertrag vorsieht, als Konsequenz aus dem „schändlichen" Delikt „auf alle Rechte eines Gemahls Verzicht" zu leisten, dagegen „zu allen Pflichten [...] sich zu verstehen" (Kleist 1989, 99). Dieser Lösungsvorschlag einer sühnenden Unterwerfung überrascht die Marquise: Sie gibt ihr nämlich die Freiheit, den zentralen Teil eines jeden Heiratsvertrags, das Recht des Partners auf Kopulation, abzuwehren, das heißt in ihren Augen: mit keinem „ruchlosen", sprich gottlosen „Teufel" sich zu begatten. Und wieder wird diese rasant erzählte Novelle einen Moment stillgestellt durch eine „ruminatio":

> Als der Commendant am andern Morgen der Marquise dieses Papier überreichte, hatten sich ihre Geister ein wenig beruhigt. Sie durchlas es, noch im Bette sitzend, mehrere Male, lege es sinnend zusammen, öffnete es, und durchlas es wieder; und erklärte hierauf, daß sie sich um 11 Uhr in der Augustinerkirche einfinden würde. (100)

4 Die Einwanderung der Annonce in die romantische Poesie

Heinrich von Kleists Integration einer bislang peripheren publizistischen Gattung Annonce in das literarische Bezugsfeld der Novelle zeigt deutlich, welch ausgeprägtes Gespür dieser Schriftsteller für avancierte und innovative Formprovokationen hatte. Heinrich von Kleist hat nicht nur in die traditionelle frivol gestimmte Novelle das „gemeinnützige" Grundmuster der Annonce als Widerlager eingefügt, sondern zugleich den Neuheitswert der „Publizität" von „Familienanzeigen" zu einer von ihm angestrebten Steigerung des Brisanten genutzt.

Viel spricht dafür, dass Kleist mit der Gründung der *Berliner Abendblätter* im Jahr 1810 nicht nur den großen Berliner Zeitungen *Voß* und *Spener* Konkurrenz machen wollte, sondern auch die Intelligenzblattkonzeption zu erweitern und zu modernisieren beabsichtigte. Tägliches Erscheinen, billige Ausstattung, geringer Preis, reiche Gliederung des Inhalts durch Rubriken, die Kombination von offiziellen Verlautbarungen und ausführlicher Lokalberichterstattung, besonders aber die durchgängige Kultivierung der Kurz- und Kleinformen (Sembdner 1957, 376) stützen die Annahme, dass die *Berliner Abendblätter* nicht nur vom Pariser Boulevardjournalismus gelernt haben (Jessen 1941, 2373), sondern auch vom deutschen Intelligenzblattwesen. Zwar tritt als zentrale Kleingattung die Anekdote in den *Abendblättern* an die Stelle der Annonce (alle romantischen Mitstreiter Arnim, Brentano, die Brüder Grimm, Fouqué tragen dazu bei). Nur wenige Eigenanzeigen der beiden involvierten Verlage (Hitzig und Kuhn) sowie einige redaktionelle Ankündigungen sind vertreten. Allein Kleists „Anzeige", die am 30. März 1811 als letzter Eintrag das unfreiwillige Ende dieses Zeitungsunternehmens ankündigt, ist in ihrer Komprimiertheit, ihrer Viel- und Eindeutigkeit, ihrer Kürze und Prospektivität ein seismographisches Juwel des Zeit- und Zeitungsgeschehens.

> Anzeige.
> Gründe, die hier nicht angegeben werden können, bestimmen mich, das Abendblatt mit dieser Nummer zu schließen. Dem Publiko wird eine vergleichende Übersicht dessen, was diese Erscheinung leistete, mit dem was sie sich befugt glaubte, zu versprechen sammt einer historischen Construktion der etwanigen Differenz, an einem anderen Orte vorgelegt werden.
> H. v. K. (Kleist 1980, 304)

Und doch wäre es eine Verkürzung, die journalistische Verknappungsleistung der *Berliner Abendblätter* allein auf Pariser Anregungen und das eigenständige kühne Fortschreiben des deutschen Intelligenzblattwesens zu beziehen. Es gilt eine dritte Komponente zu erwähnen, in der die Annonce gleichsam auf einem romantischen Umweg einer parodistischen und satirischen Verwendung eine zündende Sprengkraft entfaltet. Eine journalistische Sottise auf die *Abendblätter* zeigt, wie schnell diese romantische Satireidee im Medium der Annonce auch anderwärts Verbreitung gefunden hat. Der *Beobachter an der Spree* druckt am 19. November 1810 mehrere satirische Annoncen ab. Eine sei herausgegriffen:

> Gelehrt scheinende Sachen
> Seitdem in *Athen* [„Spreeathen"] die akademischen Vorlesungen ihren Anfang genommen, stehen mehrere der ehemaligen ästhetischen belletristischen und unwissenschaftlich-wissenschaftlichen Katheder auf öffentlichem Trödel, und haben die Lektoren [Adam Müller] teils das Gewehr gestreckt, teils sind sie auf Reisen und Abenteuer ausgezogen [...].
> (Sembdner 1957, 372)

Das Vorbild für diese Form der Invektive unter der Maske einer Annonce stammt aus der frühromantischen Zeitschrift *Athenäum*, herausgegeben von August Wilhelm und Friedrich Schlegel. Dort finden sich im zweiten Stück des zweiten Bands von 1799 unter der Überschrift *Literarischer Reichsanzeiger oder Archiv der Zeit und ihres Geschmacks* folgende dem Annoncegattungsmuster nachgebildete „Teufeleyen": u. a. *Medicinische Anzeige* (333), *Sachen, zu verkaufen* (338), *Buchhändler-Anzeige* (339), *Berichtigung* (336), *Personen so gesucht werden* (337). Glückliche Überlieferungsumstände machen es möglich, diese bis in den Titel der satirischen Sequenz anspielungsreich durchgeführte romantische Adaption des Gattungsmusters Annonce für die romantische Satire zu rekonstruieren (Oesterle 2017, 74–75). Diese satirisch-parodistische Gattungsformation war derart durchschlagend, dass sie der durch Goethe und Schiller verbreiteten klassizistisch inspirierten Xenienform als modernes publizistisches Pendant schnell Konkurrenz machen konnte. Ihr Vorzug war, dass die Annonce in der Form der Ankündigung einen auf Zukunft verweisenden Temporalitätsindex mitformulierte. Diese futurische Tendenz der Annonce nutzt August Wilhelm Schlegel aus, um 1803 in einer großangelegten poetischen Satire auf Kotzebue im inneren Umschlagsdeckel dieser Schrift unter der harmlos erscheinenden Maske einer Buchhändleranzeige – *Bücher welche demnächst in demselben Verlage erscheinen werden* – zukünftige Werktitel von Kotzebue bekanntzumachen, u. a.: „Andachts- und Erbauungsbuch für gefühlvolle Sünderinnen, aus Hrn. von Kotzebues Schriften gesammelt, von Pornophilos" (Schmitz 1992, 78).

In den genannten Beispielen einer Adaption der Annonce durch die romantische Satire zeichnet sich ab, wie die in der zeitgenössischen Publizistik auf Pointierung und Kürze zugerichtete kleine Gattung nun auch stilistische Brillanz erhält und latent poesiefähig wird.

Es lässt sich aber in der Spätromantik auch ein Beispiel nennen, in der eine poetische Chiffre in eine geschäftlich ausgerichtete Annonce einwandert. Anders als bislang erörtert, vollzieht Ludwig Tieck in dem „sein Lebenswerk abschließenden" „Pasticcio" (Tieck 1986, 1361) mit dem Titel *Waldeinsamkeit* einen Perspektivwechsel. In der Eingangssequenz der Novelle steht nicht der Eintritt einer publizistischen Annonce in ein poetisches Werk zur Debatte, sondern umgekehrt geht es um die eigendynamische Wanderbewegung einer einst in einem poetischen Werk „kühnen" sprachlichen Neuschöpfung in eine aktuelle, in einem „Zeitungsblatt" entdeckte Immobilienannonce. Der Vorgang ist in mehrfacher Hinsicht bemerkenswert. Ludwig Tieck lässt eingangs seiner letzten Novelle einen inzwischen gealterten Beobachter frühromantischer geselliger Zirkel auftreten, der auf Grund eines zufälligen Blicks in ein gerade hereingereichtes Zeitungsblatt an einer dort abgedruckten Annonce eine Lachen erregende eigentümliche Leseerfahrung macht. Er findet nämlich in dieser Annonce einen Neologismus verwendet, den in seiner Jugend der junge romantische Schriftsteller Ludwig Tieck als poetische Chiffre eingeführt hatte, mit dem Erfolg, dass selbst die romantischen Freunde solche Neuerungen abgelehnt hätten. Um diesen inzwischen, 1840, für die jungen Zuhörer kaum nachzuvollziehenden Furor zu belegen, den das neue Kompositum „Waldeinsamkeit" auslöste, erzählt der alte Herr eine Anekdote. Selbst bei dem Tieckschen Freund Wackenroder sei dieser Neologismus als „undeutsch, unerhört, und durchaus nicht zu gebrauchen" verketzert worden (Tieck 1986, 859). Im Resümee des die einstige allgemein geteilte Aversion referierenden Berichterstatters schwingt noch die nachträgliche Genugtuung des damals „überstrittene[n], aber nicht überzeugten Autor[s]" mit: „Und wie der Erfolg gezeigt, er war so sehr im Recht, daß Zeitungsnachrichten jetzt den damals angefochtenen Ausdruck nicht vermeiden" (Tieck 1986, 859).

Nicht weniger bedeutsam als diese anekdotisch eingebrachte einstige Aversion gegen eine später häufig und unbedenklich gebrauchte Chiffre dürfte das Echo sein, auf das die Formulierungen „undeutsch" und „ketzerisch" verweisen (Tieck 1986, 859). Längst vergessen ist nämlich die in Frankreich heftig geführte sprachkritische Kontroverse über die Lizenz oder das Verbot von Neologismen, auf den die frühromantische Diskussion verweist und auf die Tieck nun vierzig Jahre später aus guten Gründen zurückgreift. Diese in Frankreich ausgefochtene Kontroverse über die Zulassung von Neologismen verfügte über wortstarke Vertreter einer puristischen Position (u. a. Voltaire und d'Alembert), die an dem von den klassischen Autoritäten geformten Wortstand normativ festhielten. Dagegen argumentierten Autoren wie Moncrif, man solle den Sprachgebrauch nicht fixieren, da er lebendig bleiben müsse. Moncrif spitzte seine Argumentation in einer Rede vor der Akademie dahingehend zu, die „metaphorische Erschließung einer neuen Sphäre" (Krauss 1965, 298) müsse gewahrt bleiben: „Nützliche Neuerungen würden auf die Dauer immer obsiegen, überflüssige nur eine kurze modische Herrschaft erringen" (Krauss 1965, 298). In seiner Verteidigung von sprachlichen Neuschöpfungen widmet sich Moncrif eingehend der Entstehung von Neologismen. Seine Argumentation ist für Tiecks Sprachgebrauchsgeschichte von „Waldeinsamkeit" besonders einschlägig. Im Sprachgebrauch stammten die erfolgreichsten Neologismen keineswegs nur von professionellen Schriftstellern, sondern von vielen geistreichen Sprecherinnen und Sprechern: „[L]e génie d'une langue vivante est repandu dans tous les esprits qui savent penser, et qui la cultivent" (Krauss 1965, 298). Man sieht: Unter der Maske eines fiktiv eingeführten Beobachters schreibt der spätromantische Schriftsteller Ludwig Tieck diese in Frankreich einst geführte Kontroverse um das Nachleben von Neologismen eigenständig fort. Als junger Dichter hatte er in einem der Empfindsamkeit fern stehenden Märchen ein „kühnes" neues Rätselwort eingeführt, das sich im Sprachgebrauch aus dem einstigen Herkunftskontext befreite, um nun nach vierzig Jahren in empfindsamer Tonlage im geschäftlichen Leben wieder aufzutauchen. Als Beispiel wird eine „ganz unschuldige Anzeige [...] wo ein Gut ausgeboten wird" zitiert, mit dem Zusatz, „es finde der Liebhaber zugleich hinter dem Gemüsegarten eine sehr vortreffliche Waldeinsamkeit" (Tieck 1986, 858).

Die germanistische Forschung hat an dieser in einer spätromantischen Novelle erörterten und dargestellten Transformation eines einst poetischen „kühnen" und „ketzerischen Ausdrucks" (Tieck 1986, 859) in den alltäglichen Sprachgebrauch und in das „alltägliche Geschäftswesen" eine innerpoetische „Verabschiedung" und „Entleerung" frühromantischer Heterotopien sehen wollen (Brüggemann 2009, 241). Könnte es nicht eher sein, dass der späte Tieck, anstatt sein frühes Meisterwerk zu entzaubern, mit der erzählten kleinen Wortgebrauchsgeschichte von „Waldeinsamkeit" eine rezeptionskritische und sprachsoziologische Reflexion anregen wollte? Seine Fragerichtung wäre dann für unser Thema einschlägig. Den avanciertesten poetischen Neologismen kommt schon allein durch ihre inhärenten Aufmerksamkeitssignale ein Anzeigencharakter zu, sodass schon in der Genese solcher Wortneuschöpfungen autonomieästhetische und werbungsästhetische Elemente sich verbinden, die im Sprachgebrauch sich dann verselbständigend entfalten können.

Literaturverzeichnis

Becker, Rudolph Zacharias. *Der Anzeiger* [Gotha] 1 (3.1.1791).
Becker, Rudolph Zacharias. *Kaiserlich-privilegirter Reichs-Anzeiger oder Allgemeines Intelligenz=Blatt zum Behuf der Justiz, der Polizey und der bürgerlichen Gewerbe im Teutschen Reiche wie auch zur öffentlichen Unterhaltung der Leser über gemeinnützige Gegenstände aller Art* (1792–1806).
Böning, Holger. „Das Intelligenzblatt – eine literarisch-publizistische Gattung des 18. Jahrhunderts". *IASL* 19.1 (1994): 22–34.
Böning, Holger. „Das Intelligenzblatt". *Von Almanach bis Zeitung. Ein Handbuch der Medien in Deutschland 1700–1800*. Hg. Ernst Fischer, Wilhelm Haefs und York-Gotthard Mix. München: Beck, 1999. 89–104.
Böning, Holger. „Pressewesen und Aufklärung – Intelligenzblätter und Volksaufklärer". *Pressewesen der Aufklärung. Periodische Schriften im Alten Reich*. Hg. Sabine Doering-Manteuffel, Josef Mancal und Wolfgang Wüst. Berlin: Akademie Verlag, 2001. 115–119.
Böning, Holger. „Gotha als Hauptort volksaufklärerischer Literatur und Publizistik". *Ernst II. von Sachsen-Gotha-Altenburg. Ein Herrscher im Zeitalter der Aufklärung*. Hg. Werner Greiling, Andreas Klinger und Christoph Köhler. Köln, Weimar und Wien: Böhlau, 2005. 325–344.
Böning, Holger. „Gottfried Vollmer oder die Grenzen der Pressefreiheit: Ein Verleger und die radikaldemokratische Publizistik". *Subversive Literatur. Erfurter Autoren und Verlage im Zeitalter der Französischen Revolution (1780–1806)*. Hg. Martin Mulsow und Dirk Sangmeister. Göttingen: Wallstein, 2014. 122–150.

Böning, Holger. *Justus Möser. Anwalt der praktischen Vernunft. Der Aufklärer, Publizist und Intelligenzblattherausgeber*. Bremen: edition lumiere, 2017.

Böning, Holger, und Reinhart Siegert. *Volksaufklärung. Biobibliographisches Handbuch zur Popularisierung aufklärerischen Denkens bis 1850*. Bd. I. Stuttgart und Bad Canstatt: Frommann, 1990.

Brüggemann, Heinz. „Entzauberte Frühe. Jugend als Medium literarischer Selbstreferenz in Ludwig Tiecks Novelle Waldeinsamkeit". *Romantik und Moderne. Moden des Zeitalters und buntscheckige Schreibart. Aufsätze*. Würzburg: Königshausen und Neumann, 2009. 241–264.

Bücher, Karl. „Das Intelligenzwesen". *Zeitschrift für die gesamte Staatswissenschaft* 75 (1920): 326–345. Nachdruck: Bücher, Karl. *Auswahl der publizistischen Schriften*. Hg. Heinz Dieter Fischer und Horst Minte. Bochum: Brockmeyer, 1981. 147–166.

Butzer, Günter. *Soliloquium. Theorie und Geschichte des Selbstgesprächs in der europäischen Literatur*. München: Fink, 2008.

Doering, Sabine: „Die Marquise von O…". *Kleist Handbuch. Leben – Werk – Wirkung*. Hg. Ingo Breuer. Stuttgart: Metzler, 2009. 106–114.

Fraser, Jake. „‚Kleists secrets.' Nachrichtenverkehr in der Marquise von O….". *DVjs* 91 (2017): 255–296.

Greiling, Werner. *Intelligenzblätter und gesellschaftlicher Wandel in Thüringen. Anzeigenwesen, Nachrichtenvermittlung, Räsonnement und Sozialdisziplinierung*. München: Stiftung historisches Kolleg, R. Oldenbourg, 1995.

Grimm, Jacob, und Wilhelm Grimm. Art. „ruchlos". Jacob Grimm und Wilhelm Grimm. *Deutsches Wörterbuch* 8. Leipzig: S. Hirzel, 1893. 1343.

Justi, Johann Heinrich Gottlob von. *Grundsätze der Policeywissenschaft*. Göttingen: Vandenhoeck, 1782.

Jessen, Hans. „Kleist, Heinrich von". *Handbuch der Zeitungswissenschaft*. Hg. Walter Heide. Bearb. Ernst Herbert Lehmann. Leipzig: Hiersemann, 1941. 2358–2377.

Kleist, Heinrich von (Hg.). *Berliner Abendblätter*. Nachwort und Quellenregister von Helmut Sembdner. Wiesbaden: Fournier und Fertig, 1980.

Kleist, Heinrich von. „Die Marquise von O….". *Sämtliche Werke. Berliner Ausgabe*. Hg. Roland Reuß und Peter Staengle. Bd. II/2. Basel und Frankfurt am Main: Stroemfeld/Roter Stern, 1989.

Kleist, Heinrich von. „Die Marquise von O….". *Sämtliche Werke und Briefe*. Bd. 3: *Erzählungen, Anekdoten, Gedichte*. Hg. Klaus Müller-Salget. Frankfurt am Main: Deutscher Klassiker Verlag, 1999. 143–186.

Krauss, Werner. „Die Neologien im 18. Jahrhundert". *Perspektiven und Probleme. Zur französischen und deutschen Aufklärung und andere Aufsätze*. Neuwied: Luchterhand, 1965. 296–300.

Krünitz, Johann Georg. „Intelligenz-Anstalt, Intelligenz-Wesen". *Oekonomische Enzyklopädie* 30 (1784): 424–444.

Lehmann, Johannes F. *Einführung in das Werk Heinrich v. Kleists*. Darmstadt: Wissenschaftliche Buchgesellschaft, 2013.

Lessing, Gotthold Ephraim. „Zerstreute Anmerkungen über das Epigramm, und einige der vornehmsten Epigrammatisten" [1771]. *Sämtliche Schriften*. Hg. Karl Lachmann. Bd. 11. Stuttgart: Göschen, 1895.

Max, Hubert. „Intelligenzblatt, Intelligenzblattwesen". *Handbuch der Zeitungswissenschaft*. Hg. Walter Heide. Bearb. Ernst Herbert Lehmann. Leipzig: Hiersemann, 1941. 1806–1845.

Montaigne, Michel Eyquem de. *Michael Montaigne's Gedanken und Meinungen über allerley Gegenstände*. Bd. 2. Hg. Johann Joachim Christoph Bode. Berlin: Lagarde, 1793.
Müller-Salget, Klaus. „Kommentar". Heinrich von Kleist. *Sämtliche Werke und Briefe*. Bd. 3: *Erzählungen, Anekdoten, Gedichte*. Hg. Klaus Müller-Salget. Frankfurt am Main: Deutscher Klassiker Verlag, 1999. 675–1236.
Napierala, Mark. „Unparteilichkeit und Polemik. Kritik am Rezensionswesen und die Ordnung der Gelehrtenrepublik". *Organisation der Kritik. Die Allgemeine Literatur-Zeitung in Jena 1785–1803*. Hg. Stefan Matuschek. Heidelberg: Winter, 2004. 77–112.
Oesterle, Günter. „Schreibszenen des Billets". *Schreibszenen. Kulturpraxis – Poetologie – Theatralität*. Hg. Christine Lubkoll und Claudia Öhlschläger. Freiburg: Rombach, 2015. 115–135.
Oesterle, Günter. „Romantische Satire und August Wilhelm Schlegels satirische Virtuosität". *Aufbruch ins romantische Universum. August Wilhelm Schlegel*. Hg. Claudia Bamberg und Cornelia Ilbrig. Göttingen: Göttinger Verlag der Kunst, 2017. 70–82.
Oesterle, Ingrid. „‚es ist an der Zeit!' Zur kulturellen Konstruktionsveränderung von Zeit gegen 1800". *Goethe und das Zeitalter der Romantik*. Hg. Walter Hinderer. Würzburg: Könighausen und Neumann, 2002. 91–119.
Preisendanz, Wolfgang. „Der Funktionsübergang von Dichtung und Publizistik". *Heinrich Heine. Werkstrukturen und Epochenbezüge*. München: Fink, 1973. 21–68.
Petrat, Gerhart. „Das Intelligenzblatt – eine Forschungslücke". *Presse und Geschichte II. Neue Beiträge zur historischen Kommunikationsforschung*. Hg. Elger Blühm und Hartwig Gebhardt. München und New York, NY: Saur, 1987. 207–231.
Sandl, Marcus. „Zirkulationsbegriff, kameralwissenschaftliche Wissensordnung und das disziplingeschichtliche Gedächtnis der ökonomischen Wissenschaften". *Gedächtnis und Zirkulation. Der Diskurs des Kreislaufs im 18. und frühen 19. Jahrhundert*. Hg. Harald Schmidt und Marcus Sandl. Göttingen: Vandenhoeck und Ruprecht, 2002. 63–79.
Schlaffer, Hannelore. *Poetik der Novelle*. Stuttgart: Metzler, 1993.
Schlegel, August Wilhelm und Friedrich. *Athenaeum. Eine Zeitschrift*. Hg. Bernhard Sorg. Dortmund: Harenberg Edition, 1989.
Schmitz, Rainer (Hg.). *Die ästhetische Prügeley. Streitschriften der antiromantischen Bewegung*. Göttingen: Wallstein, 1992.
Schneider, Karl. „Anzeigenwesen". *Handbuch der Zeitungswissenschaft*. Hg. Walter Heide. Bearb. Ernst Herbert Lehmann. Bd. 1. Leipzig: Hiersemann, 1940. Sp. 89–225.
Schwarzkopf, Joachim von. *Ueber Zeitungen. Ein Beitrag zur Staatswissenschaft*. Frankfurt am Main: Varentrapp und Werner, 1795.
Schwarzkopf, Joachim von. „Uebersicht der sämmtlichen Intelligenz- und Nachrichtenblätter in Deutschland von Herrn Rezensenten von Schwarzkopf zu Frankfurt". *Neues Hannöverisches Magazin* 60 (27. Juli 1801): 961–976.
Schwarzkopf, Joachim. *Ueber politische Zeitungen und Intelligenzblätter in Sachsen, Thüringen und Hessen und einigen angränzenden Gebieten*. Gotha: Ettinger, 1802.
Sembdner, Helmut (Hg.). *Heinrich von Kleists Lebensspuren. Dokumente und Berichte der Zeitgenossen*. Bremen: Carl Schünemann, 1957.
Siebert, Eberhard. „Zur Herkunft der Zeitungsanzeige in Kleists ‚Marquise von O...'". *Jahrbuch preußischer Kulturbesitz* 28 (1991): 323–327.
Siegert, Reinhart: *Aufklärung und Volkslektüre. Exemplarisch dargestellt an Rudolf Zacharias Becker und seinem „Noth- und Hülfsbüchlein". Mit einer Bibliographie zum Gesamtthema*. Frankfurt am Main: Buchhändler-Vereinigung, 1978.

Siegert, Reinhart. „Positiver Journalismus. Aufklärerische Öffentlichkeit im Zusammenspiel der Publizisten Rudolph Zacharias Becker mit seinen Korrespondenten". *Öffentlichkeit im 18. Jahrhundert.* Hg. Hans-Wolf Jäger. Göttingen: Wallstein, 1997. 65–186.

[Stiebritz, Johann Barthold]. *Die Intelligenzblätterkunde für den nicht unterrichteten Privatmann enthaltend eine Beispielsammlung der vorzüglichsten Intelligenzartikel, eine kurze Anweisung sie richtig abzufassen [...]*. Weimar: Gädicke, 1802.

Tieck, Ludwig. *Schriften 1836–1852*. Bd. 12. Hg. Uwe Schweikert. Göttingen: Deutscher Klassiker Verlag, 1986.

Vogl, Joseph. „Ökonomie und Zirkulation um 1800". *Weimarer Beiträge* 43.1 (1997): 69–78.

Jasper Schagerl
Schnell-Werden: Verkleinerungseffekte in Harsdörffers *Mordgeschichte*

Auf Georg Philipp Harsdörffers *Grossem Schau=Platz jämmerlicher Mordgeschichte*, einer Sammlung von zweihundert „traurigen Begebenheiten" und „merkwürdigen Erzehlungen" (1975 [1656], Titelblatt) aus der Mitte des 17. Jahrhunderts, tummeln sich, dicht gedrängt, Geschichten von Mördern, Vergewaltigern, Ehebrechern und Sündern aller Art. Die beeindruckende Menge von Fällen wird stolz in Gestalt von nummerierten Titeln präsentiert. Allein, Harsdörffers Geschichten sind keineswegs originär: Barocke Sammlungen basierten beinahe immer auf vorausgegangenen Kompilationen, aus denen die frühneuzeitlichen Verwalter des Wissens das für sie Relevante selegierten. „Wir sollen", heißt es bei Harsdörffer, „was wir in unterschiednen Büchern gelesen / [...] mit verständigem Fleiß zusammen mischen / daß ob man gleich wissen kan / woher es genommen / jedoch etwas anders daraus gemachet worden / als es gewesen" (1971 [1648–1653], Teil III, 54).

Auch auf dem *Schau=Platz* macht er – zumindest was die Hauptquelle anbelangt[1] – keinen Hehl daraus, woher die Geschichten stammen. Besonders eine Sammlung hatte es Harsdörffer angetan: Das 1630 erschienene *Amphithéâtre Sanglant* des französischen Bischofs Jean-Pierre Camus. Aus dieser Sammlung von fünfunddreißig Mordfällen hat er bis auf drei Ausnahmen alle Geschichten übernommen und ins Deutsche übersetzt. Der Übertragungsakt aus dem Französischen korreliert hier allerdings mit einem Verfahren der Reduktion und der Verdichtung, dessen Implikationen und Auswirkungen dieser Beitrag nachgehen will. In einem ersten Schritt werde ich die Prämissen dieses Verkleinerungsprogramms klären, um von dort aus die konkreten Umformungsoperationen in den Blick zu nehmen, die den Transfer der Texte von einem Kontext in den nächsten steuern. Dies mit dem Ziel, den Effekten dieser Operationen sowohl auf der Ebene des einzelnen Falls als auch auf der Ebene der Sammlung auf die Spur zu kommen. Nicht nur, so die These, produziert die Kleinheit der Texte ein typologisches Wissen und sorgt dabei für eine Knappheit des Sinns, sondern sie verleiht den Erzählungen darüber hinaus auch eine ‚dromologische' Qualität (Virilio und Lotringer 1984, 45), deren Eigenart es zu bestimmen gilt.

---

[1] Zu den weiteren Quellen siehe Ecsedy 2011.

1 Genretransfer

Dass ein orthodoxer Lutheraner auf die Fallsammlung eines erzkatholischen Bischofs zurückgriff, war keineswegs unproblematisch – zumal Camus seine Mordgeschichten in den Dienst der Gegenreformation gestellt hatte.[2] Kein Wunder, dass Harsdörffer in der Vorrede des *Schau=Platzes* ausdrücklich bemerkt, dass er bei dem, was „aus einer jeden Erzehlung zu ersehe[n] und zu lernen ist [...] / dem Französischen selten nachgegangen / weil H. Belley an vielen Orten erwiesen / daß er ein Eifrer / der alles gerne auf seine Religion ziehen wollen / mehrmals mit nachtheil anderer frommen Christen" (1975 [1656], Vorrede, Nr. 14).[3]

Harsdörffers Begeisterung für Camus war anderen Interessen geschuldet:[4] Zum einen hatte sich der Bischof von Belley für seine missionarischen Zwecke eines Genres bedient, das sich seit der zweiten Hälfte des 16. Jahrhunderts großer Beliebtheit erfreute. Mit dem Rückgriff auf die in Frankreich populäre *histoire tragique* hatte Camus gehofft, einen breiteren, auch weniger gebildeten Bevölkerungsanteil zu erreichen. Populär waren die *histoires tragiques* unter anderem deshalb, weil sie in novellistischer Manier von außergewöhnlichen Ereignissen erzählten, die nicht nur, wie sie behaupteten, tatsächlich vorgefallen waren, sondern auch einen hohen Aktualitätsbezug aufwiesen.[5] Darüber hinaus hatten sie den mit Blick auf die Aufmerksamkeitsökonomie nicht unerheblichen Vorteil, extrem blutrünstig zu sein: Rollende Köpfe und spritzendes Blut soweit das Auge reichte. Dem Genre war zudem in Form eines kommentierenden Erzählers eine ‚interpretative Funktion' (Genette 2010, 255) strukturell inhärent – ein Gattungsmerkmal, das dem moralisierenden Bischof entgegenkam. Die *histoire tragique* barg schließlich die Gefahr einer unkontrollierten Affizierung des Publikums durch drastische Bilder, die der Mann Gottes mit Hilfe einer auktorialen Erzählinstanz zu kanalisieren hoffte.

An beide Momente schloss auch Harsdörffer an: Erstens zielte er auf einen breiten Adressatenkreis, insbesondere auf einen „Leser / welcher neue Sachen zu wisse[n] begirig [ist]" (Harsdörffer 1975 [1656], Vorrede, Nr. 20). Die Sammlung richtete sich dezidiert an eine ‚curieuse' Leserschaft, die durch eine Ästhetik der Vielfalt und des Außergewöhnlichen unterhalten werden wollte. Die Entscheidung,

---

[2] Zur innigen Verbindung *histoire tragique*/Gegenreformation siehe Ferrari 2012 sowie grundlegend Pech 2000.
[3] Zu den Kürzungen und Umdeutungen konfessioneller Unterschiede siehe Doms 2007.
[4] In der Vorrede wird die Leistung Camus' denn auch besonders gewürdigt (Harsdörffer 1975 [1656], Vorrede, Nr. 10–16).
[5] Ausführlich zum Genre der *histoire tragique* Pech 2000 sowie die Einleitung von Stéphan Ferrari in Camus 2001, bes. 56–86.

histoires tragiques zu publizieren, folgte damit auch einem ökonomischen Kalkül: Vorangegangene Übersetzungen waren teilweise schon „zum vierdten oder fünfftenmahl wider aufgeleget" worden und „den Teutschen so lieb / daß sie schwerlich mehr zu bekomen" waren (1975 [1656], Vorrede, Nr. 9). Zweitens durfte, ebenso wie bei Camus, unter keinen Umständen über der unterhaltenden Funktion die belehrende vergessen werden. Und genau hierfür eignete sich die in der *histoire tragique* installierte Kommentarfunktion.

Dass Harsdörffer vor der katholisch-militanten Ader Camus' nicht zurückschreckte und dessen Mordgeschichten in seine Sammlung aufnahm, lässt sich nicht zuletzt durch die besondere Situation erklären, die der Standort Nürnberg bot. Dort war es spätestens mit der Ankunft Johann Michael Dilherrs, dem 1642 Kirchenleitung, Schulaufsicht und Zensur anvertraut worden waren, gang und gäbe, bei der Vermittlung der lutherischen Lehre auch auf narrative Formen aus anderen religiösen Kontexten zu setzen (Keppler-Tasaki 2011, 299–304). Dilherr verstand Theologie dezidiert als eine handlungsorientierte Disziplin, deren Praxis es auch erlaube, Mittel zu integrieren, die sich im Schrifttum der Gegenreformation bewährt hatten. Zwar sollte die Dogmatik der lutherischen Orthodoxie unberührt bleiben, aber unter dem Gesichtspunkt der Pragmatik der Texte vollzog sich ein Austausch zwischen den Glaubenssphären, der Formen und Materialien von einem Kontext in den nächsten transportierte.

Nicht nur war Dilherr ein guter Freund Harsdörffers, sein theologisches Vermittlungsprogramm traf sich auch poetologisch mit Harsdörffers Anliegen, dessen intellektueller Synkretismus auf den Anschluss der deutschen Literatur an die europäische *res publica literaria* zielte. Dieses Ziel vor Augen vollzieht seine Fallsammlung auf paradigmatische Weise eine solche Zweckentfremdung von Formen. Es war daher nur folgerichtig, dass Dilherr für den *Schau=Platz Lust= und Lehrreicher Geschichte*, dem strukturgleichen Pendant der *Mordgeschichte*, das Sendschreiben verfasste, um dort die „sehr löbliche und nützliche Arbeit" hervorzuheben, die Harsdörffer mit seinen beiden Sammlungen „verrichtet" habe (1978 [1664], 4).

Harsdörffers „nützliche" Sammel- und Übersetzungspraxis war in erster Linie eine Arbeit am Exemplarischen – eine Arbeit allerdings, die nicht darin aufging, einen Fall unter rechtlich-moralische Parameter zu subsumieren. Vielmehr wechseln die gesammelten Fälle durch Verkleinerungsoperationen das Genre und werden so von *histoires tragiques* in ebenso kurze wie abschreckende Exempla transformiert. Der entscheidende Auslöser dieser Transformation ist, wie ich anhand einer Geschichte mit dem Titel „Die eröffnete Beicht" zeigen möchte, in einer Verknappung des Ausgangsmaterials zu suchen.

Der Fall erzählt folgendes: Bei einem in Handgreiflichkeiten ausartenden Streit um die Qualität des verkauften Weins erschlägt ein Weinhändler (Nabor) einen Käufer (Adrian) in einem Akt der Notwehr und begräbt diesen daraufhin in seinem Keller. Da es keine Zeugen für die Tat gibt, kommt der Fall nicht vor das örtliche Gericht; der Weinhändler beichtet das Vergehen lediglich seinem Beichtvater. Auf Drängen der Familie des Opfers plaudert der Priester die ihm anvertraute Geschichte aus, sodass der Fall schließlich ans Licht kommt. Anstatt dass der Weinhändler jedoch dafür belangt wird, erhält der Beichtvater die Todesstrafe für seinen Bruch der Schweigepflicht.

Nimmt man Vorlage und Übersetzung vergleichend in den Blick, fällt sogleich auf, dass die Erzählung des Falls bei Camus beinahe doppelt so lang ist. Das liegt daran, dass er ganz im Sinne der Gattung der *histoire tragique* singuläre und wundersame Ereignisse erzählt. Als solche weisen sie stets besondere Umstände (*circumstantiae*) auf, welche die Erzählung amplifizieren. Die Figuren treten mit distinkten Merkmalen auf und erleben die kritischen Situationen jeweils auf ihre eigene Art und Weise. So erzählt Camus die Szene des Totschlags folgendermaßen:

> Adrian repart si brusquement, que Nabor voyant que sans autre aide que de ses mains la partie n'estoit pas assez forte de son costé se faisit d'vn maillet qu'il rencontra, & en ramena vn tel coup sur la teste d'Adrian qu'il l'estendit roide mort sur la place. Luy qui ne pensoit à rien moins qu'à le tuër, & qui ne songeoit qu'à se deffendre & à repousser l'iniure, demeura si estonné qu'à peine pouuoit-il rauoir ses esprits. A la fin recueillant sa raison que la colere & la frayeur auoient esgaree, il tire le corps dans vne arriere caue [...].
> (Camus 1630, 108–109)

> Adrian erwiderte den Schlag mit einer solchen Heftigkeit, dass Nabor merkte, dass er allein mit Hilfe seiner Hände für diese Angelegenheit nicht stark genug war. Deshalb griff er nach einem Hammer, den er dort fand und verpasste damit Adrian einen solchen Hieb auf den Kopf, dass dieser tot auf dem Boden liegenblieb. Er dachte dabei an nichts weniger als an das Töten, und er, der sich nur verteidigen und die Ungerechtigkeit von sich weisen wollte, stand schockiert da und hatte Schwierigkeiten, seine Fassung wiederzufinden. Schließlich kam er wieder zur Vernunft, welche die Wut und die Furcht in die Irre geleitet hatten und zog den Körper in den hinteren Teil des Kellers [...]. (Übers. J.S.)

Über den Einblick in die Gemütsverfassung des Täters werden in Camus' detaillierter Schilderung mit Notwehr und Zurechnungsfähigkeit gleich zwei gewichtige rechtliche Probleme verhandelt.[6] Ganz anders bei Harsdörffer. In seiner Übersetzung liest sich diese Schlüsselszene so: „Adrian ist dem Nabor zu starck / und weil sie beede nur mit Fäusten handelnten / ergreifft Nabor das Bidnermesser und schlägt es dem Adrian auf das Haubt / daß er plötzlich zur Erden gefallen

---

6 Beide Momente treffen sich in der (besonders in Frankreich) intensiv geführten strafrechtlichen Diskussion um das Delikt des ‚Notwehrexzesses' – eine Subkategorie der Notwehr, die den Tatbestand eines aus heftigen Affekten, d. h. aus einer Gefühlsverwirrung begangenen Totschlags zu fassen suchte (Pohl 2003, 240–241).

und den Geist auffgegeben" (1975 [1656], 25). Im Gegensatz zu Camus, der den Lesern Einsicht in das Innenleben der Figur gewährt – eine Figur, die zum Zeitpunkt der Tat nicht ganz bei sich ist („sa raison que la colere & la frayeur auoient esgaree") und sogar von ihrer plötzlichen Handlung selbst überrascht wird –, kommentiert Harsdörffer dieses nicht anders als entrückt zu bezeichnende Geistesstadium gar nicht. Kein Einblick in die Gedanken des Täters während und nach der Tat, keine strafrechtlich relevanten Umstände, einzig ein verknapptes „Nabor ist der Mord von Hertzen leid" (1975 [1656], 25) findet Eingang in seine Version.

Auch die Unschuldsmiene des Täters nach dem Verscharren des Leichnams erwähnt Harsdörffer mit keinem Wort; ebenso wenig spielen die Schuldgefühle des Beichtvaters, nachdem dieser den Fall ausgeplaudert hat, für ihn eine Rolle. Schließlich drohten beide Momente einen Sinnüberschuss zu produzieren – einen Sinnüberschuss, den Harsdörffers exemplarisches Erzählen um jeden Preis verhindern möchte. Um den Fliehkräften der Erzählung entgegenzusteuern, wird Camus' Text daher zum Stoff eines Verkleinerungsprogramms, das aus den komplexen Umständen eines Einzelereignisses das Allgemeine und zu allen Zeiten Gültige extrahiert. „Hieraus ist zu mercken", so lautet die verkürzende Lehre der „eröffneten Beicht", „daß wie in dem Ehestand der Mensch nicht scheiden kan / was GOtt zusammen gefüget / also in der Beicht der Beichtiger nicht eröffnen kan / was Gott verborgen haben wollen" (1975 [1656], 27).

Narratologisch lässt sich der Unterschied zwischen beiden Fassungen folgendermaßen beschreiben: Bei Camus kommen Elemente aus der ,integrativen Klasse' zum Tragen – jene Funktionen also, die „Hinweise auf den Charakter der Protagonisten, Informationen über ihre Identität, Anmerkungen zur ,Atmosphäre' usw." liefern (Barthes 1988, 111). Harsdörffer hingegen verzichtet, wie Stefan Manns (2011) gezeigt hat, auf diese für die Charakterzeichnung der Figuren so wichtigen Informationen und reduziert die Narration allein auf die notwendigen Handlungselemente, d. h. auf die ,Kardinalfunktionen'.[7] Den Effekten eines solchen Erzählens, das alle „überflüssige[n] ümbstände" streicht und „nur den Verlauff der Sachen richtig behält" (Harsdörffer 1975 [1656], Vorrede, Nr. 14–15), möchte ich im Folgenden auf die Spur kommen.

---

7 Zu den ,Kardinalfunktionen' einer Geschichte siehe Barthes 1988, 109–121.

2 Effekte der *brevitas*

Ein solches Verknappungsverfahren hat Harsdörffer, gerade in Bezug auf die Übersetzungspraxis, immer wieder selbst thematisiert. Um Klarheit und Verständlichkeit (*perspicuitas*) trotz der Übertragung in eine andere Sprache zu gewährleisten, kann es, wie er schreibt, zuweilen notwendig sein, dass „man den Wortverstand zurucke lassen und die Meinung allein dolmetschen muß" (1971 [1648–1653], Teil III, 37). Dass für den französischen Raum andere Diskursregeln gelten als für den deutschen und deshalb die Kombinationsmodi der *topoi* angepasst werden müssen, versteht sich für Harsdörffer also beinahe von selbst (Robert 2011, 16). Schließlich gilt die Regel: „Wann ein Frantzos [...] ein teutsches Kleid anziehet / sol es ihm so gerecht seyn / dz man ihn für keine[n] Fre[m]den / sondern für eine[n] geborne[n] Teutschen halte" (1971 [1648–1653], Teil III, 39). Nicht nur sei es daher „einem Ubersetzer frey / den Inhalt eines andren Buchs in seine Sprache zu übertragen", sondern es sei sogar erlaubt, diesen „ihm selben nach gutdünken dienen machen" – was in letzter Konsequenz bedeutet, dass man „allem und jeden so genau nicht nachgehet / [...] und nur den Verlauff der Sachen" erzählt (1975 [1656], Vorrede, Nr. 15).

Im Falle des *Schau=Platzes* führt der veränderte Zielkontext nicht bloß zu sinngemäßen anstatt wortgetreuen Übersetzungen, sondern auch zu einer Verkleinerung der Vorlage, die den „Handlungskern" (Zeller 2006, 186) des Ausgangstextes herauszupräparieren sucht und daher nur noch das Grundgerüst der Camus'schen Geschichten beibehält. Dieses Verfahren der Verknappung ist in der Sammlung programmatisch inseriert: Die Geschichten aus der französischen *Tragica*-Literatur seien, wie es in der Vorrede heißt, von „vielen müssigen ümständen" und „unnöhtiger Weitläufftigkeit" (1975 [1656], Vorrede, Nr. 7) befreit worden. Die Exempla sind das Produkt von Verkleinerungsoperationen, durch die die novellistischen Fallgeschichten der Vorlagen ihres überflüssigen Gewandes entkleidet werden, um dem Stilideal der *brevitas* zu entsprechen.

Im Einklang mit den Zielen der ‚Fruchtbringenden Gesellschaft',[8] deren Mitglied Harsdörffer seit 1641 war, ging es dabei nicht zuletzt um die Etablierung eines ‚teutschen' Stils – eines Stils, der auf die „ärgerlichen Possen" (1975 [1656], Vorrede, Nr. 7) der romanischen Literaturen verzichtet und stattdessen durch seine Kürze

---

[8] Zu den Anfängen und Zielen der Sprachsozietät siehe Schmidt 2001; zur Spracharbeit Hundt 2000.

und Prägnanz besticht.⁹ Die Zeit der „außgesuchte[n] Worte der grossen Wolredenheit" sei vorbei, von nun an sollten nur noch Texte produziert werden, die „aus einer gleichgeschnittenen Feder herfliessen" (1975 [1656], Vorrede, Nr. 18).

Auf *brevitas* zu setzen, hieß dabei zunächst einmal, der Aufmerksamkeitsspanne der Leser gerecht zu werden.¹⁰ In seinen Schriften entscheidet sich Harsdörffer daher bewusst für Knappheit, um ihnen „mit langer Ausführung nicht verdrüßlich zu seyn" (1968/69 [1643-1649], Bd. II, 307). Da zudem „Veränderung und Abwechslung angenem [sind]" (1968/69 [1643-1649], Bd. VIII, 420), korreliert das Lob der *brevitas* mit der Maxime *variatio delectat*. Kürze, so das Kalkül, steigert in Kombination mit ‚bunten'¹¹ Exempelreihen den Informationswert der Sammlung und garantiert so die Konkurrenzfähigkeit auf dem volkssprachlichen Buchmarkt.

Ging es bei der Formatierung des Wissens also unter anderem darum, den Interessen einer ‚curieusen' Leserschaft gerecht zu werden, so hat die *brevitas* auf dem Niveau des Textes den Effekt, dass, ihren Umständen entkleidet, die Individualität von Personen und die Singularität von Ereignissen ins Typenhafte transformiert wird¹² – die Fallgeschichte wird zum *Exemplum*.¹³ Wie mit einem Ockham'schen Rasiermesser löst Harsdörffer die Verbrechen gezielt von ihren komplexen Bedingungen, um sie als allgemeine, lehrhafte Exempla umzudeuten. Die Komplexität eines einzigartigen Lebenslaufs beschränkt er auf einen begrenzten Satz typischer Eigenschaften, die Singularität der *Circumstantien* stilisiert er ganz im Sinne der Topik zu einer charakteristischen Situation.¹⁴

Was sich auf der Ebene des einzelnen Falls beobachten lässt, wird durch das Staccato von zweihundert Fällen intensiviert. Denn das Medium der Sammlung ermöglicht, Gesetzmäßigkeiten in einer Menge singulärer und scheinbar unzusammenhängender Vergehen zu entdecken. Schließlich verspricht das

---

9 Zur Engführung der deutschen Sprache und einer Idee von Kürze und Prägnanz in der sprachpatriotischen Debatte des Barocks siehe Gardt 2007, 78-79.
10 Meierhofers Argumentation (2010, 136-146, insb. 142) läuft auf diese Berücksichtigung eines ‚curieusen' Lesers und die Formel ‚Kürze gleich Kurzweil' hinaus.
11 Zum buntschriftstellerischen Prinzip barocker Sammlungen siehe Schock 2012.
12 So auch, ohne dies weiter auszuführen, Theiss 1985, 907.
13 Bereits Rosmarie Zeller (2006, 187), an deren luzide Überlegungen ich hier anschließe, hat auf Harsdörffers „Tendenz" verwiesen, aus den „Novellen Exempel zu extrahieren". Während Zeller jedoch mit Blick auf diese Operation von einem literaturhistorischen „Rückschritt" (194) spricht, geht es in diesem Beitrag darum, entgegen dieser teleologischen Lesart die eigentümliche Poetik Harsdörffers herauszustreichen.
14 Auch Meierhofer (2014, 75) erkennt – allerdings ohne Berücksichtigung der Verknappungsoperationen – in den Exempla „Variationen von topisch geordneten Figurentypen und Handlungsmustern".

Theatrum-Format den Lesern einen „synoptischen Gesamtüberblick[]" (Friedrich 2015, 324). Außergewöhnliche (und deshalb erzählenswerte) Mordfälle sind in einem solchen Panorama nicht mehr die Ausnahme, sondern die Regel. Nicht nur wird die Alltäglichkeit von Verbrechen auf diese Weise sichtbar gemacht, sondern das Nebeneinanderstellen von kurzen Fällen produziert darüber hinaus kriminelle Paradigmen. In der seriellen Aneinanderreihung von verknappten Verbrechenserzählungen im Medium der Sammlung wird also gerade nicht die Singularität devianter Subjekte ausgestellt – was sich auch in der Vermeidung von internen Fokalisierungen ausdrückt –, sondern die Täter werden auf das reduziert, was sie als Repräsentanten eines allgemeinen Verbrechertypus erscheinen lässt.

Nicht enden wollende Serien von Typen durchziehen Harsdörffers Sammlung – Typen, die in der Iteration überhaupt erst erkennbar werden. Tatsächlich ist jeder Fall für Harsdörffer nur der individuierte Ausdruck eines allgemeinen Gesetzes.[15] Die Sammlung macht sich deshalb auf die Suche nach der gemeinsamen Natur und der innigen Verwandtschaft der einzelnen Fälle, d. h. nach einem identischen und kontinuierlichen Wirkungszusammenhang, mit dessen Hilfe singuläre Ereignisse als Teil einer typischen Struktur dechiffriert werden konnten. Die Komplexität bestimmter Zusammenhänge wird im Zuge dessen unweigerlich auf einfache Forme(l)n reduziert, die es schließlich ermöglichen, im Medium des Typischen Verlaufsformen zu prognostizieren: Hortimetaphorisch gewendet kann Harsdörffer so „von dem Samen wol sagen / was er für eine Frucht hervor bringen werde" (1990 [1653], 626). Knapper Sinn ist auf dem *Schau=Platz* also stets typisierter Sinn – ein Sinn, der, losgelöst von seiner singulären Erscheinung, als generalisierte Referenz verfügbar wird und so die Vergleichbarkeit der Fälle allererst garantiert.

Trotz aller behaupteten Außergewöhnlichkeit und Vielfalt sind die Fälle daher alle nach einem einheitlichen Muster gestrickt. Die auftretenden Figuren haben keine individuellen Züge, sondern sind Variationen von Lastertypen, die aufgrund ihres sündhaften Verhaltens eine sich mit beinahe mechanischer Konsequenz entfaltende Kette in Gang setzen. Auf das Laster folgt die Sünde, auf diese dann das große Unglück, meist in Form von Mord und Totschlag, und auf dieses wiederum eine erbarmungslose Bestrafung der Vergehen. „Wir verstehen", schreibt Harsdörffer, „hierdurch eine schickliche Folge / der nach und nach gefügten Ursachen: massen alles in dieser Welt ordenlich an einander hanget / und gleichsam an eine

---

15 Dies ganz im Sinne des Neoplatonismus. Zum neoplatonischen Verhältnis von Einzelfall/Allgemeinheit siehe Leinkauf 2009, 287–288.

Ketten gegliedert ist" (1655, 20). Initialereignisse etablieren danach eine Pfadabhängigkeit, in der sich jedes Ereignis rekursiv auf die vorangehenden beziehen lässt – schließlich werden die durch Verbrechen erzeugten „Threnen" erst auf diese Weise „von ihrem ersten Ursprung" her lesbar (1661, Vorrede, o. P.).

Es handelt sich allerdings nicht um einen Determinismus im strengen Sinn: Das Postulat des freien Willens ist integraler Bestandteil einer jeden barocken Handlungstheorie (Kobusch 1997). Die Darstellung devianter Verhaltensweisen und ihrer Konsequenzen im Medium des Exemplums folgt daher einem Prinzip, das Leibniz etwas später mit der Formulierung umschreiben wird, dass „die Gegenwart mit der Zukunft schwanger geht und mit der Vergangenheit beladen ist" (Leibniz 1985, XXV). Laster führen auf dem *Schau=Platz* nicht automatisch zur ewigen Verdammung, sondern die Sünder vergehen sich immer wieder aufs Neue. Deshalb werden auch nicht zwingend die Taten selbst verdammt – also die Delinquenten *für* ihre Taten bestraft –, sondern die Täter verlieren ihr Seelenheil *durch* die unablässigen Missetaten, die ihren sündhaften Lebensstil fortwährend erneuern (Deleuze 2012, 118–120). Es gilt die Regel, „daß der einmal böses gethan / es wieder thun könne" (Harsdörffer 1990 [1653], 602). Auch die „Sünden=Knechte" (1975 [1656], Zuschrift, o. P.) des Satans sind in jedem Augenblick frei, sie erliegen nicht einfach den Wirkungen ihrer Vergangenheit, sondern sie können bloß, wie Gilles Deleuze mit Blick auf Leibniz sagt, „die aktuale und gegenwärtige Spur nicht beenden [...], die sie jedem Tag, jedem Moment einkratzen" (2012, 120). Die verdammungswürdigen Verhaltensweisen werden in diesem Sinne unaufhörlich neu begonnen, weshalb sich auf dem *Schau=Platz* Verbrechen auf Verbrechen häuft.

So wird in einer weiteren Übersetzung Camus' ein Vergewaltiger wie folgt eingeführt: „Le Pont war ein viehischer Mensch / welcher seine Rede mit vielen Gottslästerungen zu zieren pflegte / und für eine Ehre achtete / alle Sünden und Laster ungescheut zu begehen. Alle Fülle an Speiß und Tranck war diesen Unmenschen zu wenig / und beklagt er sich ohn unterlaß." (Harsdörffer 1975 [1656], 74) Zuvor wird dieser Le Pont allerdings als ein Exemplar eines spezifischen Typus Mensch vorgestellt – des Soldaten. Harsdörffer expliziert, wie dieser Soldatentypus gebaut ist und worauf diese Bauart hinausläuft: „Von fressen und sauffen / ist nichts zu sagen / noch von Gelt erpressen und die Leute beschädigen / welche sie schützen solten: sondern von den Jungfrauen schwächen / und Weiber schänden / welches Laster mit der Füllerey pfleget verbunden zu seyn." (1975 [1656], 74) Tatsächlich bestätigt sich im weiteren Verlauf der Geschichte die unterstellte Verbindung der Todsünde der Völlerei (*gula*) mit diesem Verbrechenstypus: Als der Soldat „einsten wolgeessen / und nicht übel getrunken hatte / läst er sich gelüsten Mariam seines Wirts Tochter zu beschlaffen" – und vollzieht schließlich, als diese sich sträubt, „seinen bösen Willen mit Gewalt" (1975 [1656], 74).

Die Funktion einer solchen Figurenbeschreibung, die das Verhalten des Protagonisten schon nach wenigen Zeilen vorhersehbar werden lässt, besteht nicht zuletzt darin, Sinnüberschüsse zu minimieren und auf diese Weise eine beurteilbare Situation zu kreieren – eine Situation, die in Camus' Fallerzählungen trotz der Kommentareinschübe oftmals gerade nicht gegeben ist. Im Gegenteil: Die Leser werden dort permanent mit Unentscheidbarkeiten konfrontiert. Sei es auf der Ebene der *histoire*, etwa in Gestalt eines entscheidungsschwachen „esprit divisé en lui-mesme" (Camus 1630, 280), der zwischen zwei Frauen hin und her gerissen ist und der die ‚psychologischen' Aspekte des Falls in den Vordergrund rückt (Zeller 2006, 189–193). Oder sei es, dass durch Szenen, in denen Gewaltausbrüche als Effekt eines temporären und diffusen Gefüges von Affekttypen inszeniert werden (wie im Fall Nabors), eine Ambiguität erzeugt wird, die die problemlose Subsumtion eines Ereignisses unter eine Norm fraglich werden lässt. Der diskursive Rahmen allerdings, in dem solch ein Narrationstyp verankert ist, fehlt bei Harsdörffer. Während es bei dem in Frankreich zu Beginn des 17. Jahrhunderts omnipräsenten Affektdiskurs nicht zuletzt um die Frage nach den Leistungen und Grenzen einer regulierenden Vernunft ging,[16] denkt Harsdörffer in Lasterkatalogen und topischen Handlungsmustern. Anstatt die Exempla-Tradition bloß zu verlängern, entfaltet ein solches Denken auf dem *Schau=Platz* ein eigenständiges literarisches Potenzial und eine neuartige Poetik, deren Eigenart in der Geschwindigkeit der Texte liegt.

3 Poetik der geometrischen Progression

Damit das Singuläre regelhaft erscheint und das kontingente Ereignis als Teil eines allgemeinen Gesetzes dechiffriert werden kann, erzählt Harsdörffer nur den konzentrierten Handlungskern. Ohne die situativen Umstände (*circumstantiae*) tritt allein das moralisch defizitäre Verhalten als „Wurtzel" von Verbrechen in den Vordergrund und mit ihm ein Faktor, aus dem sich exemplarisch lernen lässt: Erst so kann man deutlich genug sehen, „daß auß einer argen Wurtzel keine gute Frucht wachsen kan / wann man die Wasserschüsse und unnützen Aeste nicht zeitlich abstimmelt / hindert oder mindert." (Harsdörffer 1990 [1653], 593) Anstatt die kriminelle Handlung mitsamt ihren Umständen in

---

[16] Zum französischen Affektdiskurs in der Frühen Neuzeit siehe Levi 1964 (zu Camus: 126–135). Camus (2014) hatte sich selbst in einem Buch den Affekten und Leidenschaften ausführlich gewidmet.

den Fokus rücken, führen die Exempla daher die fatalen Konsequenzen vor Augen, die ein Verstoß gegen die rechtlich-moralische Ordnung hat.

Zielt diese Verfahrensweise darauf, mögliche Sünden und Verbrechen bereits im Keim zu ersticken, so werden die therapeutischen Effekte gerade durch die Geschwindigkeit der verkleinerten Texte erzielt. Denn Harsdörffers kurzer Stil bedeutet vor allem eines: „Ereignisbeschleunigung" (Deleuze und Parnet 2019, 92). Um „den Leser / welcher deß Außgangs begierig ist / nicht [...] aufzuhalten" (1975 [1656], Vorrede, Nr. 14), überfliegt er den Sachverhalt im Schnelldurchlauf. Ein *decurrere per capita* (Quintilian 1988, VI 1, 2) gewissermaßen, das „nur den Verlauff der Sachen" erzählt (1975 [1656], Vorrede, Nr. 15) und so den Texten Tempo verleiht. Harsdörffers Verkleinerungen folgen deshalb weniger einer Ökonomie der Sparsamkeit,[17] als vielmehr einer *Ästhetik des Verzichts*, die den Geschichten die Lizenz zum Schnell-Werden erteilt. Die Auslassungen (*omissiones*) und Verknappungen verleihen ihnen eine dromologische Qualität, die den Camus'schen Vorlagen aufgrund ihrer Umständlichkeit fehlt. In einer Kürze, die Geschwindigkeit organisiert, stellen die Geschichten die dramatischen Auswirkungen devianten Verhaltens evidentiell vor Augen[18] und erzielen so allererst jenen „mächtigen und kräfftigen Nachdruck" (1975 [1656], Sendschreiben, o. P.), auf den es die Sammlung abgesehen hat.

Mit ihrer Erzählweise folgen Harsdörffers Erzählungen dabei einer Poetik der geometrischen Progression. In der ‚V. Kunstquelle' seiner *Ars Apophthegmatica* – genau an dem Ort also, an dem das Gesetz der Lasterkette poetologisch verankert ist – hatte Harsdörffer den gewohnten Gang der Dinge mit dem Begriff der „*Progressione Arithmetica*" (1655, 21) zu fassen gesucht. Für die künstliche „Folge der Lehr" hatte er hingegen den Begriff „*Progressione Geometrica*" (1655, 21) reserviert. Ist eine arithmetische Folge dadurch gekennzeichnet, dass die Differenz zweier benachbarter Folgeglieder konstant bleibt und deshalb eine, wie Harsdörffer sagt, „gleiche Zahlsteigerung" (1655, 21) aufweist, so wird im Gegensatz zu dieser linearen Funktion eine geometrische Folge dadurch definiert, dass der Quotient zweier benachbarter Folgeglieder konstant bleibt. Eine geometrische Progression stellt also eine Exponentialfunktion dar und beschreibt deshalb einen rapiden Wachstumsprozess, der sprunghaft ins Unermessliche schnellt.

Eine Poetik des exponentiellen Wachstums durchbricht den langsamen Verlauf der Dinge, um Ereignisse schneller vorzuführen. Auf gedrängtem Raum installiert und verkettet sie Eskalationsstufen und beobachtet auf diese Weise „die Umstände [...] / wann der Gebrauch gleich durchgehet" (1655, 21). Während auf

---

[17] Vgl. Manns 2011, der von „Meisterstücken narrativer Sparsamkeit" (155) spricht.
[18] Zur Figur des Vor-Augen-Stellens bei Harsdörffer siehe Locher 2000.

der Ebene des *discours* durch die Kürzungen also Schnelligkeit generiert wird, geht es Harsdörffer in der *histoire* um eine Beschleunigung von Folgeereignissen. Eine solch rasante Entwicklung, bei der „alle Laster gleichsam in einer Ketten an einander hangen / und durch den überfluß verursachet werden" (1975 [1656], 20), fasst Harsdörffer in einer Geschichte mit dem symptomatischen Titel „Das elende End" im Stile einer rhetorischen *percursio* wie folgt zusammen: „Das erste Glied an solcher Ketten war ein unordentliches Leben / das zweyte Hurerey / das dritte der Betrug / das vierte Verlaugnung [sic] seiner Religion aus Furcht der Straffe / das fünffte der Zorn / das sechste der Todschlag" (1975 [1656], 20). Ein fast schon unaufhaltsamer Lauf, der, sobald eine Initialzündung die Bahn vorgegeben hat, immer schneller wird und schließlich das als Virtualität immer schon vorhandene Ereignis des Totschlags aktualisiert.

Die Lasterketten produzieren in Harsdörffers Poetik der geometrischen Progression eine Geschwindigkeit, die darauf zielt, mehr Evidenz zu stiften als die in der Wirklichkeit verankerte arithmetische Folge. Die Evidenz dieses poetischen Programms, das dennoch darauf pocht, keine *fabulae*, sondern ausschließlich „wahre Geschichte" (1975 [1656], Vorrede, Nr. 17) zu erzählen, unterscheidet sich hierin nicht zuletzt von derjenigen Camus'. Während Camus Präsenzeffekte durch die Umständlichkeit des Erzählens erzielt, wird Evidenz bei Harsdörffer im Gegenteil gerade durch eine Kürze erzeugt, deren affektives Potenzial sich in plötzlichen Eskalationen entlädt, denen wie das „Pulver in den Sprenggrufften" (1975 [1656], 73) eine enorme Explosivität eignet. Eben noch hauen die Soldaten um Le Pont die Wirtstochter Mariam „in Stücken", in der nächsten Sequenz schon werden sie in einem Racheakt „von den Felsen gestürzt", „lebendig begraben", „geradbrecht / geviertelt" und „mit Zangen gerissen" (1975 [1656], 75). Beschleunigte Ereignisketten wie diese folgen einer eskalativen Logik, in der jede gewalttätige Aktion mit einer noch heftigeren erwidert wird, bis das Geschehen schließlich seinen höchsten Eskalationspunkt erreicht.

Harsdörffer legitimiert solch eine explizite Darstellung durch das wirkungsästhetische Argument, dass „deß Menschen Sinn []so beschaffen [ist] / daß er durch Bestraffung der Bösen mehr beweget wird / als durch Belohnung der Frommen" (1975 [1656], Vorrede, Nr. 17). Dabei wird der Grad der Affizierung durch die Verkleinerung des Ausgangsmaterials gesteigert: Um eine noch stärkere Wirkung zu erzielen, verzichtet Harsdörffer auf den „ornamentalen Ballast" (Martinez 2016, 75) der Vorlagen und zeigt stattdessen „nur die Sache selbsten" (Harsdörffer 1968/69 [1643–1649], Bd. I, 393). Diese Darstellungsweise, die „die Tat gleichsam leibhaftig vor Augen [führt]" (Quintilian 1988, VI 1, 31), kann damit gleichzeitig auch eine höhere Evidenz für sich beanspruchen. Denn mit der rhetorischen Figur des Vor-Augen-Stellens geht auch eine Art Medienwechsel einher (Campe 2015, 107, 129), der Sprache und sinnliche Realität ununterscheidbar werden lässt – ein Effekt, der nicht allein in der kurzen, dromologischen Erzählweise begründet liegt, sondern den Harsdörffer in der Durchschlagskraft der ‚teutschen' Sprache selbst verortet. Schließlich sprach diese seit jeher „mit der Zungen der Natur" (1968/69 [1643–1649], Bd. I, 355) und konnte deshalb im Gegensatz zum Französischen eine innige Verwandtschaft von Zeichen und Bezeichnetem für sich beanspruchen. „Sie donnert", wie es heißt, „mit dem Himmel / sie blitzet mit den schnellen Wolken / [...] knallet mit dem Geschütze / brüllet wie der Löw" (1968/69 [1643–1649], Bd. I, 355). Die „weitgeehrte uhralte Teutsche Sprache" (1968/69 [1643–1649], Bd. I, 14) zeichnete sich also gewissermaßen von Beginn an durch eine ihr innewohnende elementare Explosivität aus, die immer schon zu einer Transgression der Zeichen zum Sinnlichen tendiert.

Evoziert bereits die Kürze und Geschwindigkeit der Szenen eine heftige Wirkung, so erhalten sie gemäß der Progressionspoetik im Verlauf der Geschichten eine gesteigerte Einschlagskraft, die mit voller Wucht auf das affektive Gedächtnis der Leser zielt. Mehr noch: Da „das Blut der Ermordten sonder Eckel nicht kan gesehen werden" (1661, Vorrede, o. P.), erzeugen die brutalen Verbrechenserzählungen geradezu viszerale Affekte. Ebenso kurz wie drastisch brennen sich die Szenen auf diese Weise „unvermercket tieff" in das Gedächtnis der Leser – erst recht, wenn sie die schnellen Sequenzen im Medium der Sammlung „ohne Unterlaß für Augen haben" (1968/69 [1643–1649], Bd. II, 94). Nicht nur sollen die brutalen Mord- und Bestrafungsszenen ein furchterregendes „Mitleiden" bei den Lesern hervorrufen, sondern sie fungieren zugleich auch als „eine heilsame[] Warnung", die wie das „Gifft zum Gegengifft gebrauchet wird" (1661, Vorrede, o. P.). Die Exempla folgen damit der Figur einer ‚ausschließenden Einschließung' – eine Figur des Immunen, die auf der Hereinnahme eines *phármakon* zum Zweck der affektiven Sicherung beruht: Die ‚giftigen' Verbrechen und Strafen werden in einer Dosis ausgestellt, welche die (Ansteckungs-)Gefahr neutralisieren soll, indem sie rechtzeitig „die bösen Neigungen unterbrichet / und den Lastern zu welchen uns unsre verderbte Natur reitzet / Einhalt thut" (1990 [1653], 602).

Harsdörffers Poetik der geometrischen Progression folgt somit nicht allein einer bestimmten Darstellungslogik, die Ereignisse so miteinander verkettet, dass sie sich rekursiv auf einander beziehen lassen und in der jedes Folgeereignis immer schneller und heftiger eintritt, als das vorangehende; sie generiert darüber hinaus eine Wirkungsästhetik, die „viel stärcker zu Hertzen" dringt (1661, Zuschrift, o. P.), da sie qua aggressiv vorpreschender Darstellung die Leser physisch involviert. In der Zusammenschau von zweihundert kurzen Fällen entwirft Harsdörffer auf diese Weise eine paradigmatische Topographie des Verbrechens, deren evidentielle und abschreckende Kraft sich aus den Effekten jener Verkleinerung speist, die den Literaturtransfer von Beginn an gesteuert hatte.

Literaturverzeichnis

Barthes, Roland. *Das semiologische Abenteuer*. Aus dem Französischen von Dieter Hornig. Frankfurt am Main: Suhrkamp, 1988.

Campe, Rüdiger. „Vor Augen Stellen. Über den Rahmen rhetorischer Bildgebung". *Auf die Wirklichkeit zeigen. Zum Problem der Evidenz in den Kulturwissenschaften. Ein Reader*. Hg. Albrecht Koschorke, Ludwig Jäger und Helmut Lethen. Frankfurt am Main und New York, NY: Campus, 2015. 106–136.

Camus, Jean-Pierre. *L'Amphithéatre Sanglant. Ov sont representées plvsievrs actions Tragiques de nostre temps*. Paris: Joseph Cottereau, 1630.

Camus, Jean-Pierre. *L'amphitéâtre sanglant*. Hg. Stéphan Ferrari. Paris: Champion, 2001.

Camus, Jean-Pierre. *Traitté des passions de l'ame*. Hg. Max Vernet und Élodie Vignon. Paris: Classiques Garnier, 2014.

Deleuze, Gilles. *Die Falte. Leibniz und der Barock*. Aus dem Französischen von Ulrich Johannes Schneider. 5. Aufl. Frankfurt am Main: Suhrkamp, 2012.

Deleuze, Gilles, und Claire Parnet. *Dialoge*. Hg. Daniela Voss. Überarbeitete Übersetzung aus dem Französischen von Bernd Schwibs. Berlin: August, 2019.

Doms, Misia Sophia. „‚Wann ein Frantzos [...] ein teutsches Kleid anziehet'. Die Behandlung konfessioneller Fragen bei der Übersetzung von Jean-Pierre Camus' *L'Amphithéâtre sanglant* und in Harsdörffers *Der Grosse Schau-Platz jämmerlicher Mord-Geschichte*". *Deutsch-französische Literaturbeziehungen. Stationen und Aspekte dichterischer Nachbarschaft vom Mittelalter bis zur Gegenwart*. Hg. Marcel Krings und Roman Luckscheiter. Würzburg: Königshausen & Neumann, 2007. 51–69.

Ecsedy, Judit M. „Thesen zum Zusammenhang von Quellenverwertung und Kompilationsstrategie in Georg Philipp Harsdörffers *Schau=Plätzen*". *Georg Philipp Harsdörffers Universalität. Beiträge zu einem uomo universale des Barock*. Hg. Stefan Keppler-Tasaki und Ursula Kocher. Berlin und New York, NY: De Gruyter, 2011. 115–146.

Ferrari, Stéphan. „L'histoire tragique au service de la cause tridentine. Exemplarité et foi religieuse dans *L'Amphitéâtre sanglant* et *Les Spectacles d'horreur* de Jean-Pierre Camus". *Littérature Classiques* 79 (2012/3). 112–126.

Friedrich, Markus. „Frühneuzeitliche Wissenstheater. Textcorpus und Wissensbegriff." *Wissensspeicher der Frühen Neuzeit. Formen und Funktionen*. Hg. Frank Grunert und Anette Syndikus. Berlin und Boston, MA: De Gruyter, 2015. 297–328.

Gardt, Andreas. „Kürze in Rhetorik und Stilistik". *Sprachliche Kürze. Konzeptuelle, strukturelle und pragmatische Aspekte*. Hg. Jochen A. Bär, Thorsten D. Roelcke und Anja Steinhauer. Berlin und New York, NY: De Gruyter, 2007. 70–88.

Genette, Gérard. *Die Erzählung*. 3., durchgesehene und korrigierte Auflage. Übers. v. Andreas Knop. Paderborn: Fink, 2010.

Harsdörffer, Georg Philipp. *Ars Apophthegmatica, Das ist: Kunstquellen Denckwürdiger Lehrsprüche und Ergötzlicher Hofreden [...]*. Nürnberg: Endter, 1655.

Harsdörffer, Georg Philipp. *HERACLITUS und DEMOCRITUS: Das ist: C. Fröliche und Traurige Geschichte [...]*. Nürnberg: Endter. 1661.

Harsdörffer, Georg Philipp. *Frauenzimmer Gesprächspiele*. 8 Bde. Faks.-Nachdruck der Ausgabe Nürnberg 1643–1649. Hg. Irmgard Böttcher. Tübingen: Niemeyer, 1968–1969.

Harsdörffer, Georg Philipp. *Poetischer Trichter. Die Teutsche Dicht- und Reimkunst, ohne Behuf der Lateinischen Sprache, in VI. Stunden einzugiessen*. Faks.-Nachdruck der Ausgabe Nürnberg 1648–1653. Hildesheim und New York, NY: Olms, 1971.

Harsdörffer, Georg Philipp. *Der Grosse Schau=Platz jämmerlicher Mordgeschichte. Bestehend in CC. traurigen Begebenheiten*. Faks.-Nachdruck der 3. Auflage von 1656. Hildesheim und New York, NY: Olms, 1975.

Harsdörffer, Georg Philipp. *Der Grosse Schau=Platz Lust= und Lehrreicher Geschichte*. Faks.-Nachdruck der 5. Auflage von 1664. Hildesheim und New York, NY: Olms, 1978.

Harsdörffer, Georg Philipp. *Delitiae Mathematicae et Physicae. Der Philosophischen und Mathematischen Erquickstunden Dritter Teil*. Neudruck der Ausgabe Nürnberg 1653. Hg. u. eingel. Jörg Jochen Berns. Frankfurt am Main: Keip, 1990.

Hundt, Markus. *„Spracharbeit" im 17. Jahrhundert. Studien zu Georg Philipp Harsdörffer, Justus Georg Schottelius und Christian Gueintz*. Berlin und New York, NY: De Gruyter, 2000.

Keppler-Tasaki, Stefan. „Himmlische Rhetorik. Harsdörffers Poetik des Gebets zwischen lutherischer Orthodoxie und europäischem Manierismus". *Georg Philipp Harsdörffers Universalität. Beiträge zu einem uomo universale des Barock*. Hg. Stefan Keppler-Tasaki und Ursula Kocher. Berlin und New York, NY: De Gruyter, 2011. 299–325.

Kobusch, Theo. *Die Entdeckung der Person. Metaphysik der Freiheit und modernes Menschenbild*. 2., durchges. und um ein Nachw. und um Literaturerg. erw. Aufl. Darmstadt: Wissenschaftliche Buchgesellschaft, 1997.

Leibniz, Gottfried Wilhelm. „Neue Abhandlungen über den menschlichen Verstand". *Philosophische Schriften* Bd. III/1. Hg. und übers. Wolf von Engelhardt und Hans Heinz Holz. 2. Aufl. Darmstadt: Wissenschaftliche Buchgesellschaft, 1985.

Leinkauf, Thomas. *Mundus combinatus. Studien zur Struktur der barocken Universalwissenschaft am Beispiel Athanasius Kirchers SJ (1602–1680)*. Zweite, durchgesehene und bibliographisch ergänzte Auflage. Berlin: Akademie Verlag, 2009.

Levi, Anthony. *French Moralists. The Theory of the Passions 1585 to 1649*. Oxford: Clarendon, 1964.

Locher, Elmar. „*Hypotypose* und *memoria* in der Ästhetik Harsdörffers". *Seelenmaschinen. Gattungstraditionen, Funktionen und Leistungsgrenzen der Mnemotechniken vom späten Mittelalter bis zum Beginn der Moderne*. Hg. Jörg Jochen Berns und Wolfgang Neuber. Wien u. a.: Böhlau, 2000. 67–88.

Manns, Stefan. „‚Die wahre und merckwuerdige Geschichte lehret'. Zum Erzählen in Georg Philipp Harsdörffers *Schau=Plätzen*". *Georg Philipp Harsdörffers Universalität. Beiträge zu einem uomo universale des Barock*. Hg. Stefan Keppler-Tasaki und Ursula Kocher. Berlin und New York, NY: De Gruyter, 2011. 147–166.

Martinez, Esteban Sanchino. „Zwischen Evidenz, Ereignis und Ethik. Konturen einer Ästhetik und Poetik des Drastischen". *Drastik. Ästhetik – Genealogien – Gegenwartskultur*. Hg. Davide Giuriato und Eckhard Schumacher. Paderborn: Fink, 2016. 69–92.

Meierhofer, Christian. *Alles neu unter der Sonne. Das Sammelschrifttum der Frühen Neuzeit und die Entstehung der Nachricht*. Würzburg: Königshausen & Neumann, 2010.

Meierhofer, Christian. *Georg Philipp Harsdörffer*. Hannover: Wehrhahn, 2014.

Pech, Thierry. *Conter le crime. Droit et littérature sous la Contre-Réforme. Les histoires tragiques (1559–1644)*. Paris: Champion, 2000.

Pohl, Susanne. „Schuldmildernde Umstände im römischen Recht. Die Verhandlungen des Totschlags im Herzogtum Württemberg im 16. Jahrhundert". *Justiz=Justice=Justitia?*

Rahmenbedingungen von Strafjustiz im frühneuzeitlichen Europa. Hg. Harriet Rudolph und Helga Schnabel-Schüle. Trier: Kliomedia, 2003. 235–256.

Quintilian, Marcus Fabius. *Institutiones oratoriae libri XII*. Übers. und hg. von Helmut Rahn. 2 Bde. 2. Aufl. Darmstadt: Wissenschaftliche Buchgesellschaft, 1988.

Robert, Jörg. „Im Silberbergwerk der Tradition. Harsdörffers Nachahmungs- und Übersetzungstheorie". *Georg Philipp Harsdörffers Universalität. Beiträge zu einem uomo universale des Barock*. Hg. Stefan Keppler-Tasaki und Ursula Kocher. Berlin, Boston, MA, und München: De Gruyter, 2011. 1–22.

Schmidt, Georg. „Die Anfänge der Fruchtbringenden Gesellschaft als politisch motivierte Sammlungsbewegung und höfische Akademie". *Die Fruchtbringer – eine Teutschhertzige Gesellschaft*. Hg. Klaus Manger. Heidelberg: Winter, 2001. 5–37.

Schock, Flemming. „Wissensliteratur und ‚Buntschriftstellerei' in der Frühen Neuzeit: Unordnung, Zeitkürzung, Konversation. Einführung". *Polyhistorismus und Buntschriftstellerei. Populäre Wissensformen und Wissenskultur in der Frühen Neuzeit*. Hg. Flemming Schock. Berlin und Boston, MA: De Gruyter, 2012. 1–20.

Theiss, Winfried. „*Nur die Narren und Halßstarrigen die Rechtsgelehrte ernehren...* Zur Soziologie der Figuren und Normen in G. Ph. Harsdörffers *Schauplatz*-Anthologien von 1650". *Literatur und Volk im 17. Jahrhundert. Probleme populärer Kultur in Deutschland*. 2 Bde. Hg. Wolfgang Brückner, Peter Blickle und Dieter Breuer. Wiesbaden: Harrassowitz, 1985. Bd. II, 899–916.

Virilio, Paul, und Sylvère Lotringer. *Der reine Krieg*. Aus dem Französischen von Marianne Karbe und Gustav Rossler. Berlin: Merve, 1984.

Zeller, Rosmarie. „Harsdörffers Mordgeschichten in der Tradition der *Histoires tragiques*". *Harsdörffer-Studien. Mit einer Bibliografie der Forschungsliteratur von 1847 bis 2005*. Hg. Hermann Korte und Hans-Joachim Jakob. Frankfurt am Main u. a.: Lang, 2006. 177–194.

Stephan Strunz
Bürokratische Verkleinerungen: Bewerbungskultur und Berichtspraxis in der preußischen Personalverwaltung um 1800

Von Friedrich II. von Preußen heißt es, er liebte die Kürze. Nicht nur seine eigenen Befehle – im Format der Kabinettsordres abgefasst – waren außergewöhnlich kompakt, auch die an ihn adressierten Berichte hatten der Kürze-Maxime zu gehorchen. Seine Vorliebe, „bey gehöriger Absonderung des Wichtigen vom Unwichtigen, sich alle Sachen ins kurze fassen lassen", um „jede Anfrage auf der Stelle beantworte[n]" (Garve 1798, 165) zu können, zwang die Berichterstatter, sich auf nicht mehr als zwei Folio-Seiten über jedwede Sachverhalte zu äußern (Dorn 1931, 413). Doch schon die Zeitgenossen zweifelten an der Funktionalität dieser Praxis. Denn: „mußte nicht dadurch zuweilen die Vollständigkeit der Berichte, oder die deutliche Entwicklung der Gründe leiden?" (Garve 1798, 165) Dieser Argwohn trifft genau ins Herz dessen, was man das Kommunikationsparadox der bürokratischen Entscheidungsfindung nennen könnte. Um über etwas entscheiden zu können, muss der Sachverhalt entscheidbar gemacht werden, doch diese Entscheidbarmachung verlangt einen ästhetischen Preis, indem das, was zur Entscheidung vorgelegt wird, nicht mehr genau das ist, worüber ursprünglich entschieden werden sollte. In Bürokratien konstituiert das Medium des Berichts den Ort dieser Transformation, in ihm wird gleichzeitig Wirklichkeit abgebildet und verkürzt, sie wird für die Augen des Entscheiders sichtbar gemacht, aber so, dass sie am Ende die Form einer Entscheidungsfrage annimmt. Anhand einer mikrohistorischen Fallstudie aus der Spätzeit des preußischen Ancien Régime soll hier erläutert werden, wie ein solcher Prozess ablaufen konnte. Ein *close reading* eines zeitgenössischen Bewerbungsverfahrens aus dem Bereich der Bergbauverwaltung wird zeigen, dass erst mithilfe einer Welle verkleinernder administrativer Berichte über Menschen als Personal verfügt und entschieden werden konnte.

1 Berichtspraxis und Bewerbungskultur in Preußen

Ob kurz oder lang, vollständig oder lückenhaft, Berichte waren spätestens seit der Regierungszeit Friedrich Wilhelm I. nicht mehr aus der Regierungspraxis Brandenburg-Preußens wegzudenken. Seit dem Anfang des 18. Jahrhunderts war der Ort der

Entscheidung das königliche Kabinett – die Minister hatten vom Generaldirektorium in Berlin schriftlich nach Sanssouci zu berichten (Hintze 1901, 62). Das, was berichtet wurde, unterlief dabei einen Übersetzungsprozess: Es musste von den Berichterstattern so wiedergegeben werden, dass der Adressat das zu entscheidende Problem auf möglichst gedrängtem Raum übersehen und beurteilen konnte (Dorn 1931, 413). Im Verbund mit zahlreichen aktentechnischen Effizienzmaßnahmen war der König so für eine begrenzte Zeit in der Lage, als, wie es Cornelia Vismann nennt, „ein-Personen-Datenverarbeitungsmaschine" zu operieren, die jede noch so kleine Angelegenheit entschied (Vismann 2000, 213). Das beständige Anwachsen des Verwaltungsapparats, aber auch die territoriale Expansion Preußens entlarvten die „ein-Personen-Datenverarbeitungsmaschine" Friedrich Wilhelm I. jedoch schon bald als bürokratische Schimäre. Durch die beständige Gebietserweiterung waren derart viele Sachverhalte zu entscheiden, dass die damit verbundene *paperwork* unmöglich von einer einzigen Person bearbeitbar war. Der König delegierte also zahlreiche subalterne Entscheidungsbefugnisse an Generaldirektorium und Kriegs- und Domänenkammern, die nun wiederum selbst eine Expansion des Berichtswesens einleiteten (Beck 1997, 421; Dorn 1931, 413; Hengerer 2008, 188–189). Wie Stefan Haas zeigt, wurden „nachgeordnete Instanzen" dadurch „bereits im 18. Jahrhundert [...] durch das Erstellen ausführlicher Berichte in das Entwickeln von Problemlösungen integriert" (Haas 2005, 210). Denn indem jeder Bericht auf einen Vorschlag drängen musste, der nur zu oft von den mittelbaren Vorgesetzten und Entscheidern wortwörtlich übernommen wurde, übten die Berichterstatter de facto eine nicht unwesentliche Gestaltungsmacht bei der Darstellung administrativer Sachverhalte aus. Die geringe Abänderung von untergeordneten Berichten und die „wörtliche Übernahme von Passagen vorgängiger Schriftstücke" produzierte eine „Pfadtreue", die sich bis zum Entscheider fortsetzte (Hengerer 2008, 190).

Die folgenden Ausführungen werden von einer Bewerbung und dem daran angeschlossenen Berichtsverfahren aus der preußischen Personalverwaltung, genauer gesagt, der Bergbauverwaltung um 1800 handeln. In der Bewerbungskultur jener Zeit lässt sich von Seiten der Bewerber ein allmähliches Vordringen lebenslaufartiger Schreibweisen beobachten. Während in Stellengesuchen bis weit in die Mitte des 18. Jahrhunderts, wie auch anderswo in Europa, zumeist eine patrimoniale und treuebezeugende Rhetorik vorherrschte, rückten gegen Ende des Jahrhunderts immer stärker Qualifikation und selbstverantwortete Verdienste als wesentliche Elemente der *narratio* in den Vordergrund von Bewerbungsschreiben.[1] Um eingehende Stellengesuche verarbeiten zu können,

---

[1] Für eine ähnliche Entwicklung im italienischen und im Speziellen venetischen Fall während der napoleonischen Zeit s. dal Cin (2017).

mussten die zuständigen untergeordneten Stellen an die Zentrale in Berlin berichten, da nur diese über die Anträge entscheiden durfte. Diese Berichte erfolgten, je nach Verwaltungszweig, in mehrfachen Kaskaden von der untersten zur nächsthöheren bis zur höchsten Instanz. Oben anlangen sollte, wie es Julius Eberhard von Massow, seines Zeichens Minister im preußischen Generaldirektorium 1792 konstatierte, nur das, was in kurzer Zeit rezipierbar war. Die knappen Aufmerksamkeitsressourcen von Ministerien und Kabinett versprach man sich dadurch zu schonen, dass Berichte „[g]edrungene Kürze, mit Deutlichkeit und Weglassung aller bloß technischen und lateinischen oder veralteten Ausdrücke" (Massow 1792, 270) aufweisen sollten. Massow formulierte dafür ein ökonomisches Limit für Berichterstatter. Der Bericht sollte, in seinen Worten, „wo möglich auf eben der Seite, wo er angefangen ist, auch geschlossen werden" (Massow 1792, 270).

Als konkretes Fallbeispiel der personalpolitischen Berichtspraxis soll eine Bittschrift aus dem Jahr 1787 dienen, in der ein altgedienter Konsistorialrat den Lebenslauf seines Sohnes erzählt, um ihn für eine Beförderung zu empfehlen. Im Verlauf seiner berichtlichen Reise durch die Büros der Beamten erhält der Lebenslauf, mit einem Begriff Bruno Latours, immer kompaktere „Inskriptionen" (Latour 1986, 16), d. h. er wird je nach Verwertungskontext und Adressat ästhetisch auf das rechte Maß verkleinert (Latour 2009, 133–134). Das in diesem Fall außergewöhnlich umständliche Berichtsprozedere wird durch die Abschrift einer Supplik des Konsistorialrats Küster an den Berliner Bergbau-Minister v. Heinitz eingeleitet, der darin um die Beförderung seines Sohns zum Bergassessor beim Wettiner Bergamt bittet.[2] Der Großteil des Schreibens besteht aus einer Schilderung der Karriere des Sohnes. Der grundlegende Berufstopos wird hier bereits zu Beginn eingespeist: Küster jun. habe sich „aus unwiederstehlichen Triebe, nach zurück gelegten akademischen Jahren dem Bergwerks=Departement gewidmet". Es folgt die Anbahnung der Bergbeamtenkarriere: „Die Zubereitung hiezu hat er sich dadurch zu machen gesucht: daß er bey seinem Studiren in Halle die Chymie gehöret, das Feldmessen und Riße zufertigen geübt, und um Ostern 1 ½ Jahr in Wettin ist." Wettin markiert gleichzeitig den zeitlichen Punkt, ab dem Küster jun. eine Transition von der theoretischen zur praktischen Bergwerkskunst unterlaufen hat.

> Hier hat er die Grubenarbeit dadurch erlernet, daß er diesen Winter, als gemeiner Bergmann die Frühschicht gegen das Wochenlohn 1 [Reichstaler] 6 [Groschen] arbeitet. Im

---

[2] „Supplik des Konsistorialrats Küster um Beförderung seines Sohns zum Bergassessor (Abschrift)", 29.01.1787, in: Landesarchiv Sachsen-Anhalt (LASA), F 15, V Nr. 29, Bd. 11, unfoliiert. Alle folgenden Zitate bis zur nächsten Anmerkung stammen aus diesem Schreiben.

> Markscheiden hat ihn der geschickte Bergmeister Grillo bey den Befahrungen Anweisung gegeben. [...] Die Bergamts=Geschäfte sind ihm dadurch practisch bekannt, daß er den Seßionen bey gewohnt, und dadurch beym Protocolliren gebraucht worden. Zum Auscultator der Hallischen Cammer=Deputation ist er auch g[nä]d[i]gst verpflichtet worden, damit er erforderten Falls in den Geschäften des Salz=Departements könne gebraucht werden.

Der Konsistorialrat bedient mit dieser Routinierungsgeschichte ganz bewusst die Erfordernisse der Zielstelle „Bergamtsassessor".[3] Nominal und rhetorisch jedenfalls entspricht das absolvierte Curriculum – und hierauf deuten auch die vermutlich von einer Unterbehörde vorgenommenen Unterstreichungen – dem Ausbildungsverlauf eines höheren Bergwerksbeamten. Gleichzeitig sind in der Supplik Küsters aber auch etliche narrative Elemente zu finden, die zu einer anders gelagerten Überzeugungsstrategie gehören. Wenn Küster sen. die bergmännischen Verdienste des Berliner Ministers Heinitz mit den Worten preist „Ew[er] Excellenz haben da Licht angezündet und Segensgrüfte eröffnet, wo vor kurzem noch Dunkelheit und Ungenutztheit herrschete", dann mag das auf den ersten Blick wie Schmeichelei erscheinen. Küsters Einsatz muss aber gleichzeitig als affektive Intervention betrachtet werden, die Heinitz emphatisch zum patriotischen Urheber einer „großen preußischen Epoche" stilisiert.[4]

2 Berichtskaskaden

Mit dieser Supplik wird eine regelrechte Berichtsmaschinerie auf den Plan gerufen. Das Heinitz unterstellte Salzdepartement fordert nach Eingang des Schreibens die nächstuntergeordnete Behörde – die magdeburgische Kriegs- und Domänenkammer – zu einer berichtlichen Stellungnahme auf. Diese Berichtsdelegation setzt sich analog von der Kammer zur untergeordneten Kammerdeputation in Halle und von dort bis zum eigentlichen Ort des Geschehens, dem Wettiner Bergamt, fort. Das Wettiner Bergamt als unterste zuständige Behörde setzt nun die Berichtskette in Gang, die von dort reziprok wieder ihren Weg zurück zum Salzdepartement als entscheidungsbefugter Behörde nimmt (Abb. 1).[5]

---

3 Zu den Laufbahnvoraussetzungen für Bergbediente s. „Publicandum wie es künftig mit Besetzung der Berg= und Hütten=Bedienungen gehalten werden soll", 8.01.1778, in: Geheimes Staatsarchiv PK, I. HA Rep. 121, Nr. 278, fol. 1–2. Vgl. auch Kadatz (2005, 91).
4 „Supplik des Konsistorialrats Küster um Beförderung seines Sohns zum Bergassessor (Abschrift)", s. Anm. 2.
5 Das mehrstufige Delegieren von ‚oben' nach ‚unten' war bereits in der frühen Neuzeit, etwa in der Habsburger Finanzverwaltung, verbreitet (Hengerer 2008, 188–189).

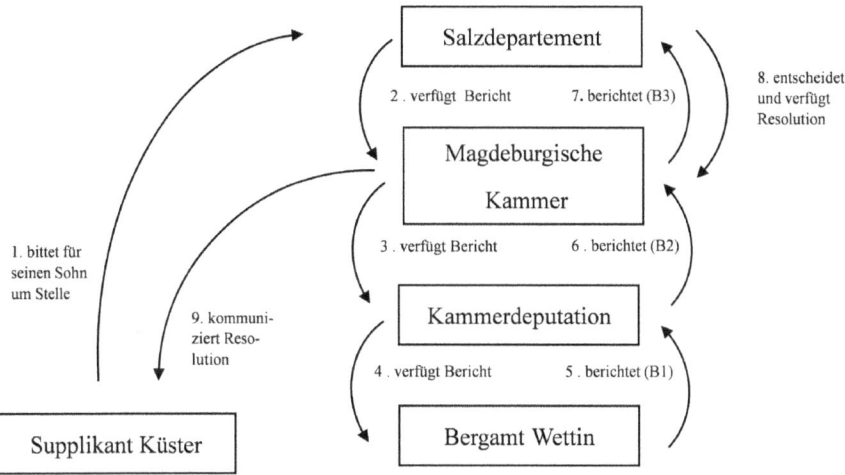

Abb. 1: Berichtsökonomie beim Wettiner Bergamt.

Der Bericht des Bergamts Wettin (B1) an die Hallesche Bergdeputation verfährt in inhaltlicher und rhetorischer Isomorphie zur eingereichten Supplik. Auch bei den Lokalbeamten nimmt die Frage der Küsterschen Leistungen den meisten Raum ein. In der Darstellung geht es nun um die Beobachtung und Bewertung derjenigen Lebensereignisse des jungen Küster, die von seinem Vater zuvor als Argumente für eine Beförderung eingebracht wurden. Zunächst wird in einer Art *refutatio* Laufbahnargument für Laufbahnargument dekonstruiert, wobei sich die Bergbeamten grob an den in der Supplik unterstrichenen Tätigkeitsfeldern abarbeiten. Das vorherrschende Stilmittel für diese Gegendarstellung ist die *concessio*: Die einzelnen Betätigungen werden zwar anerkannt, in ihrem Allgemeinheitsanspruch aber radikal partikularisiert. Die *longue durée* der von Küster sen. reklamierten Bergbautätigkeit wird im Bericht auf eine „kurtze Zeit" eingedampft, in der Küster jun. „höchstens eine superficielle Kenntnis von Gruben Bau erlangt" hätte.[6] Anstatt fundierter Kenntnisse im Markscheiden und Grubenabziehen habe er lediglich „einige Stunden" Unterricht genossen und sei nur „einmahl zum Abziehen in der Grube" gewesen. Die umständlich konstruierte Karriere wird damit annulliert, Küsters Supplik als rhetorisches Blendwerk entlarvt, „welches alles gar nichts heist."

---

6 „Bericht des Bergamts Wettin über die Supplik des Konsistorialrats Küster" (Mundum), 14.03.1787, in: LASA, F 15, V Nr. 29, Bd. 11 (Abschrift), unfoliiert. Alle folgenden Zitate bis zur nächsten Anmerkung stammen aus diesem Schreiben.

Nach diesen Ausführungen heben die Berichterstatter ihr Plädoyer auf eine andere Ebene. Der Antrag selbst sei „gar sehr zudränglich", da Küster jun. für seine Verhältnisse bereits sehr gut versorgt sei. Um die Unangemessenheit von Küsters Begehr zu beweisen, führt das Bergamt stattdessen ein entscheidendes Missverhältnis vor. Die Biographie Küsters wird daraufhin befragt, ob sie der anvisierten Zielstelle überhaupt angemessen ist. Die Behörde charakterisiert Küster als „noch ganz roh" und beurteilt den bisherigen Lebenslauf damit als inkompatibel mit einer Assessor-Stelle. Aus der Unverhältnismäßigkeit des Ansuchens prognostiziert das Bergamt wiederum eine Laufbahn- und Führbarkeits-Apokalypse: „Wird ihm hiernächst sein Gesuch bewilligt, so ist der Küster auf ewig verlohren, und es wird nie was aus ihm werden." In der Laufbahnlogik der Behörde hat also jeder Karriereschritt ein bestimmtes zeitliches *aptum*, das bei unzeitiger Überschreitung zu fatalen Lebenslauffolgen führen muss. Dass dieses bürokratische Schreckensszenario nicht auf Sachfragen beschränkt bleibt, wird aus dem darauffolgenden Argument deutlich. Denn hier betreten nun auch die Affekte der Berichterstatter die Bühne, die durch die unverhältnismäßige Gehaltsverbesserung des jungen Küster in schwersten Aufruhr geraten würden.

> Endlich erwägen Hochdieselben, wie kränkend es uns sein müße, wenn ein sehr junger Mensch, der auch noch gar nicht die mindeste Geschicklichkeit hat, die zu einen Königl[ichen] Bedienten erfordert wird, mit einem so starken Salair angesetzt, da wir, so ganz außerordentlich schlecht stehen.

Und so lautet der Antrag des Bergamts an die Deputation also, sich „höheren Orts" dafür zu verwenden, „den Herrn Consistorialrath Küster mit seinem Suchen abzuweisen."

Sowohl die Supplik des Vaters als auch der Bericht des Bergamts sind von außerordentlicher Länge. Die Massowsche Forderung, den Bericht „möglich auf eben der Seite" zu schließen, „wo er angefangen ist" (Massow 1792, 270), wird von den Bergbeamten mit vier Seiten um ein Vielfaches überschritten. Gleichzeitig bedienen sich Bittschrift und Bericht in der Mobilisierung von Sach- und Affektargumenten eines ähnlichen rhetorischen Repertoires. Gerade der Bericht der Behörde lässt auf auffallende Weise jene emotive Abfederung von Adjektiven und Verben der Entrüstung in neutrale Berichtsverben der indirekten Rede vermissen, die bürokratischen Schreiberzeugnissen gewöhnlich zu eigen ist (Hull 2012, 148). Zweifelsohne ist dies ein Effekt der Distanzlosigkeit. Als gewissermaßen homodiegetische Erzähler sind Vater und Bergamtsbeamte Teil der von ihnen erzählten Geschichte und deren imaginierten Auswirkungen. Genau wie der Vater unmittelbar und unvermittelt für den Sohn eintritt, scheinen die Beamten gerade in ihrer Rolle als teilnehmende Beobachter von der ‚rationalen' Kanalisierung des Sachverhalts abgehalten zu werden. Die rhetorische Isomorphie der beiden Schreiben indiziert außerdem eine äquivalente Position in der Kommunikationshierarchie: Sowohl Küster sen. als auch das Bergamt sind darin auf der untersten Ebene verortet. Weitschweifigkeit und Affekt sind hier die Regel und durchaus legitime Instrumente der institutionellen Kommunikation. Beide Elemente erhalten auf ihrer Reise von Wettin nach Berlin allerdings eine gänzlich neue Form. Eine erste entschlackende ‚Remediatisierung' leistet bereits die nächste Inskriptionsstufe: der Bericht der Halleschen Kammerdeputation (B2).

Schon auf den ersten Blick sticht die Größenveränderung ins Auge: Zwar umfasst auch dieser Bericht vier Seiten, diese sind dafür aber nur halbbrüchig beschrieben. Da die Deputation die Position eines Beobachters zweiter Ordnung einnimmt, wechselt sie „nach eingezogener Auskunft gedachten Bergamts"[7] von der Erzählung augenbezeugter Ereignisse und eigener Meinungen zur heterodiegetischen Erzählung. Die Beamten gehen damit zur indirekten Rede über und changieren im Modus zwischen der affirmativen indikativen Nebensatzkonstruktion mit ‚dass' und dem distanzierteren Konjunktiv. Im ersten, längeren Teil des Berichts geben die Beamten B1 in Exzerpten oder Umformulierungen wieder, im zweiten Teil hingegen binden sie eigene Bewertungen und Beobachtungen mit ein. Der Originalbericht B1 wird durch dieses Verfahren beinahe auf die Hälfte der Ausgangsgröße reduziert. Dabei werden drei informationsverarbeitende Verfahren als Kompressionsstrategien eingesetzt. Die erste Strategie besteht aus einer selektiven Lektüre und wörtlichen Übernahme einzelner Textpassagen von B1 in B2. Das sind vor allem lebenslaufspezifische Aussagen, wie etwa, dass Küster jun. sich „noch gar nicht zu einem Bergamts Assesor qualificirt", er „noch nicht einmahl die Kenntnis eines mittelmäßig geschickten Bergmanns" hat und er „ein junger fast unwissender Mensch" ist. Während diese pointierten Aussagen mit großer Verbindlichkeit im Indikativ übernommen werden, ist die prognostisch-normative Aussage „und es würde nie etwas aus ihm werden" von der Deputation in den distanzierteren Konjunktiv gesetzt. Die wohl wichtigste Direktübernahme stellt aber das Schlussurteil dar, denn auch dieses wird von der Deputation wortwörtlich kopiert.[8]

Die zweite Strategie der Deputation besteht aus der „bürokratischen Umformulierung" (Sarangi und Slembrouck 1996, 129) einzelner Passagen aus B1. Sie dient

---

7 „Bericht der Halleschen Kammerdeputation des Wettiner Bergamts über die Supplik des Konsistorialrats Küster" (Abschrift), 20.3.1787, in: LASA, F 15, V Nr. 29, Bd. 11, unfoliiert. Alle folgenden Zitate bis zur nächsten Anmerkung stammen aus diesem Schreiben.
8 Das ist besonders deshalb bedeutend, weil die Verbindlichkeit von organisationellen Bewertungen und Interpretationen im 18. Jahrhundert analog zur Hierarchiestufe der berichtenden Behörde zu- oder abnahm, s. hierzu Hünecke (2010, 33).

der gezielten Rezeptionssteuerung nachgeordneter Behörden. Hier haben die Umformulierungen einen informationsverdichtenden und affektmodulierenden Effekt. Sie setzen gegenüber dem Ausgangstext eine bestimmte Lesart durch. Die mehrzeilige, listenartige Aufführung der Namen und Gehälter aller höheren Bergbeamten in Wettin wird beispielsweise auf die Formulierung „da nun auch einige Mitglieder des Bergamts in geringen Gehalt stünden" verdichtet, rhetorische Fragen und erzürnte Ausrufe aus B1, wie „was muß ein Auscultator nicht bey den Landes Collegiis für Arbeiten verrichten und das ganz umsonst", werden in erregungsfreie Aussagen, à la „bey anderen Collegiis muß ein Auscultator mehrere Jahre umsonst arbeiten", transformiert.[9] Wo in B1 von „kränkend" die Rede war, heißt es in B2 nur noch „hart". Es scheint, als könnte man für die nächsthöhere Adressatenstufe (die Kammer zu Magdeburg) nicht das gleiche Niveau affektiver Unmittelbarkeit erhalten, wie es noch das Bergamt gegenüber der Deputation an den Tag legte. Der Ton entspricht nun insgesamt viel stärker jenem juridisch-bürokratischen Stil, mit dem man im 18. Jahrhundert versuchte, den autoritativen Effekt eines rationalen, unbeteiligten und distanzierten Erzählers zu erzielen (Becker und Clark 2001, 5–9). Die letzte Kompositionsstrategie bildet schließlich die gezielte Reduktion einzelner Passagen. Noch drastischer als die Umformulierung führt sie zu Informationsverdichtung im engeren, informationstheoretischen Sinn (Bateson 1987 [1982], 123). Sie betrifft zumeist Sätze, die redundant sind, etwa die wiederholten Feststellungen des Bergamts, dass Küster jun. nur mit großem Wohlwollen als Auscultator angestellt wurde, oder dass er für die Position eines Assessors untauglich sei. Insgesamt wird aus dem Kontext von B1 auf diese Weise fast ein Drittel der ursprünglichen Berichtssubstanz eliminiert.

Das führt schließlich zum letzten Bericht (B3): dem Schreiben der magdeburgischen Kammer an das Salzdepartement in Berlin, wo die Berichts-Kaskade schließlich endet. B2 wird hier in nur 211 Wörtern synthetisiert, der Kammerbericht erreicht damit die höchste Abstraktionsstufe. Dieser Bericht an höchste Instanz verfährt, anders als B2, ausschließlich umformulierend, wobei die lebenslaufbezogenen Aussagen bar jeglichen Zweifels und mit äußerster Verbindlichkeit in den Indikativ gesetzt werden. Die in Supplik, B1 und B2 mäandernde Erzählung des Lebenslaufs bringt die Kammer pointiert auf zwei Sätze.

> Nach demselben [B2] ist der p. Küster erst kurze Zeit als Bergmann angefahren, hat in der Markscheidekunst nur wenige, in der Baukunst aber noch keinen Unterricht erhalten und

---

9 „Bericht der Halleschen Kammerdeputation des Wettiner Bergamts über die Supplik des Konsistorialrats Küster" (Abschrift), s. Anm. 7.

ist vorerst nur zum Abschreiben und Protocolliren gebraucht worden. Er besitzt daher gegenwärtig zum Bergamts Assesor im Grubenbau noch nicht Kenntniß, und in Feder Arbeiten noch nicht Uebung genug.[10]

Die Aussagen zur Qualifikation des jungen Küster waren in allen vorgängigen Schreiben durch die Wahl der Figurenrede, des Modus oder der Berichtsverben noch als Sprechakte der subjektiven Beobachtung markiert. B3 löscht diesen Beobachtungscharakter nun nahezu vollständig. Zwar bezeichnet die Kammer die Urheberschaft des Wissens über Küster mit „nach demselben". Doch alle daraus abgeleiteten Aussagen erhalten hier durch den Indikativ den Status von gesicherten Prädikationen.

3 Entscheidungen

Man könnte also argumentieren, dass erst B3 ein Urteil trifft, das tatsächlich den Status einer assertiven Aussage annimmt und keiner weiteren Beweisführung bedarf. Was durch diese Operation produziert wird, ist letztendlich die Entscheidbarkeit über Küsters Lebenslauf. Die subjektiven Aussagen der Beobachtung und Bewertung (B1) sowie der indirekten Abstraktion und Kontextualisierung (B2) werden in B3 schließlich ihrer narrativen Positionalität entkleidet, stattdessen in den Modus einer universalen Assertion („Küster ist...") transponiert und vom Aussageort des Beobachters entkoppelt. Küster wird also nicht abgelehnt, weil Selbst- und Fremdbeobachtungen nicht konvergieren; stattdessen werden die beobachteten Eigenschaften zu gesicherten Laufbahnmängeln essentialisiert. Um urteilen zu können, wird die Herkunft des Urteils ausgelöscht.

Das entscheidende Reskript des Salzdepartements stimmt den Berichten in allen Punkten zu und trägt der Kammer auf, Küster sen. den Ablehnungsbescheid zu kommunizieren. Von allen im Entscheidungsprozess involvierten Schriftstücken ist dieses das mit Abstand kürzeste. Der unzureichende Lebenslauf wird in lediglich einem Wort aufgelöst, nämlich den maßgeblichen „Umständen": „Bei denen in Eurem Bericht vom 28ten v[origen] M[onats] enthaltenen Umständen kann dem Auscultatori Küster zu Wettin vorjetzt nichts weiter bewilliget werden."[11] Die Berichtskaskade macht damit deutlich, wie institutionelle Stellungnahmen

---

10 „Bericht der Magdeburgischen Kriegs- und Domänenkammer über die Supplik des Konsistorialrats Küster (Konzept)", 29.3.1787, in: LASA, F 15, V Nr. 29, Bd. 11, unfoliiert.
11 „Reskript des Salz-Departements" (Mundum), 19.4.1787, in: LASA, F 15, V Nr. 29, Bd. 11, unfoliiert.

von Stufe zu Stufe mit mehr Selbst-Evidenz ausgestattet werden, so dass am Ende der Berichtskette die entscheidenden Daten als unbezweifelbare, faktoide „Umstände" aufscheinen. Auf dem Weg von der Bittschrift bis zum letzten Bericht sind in der Kette der Inskriptionen all jene Daten getilgt worden, die nicht explizit auf den Lebenslauf des Kandidaten verweisen. Damit erzeugen die Behörden eine Essentialisierung und Potenzierung des Lebenslaufs, die ausschließlich diejenigen Elemente enthält, die laufbahnkritisch sind. Die dadurch erzeugte Distanz setzt den klinisch isolierten Lebenslauf von der Dichte, Verworrenheit und Aktualität des ursprünglichen Sachverhalts ab.

Diese Distanz erfordert andererseits eine mediatisierende Intervention zahlreicher Zwischenakteure. Erst nach mehrfacher schriftlicher Vermittlung, d. h. Verkleinerung, können die Berliner Zentralbeamten das Verwaltungsproblem auflösen, das der alte Küster durch seine Supplik produziert.[12] Diese Vermittlungen bleiben für Küster sen. im letztgültigen Ablehnungsbescheid brisanterweise unsichtbar. Ihm wird die Entscheidung nur als Abschrift des Reskripts des Salzdepartements mit königlichem „Special-Befehl"[13] zurückkommuniziert. Erläutert wird lediglich, *was* im Namen des Königs entschieden wurde, nicht aber, *wie* diese Entscheidung zustandekam. Abgelehnt wird er zwar wegen den im „Bericht" angeführten Umständen, der Bericht, der die „Umstände" näher ausbuchstabiert, wird aber nicht mitgeschickt. Von der Faktizität der mangelhaften Laufbahn erfährt er hingegen nichts. Als der alte Konsistorialrat die letztgültige Resolution von der Magdeburgischen Kriegs- und Domänenkammer erhält, verweisen die Unterschriften ihn zwar auf singuläre Beamte, die Vermittlungs- und Verkleinerungsgeschichte samt ihren Begründungen, auf der das Verdikt beruht, bleibt in der Inskriptionslogik des Verfahrens jedoch verborgen. Obgleich bürokratische Entscheidungen im internen Schriftverkehr zu Ende des Jahrhunderts also derart begründungsbedürftig sind, dass sie eine Flut von beurteilenden Berichten erfordern, wird nach außen weiterhin ein dezisionistisches Arkanum bewahrt, das das ‚als ob' eines allentscheidenden „Subjekt[s] der Entscheidung" (Schmitt 1979 [1922], 46) aufrechterhält.

---

12 Zum Distanzeffekt von schriftlichen Berichtsverfahren s. a. Krosigk (2017, 147).
13 „Reskript des Salz-Departements", s. Anm. 11. Der ASB (auf königlichen Spezial-Befehl)-Passus im Reskript indiziert dabei die autonome Entscheidungsvollmacht des Salzdepartements, bei der Entscheidung muss der König nicht eigens konsultiert werden, das Reskript allerdings in seinem Namen ausgestellt werden, s. Haß (1909, 219).

Literaturverzeichnis

Bateson, Gregory. *Geist und Natur: Eine notwendige Einheit* [1982]. Frankfurt am Main: Suhrkamp, 1987.

Beck, Lorenz. „Geschäftsverteilung, Bearbeitungsgänge und Aktenstilform in der Kurmärkischen und Neumärkischen Kriegs- und Domänenkammer vor der Reform (1786–1806/08)". *Brandenburgische Landesgeschichte und Archivwissenschaft*. Hg. Friedrich Beck und Klaus Neitmann. Weimar: Böhlau, 1997. 417–438.

Becker, Peter, und William Clark. „Introduction". *Little Tools of Knowledge. Historical Essays on Academic and Bureaucratic Practices*. Hg. Peter Becker und William Clark. Ann Arbor, MI: The University of Michigan Press, 2001. 1–34.

dal Cin, Valentina. „Presentarsi e autorappresentarsi di fronte a un potere che cambia". *Società e storia* 155 (2017): 61–95.

Dorn, Walter L. „The Prussian Bureaucracy in the Eighteenth Century". *Political Science Quarterly* 46.3 (1931): 403–423.

Garve, Christian. *Schilderung des Geistes, des Charakters, und der Regierung Friedrichs des zweyten: Erster Theil*. Breslau: Korn, 1798.

Haas, Stefan. *Die Kultur der Verwaltung: Die Umsetzung der preußischen Reformen 1800–1848*. Frankfurt am Main: Campus, 2005.

Haß, Martin. „Über das Aktenwesen und den Kanzleistil im alten Preußen". *Forschungen zur Brandenburgischen und Preußischen Geschichte* 22.2 (1909): 201–255.

Hengerer, Mark. „Prozesse des Informierens in der habsburgischen Finanzverwaltung im 16. und 17. Jahrhundert". *Information in der Frühen Neuzeit. Status, Bestände, Strategien*. Hg. Arndt Brendecke, Markus Friedrich und Susanne Friedrich. Berlin: LIT-Verlag, 2008. 163–194.

Hintze, Otto (Hg.). *Acta Borussica. Bd. 6,1. Einleitende Darstellung der Behördenorganisation und allgemeinen Verwaltung in Preußen beim Regierungsantritt Friedrichs II*. Berlin: Parey, 1901.

Hull, Matthew S. *Government of Paper. The Materiality of Bureaucracy in Urban Pakistan*. Berkeley, CA, Los Angeles, CA, und London: University of California Press, 2012.

Hünecke, Rainer. *Institutionelle Kommunikation im kursächsischen Bergbau des 18. Jahrhunderts. Akteure – Diskurse – soziofunktional geprägter Schriftverkehr*. Heidelberg: Winter, 2010.

Kadatz, Hans-Joachim. *Friedrich Anton Freiherr von Heynitz. Ein Reformer der zweiten Hälfte des 18. Jahrhunderts aus Dröschkau bei Belgern*. Belgern: Stadtverwaltung Belgern, 2005.

Krosigk, Rüdiger von. „Von der Beschreibung zur Verdichtung. Der Bezirk als Verwaltungsraum im Großherzogtum Baden zwischen 1809 und den 1870er-Jahren". *Administory* 2 (2017): 146–171.

Latour, Bruno. „Visualization and Cognition: Drawing Things Together". *Knowledge and Society Studies in the Sociology of Culture, Past and Present*. Hg. Henrika Kuklick. Greenwich, CT: JAI Press, 1986. 1–40.

Latour, Bruno. „Die Logistik der immutable mobiles". *Mediengeographie: Theorie – Analyse – Diskussion*. Hg. Jörg Döring und Tristan Thielmann. Bielefeld: transcript, 2009. 111–144.

Massow, Eberhard Julius Wilhelm Ernst von. *Anleitung zum praktischen Dienst der Königl. Preußischen Regierungen, Landes= und Unterjustizcollegien, Consistorien,*

Vormundschaftscollegien und Justizcommissarien, für Referendarien und Justizbediente. Berlin und Stettin: Friedrich Nicolai, 1792.

Sarangi, Srikant, und Stefan Slembrouck. *Language, bureaucracy, and social control.* Oxfordshire und New York, NY: Routledge, 1996.

Schmitt, Carl. *Politische Theologie. Vier Kapitel zur Lehre von der Souveränität* [1922]. Berlin: Duncker & Humblot, 1979.

Vismann, Cornelia. *Akten. Medientechnik und Recht.* Frankfurt am Main: Fischer, 2000.

II Selektion

Maren Jäger
Verkleinerungsregi(m)e antiken Herrschaftswissens: Selektion, Reduktion und *brevitas* in Lipsius' *Politica*

Eine staatspolitische Grundschrift der Frühen Neuzeit sind die *Politicorum sive Civilis Doctrinae libri sex. Qui ad Principatum maxime spectant* (1589) des Justus Lipsius, die zwischen 1589 und 1760 in über fünfzig Ausgaben gedruckt und in 24 Übersetzungen verbreitet wurden.[1] Hatte sich Lipsius 1574 mit seiner Tacitusedition frühen philologischen Ruhm erworben und mit dem wirkmächtigen Traktat *De Constantia* 1584 den Untertan zu Beständigkeit und Gehorsam angeleitet, instruierte er in den *Politica* die Herrschenden zur Sicherung der äußeren Ordnung und legte damit die Fundamente für die Macht-, Klugheits- und Staatsräsonlehren, die in den folgenden Jahrhunderten Europa überziehen: *Ordo in iubendo et parendo*. Aus stoischer Weisheit wird strategische Klugheit.

Was Lipsius' *Politica* in der Frühphase des Gutenbergzeitalters zum Bestseller prädestinierte, war sein Verfahren der verkleinernden Textkonstitution. Als Speicher antiker *civilis prudentiae* stellten die *Politica* humanistische Wissenspraktiken der Selektion, Reduktion und Transposition kleiner Formen mustergültig aus, welche umgekehrt auf ihre eigene Textur produktiv anwendbar waren. Lipsius verkleinerte, selektierte, abbreviierte, ‚centoisierte' – und wurde seinerseits epitomisiert, ausgelesen, verkürzt und ‚centoisiert'.

1 „omnia nostra esse, et nihil". Die *Politica* als Cento

Lipsius' Handbuch politischer Klugheit des ausgehenden 16. Jahrhunderts, das in die Fundamente der frühmodernen Staatslehre eingehen soll, besteht zu einem Gutteil aus in Sentenzen segmentierter *doctrina*, die der Altphilologe aus

---

[1] Der hier zugrundegelegte Text (Lipsius [1589] 2004) basiert auf der dritten Ausgabe von 1596. Ich zitiere mit der Sigle P, Seitenzahl und Zeilenangabe; punktuell ziehe ich die online verfügbare Erstausgabe heran (1589). Sämtliche Übersetzungen stammen, sofern nicht anders angegeben, von mir.

dem Steinbruch antiker Historiographie zum Prosa-Cento transponiert.[2] Der Gattungsname geht auf gr. κέντρων zurück, eine aus Flicken genähte Decke oder Harlekinsjacke (Kunzmann und Hoch 1994; Tucker 2011; Waszink 2004, 56–58). Das Bild des Aneinandernähens von Flicken verfeinert Lipsius zum Weben, der Einarbeitung verschiedener Fäden in eine Textur:

> ut Phrygiones e varii coloris filo unum aliquod aulaeum formant: sic nos e mille aliquot particulis uniforme hoc et cohaerens corpus.　　　　　　　　　　　　(P 232:14–15)

> Wie die Phrygier ein einziges Gewebe aus einer Vielzahl farbiger Fäden komponierten, so [formten] wir dieses einheitliche und kohärente Werk aus abertausend Einzelteilen.

Lipsius' Briefpartner Montaigne nennt die *Politica* „ce docte et laborieux tissu" (Montaigne 2007 [I.26]; Magnien 1996, 438).

Schon Julius Caesar Scaliger hatte ‚Cento' als ein aus einem Werk der klassischen Dichtung kompiliertes Gedicht mit parodistischem Impetus und in gebundener Rede definiert (Scaliger 1964 [1561], 378–379); Lipsius reklamiert nun für sich, mit dem Cento in Prosa eine neue Gattung erfunden zu haben:

> [Forma nova nostri operis.] *Nam inopinatum quoddam stili genus instituimus: in quo vere possim dicere, omnia nostra esse, et nihil.* [Concinnata ab aliis] *Cum enim inventio tota et ordo a nobis sint, verba tamen et sententias varie conquisivimus a scriptoribus priscis.* [Maxime ab Historicis.] *idque maxime ab Historicis: hoc est, ut ego censeo, a fonte ipso Prudentiae Civilis.*　　　　　　　　　　　　(P 230:30–232:4)[3]

> [Die neue Form unseres Werkes.] *Denn wir haben eine neuartige Form begründet, von der wir wahrhaftig sagen können, dass alles von uns stammt und nichts.* [Geformt aus anderen] *Denn obwohl nämlich die ganze Invention und Ordnung von uns stammen, haben wir dennoch die Worte und Sentenzen aus den Alten zusammengesammelt.* [Größtenteils aus den Historikern.] *Und dies vor allem aus den Historikern: dies ist, glaube ich, vom wahren Quell politischer Klugheit.*

„Omnia nostra esse, et nihil": alles und nichts zugleich. Lipsius präsentiert die *Politica* als Produkt ingeniöser Arbeitsteilung: *Inventio* und *dispositio* sind seine Eigenleistung, die *elocutio* überlässt er weitgehend den antiken Geschichtsschreibern, einem Quell politischer Klugheit, so das werbewirksame Schlagwort. Gerade diese Mischung ist, wie Lipsius hellseherisch in einem Brief an Buytewechius verkündet, sein Fahrschein in die Unsterblichkeit: „Id vere opus

---

[2] Theodor Verweyen und Gunther Witting beschreiben den Cento nicht als Gattung, sondern als „*Schreibweise*, bei der aus einem Einzeltext oder Textkorpus Sätze bzw. Syntagmen selegiert und ohne Veränderung zu einem neuen Text kombiniert werden" (1997, 293; 1993, 19).

[3] Marginalien am äußeren Textrand der Drucke gebe ich in einfachen, die Quellennachweise am inneren Rand in doppelten eckigen Klammern wieder.

alienum est et nostrum est; & e duplici ista mixtura vivet, cum ego non vivam." (Burman 1727, 688) / „Es ist wahrhaftig das Werk von anderen und mein Werk; und wegen dieser doppelten Mischung wird es leben, wenn ich nicht mehr lebe." Die Mixtur des Eigenen und Fremden ist der – besonders im Rückblick aus einer Zeit der Urheberrechtsdebatten, Originalitätsansprüche und Authentizitätsproklamationen – charakteristische Zug der *Politica*-Textur.

Die Praktiken der *lectio* und *selectio* gehen der Kompilation eines Cento notwendig voraus; das Sammeln geschehe, so Lipsius, nicht aus Eitelkeit oder zum Selbstzweck, sondern zum Nutzen des Lesers, ja, der Menschheit.

> [Usum hoc habet:] *Quid utilius potui, quam tot Sententias in unum conducere; pulchras, acres, et, ita me Salus amet, ad salutem natas generis humani?* [Et fidem.] *Nam quod ego eadem dicerem: ecquando mihi eadem vis aut fides? Ut in uno aliquo telo aut gladio multum interest, a qua manu veniat: sic in sententia, ut penetret, valde facit robustae alicuius et receptae auctoritatis pondus. Atqui ea veteribus adest.* (P 232:5–10)

> [Es bringt Nutzen:] *Denn was hätte ich Nützlicheres unternehmen können als so viele Sentenzen zusammenzubringen, schöne, scharfe, und, so das Schicksal mir gnädig sei, erdacht zum Wohl der Menschheit?* [Und Glaubwürdigkeit.] *Denn wenn ich dieselben Dinge sagen würde; könnte ich je dieselbe Kraft oder dieselbe Autorität haben? Gerade so, wie es sehr darauf ankommt, welche Hand eine bestimmte Waffe oder ein Schwert führt, so trägt das Gewicht gefestigter und etablierter Autorität sehr dazu bei, dass eine Sentenz durchdringt. Und just diese eignet den Alten.*

Die auf die kleine Form der Maxime reduzierten Prätexte sind ein faszinierendes Material, hart und scharf wie ein Schwert. Sie verleihen der kompilatorischen Arbeit „*vis aut fides*", Kraft und Glaubwürdigkeit – mit einem Wort: Autorität. Und an *auctoritas* wird nicht gespart: Nicht weniger als 2669 Zitate von 116 Autoren zählt Waszink (2004, 5).

2 *nihil*: „materiam varie undique conduxi"

Das in der Ausgabe von 1589 kursiv erscheinende Wortmaterial ist Quellen entnommen, die Lipsius in der äußeren Marginalspalte per Kurznachweis anführt und im „AUCTORUM SYLLABUS" auf einen Blick („*uno aspectu*") präsentiert (P 254:6). Lipsius unterteilt seine Mannschaft in zwei mal zwei Gruppen gemäß Zitatfrequenz und Herkunft: Die zwölf *auctores*, „[q]*uorundam verbis frequentius et libentius utimur*", sind „E LATINIS": Sallust, Livius, Seneca, Cicero, Q. Curtius, Plinius d. J. sowie der Kriegstheoretiker Vegetius; „E GRAECIS": Aristoteles, Thukydides, Platon und Xenopohon; zusammen mit den übrigen 105[4] konstituieren sie den neuen Kanon politischer Klugheit. Einer von ihnen erhält besonderen Vorzug vor allen übrigen:

> *Inter eos eminet* CORNELIUS TACITUS *extra ordinem dicendus: quia plus unus ille nobis contulit, quam ceteri omnes. Caussa in Prudentia viri est, et quia creberrimus sententiis: etiam, quia familiaris nobis, et offerebat se non vocatus.* (P 255:6–10)

> *Aus ihnen ragt* CORNELIUS TACITUS *hervor, der besonders erwähnt werden muss, da er allein mehr als alle anderen zusammen beigetragen hat. Der Grund dafür ist die Klugheit dieses Mannes, und die Tatsache, dass sein Text voller Sentenzen ist. Dazu kommt, dass er uns sehr vertraut ist und sich ungebeten einstellte.*

Tacitus wird – als personifizierte *prudentia* – gewissermaßen appropriiert und war im 16. Jahrhundert keineswegs populär. Erst Lipsius' herkulischer Verkleinerungs- und Vermittlungsakt lässt ihn den Zeitgenossen vertraut erscheinen. Scharfsinn und Klugheit sind die Tugenden, die Tacitus attraktiv und ‚zeitgemäß' machen; auch nach anderthalb Jahrtausenden sei er der ideale, weil brauchbarste Lehrer, sein Werk ein Nutzgarten anwendbaren Regelwissens, abgefasst in dichter Kürze, mit funkelnden Sentenzen, die wie Intarsien in den Text eingelegt sind und je nach Bedarf entnommen werden können (P 733 [*Notae* zu I.19]; Waszink 2004, 97). Tacitus' Schriften (vor allem die *Annalen*, aber auch die *Historien* sowie *Agricola* und *Germania*) werden nicht weniger als 528-mal in den *Politica* zitiert; ein Fünftel des inkorporierten Quellenmaterials ist ihm zuzuschreiben (Waszink 2004, 149). Die weiteren Podestplätze besetzen Sallust, aus dessen *De coniuratione Catilinae* und *Bellum Iugurthinum* 150-mal zitiert wird (Fullenwider 1984, 67 u. 71, Anm. 35), dahinter Seneca mit 178 Zitaten aus 25 Werken, v. a. aus *De Clementia* als Mahnung für den *princeps*. Alle drei genannten Autoren preist Lipsius als mustergültig nicht nur für ihren sentenziösen Stil, sondern auch für ihre radikale *brevitas*.

Lipsius' Sektion von Texten ist Selektion und Reduktion zugleich – insofern sie es ihm ermöglicht, diejenigen *sententiae* herauszuklauben, die die eigene Interpretation stützen, und diejenigen Elemente auszusondern, die ihr zuwiderlaufen. Die argumentativen Strukturen der Prätexte geraten in diesem mikroinvasiven Verfahren ebenso aus dem Blick wie Ironie und Ambiguität. Auf den Schultern von Riesen stehend, überschaut Lipsius deren Werke nicht nur, sondern er zerteilt sie in Schnipsel, wählt hier und dort das Nützliche, Gute, Ver-

---

4 Darunter 70 lateinische und 35 griechische Autoren (Waszink 2004, 129 sowie die Liste 130).

wertbare aus, beschneidet die kleinen Textfragmente bis zur Sinnentstellung, die er gegenüber den Zweiflern per *concessio* unter Verweis auf die Lizenzen des Genres Cento als legitim, ja wünschenswert verteidigt:

> [*Fides nostra sugillatur*:] Calumnia altera futura videtur, aut potius iam fuit, in meam Fidem. [*Sed ab ignaris huius scriptionis*.] Non recte, inquiunt, nec ex scriptorum mente quaedam citas. Quam risi, cum hoc audivi! [...] Qui aliter potui, aut debui, in hoc scripto? [*Centonum mos et ius*.] Nonne enim Centonem quendam concinno (tale omnino nostrum opus) in quo liberi semper et laudati a sententia isti flexus? (P 236:20–26)

> [*Unsere Zuverlässigkeit wird verhöhnt*:] Eine andere Anklage sehe ich voraus – oder besser: es gibt sie schon, hinsichtlich meiner Zuverlässigkeit. [*Aber von denjenigen, die sich mit diesen Schriften nicht auskennen*.] Sie sagen: Du zitierst nicht korrekt, nicht der Intention der fraglichen Autoren gemäß. Wie ich lachte, als ich das hörte! [...] Wie könnte oder sollte ich in diesem unserem Werk anders verfahren? [*Art und Gesetz eines Cento*.] Stelle ich nicht einen Cento zusammen (denn unser Werk ist genau das), in dem solche Bedeutungsverschiebungen immer erlaubt, sogar willkommen sind?

Da der Cento ja gerade darauf ziele, vorhandene Prätexte wiederzuverwerten und – notfalls unter Missachtung der Argumentationslinien – mit einem sachten Twist zu aktualisieren, nimmt sich Lipsius nicht allein das Recht heraus, Kasus- und Tempusangleichungen vorzunehmen (P 238:6–8), sondern auch Zitate ‚durch eine kleine und nicht unpassende Drehung' einzupassen (Lipsius verwendet das Verb ‚torquere', P 238:3–5), vor allem dann, wenn kein treffenderes Diktum zuhanden ist.

Lipsius' Selektion und Reduktion lassen sich an einem kuriosen Beispiel veranschaulichen: Buch I.2, das der Frömmigkeit (*pietas*) als der höchsten fürstlichen Tugend gewidmet ist, wird zwar mit einem Augustinuszitat (aus *De libero arbitrio*) eröffnet, doch auch um pagane Belegstellen ist Lipsius nicht verlegen. Das Dilemma neuzeitlicher Philologen, die die Lehren der heidnischen antiken Autoren bearbeiteten und für ein christliches Publikum aufbereiten wollten, löst Lipsius mit der Brechstange.

> [*Deus unus*.] Constet igitur tibi, *Unum esse regnatorem omnium deum*. [[Tacit. V. Histor.]]
> [*Aeternus*.] Ita appello *Summum illud et aeternum, neque mutabile, neque interiturum*. [[Ibid.]] (P 262:21–23)

> [*Der eine Gott*.] Du sollst also gewiß sein, *Dass es einen allbeherrschenden Gott gibt*. [[Tac. <Germ>.]]
> [*Der ewige [Gott]*.] So nenne ich ihn den *Höchsten und Ewigen, unveränderlich und unvergänglich*. [[Tac. Histor. V.5]]

Den Wortlaut des zweiten Zitats übernimmt Lipsius nahezu zeichengetreu aus den *Historiae* – in denen Tacitus die jüdische Gottesvorstellung beschreibt:

> Aegyptii pleraque animalia effigiesque compositas venerantur, Iudaei mente sola unumque numen intellegunt: profanos, qui deum imagines mortalibus materiis in species hominum effingant; summum illud et aeternum neque imitabile neque interiturum.

> Die Ägypter verehren eine ganze Menge von Tieren, auch zusammengesetzte Gestalten, die Juden aber haben einen rein geistigen Gottesbegriff und kennen nur *ein* göttliches Wesen. Als gottlos betrachten sie jeden, der nach menschlichem Gleichnis Götterbilder aus irdischem Stoff gestaltet; das ihnen vorschwebende höchste, die Zeiten überdauernde Wesen ist nach ihrer Ansicht nicht darstellbar, auch keinem Untergang verfallen.
> (Tacitus 2010, 516–519 [V.5])

Aus ‚imitabile', der Anspielung auf das Bilderverbot, wird bei Lipsius kurzerhand durch Reduktion und Ersetzung je eines Zeichens Vokals ‚mutabile'; der Religionsvergleich wird restlos getilgt.

Das erste Zitat dagegen wird mit ungleich brachialeren Verstümmelungen aus der Quelle herausoperiert. Es stammt auch keineswegs aus den *Historiae*, sondern aus der *Germania*, und man darf sich fragen, ob Lipsius mit Absicht eine falsche (Nachweis-)Fährte auslegt:

> [E]oque omnis superstitio respicit, tamquam inde initia gentis, ibi regnator omnium deus, cetera subiecta atque parentia.

> Ihr Glaube und ihr Verhalten beruhen auf der Vorstellung, daß gleichsam von dieser Stätte der Zusammenschluß zum Volke [der Sueben] ausging, daß hier der allherrschende Gott wohnt, dem alles auf Erden untertan und gehorsam ist. (Tacitus 1944, 68–69 [39])

Aus „ibi regnator omnium deus" wird sinngemäß „Unum esse regnatorem omnium deum"; das einleitende „Unum" rechtfertigt nicht nur die Marginalie, die vielmehr aus dem *Historiae*-Zitat extrahiert scheint, sondern ersetzt auch das verdächtige „ibi" des Originals. Dieses rührt schlicht daher, dass Tacitus in dieser Passage ein paganes Ritual beschreibt, das von einem Menschenopfer eröffnet wurde. Unnötig zu sagen, dass es Lipsius dringend geboten schien, den Kontext restlos zu tilgen. Das Sentenziöse des Tacitus-Zitats wird vom Autor der *Politica* erst hergestellt, indem Worte aus dem Prätext herausgebrochen, isoliert und umgearbeitet werden. Durch brüske Isolation und Reduktion wird Tacitus zu einem christlichen Autor; Lipsius rettet Autorität und Gott gleichermaßen. In seiner radikalen Verkleinerung gelingt ihm die Synthese des nicht Synthetisierbaren: eines häretischen Autors und eines heidnischen Kontextes als Lehre für eine christlich-feudale Leserschaft. Was nicht passt, wird passend gemacht.

3 *omnia*: „Architectus ego sum"

Als Meisterstück der Konzision preist Lipsius seine *Politica* und beschreibt seine Vertextungstechniken als handwerklichen Dreischritt:

> [Politica nos in artem redegimus.] *Definivi, divisi, excepi: et nihil omisi, quod faceret ad formam faciemque perfectae artis.* (P 232:23–24)
>
> [Wir haben Politik zur Disziplin gemacht.] *Ich habe definiert, unterteilt, ausgewählt; und ich habe nichts ausgelassen, das zu Form und Erscheinung vollkommener Handwerkskunst beitrüge.*

Definieren, Unterteilen, Auswählen: Die methodische Verfertigung der Staatslehre als Disziplin erweist sich als Verkleinerungspraxis. Die Auswahl der Baustoffe sieht Lipsius in direkter Verbindung mit der größten Tugend seines Werkes: der Kürze.

> [Brevitati studuimus.] *Atque haec omnia, pro rerum quidem magnitudine, breviter praestiti.* [Et usui, non pompae.] *Nec enim ad disputationes aut amoenitates me diffudi; sed pressis habenis currum hunc, ut sic dicam, continui intra orbitas Usus et Actionis. Ea mihi in oculis. ideoque nec ad tenuium rerum monitiunculas abii, contentus Communia quaedam praecepta dedisse, et velut decreta.* [Communia nostra dogmata.] *Nam* legem brevem esse oportet [[Seneca in Epist. XCV.]], *ait Romanus noster Sapiens,* quae iubeat, non disputet. *atque hoc servavi.* (P 232:26–33)
>
> [Wir haben uns um Kürze bemüht.] *Und all das habe ich, jedenfalls soweit es die Größe des Gegenstands erlaubt, in aller Kürze an den Tag gelegt.* [Und im Sinne der Nützlichkeit, nicht des Prunks.] *Und ich habe mich nicht in Debatten oder Annehmlichkeiten verzettelt, sondern den Wagen an kurzem Zügel geführt, um ihn sozusagen auf den Bahnen von Nutzen und Brauchbarkeit zu lenken. Und diese hatte ich im Blick. Und aus demselben Grund habe ich mich auch nicht dazu hinreißen lassen, Belehrungen über nichtige Angelegenheiten zu verkünden, sondern mich mit einigen grundsätzlichen Ratschlägen und gleichsam Regeln zufriedengegeben.* [Unsere Lehren sind allgemeiner Art.] *Denn* ein Gesetz muss kurz sein [[Sen. Ep. 94.38]], *wie unser römischer Weiser sagt, und* es muss befehlen, nicht diskutieren, *und das habe ich befolgt.*

Die (relative) *brevitas* der *Politica* wird mit der Kürze von Gesetz und Befehl enggeführt,[5] für die Lipsius' lakonischer Verweis auf ‚unseren römischen Weisen' Seneca zu genügen scheint. Redeschmuck und Detailverliebtheit sind in beiden Sphären wenig zielführend. Nutzen und Praxis figurieren als *tertium*

---

[5] Mit weniger als 400 Seiten waren die zwei Ausgaben von 1589 (je Quart und Oktav) tatsächlich vergleichsweise schmal.

comparationis zwischen den *praecepta* und *decreta* in Lipsius' Schrift und staatsmännischem Handeln.

Eine bloß additive Anhäufung frei flottierender Kurzformen wäre indes ebenso blass wie leblos, oder, um wie Lipsius (mit Sueton) im Bild des Mauerns zu bleiben: Für die Herstellung von solidem Zement braucht es Sand *und* Kalk. Ersteren gewinnt Lipsius körnig aus den Gruben der Antike, letzteren fügt er selbst hinzu:

> [Centonem quendam fecimus.] *Nec vero nudas aut sparsas sententias dedimus; ne diffluerent, et esset, quod dicitur,* Arena sine calce: [[Sueton. Calig.]] *sed eas aut inter se haud indecenter vinximus, aut interdum velut caemento quodam commisimus nostrorum verborum.* (P 232:10–13)

> [Wir haben ein sogenanntes Cento gemacht.] *Aber ich habe in der Tat keine nackten oder unordentlichen Sentenzen dargeboten, um zu verhindern, dass sie sich auflösen und* Sand ohne Kalk *sind.* [[Sueton. Calig.]] *Ich habe sie entweder passend aneinandergefügt, oder ich habe sie hier und dort sozusagen mit dem Mörtel meiner eigenen Worte verbunden.*

Doch Lipsius ist nicht bloß Maurer, der die besten Baustoffe für sein politisches Gebäude versammelt und nach seinem Plan (re)arrangiert, schichtet und verfugt; er ist – wie er stolz betont – auch der Architekt der *Politica*. In den *Notae* zu Buch I.1 heißt es unter der Marginalie „Forma scriptionis":

> *Lapides et ligna ab aliis accipio: aedificii tamen exstructio et forma, tota nostra. Architectus ego sum, sed materiam varie undique conduxi.* (P 722:21–23 [Notae zu I.1])

> *Die Steine und das Holz habe ich von anderen erhalten; dennoch ist die Errichtung und die Form des Gebäudes ganz unser [Werk]. Ich bin der Architekt, aber das Material habe ich von überall her zusammengetragen.*

Lipsius' Werk ist der Bauplan, der die funktionale Selektion, das Arrangement der Materialien vorzeichnet, die – in der schicht-, spalten- und blockartigen Typographie kursiv und recte gesetzter Textziegel – wie „gemauert" erscheinen (Verweyen und Witting, 9).

Die *Politica* mögen zwar aus eigenen wie fremden *loci communes*- und Florilegiensammlungen hervorgegangen sein, da Lipsius' Gedächtnis kaum ausgereicht haben dürfte, all die Zitate verfügbar zu halten;[6] sie sind aber – entgegen

---

[6] Waszink (2004, 52–56) weist auf Lipsius' *loci communes*-Sammlungen hin, die in der Leidener Universitätsbibliothek aufbewahrt werden (54). Zu den verwendeten Quellen zählten z. B. Erasmus' *Adagia*, dessen Name wohlweislich von Lipsius verschwiegen wird, da sich einige seiner Werke auf diversen Indizes befanden.

Ann Moss' attraktiver Lesart[7] – kein *Commonplace Book*. Sie beruft sich auf einen Passus in den *Notae* der Erstausgabe von 1589 (ab 1596 – aus welchen Gründen auch immer – getilgt), in dem es heißt:

> [...] & LOCI COMMUNES *sunt, at quos commode referas lecta tibi in hoc argumento aut legenda? Vide, et imitare.* (Lipsius 1589 [NOTÆ 3])

> [...] *Sind es nicht* LOC COMMUNES, *unter denen du gewissenhaft aus dem, was du zum jeweiligen Stoff gelesen hast oder lesen wirst, Auszüge eintragen sollst? Sieh und imitiere.*

Loci communes machen bei Lipsius indes noch kein *Commonplace Book* – bzw. mehr als ein solches.[8] Die Klassikersentenzen sind keine summarisch-aleatorische, der Lesebiographie des Sammlers folgende oder alphabetisch angeordnete Akkumulation kurzer Textfragmente unter Rubriken, sondern sie sind ein Ganzes, ein kohärenter Körper, der Farbe, Atem und Leben besitzt:

> *Quod ipsum figuris etiam et vario sermonis ductu ornare ausus sum: ut non colorem solum haberet, sed quasi spiritum et vitam.* (P 232:15–17)

> Ich habe es gewagt, diesen mit Figuren und zum flüssigeren Redeverlauf auszuschmücken, damit er nicht nur Farbe erhalte, sondern auch Atem und Leben.

Der in Druck gegebene Text folgt einer Argumentationslinie, die jenseits der polyphonen Zitatintarsien eine dezidierte Position markiert. Eine sorgfältig geplante Disposition und Schnittregie bestimmt die Reihenfolge, die keineswegs austauschbar ist, sondern eine durch die Autor‚stimme' moderierte Synthese, die die Materie kausallogisch verfugt („miscuismus") und, wenngleich sparsam, kommentiert.

4 „Brevis sermo optimus." Lipsius' Stil und das *brevitas*-Ideal einer Sprache der Macht

Der Erfolg von Lipsius' Schriften lag nicht zuletzt in seinen Stileigentümlichkeiten begründet, die ihn – in offensiver Abkehr von den Ciceronianern mit ihrer Vorliebe

---

[7] Sie räumt ein: „commonplace-book compilers normally kept themselves to their prefaces", wohingegen Lipsius, den sie als „editor" bezeichnet, auch andernorts selbst zu Wort komme; sie zieht jedoch nicht die naheliegenden Schlüsse aus diesen Beobachtungen (Moss 1998, 425).
[8] Waszink nennt die *Politica* treffender ein „pseudo-commonplace book" (2004, 78, 202).

für hypotaktische Perioden im breit dahinfließenden Prosarhythmus – als Schüler des Tacitus sowie als mustergültigen Vertreter der militärischen Stiltugenden ausweisen, die er propagiert.[9] Nicht nur zitiert er Sentenzen; er schreibt selbst einen *stilus sententiosus* und *laconicus* (Kühlmann 1982, 220) und sollte damit zu einer Schlüsselfigur eines europaweiten Stilwandels werden.

Lipsius' charakteristische abbreviierende Stileigentümlichkeiten im Wechselspiel mit Verfahren der Textkonstitution sowie deren typographischer Umsetzung sollen im Folgenden anhand eines markanten Beispiels in Augenschein genommen werden: Es stammt aus dem fünfzehnten Kapitel des zweiten Buches, das gleich zur Sache kommt („distincte ad rem venit"), indem es Herrschertugenden behandelt, die allesamt im Zeichen der *modestia* stehen. Hinweisen zur äußeren Erscheinung des *princeps* („*Etiam in externis Modestia amplectenda*" / „Auch in äußeren Dingen sei Mäßigung anzustreben", P 338:7–8) sind Bemerkungen zu der einem Staatsmann angemessenen Sprachweise vorangestellt (P 338:9–13):

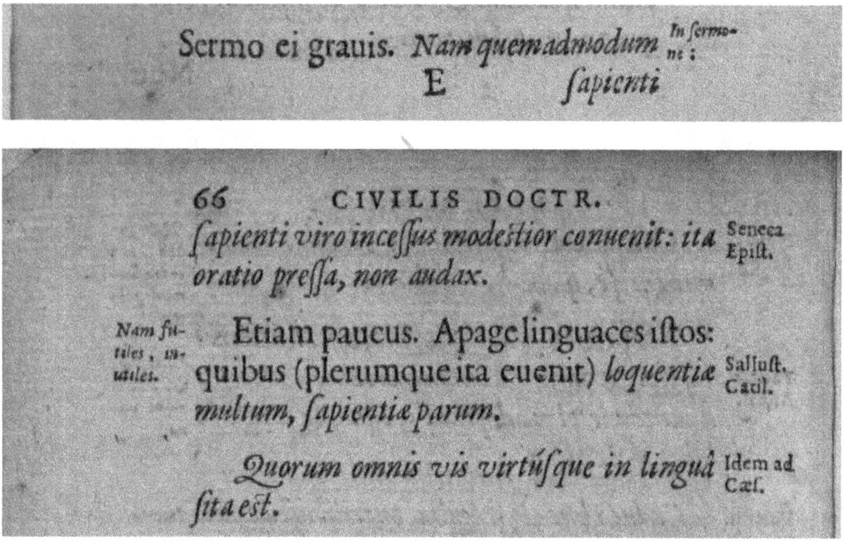

> Sermo ei grauis. *Nam quemadmodum* In sermone:
> E *sapienti*

> 66   CIVILIS DOCTR.
> *sapienti viro incessus modestior conuenit: ita*   Seneca Epist.
> *oratio pressa, non audax.*
>
> Nam futiles, usuales.   Etiam paucus. Apage linguaces istos:
> quibus (plerumque ita euenit) *loquentiæ*   Salluft. Catil.
> *multum, sapientiæ parum.*
>
> *Quorum omnis vis virtúsque in linguâ*   Idem ad Cæf.
> *sita est.*

Abb. 1: Bayerische Staatsbibliothek München, Pol.g. 525, S. 113, urn:nbn:de:bvb:12-bsb10192815-0.

---

9 Zu Lipsius' ‚attischem' Stil vgl. die fünf Aufsätze in Croll 1966. Eine Schlüsselstellung erhält Lipsius auch in Jansens gewichtiger Studie (1995), die einen Fokus auf die niederländische Rezeption von der Mitte des 16. Jahrhunderts bis ins späte 17. Jahrhundert legt.

In der Rede;	Seine Rede sei gravitätisch. *Denn wie ein gemäßigter Schritt zu einem weisen Mann passt, so sei seine Rede knapp, nicht kühn.*	Seneca Epist.[10]
Denn [Worte] sind nutzlos und vergeblich	Diese sollte auch mit Worten sparsam umgehen. Hinweg mit den Geschwätzigen, die (wie sich oft herausstellt) *zwar recht redegewandt, doch wenig einsichtig* [sind].	Sallust Catil.[11]
	Deren ganze Kraft und Tugend in der Zunge liegt.	Ders. Ad Caes.[12]

Die dreispaltige Anordnung des Haupttextes (Abb. 1) – Fließtext mit kursiv gesetzten Klassikerzitaten und moderierender eigener Erzählstimme zentral im Blocksatz, Marginalien mit zur Regel verdichteten Inhaltsangaben am äußeren, mit Kürzeln der Quellennachweise am inneren Seitenrand – unterstützt den lipsianischen Stil in seiner Knappheit und Prägnanz. Perfekter als hier können sich Satz und Sujet, das Mosaik aus glänzenden *dicta* Senecas und Sallusts sowie Lipsius' dichten Fugen (recte gesetzt) und die *brevitas* des Souveräns, kaum ergänzen.

Das Druckbild erfordert ein nicht-lineares Navigieren auf den Seiten. Die *Politica* präsentieren sich als komplexes *textum*, als typographisch aufgerüstetes und von Verweisen durchzogenes Konstrukt, das der Architekt mit Navigationshilfen und kleinen Steuerungssignalen ausstaffiert hat, um dem Leser den Lektürepfad zu weisen. So findet sich in den *Notae* (P 746:31–33) – neben der lakonischen Marginalie „Brevis sermo optimus." – ein Stellenkommentar zu Senecas „Oratio pressa":

Oratio pressa.] *Ut moneta illa optima, quae pretii plurimum habet in parva mole: sic sermo, qui sensus. Quid visurus sim, nescio. sed verbosos valde et una sapientes, nondum ego vidi.*	Brevis sermo optimus.

---

10 Seneca 2007, 216 [XL.14]. Wortlaut wie im Original.
11 Sallust charakterisiert Catilina mit den Worten: „Animus audax, subdolus, varius, cuius rei lubet simulator ac dissimulator, alieni adpetens, sui profusus, ardens in cupiditatibus; satis eloquentiae, sapientiae parum" / „Ein tollkühner Kerl, tückisch und unbeständig, ein Meister in Heuchelei und Verstellung jeder Art, nach fremdem Gute gierig, mit dem eigenen verschwenderisch, glühend in seinen Leidenschaften, recht redegewandt, doch wenig einsichtsvoll" (Sallustius 1941, 12–13).
12 In den *Epistulae ad Caesarem* II 3, 6–7 heißt es: „sed homines inertissimi, quorum omnis vis virtusque in lingua sita est, forte atque alterius socordia dominationem oblatam insolentes agitant." / „Statt dessen üben Schwächlinge, deren ganze Kraft und Tapferkeit in ihrer Zungenfertigkeit besteht, ganz unverschämt eine Gewaltherrschaft aus, die ihnen der Zufall und die Torheit eines andern in die Hand gespielt hat" (Sallustius 1994, 332–333).

Knappe Rede.] *So ist auch unter den Münzen diejenige die beste, die bei geringstem Umfang den größten Wert hat: ebenso verhält es sich mit der Rede und ihrer Bedeutung. Was ich künftig sehen werde, weiß ich nicht, aber einen zugleich sehr Weitschweifigen und Weisen habe ich noch nicht gesehen.* Eine kurze Rede ist die beste.

Mit dem von Plutarch herreichenden Vergleich des Wortes mit einer Goldmünze, die bei kleinem Gewicht von hohem Wert ist,[13] empfiehlt Lipsius dem Fürsten eine sparsame und sinnreiche Diktion. Es steht zu vermuten, dass Lipsius hier auch das Münzregal im Sinn hatte; denn in seinem Vergleich entspricht die Bedeutung des Herrscherworts dem Edelmetall der Münzen: Das Reden des Fürsten ist nicht leicht wie Zinn, Kupfer oder Eisen, seine Worte sind Silber, sein Schweigen ist Gold. Je weniger und je unverfälschter Worte er in Umlauf bringt – so wird es Lipsius bei Jean Bodin gelesen haben –,[14] desto höher steigt sein Kurswert und damit seine Undurchdringlichkeit und Macht. Bodin rät dem Souverän – vor allem dem rhetorisch unbegabten, der nicht über die harte Währung der Sentenzen verfügt – zu *imperatoria brevitas* und *arcana imperii*, wo nicht zum Schweigen, damit er sich nicht verrate oder gemein mache:

> [le Prince doit] non seulement parler peu, [mais] aussi que ses propos soient graves et sentencieux et d'un autre style que le vulgaire ; ou, s'il n'a pas la grâce de parler, il vaut mieux qu'il se taise, car si le proverbe du sage Hébreu est véritable, que le fol même en se taisant a réputation d'être sage, combien doit être le Prince accort et avisé quand il ouvre la bouche pour parler en public ? vu que ses paroles, ses mines, son regard, sont estimés bien souvent lois, oracles, arrêts ?   (1993 [1576], IV 6, 385)

> Er [der Fürst] soll nicht nur wenig sprechen, sondern auch darauf achten, daß seine Aussagen gravitätisch und sentenzenreich sind und nicht im vulgären Stil vorgetragen werden. Wenn ihm die Rednergabe fehlt, sollte er besser schweigen. Denn wenn das

---

[13] Damit wird in den Doppelbiographien die kraftvolle Rede des ‚Brachylogen' Phokion gekennzeichnet: „Denn wie die Goldmünze bei kleinstem Volumen den größten Wert hat, so ist die wirkungsvollste Rede diejenige, die mit wenigen Worten viel ausdrückt" (Plutarch 1957, IV 320).

[14] Wenngleich Lipsius der *rex legibus solutus*-Lehre skeptisch gegenüberstand und Bodin nicht erwähnt, sind die *Politica* im Gefolge der Souveränitätstheorie Bodins, dessen *Six livres* er sicher kannte, und im Vorfeld derjenigen von Hugo Grotius zu lesen (Waszink 2004, 92–93). Lipsius schlägt mit seinem neostoischen Ansatz einen dritten Weg neben Bodin und den Monarchomachen ein (Oestreich 1989, 154).

Sprichwort des weisen Juden zutrifft, daß selbst ein Narr für weise gehalten wird, solange er schweigt, um wieviel geschickter und erfahrener hat dann erst der Fürst zu sein, wenn er seinen Mund auftut, um in der Öffentlichkeit zu sprechen, wo doch seine Worte, sein Mienenspiel, sein Blick nicht selten als Gesetz, Prophezeiung und Urteilsspruch angesehen werden? (1981, IV 6, 120)

Das Verb ‚estimer' schließt Geld und Rede kurz: Der Wert des Herrscherworts bemisst sich an seiner Wirksamkeit und steigt mit seiner Knappheit, so dass selbst nonverbale oder schriftliche Kommunikation – als Sprache des Mächtigen – zum Gesetz werden kann. Damit sie nicht der Entwertung anheimfalle, müsse die Rede des Souveräns kurz wie ein Orakelspruch sein: „Car la parole du Prince doit être comme un oracle" (1993 [1576], I 8, 123). Bodins *Les six Livres de la République* widmen sich umfänglich dem Prägerecht; er ermahnt den Fürsten, Kurs, Gewicht und Münzfuß nicht zu verändern, Münzen aus reinen Edelmetallen zu prägen (besser: zu gießen) und auf Scheidemünzen zu verzichten, um Missbrauch und Fälschung zu vermeiden.[15]

Ab 1590 erfährt der Einzelstellenkommentar, dem Lipsius offenkundig eine besondere Bedeutung beimaß, eine Erweiterung, indem Tacitus als Gewährsmann für die Kürze als Herrscherprivileg aufgerufen wird („*haec Brevitas imprimis decet Principem*", P 746:34; Tacitus 2010, 30–31 [I 17]). Neben Tacitus wird Pseudo-Demetrius herbeizitiert; gemäß seiner Stilabhandlung ist – je nach Richtung der Kommunikation (von unten bittend oder von oben befehlend) – servile Länge oder imperatorische Kürze angebracht. Während die „preces", die Bitten der Geringern, wortreich und lang sein müssen („verbosae et longae esse debent", P 747:2), ist die *imperatoria brevitas* dem Befehl angemessen und das standesgemäße Stilideal des Fürsten und der höfischen Elite („praecepta et iussiones, quae Principi conveniunt, brevibus verbis formantur", P 746:36–747:1). Sie bestimmt fortan – mit devoter Weitschweifigkeit als ihrem Gegenstück – die Stillehren der Klugheitstraktate (Kühlmann 2007, 90–91).

Mäßigkeit, Gravität und Sparsamkeit sind die Kennzeichen der Sprache der Macht, die den Herrscher auf das aristotelische Ideal des Maßes ebenso verpflichten wie auf neostoische Stiltugenden. Der kluge Mann der Tat spricht kurz und knapp – wie es Lipsius selbst vorführt:[16] In paratakischem Staccatostil verzichtet

---

15 V. a. in den Kapiteln VI 2 „Des finances" und VI 3 „Le moyen d'empêcher que les monnaies [ne] soient altérées de prix ou falsifiées". Schon in seiner *Réponse de J. Bodin aux paradoxes de M. de Malestroit* (1568) hatte Bodin erstmals das Phänomen der Inflation analysiert, was einen aktuellen Anlass darin hatte, dass sich durch die aus den Gold- und Silbervorkommen Amerikas geprägten Münzen die Zahlungsmittel in Europa drastisch vermehrten.
16 Eine ausführlichere, eng an Lipsius' Sprachmaterial operierende Analyse bieten Tunberg 1999; Deneire 2012.

er weitgehend auf Pronomina und Konjunktionen, verdichtet meist asyndetisch und unter Auslassung des flektierten Verbs („Sermo ei gravis", „Etiam paucus"), was nicht nur seiner Syntax einen zerhackten, atemlosen Duktus verleiht, sondern auch die arguten, oft antithetischen Pointierungen wirkungsvoller in Szene setzt – am radikalsten in den Marginalien, die als prägnante Steuerzeichen bzw. Navigationshilfen auf den Stil im Haupttext auszustrahlen scheinen. In den meist nur aus zwei oder drei Worten bestehenden Sätzen wie „Nam futiles, inutiles.", dem Subjekt und Prädikat fehlen, erlaubt sich Lipsius größte Freiheiten mit der Syntax. Die Ellipse wird zum vorherrschenden sprachlichen Muster und zu Lipsius' Markenzeichen – was zu Wortspielen eingeladen hat: Sein Kritiker Morhof zitiert ein Distichon, demzufolge Lipsius von der Auslassungsfigur seinen Namen habe:

> Lipsius ellipses crebras vsurpat, vt ipsum
> Forsan ab ellipsi nomen habere putes. (Morhof 1716, 37)

Lipsius' eigene Wortmeldungen, die oft bis an die Grenzen des Verständlichen reduzierten Einschübe, erscheinen wie ein Echo der Zitate, die wiederum meist ultrakurze, lakonische Aphorismen sind – exemplarisch: „loquentiæ multum, sapientiæ parum". Was nur ein Glied in Sallusts wortreicher enumerativer Beschreibung Catilinas als Beispiel der Maßlosigkeit darstellt, wird von Lipsius herausgelöst, der Chiasmus im Original zur Antithese ‚zurückgedreht' und in der Parallelstruktur zur phonetisch eingängigeren Formel verdichtet. Sallust wird reduziert und – zur Verallgemeinerung über den singulären Fall von Geschwätzigkeit hinaus auf alle „linguaces" – optimiert.

5 *minuta* und *monita* – zwischen Späthumanismus und Frühabsolutismus

In einer den *Politica* gleichsam in die Zukunft vorausgeschickten Warnung an den unbekannten Setzer[17] zielt Lipsius nicht nur auf die Unterlassung von Raubdrucken; vielmehr wirbt er inständig – wenn schon geraubt wird – um die Beachtung und Beibehaltung der besagten „minuta", also der winzigen typographischen Details wie Interpunktion, Spatien bzw. Trennfugen, Marginalien,

---

[17] Es ist nicht ohne Witz, dass Lipsius den diebischen Verleger übergeht und sich mit seiner Bitte um Schadensbegrenzung direkt an den Texthandwerker wendet.

Schriftschnitt, die bedeutungstragend, rezeptionslenkend und als Kleinstbausteine werkkonstitutiv sind (P 224:1–5).[18]

> TYPOGRAPHE,
> QVISQVIS ES,
> ROGAMUS,
> ne absque nostro arbitrio aut iussu haec recudas.
> Minuta quaedam hic servavimus, in Punctis, Intervallis, Notulis, Verborum discriminibus, haud facile per te servanda: sed quae neglegi tamen aut inverti sine noxa operis non possunt. (P 224:1–5)
> SETZER,
> WER IMMER DU BIST,
> WIR BITTEN DICH,
> dieses Werk nicht nachzudrucken, ohne uns zu konsultieren oder meine Aufforderung dazu erhalten zu haben.
> Wir haben winzigkleine Unterscheidungen in der Interpunktion, den Spatien, in den Anmerkungen und der Wortscheidung verwendet, die für dich nicht leicht zu reproduzieren sind, die aber nicht ohne Schaden für das Werk vernachlässigt oder ersetzt werden können.

Nicht nur liest Lipsius seine *auctores* im Hinblick auf das glänzende Partikulare, auch aus seinem eigenen Text leuchtet die Vorliebe für das Winzigkleine heraus, für die Flicken, aus denen der Cento genäht ist – metaphorisch konzeptualisiert im Bild des Samens:

> Semen quamvis exiguum in bono solo sparsum facile comprehendit et se explicat: breve item monitum in bona mente. (P 234:4–5)

> Wie ein Samenkorn, sei es auch noch so klein, das in einen guten Boden gesät wird, leicht Wurzeln schlägt und sich entwickelt, so [tut es] ein konzises Stück Lehre in einem guten Geist.

Brevis waren die Sentenzen freilich nicht sämtlich von Beginn an, die meisten wurden es erst qua Selektion, Extraktion und Reduktion durch die Hand des Kompilators – und durch die Transposition ins Gewebe der *Politica*, in dem sie, kursiv gesetzt, typographisch freigestellt und flankiert von Marginalien als Navigationshilfen, kleiner und brillanter erscheinen als in ihren ursprünglichen Überlieferungsumgebungen. Lipsius wusste um die Popularität kleiner

---

18 Eine bemerkenswerte Wahlverwandtschaft bestand zwischen Lipsius und dem Drucker Christophorus Plantinus, der – auf Lipsius' Betreiben hin – 1583 die Universitätsdruckerei in Leiden eröffnete (ab 1585 unter der Leitung von Franciscus Raphelengius d. Ä.), die sich in derselben Straße wie Lipsius' Wohnung befand. Hier wurde die erste Fassung der *Politica* gesetzt – wie fast alle Schriften des Späthumanisten: Die *Officina Plantiniana* prägten die Gestalt und Rezeption seiner Werke bis weit über seinen Tod hinaus (Waszink 2004, 19–23, De Landtsheer 2007).

spruchartiger Formen im 16. Jahrhundert: Maximen, Sprichwörter, Adagia, Apophthegmata standen ebenso wie kurze und griffige Exempla wegen ihrer Strahlkraft, Mobilität und Multifunktionalität hoch im Kurs. Er begegnet mit seinem Cento einer Lektürepraxis der Frühen Neuzeit, die vorrangig nach Perlen Ausschau hielt (Waszink 2004, 144).

Die in den Klassikern vorgefundenen (oder zurechtgetrimmten) *sententiae* hatten einen praktischen Nährwert, indem sie zu Lehrsätzen dressiert und leicht in andere Gebrauchskontexte migriert werden konnten. So entstanden geflügelte Worte wie die mal Tacitus, mal Ludwig XI. zugeschriebene Maxime „Nescit regnare, qui nescit dissimulare" (P 516[19]), die sich in dieser einprägsam-gereimten Form nirgends findet, sich aber fortan in der lipsianischen Verkleinerung – als frühneuzeitliches ‚Meme' – verselbständigte. Diese De- und Rekontextualisierung erlaubt es Lipsius auch in den weiteren Büchern der *Politica*, das zu seiner Argumentationslinie Passende herauszuschneiden und in seinen Text zu flechten, das Widerständige hingegen als Beschnitt zurückzulassen. So fällt etwa die antimonarchische Tendenz der *Annalen*, die in den zerschnittenen Makrostrukturen zutage trat, ebenso wie Tacitus' historiographische Unzuverlässigkeit der Reduktion zum Opfer, wohingegen die republikkritischen Sentenzen, die individuelles Glücksstreben anprangerten, oder solche, die den Herrscher zur Mäßigung anhielten, geneigte Aufnahme fanden (Waszink 2004, 161).

Die methodische Grundlage der Appropriation der Antike, die von Lipsius proklamierte „similitudo temporum" (Lipsius 1581, 3ᵛ),[20] ist de facto eine *dissimilitudo* – und sollte sich paradoxerweise erst noch erfüllen. Denn während Tacitus eine Verfallsgeschichte erzählt, sieht Lipsius in der Monarchie das Heil und die einzig haltbare Regierungsform. Ähnlichkeit der Zeitalter entsteht erst durch das Verkleinerungsregime des Architekten. Das „theatrum hodiernae vitae" (3ᵛ), das Lipsius aus Tacitus herauslas, sollte zum Theater des Künftigen werden.

Die unvollendeten *Monita et exempla politica*, die ein Jahr vor Lipsius' Tod im katholischen Löwen erschienen, sind ein Komplementärwerk mit „instrumenta atque ornamenta" zu den bloßen Mauern („muros tantùm & tectum") der *Politica* (1605, 1) – eine methodisch-didaktische Verschiebung von sentenziöser Verkleinerung zur exemplarischen Illustration. Das Prinzip strengster Selektion beherrscht die Komposition der *Monita*, wie eingangs mit der Zeuxis-Anekdote versinnbildlicht (2). Die aus der Geschichtsschreibung extrahierten kleinen Formen sind nun nicht mehr zur Sentenz verdichtete Regeln, *praecepta*, sondern Beispiele, *exempla*, die wie die *sententiae* aus ihrem ursprünglichen Kontext herausseziert, gekürzt, sti-

---

[19] Bei Lipsius mit der Quellenangabe: „Fridericus, sive Sigismundus. Nam variant."
[20] Aus der Widmung „ORDINIBUS BATAVIÆ [!] I. LIPSIUS dedicat consecretaque".

listisch geschärft und poliert, dann dem Fürsten zur *imitatio* an die Hand gegeben werden. Diese Umstellung der *civilis prudentia* von Regelwissen zu kasuistischem, auf *experientia* und *usus* basierendem Handlungswissen wird für Staatsräsonlehren des 17. Jahrhunderts von zentraler Bedeutung.[21] Gemeinsam mit den Sentenzen der *Politica* und dem taciteischen Stilideal der *imperatoria brevitas* gingen die *Monita* – in Deutschland vermittelt über Bernegger, Boeckler, Seckendorff u. a. – zunächst in die Souveränitätstheorie, dann in den Kernbestand der Ausbildung höfischer Verwaltungseliten ein, noch mit dem Siegel antiker Autorität, dessen sie zur effizienten Sprech- und Schreibpraxis absolutistischer Machtausübung bald nicht mehr bedurften.

Literaturverzeichnis

Bodin, Jean. *Sechs Bücher über den Staat*. Übers. u. m. Anmerkungen vers. von Bernd Wimmer. Eingeleitet und hg. von P. C. Mayer-Tasch. 2 Bde. München: Beck, 1981.
Bodin, Jean. *Les six livres de la République* [1576]. Hg. Gérard Mairet. Paris: Librairie Générale Française, 1993.
Burman, Pieter. *Sylloges Epistolarum A Viris Illustribus Scriptarum*. Leiden: Luchtmann, 1727.
Croll, Morris W. *Style, Rhetoric, and Rhythm. Essays by Morris W. Croll*. Hg. Max Patrick und Robert O. Evans. Princeton, NJ: Princeton University Press, 1966.
De Landtsheer, Jeanine. „An author and his printer: Justus Lipsius and the Officina Plantiniana". *Quaerendo* 37:1 (2007): 10–29.
Deneire, Tom. „The Philology of Justus Lipsius's Prose Style". *Wiener Studien* 125 (2012): 189–126.
Fullenwider, Henry F. „Erasmus, Lipsius and the stilus laconicus". *Res publica litterarum* 7 (1984): 61–72.
Jansen, Jeroen. *Brevitas. Beschouwingen over de beknoptheid van vorm en stijl in de renaissance*. 2 Bde. Hilversum: Verloren, 1995.
Kühlmann, Wilhelm. *Gelehrtenrepublik und Fürstenstaat. Entwicklung und Kritik des deutschen Späthumanismus in der Literatur des Barockzeitalters*. Tübingen: Niemeyer, 1982.
Kühlmann, Wilhelm. „Brevitas und politische Rhetorik. Anmerkungen zur stilistischen Pragmatik des 17. Jahrhunderts". *Sprachliche Kürze. Konzeptuelle, strukturelle und pragmatische Aspekte*. Hg. Jochen A. Bär, Thorsten Roelcke und Anja Steinhauer. Tübingen: Niemeyer, 2007. 89–101.
Kunzmann, Franz, und Christoph Hoch. Art. „Cento". *Historisches Wörterbuch der Rhetorik*. Hg. Gert Ueding. Tübingen: Niemeyer, 1994. Bd. 2. Sp. 148–156.
Lipsius, Justus. *Ad Annales Cornelii Taciti liber commentarius, sive notae*. Antwerpen: Plantin, 1581.

---

21 Siehe hierzu auch den Beitrag von Jasper Schagerl in diesem Band.

Lipsius, Justus. *Ivsti Lipsi*[i] *Politicorvm Sive Civilis Doctrinae Libri Sex. Qui ad Principatum maxime spectant*. Leiden: Plantin, 1589; http://mdz-nbn-resolving.de/urn:nbn:de:bvb:12-bsb10192815-0 (17.05.2020).

Lipsius, Justus. *Politica* [1589]. *Six Books of Politics or Political Instruction*. Hg., übers. und eingel. von Jan Waszink. Assen: Royal Van Gorcum, 2004.

Lipsius, Justus. *Iusti Lipsi Monita et exempla politica libri duo, Qui virtutes et vitia Principium spectant*. Antwerpen: Moretus, 1605; http://mdz-nbn-resolving.de/urn:nbn:de:bvb:12-bsb10688058-6 (17.05.2020).

Magnien, Michel. „Montaigne & Juste Lipse: une double méprise". *Juste Lipse (1547–1606) en son temps. Actes du colloque de Strasbourg, 1994*. Hg. Christian Mouchel. Paris: Champion, 1996. 423–452.

Montaigne, Michel de. *Les Essais. Suivi de Vingt neuf sonnetz d'Estienne de La Boëtie, de Notes de lecture et de Sentences peintes*. Hg. Jean Balsamo, Catherine Simonin und Michel Magnien. Paris: Gallimard, 2007.

Morhof, Daniel Georg. *De ratione conscribendarum epistolarum libellus*. Lübeck: Majus, 1716; http://mdz-nbn-resolving.de/urn:nbn:de:bvb:12-bsb10403507-6 (17.05.2020).

Moss, Ann. „The Politica of Justus Lipsius and the Commonplace Book". *Journal of the History of Ideas* 59 (1998): 421–436.

Oestreich, Gerhard. *Antiker Geist und moderner Staat bei Justus Lipsius (1547–1606). Der Neustoizismus als politische Bewegung*. Hg. Nicolette Mout. Göttingen: Vandenhoeck & Ruprecht, 1989.

Plutarch. *Große Griechen und Römer*. Eingel. u. übers. von Konrat Ziegler. Zürich und Stuttgart: Artemis, 1957.

Sallustius Crispus, Gaius. *Die Verschwörung des Catilina. Lateinisch und deutsch*. Hg. u. übers. von Wilhelm Schöne. München: Heimeran, 1941.

Sallustius Crispus, Gaius. *Werke. Lateinisch und deutsch*. Hg. u. übers. von Werner Eisenhut und Josef Lindauer. 2. Aufl. Zürich: Artemis und Winkler, 1994.

Scaliger, Julius Caesar. *Poetices libri Septem* [1561]. Hg. August Buck. Stuttgart und Bad Canstatt: Frommann-Holzboog, 1964.

Seneca, Lucius Annaeus. *Epistulae morales ad Lucilium/Briefe an Lucilius*. Hg. und übers. von Gerhard Fink. Düsseldorf: Artemis und Winkler, 2007.

Tacitus, Publius Cornelius. *Die Germania des TACITUS und die wichtigsten antiken Schriftstellen über Deutschland. Lateinisch und deutsch*. Hg. Herbert Ronge. 4. Aufl. München: Heimeran, 1944.

Tacitus, Publius Cornelius. *HISTORIEN/HISTORIAE. Lateinisch-deutsch*. Hg. und übers. von Joseph Borst unter Mitarbeit von Helmut Hross und Helmut Borst. 7. Aufl. Zürich: Artemis und Winkler, 2010.

Tucker, George Hugo. „Justus Lipsius and the *Cento* Form". *(Un)masking the Realities of Power. Justus Lipsius and the Dynamics of Political Writing in Early Modern Europe*. Hg. Erik De Bom u. a. Leiden und Boston, MA: Brill, 2011. 163–192.

Tunberg, Terence O. „Observations on the Style and Language of Lipsius's Prose: a Look at Some Selected Texts". *Iustus Lipsius. Europae lumen et columen. Proceedings of the International Colloquium, Leuven, September 17–19, 1997*. Leuven: Leuven University Press, 1999. 169–177.

Verweyen, Theodor, und Gunther Witting. Art. „Cento". *Reallexikon der deutschen Literaturwissenschaft. Neubearbeitung des Reallexikons der deutschen Literaturgeschichte*. Hg. Georg Braungart, Harald Fricke, Klaus Grubmüller, Jan-Dirk

Müller, Friedrich Vollhardt und Klaus Weimar. 3 Bde. Bd. 1: A – G. Berlin: De Gruyter, 2007. 293–294.
Verweyen, Theodor, und Gunther Witting. „Der Cento. Eine Form der Intertextualität von der Zitatmontage zur Parodie". *Euphorion* 87 (1993): 1–27.
Waszink, Jan. „Introduction". Justus Lipsius: *Politica* [1589]. *Six Books of Politics or Political Instruction*. Hg. Jan Waszink. Assen: Royal Van Gorcum, 2004. 1–221.

Florian Fuchs
Topisches Sprechen nach der Topik: Lockes *Commonplacing* als Urszene kleiner Formen

1 Das Ende der alten Topik

Während des 16. Jahrhunderts änderte sich eine grundlegende Konfiguration der Wissensspeicherung, die den Humanismus geprägt hatte. Die reine Autorität des Sammlers, der als Erweiterung seines eigenen Gedächtnisses potentiell alles verfügbare Wissen akkumulieren wollte, wie es beispielsweise die *Adagia* des Erasmus versuchten, verschwand nach und nach – und mit dieser Autorität verschwand auch die Relevanz, die eine solche Sammlung für andere hatte. Wie Ann Blair gezeigt hat (2010), begann dieser Niedergang des Florilegiums oder der Sammlung von *loci communes* gerade mit ihrem Erfolg im Druckzeitalter und mit der großen Verbreitung von Druckwerken, die oft überprüftes mit unverlässlichem Wissen, faktuale mit fiktiven Berichten und Hermetisches mit Verflachtem vermischten. Francis Bacon, dessen *Novum Organum* von 1620 das Aristotelische Organon und seine Topik ersetzen sollte, schrieb bereits 1605 in seinem *Advancement of Learning*, dass die humanistischen *Commonplace Books* es nicht vermochten, das Wissen der Welt verlässlich aufzunehmen. Stattdessen, so Bacon, „[these *Commonplace Books* are] referring to vulgar matters, and Pedanticall Divisions without all life, or respect to Action" (2000, 118). Die Auflage von 1624 erweiterte diese Kritik, indem Bacon nun die Ablösung der alten *topica universalis* des Erasmus'schen *Commonplace Books* durch eine *topica particularis* forderte. Diese Erneuerung der *topica universalis* bestehe darin, dass diese nun die einzelnen Argumente, Schlussfolgerungen und Beobachtungen enthalten solle, die das Individuum gemacht habe, durch welches diese *topica universalis* angelegt wurde.[1] Wenn es um die Erforschung eines bestimmten Problems gehe, beispielsweise um jenes der Erdanziehungskraft, dann sei die nun entstandene *topica particularis* angemessener, argumentierte Bacon damals, „[as] men vary their *Particular Topiques* so, as after further Progression made by *Inquiry*, they do substitute one, and after that another *Topiques*, if ever they desire to reach

---

[1] Zur Entwicklung, zum Aufstieg und Ende der wissenschaftlichen und epistemologischen Idee einer *topica universalis* zwischen Ramus und Bacon siehe Wilhelm Schmidt-Biggemanns ausführliche und detaillierte Studie (1983), jedoch ohne besonderes Augenmerk auf die sich dabei abzeichnende veränderte Rolle der Topik selbst.

the top of Sciences" (1640, 240). Damit nahm er das zukünftige Ende der alten universalen Topiken vorweg, die als Speicher von anerkanntem Überlieferungswissen fungierten. Er hatte aber zusätzlich auch eine neue Praxis des *Commonplacing* im Sinn, auch wenn er diese noch nicht konkretisierte, sondern seine Überlegungen zur Topik mit einem Lob der scholastischen *Quaestio* beschloss und sie der Beobachtung bloßer ‚Dinge' gegenüberstellte.[2] Auf der neuen, von Bacon als Problem skizzierten Praxis des *Commonplacing* liegt der Fokus meines Beitrags, da sich hierin das Problem der kleinen Form als einer Schreibform sowohl erkenntnistheoretisch als auch gattungspoetisch stellt.

Das Ende dieser Sammlungen tradierter, vorgefundener Materialien zum Zwecke der *copia* wurde vom Erfolg des Cartesianismus im frühen 17. Jahrhundert beschleunigt. Erst in dem Erfahrungsmodus, der sich aus dessen Grundprinzip ableitete, demzufolge einzig jenem Wissen zu vertrauen sei, welches man mit eigenem Intellekt klar und deutlich erlangt habe, konnte sich das Ende der universalen Topik und damit auch das Ende des Topos' als Wissensformat des Humanismus durchsetzen. Vom Cartesianismus beeinflusst, wiederholte der Rhetoriker Bernard Lamy 1684 noch einmal und nun umso stärker Bacons Warnung vor dem Chaos und der Verwirrung, die die *Commonplace Books* im Kopf der Gelehrten stiften:

> Für jeden, der ein bestimmtes Thema behandeln will, ist es ungeheuer gefährlich, sich immer wieder an den Gemeinplätzen zu orientieren, weil viele verschiedene Dinge und die große Zahl an diversen Eindrücken den Geist verwirren und verdunkeln, und damit seinen Besitzer umso mehr, denn dieser ist nicht mehr frei, sich aufmerksam der Wahrheit zuzuwenden; statt sich ein klares Bild zu verschaffen, lässt er sich von den schönen Betitelungen verblenden, wie jenen in [Theodor Zwingers] *Theatrum Humanae Vitae*, [Joseph Langs] *Polyanthea*, oder in *Le Parterre des Orateurs*.[3]

---

2 „Domini enim questiones sumus, rerum non item." „For we are Commanders of Questions, not so of things." (Bacon 1858, 636–639). Übersetzung zit. n. Bacon 1640 („A Particular Topique, or the Articles of Enquiry de Gravi & Levi"), 240–244: 244.

3 „Lorsqu'on a un sujet à traiter, il est tres-dangereux d'avoir recours à ces lieux communs, parceque tant de diferentes [sic] choses, et ce grand nombre de divers sentimens confondent l'esprit, et l'empêchent [et l'occupent tellement qu'il n'est pas libre pour consulter attentivement la verité, et] se former une image nette de ce qu'il doit dire. Ne vous laissez point ébloüir par ces beaux titres de Theatre de la vie humaine, de Poliantée, de Parterre des Orateurs." Lamy 1966, Übersetzung FF; zit. n. Moss 1996, 277, inklusive eines später gestrichenen Satzes, den Moss aus einer früheren Version wieder einfügt. In ihrer Fußnote kommentiert Moss die Liste der Titel, auf die sich Lamy bezieht: „The 'Theatre de la vie humaine' is Zwinger's *Theatrum* and/or its subsequent reworkings. The 'Poliantée' is Lang's compilation, to which Janus Gruterus had added two supplementary volumes in 1624. The 'Parterre des Orateurs' is probably *Le Parterre de la rhétorique françoise, entaillé de toutes les plus belles fleurs d'éloquence qui se montrent dans les œuvres des orateurs tant anciens que modernes, ensemble le verger de*

Was daher zunächst in der Mitte des 17. Jahrhunderts auf dem Spiel stand, war nicht die Gültigkeit der Topik oder der Dialektik als Motor gesellschaftlicher Kommunikation, sondern vielmehr die Gültigkeit des Materials, das vermittels der Topik strukturiert oder diskutiert werden konnte. Vom Standpunkt des Cartesianismus aus hieß das, dass Gründe und Folgen, Klassifikationen, Beziehungen und andere topische Kategorien durch Beobachtung der Welt selbst gefunden oder ermittelt werden sollten, zusammen mit dem Material, das argumentativ zu verwerten war. Damit wurde die Rolle des Geistes als Verwalter der Topik geschwächt. Die Ordnung der in der Welt aufgefundenen Dinge strukturierte die Narrative und Erklärungen jetzt von sich aus vor. Im Gegenzug wandelte sich die Funktion der Topik. Aus dem vormaligen Produkt der Kompilatorik, jener mentalen Kunst der *ars topica*, wurde nun ein Wissensspeicher von Formen strategischen Sprechens. Zugespitzt könnte man sagen, dass sich an die Stelle des topischen Wissens nun ein topisches Sprechen und Schreiben setzte. Diese neue, streng genommen nicht mehr als Topik zu bezeichnende *topica aesthetica*, wie Baumgarten sie später nennen wird, bestand aus einem Archiv von formalen Strategemen, die damit einen eigenen Einfluss auf die Konjunktur von Kurzformen des Schreibens und Sprechens nahmen. Aus den Sammlungen aufgeschriebener *topoi* trat ein topisches Sprechen hervor, das mit seiner Knappheit auch auf pragmatische Anforderungen reagierte. Das neue topische Schreiben lag damit bemerkenswerterweise wieder äußerst nah an dem, was Aristoteles zur Abfassung seiner *Topik* bewogen hatte. Ihm war es in der *Topik* darum gegangen, wie es im ersten Buch heißt, diskursive Übungen und Verhaltensweisen zu beschreiben, die für Gespräche und Diskussionen auf Augenhöhe nützlich seien, zum Beispiel während eines Polylogs zwischen Experten und Interessierten.[4] Schon hier war die Unterscheidung zwischen topischem und rhetorischem Sprechen angelegt. Mit der Indienstnahme der Topik als einer organisatorischen, mnemotechnischen und gleichsam logistischen Hilfsdisziplin der Rhetorik wurde diese Unterscheidung verschüttet – jedenfalls solange die Topik als ein Wissenssystem weiter primär der Rhetorik diente. Wie ich im Folgenden zeigen möchte, konnte sich das topische Sprechen und Schreiben danach jedoch wieder vom rhetorischen Sprechen

---

poesie... (Lyons, 1659, repr. there in 1665). Its title is redolent with the history of the commonplace-book. Nevertheless, it is not in fact a commonplace-book, but a simplified and prettified traditional Rhetoric, in the main a collection of rhetorical formulae and made-up examples of figures of thought" (Moss 1996, 277).

4 Aristoteles formuliert, die Topik sei anwendbar bei „exercises (gymnasia), encounters (enteuxis) and the philosophic sciences." Ich folge hier der Übersetzung von Smith in Aristoteles 1997, 2 (101a30). Vgl. dazu auch Smiths Kommentar zu diesem Satz 51–52. In Übereinstimmung damit siehe Aristoteles 2004, 47.

absetzen. Die topische Wissensordnung wurde so durch die topische Diskurspraxis ersetzt, die statt des richtigen Wissens zur richtigen Zeit das richtige Sprechen und Schreiben in der richtigen Situation verlangt.

2 Topisches Sprechen *après la lettre*: *Commonplacing* und die Sache selbst

Durch den Übergang von einem topischen Wissenssystem zum schriftlichen Nachleben der topischen Sprechweise näherten sich Ende des 17. Jahrhunderts zwei Entwicklungsstränge einander an, die sich paradigmatisch an John Locke erläutern lassen. Einerseits wurden *topoi* nun weniger als formale Argumentationsschemata gesehen, sondern vielmehr als didaktische Anweisungen, Zitate oder Sprichworte, die für den privaten Gebrauch gesammelt wurden. Andererseits galt Wissen immer weniger als etwas, das durch Lektüre in Büchern zu gewinnen war, sondern durch Beobachtung, Proben, sinnliche Erfahrung oder Anschauung erworben werden musste. Bei der damit sich vollziehenden Wende verlor die Topik ihren Stellenwert als Wissenssystem und nahm nun das Wesen einer Sammlung persönlicher Aufzeichnungen für den Alltagsgebrauch an, was Bacon als Umschlag von *topica universalis* zu *topica particularis* markiert hatte.

Die für nutzlos erklärte Tradition humanistischer *loci communes*-Sammlungen wurde damit durch eine neue Praxis ersetzt, nämlich durch das Führen eines Buches persönlicher *loci*. Paradoxerweise behielten Bücher dieser Art aber den Namen „Common Place Book", obwohl sie gerade *kein* ‚Gemein-Wissen' mehr beinhalteten, wie es die Definition des *locus communis* in der antiken Rhetorik signalisierte. John Locke hatte 1652, im Alter von zwanzig Jahren, mit diesem neuen „Commonplacing" – so die transitive Verbschöpfung, die das *OED* zuerst 1656 verzeichnet – angefangen. Er führte *Commonplace Books* bis zu seinem Tod 1704.[5] Obwohl er das *Commonplacing* nicht konsequent betrieb (Meynell 1993), bildete diese Praxis eine beständige Grundlage für seine Bildung, sein Denken und seine philosophischen Arbeiten. Den sichtbarsten Beweis für sein Bewusstsein des epistemologischen Wandels, der mit der neuen Praxis einherging, liefert sein Essay *A New Method of a Common-Place-Book*, der 1686 ursprünglich auf Französisch und 1706 (posthum) auf Englisch erschien. Locke legt darin knapp seine Methode des Kopierens, Verzeichnens und Verknüpfens von Notizen und Gedanken zu einem solchen *Commonplace Book* dar. Inbegriffen sind Anweisungen für die korrekte

---

[5] Zu Lockes *Commonplace Books* siehe Yeo 2004, Dacome 2004 und Stolberg 2014.

Anlage der zugehörigen Indextabelle und ihrer Kopfzeilen – „Headings" –, die der Halter des Buches nutzen sollte, um ein durchgängiges Verzeichnis seiner *Commonplaces* zu führen (Locke 2019).

Der Einfluss seines Do-it-yourself-Manifests lässt sich bei verschiedensten Gelehrten bis ins 19. Jahrhundert nachverfolgen. Die undogmatische Art und Weise, mit der Locke Layout und Buchführung so erläuterte, dass jeder Sammler seine eigenen Kategorien und Indizes für die gesammelten Notizen und Beobachtungen erstellen konnte, wurde weithin geschätzt. Der Logiker und Theologe Isaac Watts zum Beispiel urteilte 1726 in seiner *Logick; Or, The Right Use of Reason*: „I think Mr. *Locke*'s Method of *Adversaria* or *common Places* [...] is the best", weil sie „no learned Method at all" voraussetze und gerade deswegen dazu anleite, die Dinge so niederzuschreiben, wie sie auftreten („setting down Things as they occur"; Watts 1726, 74). Notizen dieser Art sollten jetzt anstelle von Zitaten, Maximen oder Versen kanonischer Autoren als *Commonplaces* aufgezeichnet und in eigene Kategorien einsortiert werden. Lockes *New Method* verlangte vom wahren *Commonplacer* – einer Person also, „[who] would put any Thing in their Common-Place-Book" –, dass sie diese unter dafür vorgesehenen Kopfzeilen festhielt. Die Kopfzeilen bildeten das individuelle topische System des *Commonplacers* ab und sollten ihrerseits mit eigenen Worten formuliert werden (Locke 2019, 4–5). „If I would put any thing in my Common-Place-Book," schreibt Locke, „I find out a Head to which I may refer it. Each Head ought to be some important and essential Word to the matter in hand, and in that Word regard is to be had to the first Letter, and the Vowel that follows it; for upon these two letters depends all the use of the *Index*" (287). Der „head" – als Ort bzw. *locus* des *Commonplace* – war damit Platzhalter in einer subjektiven Topik geworden, die nur dem *Commonplacer* selbst ‚common' war. Ihr Vorteil bestand augenscheinlich darin, die Dinge in dem Kontext und der Relevanz, mit der sie der *Commonplacer* zuerst wahrgenommen hatte, schriftlich festzuhalten und unter jenen Rubriken führen zu können, die er selbst für essentiell hielt. Logische Kategorien wie „Relation", „Akzidens" oder „Genus", die wissensbasierte Topiken vormals vorgeschrieben hatten, wurden dazu nicht länger gebraucht.

Für Locke war das Führen eines *Commonplace Books* zu einer Aufzeichnungspraktik kurzer Studiennotizen geworden, die sich aus sich selbst heraus systematisierte und später zunehmend mit seinem Empirismus korrespondierte. Das radikal Anti-Scholastische und Anti-Humanistische seiner Praxis bestand darin, dass sie dem Neuschreiben, dem Festhalten von Beobachtungen, Urteilen und Bemerkungen größeres Gewicht beimaß als dem Abschreiben oder Angleichen von Gelesenem. Das systematisch geführte Notizheft verzeichnete dabei nicht nur Wissenswertes, sondern verknüpfte den Ort des Notierten mit dem Schreibakt selbst, da die neue Topik die Notiz im situativen und medialen

Kontext ihrer Aufzeichnung lokalisierte und den früheren Gedächtnisort als Entstehungsort von eigenen Gedanken neubesetzte.

Bei diesem Wandel vom humanistischen Gemeinplatz-*Auf*finden zum empiristischen Gemeinplatz-*Er*finden um 1700 änderte sich an den äußeren Rahmenbedingungen dieser Schreibszene in materieller Hinsicht allerdings wenig. Die Systeme von Indizes, Kopfzeilen und Tabellen, auch die verschiedenen Methoden des Kopierens aus Notizbüchern blieben weitgehend dieselben, da sie hier wie dort auf mnemotechnische und synthetisierende Zwecke ausgerichtet waren. Trotzdem sahen die Notizen, die auf der Grundlage der neuen, subjektiven Epistemologie entstanden, völlig anders aus. Dieselben Formate und Formatierungen, die in der alten Topik dazu dienten, Überlieferungswissen als Zitatwissen zu verwalten, wurden in der jetzt praktizierten Topik *après la lettre* zur Entwicklung komplett *neuer* Sprech- und Schreibformen genutzt. Aus einer Wissensordnung wurde ein Schreibwissen. Das ist beispielsweise daran zu sehen, dass die topischen Formen – man könnte auch bereits sagen: die Genres – in Erasmus' *Adagia* noch extern vorgegeben waren, wohingegen die topischen Formen in Lockes *Commonplace Books*, die er *Adversaria* nannte, wie eine Liste ungenutzter oder gar neuer Genres erscheinen, die er für den späteren Gebrauch und weitere Verknüpfungen vorhielt: Sprichworte, Rezepte, Exzerpte, Beobachtungen, Selbstexperimente (Stolberg 2014, Dacome 2004). Dank dieser neuen Formate, die sich aus dem starren taxonomischen Gefüge der alten Topik lösten, sprangen kleine Formen wie Aphorismen oder Anekdoten jetzt stärker ins Auge. Erst ohne die alte wissenssystematische Topik, die *topoi* registrierte, wo nun Aphorismen, Sprichwörter oder Notizen standen, konnte so auch jene Funktion der Sprache reaktiviert werden, die Aristoteles bei der Konzeption der Topik ursprünglich im Sinn hatte. Wie die aristotelischen *topoi* sollten die jetzt notierten Gedanken für ein Thema, eine Situation, einen bestimmten Kontext eine ästhetische Form entwickeln. Um 1700 lässt sich das, bezeichnend für diese Schwelle, auch an Lockes eigener Schreibpraxis ablesen.

Locke lobt in seinen Schriften nicht nur den Gebrauch von *Commonplaces*, sondern stellt auch einen Bezug zur alten Topik und zur syllogistischen Logik her. In seinem Entwurf eines Essays, den er später „Of Study"[6] betitelte, greift er 1677 bereits auf Vorarbeiten aus seinen *Adversaria* zurück. Sein Essay ist ein Hybrid zwischen Erkenntnistheorie und Schreibanleitung und steht in der Tradition der humanistischen *ratio studii*, von der auch Rüdiger Campes Überlegungen zur

---

6 Dieser Essay findet sich in einzelnen Stücken verteilt in Lockes Journal des Jahres 1677 (Locke 1968, 405–422, Axtells Kommentar 405–406).

„Schreibszene" ausgehen.⁷ Er beginnt mit Ratschlägen an den Gelehrten zur richtigen Körperhaltung und wendet sich dann der angemessenen Geisteshaltung zu. Im zweiten Abschnitt warnt er vor der Lektüre einer zu großen Anzahl von Autoren, weil „to very intently and diligently mind the arguments pro and con they use [...] may make a man a ready talker and disputant, but not an able man" (1968, 418). Für Locke stellt diese Lesetechnik, bei der verschiedene Arten von Argumenten nachvollzogen und auswendig gelernt werden, die Studienmethode der humanistischen Topik dar. Sie mache den Studenten nicht zum Denker, schreibt er weiter, sondern bloß zum „topical man, with his great stock of borrowed and collected arguments, who will be found often to contradict himself" (418). Trotz ihres reichen Wissens blieben diese „topischen Menschen" letztlich unfähig, all diese Argumente auch selbst zu beurteilen, unfähig „[to] choose the right side, or to defend it well" (418).

Wie der Anspruch auf nützliches Wissen nun mit einem neuen Pragmatismus im Hinblick auf Schreibsituationen einhergeht, zeigt Locke später in seinem *Essay Concerning Human Understanding* von 1690, und zwar unter expliziter Zurückweisung der Syllogistik und damit auch der scholastischen Logik. „If we will observe the actings of our own minds", bemerkt er, „we shall find, that we reason best and clearest, when we only observe the connexion of the proof without reducing our thoughts to any rule of syllogism" (1997, 591). Menschliche Gedankengänge folgten dem Gang der philosophischen Logik nicht, so sein Argument, deshalb solle sich die Logik besser nach der Natur des Denkens richten und nicht umgekehrt. Um zu zeigen, wie „perplexed" der Geist durch logische Schlüsse werden kann, übersetzt er die drei klassischen Sätze eines didaktischen Syllogismus: „Every animal is alive – Man is alive – Therefore man is an animal" zurück in die Sequenz von Gedankenschritten, die diese Syllogistik im Geist erzeugt: animal, alive, man, animal. Diese kontrastiert er nun mit der Sequenz von Termini, die für dieselbe Schlussfolgerung innerhalb eines natürlichen Gedankenganges erscheint:

> I ask whether the mind does not more readily and plainly see *that* connexion in the simple and proper position of the connecting idea in the middle; thus,
> *homo – animal – vivens,*
> than in this perplexed one,
> *animal – vivens – homo – animal.*
> Which is the position these ideas have in a syllogism, to show the connexion between *homo* and *vivens* by the intervention of *animal*. (596)

Die Änderung, die er vorschlägt, beruht auf der Reihung von Folgerungen, die jedermann bzw. jeder Frau aus Alltagssituationen vertraut sind. „Tell a country

---

7 Zu diesem Essay vgl. Yeo 2003; Campe 1991.

gentlewoman, that the wind is south-west, and the weather louring [sic], and like to rain", schreibt er,

> and she will easily understand, 'tis not safe for her to go abroad thin clad, in such a day, after a fever: she clearly sees the probable connexion of all these, south-west wind, and clouds, rain, wetting, taking cold, relapse, and danger of death, without tying them together in those artificial and cumbersome fetters of several syllogisms. (593)

Locke schließt daraus, dass jede Form der Schlussfolgerung sich an die „natural order of the connecting ideas" halten solle. Schließlich ziehe der Geist seine Schlüsse „[by forming a] chain of ideas thus visibly linked together in train". Wie in einer anekdotischen Erzählung kontextualisieren sich für ihn Ideen, Beobachtungen und Gedanken gegenseitig, sodass es dazu kommt, dass „each intermediate idea [is] agreeing on each side with those two it is immediately placed between" (594). Damit wird deutlich, dass seine Erkenntniskritik, die sich nicht um die logischen Orte, sondern um die produktiven Interferenzen zwischen Elementen kümmert, tatsächlich auf eine Topik *après la lettre* zurückgeht, die Inhalte immer nur jeweils situativ und medial versteht oder wiedergeben kann. Locke schafft hier die Grundlage für jene ästhetischen Topiken, die später Vico und Baumgarten entwickeln werden, indem er die Situiertheit jedes *Commonplaces* bzw. jedes *Commonplacers* miteinbezieht, der seine Eindrücke so sammelt, wie die Welt sie ihm in einer Verkettung von Einzelelementen präsentiert.

Locke ist nicht der einzige, an dessen Essays zu beobachten ist, wie die Topik als Wissensform endet und wie dabei das topische Sprechen als Diskursmodus frei und neu zur Entfaltung gebracht wird. Gerade weil er diesen Umschlag jedoch stets epistemologisch reflektiert und in sein eigenes epistemologisches Programm miteinbezieht, kommt seiner Methode des *Commonplacing* als Schreibpraxis kurzer, subjektiver Beobachtungen eine paradigmatische Rolle für die Umwandlung des topischen Sprechens nach dem Ende der alten Topik zu. Was zurückbleibt, sind kleine Formen: Gedanken, Beobachtungen, auch Anekdoten von Entscheidungsmomenten des Alltagslebens, wie das Beispiel der „country gentlewoman" zeigt. Diese lassen sich nur als in sich abgeschlossene Einzelheiten und nur in solchen kleinen Schreibformen notieren, die das topische Sprechen nach dem Ende der Topik damit wieder aufnehmen. Der *Commonplacer* kann diese topischen Schreibformen auch in Sequenzen bringen, die dann, wie Locke darlegt, sowohl der internen Verfahrensweise des Geistes als auch der unmittelbaren Ordnung der Welt entsprechen können. Diese vom vormodernen Systemzwang der Topiken befreite Schreibsituation ist insofern paradigmatisch, als sich in ihr eine vollkommen neue, eigenständige Form des Schreibens herausbildet. Die topischen Sprech- und Schreibweisen nach der Topik können sich aus sich selbst heraus Form geben und zwar mit Blick auf ihre praktische, ästhetische Anwendung in der Welt, ohne dabei jedoch Rücksicht auf ihre konkrete Indienstnahme in wissenschaftlichen, juristischen, medizinischen oder religiösen Systemen nehmen zu müssen. Stattdessen ermöglichen *Commonplaces* um 1700 gerade unter dem Deckmantel ihrer irreführenden anachronistischen Betitelung ein eigenständiges Notieren und Beschreiben, das sich so eine eigene interne Systematik geben kann.

Wie Michael Stolberg gezeigt hat, stellt Locke in seinen *Commonplace Books* beispielsweise Exzerpte von Gelesenem und wörtliche Zitate neben empirische Beobachtungen und detaillierte medizinische Rezepte zur Darmreinigung, die er von seiner Mutter erhalten hatte und sodann selbst wiederum um Erfahrungsberichte aus Selbstversuchen mit diesen Anwendungen ergänzt (Stolberg 2014, 468).

Eine solche Abrichtung auf ihren Einsatz in praktischen Kontexten müssen die *Commonplaces* nun aus sich selbst hervorbringen und in ihre Textform integrieren. Als autonome Notate bieten sie in ihren inneren rhetorischen oder poetischen Strukturen je verschiedene Anwendungs- und Verständniskontexte an, weshalb sie vom *Commonplacer* auch ein immer neues Nachschärfen und Umstellen seiner Sammlungsordnung verlangen. Robert Darnton hat diesen Zusammenfluss von Gelesenem, Gedachtem und Erlebtem in *Commonplace Books* um 1700 mit Blick auf den dabei entstehenden Erfahrungsmodus als „a semiconscious process of ordering experience" beschrieben, denn „reading and writing were [...] inseparable activities. They belonged to a continuous effort to make sense of things, for the world was full of signs: you could read your way through it; and by keeping an account of your readings, you made a book of your own, one stamped with your own personality" (2000, 82, 86). Dass das *Commonplacing* ein Ordnen von Erfahrenem und Erlebtem und nicht lediglich von Wissen ist, selbst im Falle von Exzerpten oder Digesten, zeigt sich auch bei Locke. Denn indem er sein Wissen schreibend formuliert und es in Form von Rezepten – mit Zutaten und Arbeitsschritten etwa zur Herstellung eines Laxativs – oder von Aphorismen notiert, lässt dieses Wissen sich von Lockes subjektiver Formwahl ebenso wenig trennen wie von seinen Selbstversuchen, denen es entspringt. In der Form des Schreibens zeichnet der *Commonplacer* auch seine individuellen Anwendungserfahrungen, Evaluationen und Revisionen dieses Wissens auf – „eate thereof two or three at once or according to your stomach", „another purgation, very pleasant!" (Locke in Stolberg 2014, 469). Notieren in *Commonplaces* heißt also zugleich Beschreiben, Umschreiben, Erschreiben und Neuschreiben, mithin ein Situieren des Vermerkten in der persönlichen Erfahrung, die bei der Lektüre der Notizen immer mit aufgerufen wird und als Prüfstein für die Brauchbarkeit des Aufgezeichneten dient.

Lockes Methode des *Commonplacing* und seine empiristische Epistemologie basieren auf eben diesem Prinzip einer Aufzeichnung von Elementen, das heißt, einem Festhalten von Partikularien (1997, 601). In seinem *Essay Concerning Human Understanding* plädiert er nicht nur für eine solche ‚natürliche Ordnung', sondern stellt sie in der Struktur der Paragraphen auch selbst aus und erbringt damit den empirischen Beweis, dass die Verkettung von Einzelheiten das beste Ergebnis liefere. Die Abschnitte sind oft als eigenständige Kleinstabhandlungen verfasst. „Of Infinity", „Of Enthusiasm", „Of the Imperfection of Words", „Of Reason" sind einige überschrieben. Wegen solcher Titel, die auf unabhängige Essays innerhalb des *Essay* verweisen, hat man Lockes Werk mit Montaignes *Essais* verglichen (Colie 1969), zumal beide Autoren die lockere Struktur der Abschnitte in späteren Editionen nutzten, um neue Elemente hinzuzufügen und die Reihenfolge zu verändern. Lockes *Essay* selbst ist damit trotz seines grundlegenden Anspruchs gerade kein Abbild eines Systems, sondern ein Versuch, der in seinem Schreiben einen kontinuierlichen Denkprozess nach- und mitvollzieht. Wenn seine *New Method of Making Common-Place Books* Anweisungen zum Sammeln und Ordnen subjektiver Notizen gibt, demonstriert sein *Essay Concerning Human Understanding* durch die Übernahme desselben Sammel- und Kompiliermodus, welche Form von Philosophie einem Gelehrten entspricht, dessen Geist sich durchweg im und am *Commonplacing* übt. Montaignes *Essais* gleicht der *Essay* auch darin, dass seine Abschnitte autobiographisch grundiert sind. Frühe Notizen und Entwurfsfragmente finden sich über all seine *Commonplace Books* verteilt.[8] Wie das *Digital Locke Project* erkennen lässt, ist der Schritt von diesen Notizen, die dem *Essay* vorausgehen, und der ersten Veröffentlichung als Buch nur ein kleiner. Lockes *Essay* entspringt der Form der Notiz. Diese bahnt in ihrer Freisetzung aus der alten Topik seinem Empirismus den Weg. Was Locke als monographisches Werk präsentiert, ist eine Zusammenstellung aus *Commonplace*-Büchern, die aber gerade deswegen für ihn den Status eines philosophischen Hauptwerks beanspruchen kann.

3 Der Wegfall des Systemzwangs und der Ursprung der Gattungsfrage kleiner Formen

Das Nachleben der alten, wissensspeichernden Topik in den Notizbüchern setzt im 17. Jahrhundert so auch jene Schreibweise frei, die Theoretiker später als

---

[8] Für die genetischen Fragen zum *Essay* siehe Lockes frühen Entwurf und ausgewählte Notizen aus seinen *Commonplace Books* in Locke 1936; sowie auch die neuere Edition, allerdings ohne die Notizen: Locke 1990. Andere Einträge aus Lockes *Commonplace*-Büchern, die sich auf den *Essay* beziehen, sind veröffentlicht worden: Locke 2006–2011 (25.9.2019).

kleine Form *par excellence* begriffen und als emphatische Form der *écriture de soi* charakterisiert haben. Roland Barthes' lakonische Feststellung aus der *Vorbereitung des Romans*, dass die „kleine Form ihre eigene Notwendigkeit [hat] und sich selbst [genügt]" (Barthes 2008, 151), bestätigt in ihrer Hermetik meine Analyse der Locke'schen Stelle. Die Aufzeichnungen in *Commonplace Books* konnten sich erst nach der Aufkündigung ihrer Indienstnahme durch die alte Topik, nach der Entlassung aus einem auf Überlieferungswissen basierenden System, reflexiv zur Eigentümlichkeit ihrer Form verhalten und diese Form als unkonventionell gewordene, als subjektive Denkform ästhetisch profilieren, die in der Praxis keine feste Gestalt hat, sondern eine Vielfalt individueller Kleinformen aus sich entlässt. Die genealogische Schwelle um 1700, die hier am Beispiel Lockes erörtert wurde, könnte man deshalb auch als den historischen Moment ansehen, an dem die Gattungsdiskussion in der Neuzeit sich überhaupt erst auf kleine Prosa einlassen kann. Was Locke uns symptomatisch vor Augen führt, ist, dass die Frage danach, was eine kleine Form oder eine kleine Gattung sein kann, nur unter der Bedingung eines Nachlebens der Topik gestellt werden kann. Bis zu dieser Freilegung sind poetische Kleinstgattungen wie Lobrede, Maxime oder Fabel explizit an einen antiken rhetorischen Gattungskanon gebunden. Erst das Befreien von kleinen Formen wie Notiz, Exzerpt, Aphorismus oder Anekdote aus dem Dienst an der Topik und ihrem auf rhetorische Verwendung zielenden Wissenssystem erlaubt es, die jeweilige kleine Form als das zu verstehen, was sie aus ihrer eigenen Notwendigkeit ist, um mit Barthes zu sprechen. Diese eigene Notwendigkeit kann natürlich nicht besagen, dass kleine Formen deswegen niemals wirklich einzeln stehen können, sondern sie markiert, dass sie grundsätzlich ihre textuelle, mediale oder pragmatische Einbettung mitbestimmen.

Diese These lässt sich abschließend vielleicht dahingehend zuspitzen, dass das Problem, was eine moderne Gattung überhaupt sei – also: welche Funktion eine bestimmte Textform intra- oder extra-textuell erfüllen kann – erst beim Hervortreten der kleinen Formen aus den topischen Systemen virulent wird. Mit Blick auf die Geschichte moderner literarischer Gattungen fällt auf, dass die kleinen Formen viel schneller theoretische Gattungsdefinitionen ausbilden konnten, als es die modernen Großformen wie Roman oder Chronik vermochten. Erst die nähere Fokussierung auf einzelne kleinere Texte, erst das Anschaulich-Werden der kleinen Form als kleiner Form führt dazu, dass man die Frage stellen kann, was Form und was eine Gattung überhaupt sei. Man sieht den Effekt des Fokussierens auf die topische Funktion von Kurzgattungen etwa in Friedrich Schlegels Erwägungen, was denn eigentlich eine Novelle sei, und in der erneuten Auseinandersetzung der russischen Formalisten mit der Novellenform (Fuchs 2016): Während über den Roman zwar schon weitaus früher nachgedacht wurde, gelangen diese Versuche jedoch bis ins späte 19. Jahrhundert hinein zu keiner schlüssigen Theorie des Romans. Es war nicht der Roman, nicht das Fachbuch, es waren nicht die vormodernen Genres Fabel oder Maxime, die als erste eine erfolgreiche, gültige Theoretisierung der Form literarischer Prosa erlaubten, sondern es ist die kleine Form der Novelle. Schlegels innerhalb von wenigen Jahren abgefasste Überlegungen zur Novelle bilden bis heute den Kern ihrer Verhandlungen. Die Möglichkeit einer Theorie der Novelle steht Schlegel allerdings nur offen, weil diese kleine Form im 18. Jahrhundert von der Indienstnahme durch den Roman, durch die Historie oder durch die juristischen, polizeilichen und medizinischen Kasuistiken befreit worden war.

Aus diesem Grund verschwindet die Topik als Begriff auch im frühen 18. Jahrhundert in denjenigen Momenten, in denen sie mit einer neuen kleinen Form zusammenfällt. Ein etwas späteres Beispiel hierfür ist Alexander Gottlieb Baumgarten, dessen Ästhetik zwar als letzte noch von einer Topik spricht (der *topica aesthetica*), aber kein konkretes Beispiel mehr dafür angibt. Anders jedoch die Vorlesungsmitschrift seines Ästhetik-Kollegs, in dem Baumgarten, wenig überraschend, den Lebenslauf als Beispiel für die Übungen in dieser ästhetischen Topik anführt.

> Wann ich z. B. meinen eigenen Lebenslauf, auch nur zu meiner eigenen Belustigung aufsetzen wollte, so würde ich mich zuerst fragen: wie reich ist er wohl, wie groß ist die Verwandtschaft, was für Veränderungen werden darin vorkommen, ferner wie wichtig sind sie, was für Wahrheit, was für Wahrscheinlichkeit, was für Lebhaftigkeit ist da? Wo muß ich das volle Licht hinsetzen? Wo soll ich rühren? Dies ist die besondere Topik, die wir bei den ersten Übungen vorschlagen. (Anon. 1907, 140, § 139)

Am Lebenslauf,[9] Baumgartens Paradebeispiel für die besondere – in seiner Terminologie „ästhetische" – Topik, ist zu sehen, worin die alte Topik nachlebt: in der Fähigkeit des Findens von textuellen Formen, die imstande sind, sich an eine bestimmte kommunikative Situationen anzupassen. Der Lebenslauf ist solch eine kleine Form, die einerseits noch als ‚topisch' begriffen werden könnte, wie es Baumgarten mit der Aufzählung topischer Kategorien nahelegt, andererseits jedoch dieser Kategorien überhaupt nicht mehr bedarf. An die Stelle topischer Kategorien treten nun solche Kategorien, die ihren Sitz im Leben haben – Reichtum, Verwandtschaft, Lebhaftigkeit – und auch ohne topisches Wissenssystem verstanden werden können. Somit erzählt der Lebenslauf ‚topisch' im ursprünglichen aristotelischen Sinne: Unlösbar verbunden mit einer konkreten Sprechsituation und einem spezifischen Gebrauchskontext, nämlich der Dar- und Vorstellung einer Person, verkleinert er ihr ganzes Leben auf dem Papier.

---

[9] Zum Lebenslauf siehe den Beitrag von Stephan Strunz in diesem Band.

Literaturverzeichnis

Anonym. „Nachschrift eines Ästhetik-Kollegs Baumgartens". Bernhard Poppe. *Alexander Gottlieb Baumgarten. Seine Bedeutung und Stellung in der Leibniz-Wolffischen Philosophie und seine Beziehungen zu Kant. Nebst Veröffentlichung einer bisher unbekannten Handschrift der Ästhetik Baumgartens*. Borna-Leipzig: Noske, 1907. 65–258.

Aristoteles. *Topics. Books I and VII with excerpts from related texts*. Übers. und mit einem Kommentar von Robin Smith. Oxford: Clarendon, 1997.

Aristoteles. *Topik*. Übers. u. komment. v. Tim Wagner und Christoph Rapp. Stuttgart: Reclam, 2004.

Bacon, Francis. *De Augmentis Scientiarum. The Works of Francis Bacon*. Hg. James Spedding et al. London: Houghton Mifflin, 1858.

Bacon, Francis. *Of the advancement and proficience of learning; or, The partitions of sciences*. Übers. Gilbert Wats. Oxford: Lichfield, 1640.

Bacon, Francis. *The Advancement of Learning*. Hg. Michael Kiernan. *The Oxford Francis Bacon*, Bd. 4. Oxford: Oxford University Press, 2000.

Barthes, Roland. *Die Vorbereitung des Romans*. Frankfurt am Main: Suhrkamp, 2008.

Blair, Ann M. *Too Much to Know. Managing Scholarly Information before the Modern Age*. New Haven, CT: Yale University Press, 2010.

Campe, Rüdiger. „Die Schreibszene". *Paradoxien, Dissonanzen, Zusammenbrüche. Situationen offener Epistemologie*. Hg. Hans Ulrich Gumbrecht und K. Ludwig Pfeiffer. Frankfurt am Main: Suhrkamp, 1991. 759–772.

Colie, Rosalie. „The Essayist in his Essay". *John Locke: Problems and Perspectives*. Hg. John Yolton. Cambridge: Cambridge University Press, 1969. 234–261.

Dacome, Lucia. „Noting the Mind: Commonplace Books and the Pursuit of the Self in the Eighteenth Century". *Journal of the History of Ideas* 65.4 (2004): 603–625.

Darnton, Robert. „Extraordinary Commonplaces". *The New York Review of Books* 47.20 (21.12.2000): 82–87.

Fuchs, Florian. „Agierende Form. Über Friedrich Schlegels Theorie der Novelle". *Athenäum – Jahrbuch der Friedrich Schlegel-Gesellschaft* 26 (2016): 23–50.

Lamy, Bernard. *Entretiens sur les sciences, dans lesquels on apprend comme l'on doit étudier les sciences, et s'en servir pour se faire l'esprit juste, et le coeur droit*. Hg. F. Girbal und P. Clair. Paris: PUF, 1966.

Locke, John. „Of Study". *The Educational Writing of John Locke*. Hg. James L. Axtell. Cambridge: Cambridge University Press, 1968. 405–422.

Locke, John. „A New Method of a Common-Place-Book". *Literary and Historical Writings*. Hg. J. R. Milton. Oxford: Oxford University Press, 2019. 281–306.

Locke, John. *An early draft of Locke's Essay: together with excerpts from his journals*. Hg. R. I. Aaron und Jocelyn Gibb. Oxford: Clarendon, 1936.

Locke, John. *An Essay Concerning Human Understanding*. Hg. Roger Woolhouse. London: Penguin, 1997.

Locke, John. *Drafts for the Essay concerning human understanding, and other philosophical writings*. Vol. 1: *Drafts A and B*. Hg. Peter H. Nidditch und G. A. John Rogers. Oxford: Clarendon, 1990.

Locke, John. *The Digital Locke Project*. Amsterdam 2006–2011; http://www.digitallockeproject.nl (01.10.2020).

Meynell, Geoffrey Guy. „John Locke's Method of Common-placing as seen in his Drafts and his Medical Notebooks, Bodleian MSS Locke d. 9, f. 21 and f. 23". *Seventeenth Century* 8 (1993): 245–267.

Moss, Ann. *Printed Commonplace-Books and the Structuring of Renaissance Thought*. Oxford: Clarendon, 1996.

Schmidt-Biggemann, Wilhelm. *Topica Universalis. Eine Modellgeschichte humanistischer und barocker Wissenschaft*. Hamburg: Meiner, 1983.

Stolberg, Michael. „John Locke's 'New Method of Making Common-Place-Books': Tradition, Innovation and Epistemic Effects". *Early Science and Medicine* 19 (2014): 448–470.

Watts, Isaac. *Logick; Or, The Right Use of Reason in the Enquiry after Truth*. 2nd ed. London: Clark and Hett, 1726.

Yeo, Richard. „John Locke's 'New Method' of Commonplacing: Managing Memory and Information". *Eighteenth Century Thought* 2 (2004): 1–38.

Yeo, Richard. „John Locke's 'Of Study' (1677): Interpreting an Unpublished Essay". *Locke Studies* 3 (2003): 147–165.

Helmut Pfeiffer
Memorabile: Gedächtnis und Kommunikation kognitiver Differenz

1 Memorabile: Gattung oder Antigattung

Als Gattungsname hat sich das substantivierte lateinische Adjektiv *memorabile* kaum eingebürgert. Ein einschlägiges Nachschlagewerk wie das *Reallexikon der deutschen Literaturwissenschaft* kennt zwar das Stichwort „Memoria", also Gedächtnis, aber nicht Memorabile. Der Artikel „Memoria" handelt von Mnemosyne, der Mutter der Musen, von den Konzepten des Gedächtnisses und der Mnemonik, aber nicht von einer rhetorischen oder literarischen Gattung des Gedächtniswürdigen (Neuber 2007). Das Grimm'sche *Deutsche Wörterbuch*, dessen einschlägiger Band 1885 erschien, registriert *memorabile* weder als Adjektiv noch als Substantiv. Das *Oxford English Dictionary* kennt zwar *memorable* als Adjektiv (in der Bedeutung „Worthy of remembrance or note" bzw. „Easy to be remembered") wie auch als Substantiv, weist aber darauf hin, dass der Singular des Substantivs selten sei, gebräuchlich ist nur der (lateinische) Plural *Memorabilia*.[1] Dieser hat einen eigenen Eintrag, er meint „Memorable or noteworthy things", seine Geläufigkeit im Englischen mag, wie erklärt wird, mit dem lateinischen Titel der sogenannten „Recollections" Xenophons zu tun haben. Zitiert wird beispielsweise ein Eintrag in Walter Scotts *Diary* vom 14.9.1826: „I should not have forgotten, among the *memorabilia* of yesterday, that two young Frenchmen made their way to our sublime presence." Der ironische Tonfall zeigt, dass Scott mit bildungssprachlichen Versatzstücken operiert, welche die Banalitäten des Alltags spielerisch überhöhen, er zitiert Merkwürdigkeit, wo Vergessen ansteht. Der *Grand Larousse de la langue française* kennt zwar das Adjektiv *mémorable* in der Bedeutung „Qui est digne d'être conservé par la mémoire", aber als Genre nur das (diplomatische) *mémorandum*[2] und das durch das *Mémorial de Sainte-Hélène*, in dem Las Cases die Legende Napoleon zelebriert, berühmt gewordene *mémorial*, welches als Aufschreibekonvention die Aufgabe hat, die Erinnerung auf Dauer zu stellen, „destiné à perpétuer le souvenir" (Gilbert et al. 1989, 3231).

---

[1] Die Beispiele des Singulargebrauchs vom 17. bis zum 19. Jahrhundert zielen vor allem auf merkwürdige Gegenstände: „These memorables of Germany" (Corvat 1613), „I spent part of Sunday in showing them the Abbey and other memorables" (Scott 1813); Belege zit. n. OED 2001.
[2] In der Hauptbedeutung „Note écrite par un représentant diplomatique pour exposer au gouvernement auquel il est accrédité le point de vue de son propre gouvernement".

Es war André Jolles, ein gebürtiger Holländer mit einer akademischen Karriere im Nationalsozialismus, der in seinem Buch *Einfache Formen* (1930) das Memorabile als eine Gattung (er selbst spricht von ‚Form') etabliert und ihre Relevanz für die moderne Literatur postuliert hat. Jolles leitet sie von dem her, „was wir täglich beobachten" (1968 [1930], 200). Man würde erwarten, dass an dieser Stelle von der Anekdote die Rede ist oder vielleicht auch vom Exemplum. Beide kommen in dem Kanon der ‚einfachen Formen' nicht vor, obwohl sie sich als vertraute Kleingattungen der Literatur aufdrängen: die Anekdote aufgrund der Affinität des Inhalts, das Exemplum aufgrund der seit der Antike bezeugten Nähe des Konzepts des Exemplarischen und der Memorabilia.

In flagrantem Widerspruch zur Wortgeschichte, in der der antiken Prominenz der Memorabilia keine vergleichbare moderne Begrifflichkeit gedächtnisrelevanter Genres korrespondiert, ist für Jolles das Memorabile eine eminent moderne Form, oft kaum unterscheidbar von der Novelle, der die Kategorie des Neuen in den Namen geschrieben ist: „Jedenfalls ist der Neuzeit keine Form so geläufig wie das Memorabile." Im Ensemble der ‚einfachen Formen' zählt daher nicht die Nähe zur Anekdote oder zum Exemplum, sondern die Opposition zur mittelalterlichen Legende. Ist in dieser eine Norm des Imitabile verwirklicht, so verkörpert das Memorabile, das insofern repräsentativ für die empirische Tendenz der Neuzeit ist, eine ‚Geistesbeschäftigung' mit dem Tatsächlichen: „indem das Tatsächliche konkret wird, wird es glaubwürdig." (1968 [1930], 215) Die These hört sich raffiniert an, wie eine epistemologisch gewendete Vorwegnahme des *effet de réel*, dessen narratologische Funktion Roland Barthes beschreiben wird. Indem das Memorabile ein Ereignis so modelliert, dass es nicht mehr als heroisch, exemplarisch und vorbildlich, aber auch nicht als bloß abwegig, bizarr und nichtig erscheint, indem es also aus vertrauten Schemata der Bedeutsamkeit herausgeschält wird, um in seiner Konkretheit anschaulich zu werden, realisiert sich eine narrative Einheit mit „selbständige[r] Gültigkeit", die ihren Sinn, den „Sinn des Ganzen" des Ereignisses, nicht aus einem übergreifenden Zusammenhang gewinnt, sondern aus der Ordnung ihrer Einzelheiten. Das Memorabile erzählt, wie Jolles am Beispiel einer Erzählung der Ermordung Wilhelms I. von Oranien erläutert, ein Ereignis, um „aus dem allgemeinen Geschehen etwas einmalig herauszuheben" (203). Dabei werde die Besonderheit des Ereignisses durch Einzelheiten flankiert, die nicht als Ursachen oder Begründungen fungieren, sondern „beigeordnet" sind, als Vergleich beispielsweise oder als Gegenüberstellung. Anders gesagt: Das Memorabile etabliert anstelle einer historisch-kausalen Logik des Geschehens eine rhetorische oder poetische von Analogie, Differenz und Opposition, und es scheint, folgt man Jolles, als sei für die Neuzeit gerade durch ein derartiges Arrangement der Effekt des Konkreten erreichbar. Die Evidenz des Konkreten spielt im Memorabile gegen Kausalität, Genealogie und Teleologie.

Später hat man, im Blick auf das Memorabile im 19. Jahrhundert, in Deutschland exemplarisch verkörpert in den Kalendergeschichten Johann Peter Hebels, aus der alle Exemplarität übersteigenden Praxis des oppositiven oder quereinschießenden Details die Funktion des Memorabile abgeleitet, harmonisierende Tendenzen der Historiographie, deren Gegenstände das Memorabile aufgreift, zu irritieren, und Ereignisse, welche durch ihr Format und ihre Folgen den Alltag überragen, in die Vorstellungswelt eines Publikums zu übersetzen, das in seiner Lebenswelt mit Kontinuität und Zyklik vertraut ist. In seinem *Brand von Moskau* mache Hebel, so Jauß, das „welthistorische Ereignis zu einem denkwürdigen Fall" (1982, 352), durch den die Wende der napoleonischen Kriege als „hintergründig und aporetisch" erfahrbar werde: „In Hebels Geschichtserzählung wird das gegenläufig eingesetzte Detail zum vorzüglichen Instrument, die offenbare oder verborgene Teleologie der konventionellen Historie zu stören [...] und an den Leser zu appellieren, die wieder offene Frage nach dem Sinn des Ereignisses von seinem Standort aus in eigener Reflexion zu beantworten." (359)

Jolles unterstreicht die Singularität und historische Spezifik des Memorabile, aber er ist keineswegs blind für die alte Tradition der Memorabilia, deren Modus nicht der Singular, sondern das *plurale tantum* ist. Er erinnert an die *Apomnemoneumata* des Xenophon, die seit der lateinischen Werkausgabe durch Johann Lenklau 1569 unter dem lateinischen Titel *Memorabilia* zirkulieren. Allerdings irritiert der Anachronismus seiner Interpretation. Xenophons Ziel sei es gewesen, die „'Persönlichkeit Sokrates'" so zu geben, dass „man sie aus wirklichem, fortschreitendem Geschehen sich erhärten, sich emporheben, sich überordnen lässt" (Jolles 1968 [1930], 210). Die *Memorabilia* Xenophons stellen in Wirklichkeit ein heterogenes Ensemble von Themen und Episoden vor, in deren Zentrum zwar der Philosoph steht, als Gesprächspartner und Redner allerdings, nicht als moderne Persönlichkeit. Die *Memorabilia* setzen mit einer Apologie des Sokrates ein, die offenbar auf zeitgenössische Angriffe antwortet. An sie schließen die Taten und Worte des Sokrates an, so wie sie Xenophon in Erinnerung behalten haben will.[3] So werden Themen wie Frömmigkeit, Selbstdisziplin, Gehorsam gegenüber den Gesetzen, das Verhältnis zu Freunden und Verwandten verhandelt.

Das dritte Buch umfasst vierzehn Kapitel, in denen sich Sokrates mit verschiedenen Gesprächspartnern unterhält, am Ende findet sich eine Serie konziser, witzig-apophthegmatischer Repliken, in denen der Philosoph überlegen seine Geistesgegenwart zur Schau stellt. Am Anfang des Buches hebt Xenophon

---

[3] Xenophon 1923, 45: „In order to support my opinion that he benefited his companions, alike by actions that revealed his own character and by his conversation, I will set down what I recollect of these." Es wird allerdings mehr von den Gesprächen als von den Taten die Rede sein.

hervor, es gehe darum zu zeigen, „how he [Sokrates] helped those who were eager to win distinction by making them qualify themselves for the honours they coveted." (Xenophon 1923, 169) Die Gespräche drehen sich also um Fragen der (gesellschaftlichen) Anerkennung und der (politischen) Macht, um Herrschaftsansprüche legitimer und illegitimer Art. So kreist das erste Gespräch um die Fähigkeiten, die von einem Feldherrn zu erwarten sind, Xenophons Sokrates macht deutlich, dass es mit militärtaktischer Kompetenz nicht getan ist, der Feldherr muss vielmehr in der Lage sein, die Qualität seiner Untergebenen beurteilen zu können, er muss gute und schlechte Männer unterscheiden können.[4] Auch das vierte Buch der *Memorabilia* wird von Gesprächen beherrscht, die nun auf das Thema der Erziehung und das Konzept der *sophrosyne* konzentriert sind. Am Ende steht eine emphatische Rühmung des Philosophen durch den Autor: Sokrates sei gottesfürchtig und gerecht gewesen, so selbstbeherrscht (*enkrates*), dass er nie das Angenehme dem Guten vorgezogen habe, so weise, dass er nie einen Ratgeber in seinem Urteil gebraucht habe, kurzum: das Paradigma eines guten (*aristos*) und glücklichen (*eudaimonestatos*) Mannes.[5] Das je nach Gesprächspartner und Thema in seiner Länge stark variierende Memorabile ist wegen seiner argumentativ-rationalen Selektivität eine Form des Denkwürdigen. An seinem Ende steht typischerweise eine Einsicht, die zwar im Gespräch entfaltet wird, aber situationstranszendente Geltung beansprucht. Die Lektüre der *Memorabilia* verlangt eine Durcharbeitung, die mit der Distinktion des Kerns von der Schale operiert, aber die rhetorische Notwendigkeit der dialogischen Oberfläche nicht unterschlägt. Hier manifestiert sich bereits die charakteristische Doppelungsstruktur des Memorabile, das die persuasive Umständlichkeit der dialogischen Entfaltung eines im Kern monologischen Arguments ebenso zu integrieren vermag wie später die quereinschießenden Details. Im Verhältnis zum Exemplum, mit dem es in der Folge häufig gleichgesetzt wird, ist das Memorabile des Xenophon eine Form diskursiver Ökonomie, die den Dialog durch apophthegmatische Konzentration pointiert. Für deren Nachvollzug ist es an ein Gedächtnis adressiert, das Zeit hat und sich Zeit nimmt.

---

4 Die Popularität Xenophons in der Renaissance dürfte damit zu tun gehabt haben, dass sein Sokrates als Archetyp des witzigen Ingeniums angesehen wird, das frühneuzeitliche Autoren gern vorführen, beispielsweise in Machiavellis Biografie des *condottiere* Castruccio Castracani.
5 Vgl. Xenophon 1923, 359: „For myself, I have described him as he was: so religious that he did nothing without counsel from the gods; so just that he did no injury, however small, to any man, but conferred the greatest benefits on all who dealt with him; so self-controlled that he never chose the pleasanter rather than the better course; so wise that he was unerring in his judgment of the better and the worse [...]."

Der Sokrates der *Memorabilia* ist nicht der platonische Sokrates, so sehr er auch mit ihm zentrale Begriffe teilt. Sein Interesse ist durchaus nicht maieutisch, er will aus seinem Gesprächspartner nicht jene Wahrheiten ans Licht befördern, die in ihm immer schon angelegt sind. Seine Gesprächsführung ist vielmehr agonal, er will belehren und neu orientieren, indem er die Vorurteile des Gesprächspartners entlarvt und entwertet. Die aphoristische Konzision seiner Rede ist zugleich Inzision, sie schneidet durch die Fassaden der Selbstverkennung der anderen. Nur so kann der von Xenophon gerühmte Lernprozess der Dialogpartner gelingen. Das Merk- und Denkwürdige des xenophontischen Sokrates ist nicht seine vom Autor beschworene Tugend, sondern seine ebenso agonale wie souveräne, zwischen dem moralphilosophischen Argument und der apophthegmatischen *brevitas* pendelnde Rhetorik. Ein Beispiel (Xenophon 1923, 53–65): Sokrates hört, dass Aristodemus weder betet noch der Gottheit opfert und sich über die mokiert, die es tun. Er fragt ihn nach Exempla menschlicher Weisheit, Aristodemus antwortet mit Beispielen aus den Künsten (Homer, Sophokles, Zeuxis). Sokrates interessiert sich nun für die Vorzüge der Geschöpfe der Künstler: Jene, die einem nützlichen Zweck dienen, sind offenbar denen überlegen, die nur das Ergebnis des Zufalls scheinen. Der Qualitäten des Geschöpfes werden also übertragen auf den Schöpfer, im Blick auf den Menschen heißt das: Seine vortreffliche Ausstattung lässt auf eine intelligente Absicht dessen schließen, der ihn gemacht hat. Schnell lenkt Aristodemus ein, die Menschen sähen in der Tat wie das Werk eines weisen und liebenden Schöpfers aus. Von hier ist es nur ein kleiner Schritt bis zur Anerkennung ihrer Pflichten gegenüber der Gottheit. Die Demonstration führt zur Selbstverleugnung dessen, der die Götter leugnete. Am Ende ist Aristodemus stumm, Sokrates gibt selbst die Antwort auf die Fragen, die er gestellt hat. So habe, bemerkt der Autor, Sokrates seine Gefährten vor Unrecht und Unglauben bewahrt, nicht nur in ihren öffentlichen Äußerungen, sondern auch in ihrem Selbstbezug.

Xenophons Memorabile thematisiert Rede, nicht Handlung. Dieses dialogische Präjudiz wird sich wirkungsgeschichtlich in einen Vorrang des Handelns umkehren, eine zentrale Rolle spielen dabei die *Facta et dicta memorabilia* des Valerius Maximus aus dem ersten nachchristlichen Jahrhundert. Es handelt sich dabei um exemplarische Geschichten, die von Valerius unter (politischen, moralphilosophischen, etc.) Leitbegriffen katalogisiert werden, überlieferungswert sind sie wegen ihrer persuasiven Verwendbarkeit. So verschmilzt bei Valerius das Memorabile mit dem Exemplum, sein Selektionskriterium ist die Nähe zum Begriff. Die Geschichten sind *memorabile*, weil sie im schriftgestützten Gedächtnis der Kultur einen systematischen Ort finden. Als Exemplum wird das Memorabile zum Paradigma einer – mit Nietzsche gesprochen – antiquarischen Geschichte, die alles bewahrt, was irgendwann für wie auch immer geartete Zwecke nützlich sein mag. Valerius Maximus hat deswegen viel Tadel auf sich gezogen, bereits Erasmus von Rotterdam nennt ihn einen Esel, Eduard Norden lässt ihn in seiner *Antiken Kunstprosa* „die lange Reihe der durch ihre Unnatur bis zur Verzweiflung unerträglichen Schriftsteller lateinischer Sprache" (Norden 1915, 303) eröffnen. Valerius hält zwar in seiner *Praefatio* fest, es sei ihm um die „facta simul ac dicta memoratu digna" gegangen, allerdings bleibt das normativ besetzte Konzept der *commemoratio* bei ihm und seinen mittelalterlichen Nachfolgern antiquarisch neutralisiert. Das Sammeln der Exempla wird abgeschnitten von aktuellen sozialen Gedenkritualen und politischen Entscheidungszwängen, es archiviert für einen noch unbekannten Gebrauch und muss deshalb seine Relevanzkriterien auf ein offenes Bewahren des Überlieferten umstellen. Das Mittelalter hat die Tradition des Exemplum als Form eines geschichtlichen Gedächtnisses, das im Zeichen der ciceronianischen Formel der *historia magistra vitae* steht, massiv angereichert. Auf dieser Grundlage wird noch im 16. Jahrhundert Jean Bodin, der Theoretiker des neuzeitlichen Staats und seiner Souveränität, in seinem 1572 erschienenen *Methodus ad facilem historiarum cognitionem* (Bodin 1595) historisches Lernen auf das Exemplum fokussieren, weil es die Übersetzung der Erzählung in begriffliche Oppositionen erlaubt, die politische und ethische Entscheidungen orientieren. Die frühneuzeitliche Essayistik legt in ihrer Subversion der kompakten Struktur des Exemplums und in der Neulektüre antiker Texte (Pfeiffer 2015) die Möglichkeiten eines antiexemplarischen Memorabile frei, welche die Literatur seit dem 17. Jahrhundert ausspielen wird. Als kleine Form tritt es nunmehr nicht mehr in der seriellen Form der Memorabilia auf, sondern nistet sich als *singulare tantum* und in der Regel inkognito in anderen Gattungen ein, häufig in narrativen Großformen zwischen Fiktion und Historiographie.

2 Das Memorabile jenseits des Exemplarischen: Zwei Paradigmen

Die Agonie des Sonnenkönigs

Im August 1715 geht es mit Louis XIV. zu Ende. Der Sonnenkönig ist 76 Jahre alt, offiziell regiert er seit 72 Jahren als König von Frankreich. Louis Rouvroy, Duc de Saint-Simon, verfolgt in seinen *Mémoires*, die auf achttausend Seiten die Geschichte des höfischen Absolutismus zwischen 1691 und 1723 schreiben, das Sterben des Herrschers über gut sechzig Seiten, ein Charakterporträt versucht nach dem Tode des Königs ein gültiges Bild für die Nachwelt festzuhalten.[6] Es fällt nicht unbedingt freundlich aus. Der König habe keinen bemerkenswerten Geist besessen, dieses Defizit aber durch ein bemerkenswertes Talent zu mimetischem Lernen und zur Selbstformung kompensiert.[7] Ludwig beherrsche die Kunst, an sich zu feilen und mit der raffinierten Zeichenpraxis seiner Gesten und Worte den Hof von Versailles zu beschäftigen. Deren Interpretation prägt die Interaktionen der höfischen Gesellschaft, deren Mitglieder sich wiederum wechselseitig argwöhnisch beobachten.

Der Herzog von Saint-Simon ist vierzig Jahre alt, als der Sonnenkönig stirbt, an seinen Memoiren wird er bis 1749 schreiben, nachdem er sich 1723, nach dem Tod des Regenten Philippe d'Orléans, vom Versailler Hof zurückziehen muss. Er lebt in den folgenden Jahren in seiner Pariser Stadtwohnung oder auf dem Landgut La Ferté in der Nähe von Chartres. Davor, in den letzten Jahren der Herrschaft Ludwigs hält sich Saint-Simon am Hof in Versailles auf, er ist ein genauer, weil ebenso misstrauischer wie ambitionierter Beobachter der höfischen Gesellschaft – Norbert Elias wird ihn in seinem Buch über die *Höfische Gesellschaft* zum Kronzeugen seiner Beschreibung der Epoche machen. Saint-Simon versteht das Geschäft der höfischen Intrigen und die Verteidigung seiner Interessen. Aber als Autor der *Mémoires* ist er nicht mehr Akteur, sondern Beobachter und Interpret des Geschehens.

Die Darstellung der letzten Wochen des Königs liest sich wie der Bericht eines Augenzeugen. Das war Saint-Simon die meiste Zeit nicht wirklich, er suggeriert eine Nähe zum Machthaber, die über seine höfische Rolle hinausgeht. Faktisch fließen in seine Darstellung Zeugnisse anderer Beobachter ein, insbesondere greift

---

[6] Unterbrochen wird die Erzählung nur durch den Bericht über Saint-Simons erbitterten Kampf mit dem Duc de Noailles, dem er eine diabolische Natur zuschreibt, mit einer „conduite de ténèbres si digne du vrai fils du père du mensonge et du séducteur du genre humain" / einem „finsteren Vorgehen, das dem wahren Sohn des Vaters der Lüge und Verführers des Menschengeschlechts nur allzu würdig war" (Saint-Simon 1985, 439; Übersetzungen aus den Memoiren Saint-Simons vom Vf.). Die Darstellung der Auseinandersetzung, Saint-Simons Unversöhnlichkeit, ja Rachsucht, die Unterwürfigkeit des Duc de Noailles und die Akkomodierungsmanöver der Adels- und Familiengesellschaft eröffnen einen überaus eindringlichen Blick in die Funktionsmechanismen und Interaktionsrituale der höfischen Gesellschaft.

[7] Vgl. Saint-Simon 1985, 469: „Né avec un esprit au-dessous du médiocre, mais un esprit capable de se former, de se limer, de se raffiner, d'emprunter d'autrui sans imitation et sans gêne, il profita infiniment d'avoir toute sa vie vécu avec les personnes du monde qui toutes en avaient le plus [...]." / „Mit einem weniger als mittelmäßigen Geist geboren, aber einem Geist, der fähig war, sich zu bilden, an sich zu feilen, sich zu verfeinern, von anderen ohne Nachahmung und ohne Hemmungen zu übernehmen, war es ihm von unendlichem Nutzen, sein ganzes Leben mit Personen von Welt gelebt zu haben, die alle mehr davon besaßen [...]."

er auf das umfangreiche *Journal* des Marquis de Dangeau zurück, dessen Enkel, der Duc de Luynes, hat es ihm überlassen, er versieht es mit extensiven Anmerkungen und Ergänzungen. Der Herzog Saint-Simon ist umtriebiger Akteur in den Machtspielen des Hofes, der Autor Saint-Simon ist Leser und Beobachter, (Archiv-)Rechercheur und Augenzeuge. So wird das Sterben des Königs, auf das alle warten, zum Gegenstand eines Blicks, der Ereignis und Struktur, das deskriptive Detail und die sich abzeichnenden Verschiebungen des Machtgefüges, gleichermaßen im Auge behält. Saint-Simon interessiert sich für die Details der Krankheit des Königs, von dem mehr und mehr unkontrollierbar werdenden Wundbrand am Bein bis zur finalen Geistesverwirrung; er beobachtet, wie man angesichts der Ratlosigkeit der Hofmediziner schließlich einen *empirique*, einen Quacksalber, zu Rate zieht, und er analysiert einlässlich die Kämpfe um den Zugang zum sterbenden Machthaber, die sich zwischen Adel und Klerus abspielen. Er registriert die Manipulationen an den Dokumenten, vom Kodizill, das dem Testament des Königs angehängt wird, bis zur von Ludwig selbst veranlassten Aktenverbrennung. Saint-Simon notiert penibel die Äußerungen des Königs und verzeichnet detailliert und mit stupendem Distinktionswissen, wer am Hofe durch welche Türen gehen kann, wem sie verschlossen bleiben, wer wie lange an welchen Ort vorgelassen wird und vielleicht gar die Gegenwart des Königs zu einem kurzen Gespräch zu erreichen vermag – um nach dessen Tod mehr politisches Kapital in die Waagschale werfen zu können, angesichts des kindlichen Alters des Dauphin, dem späteren Louis XV., und des absehbaren Interregnums der Régence.

Aber das rastlose Register der Einzelheiten und die den Leser zuweilen überfordernde Semiotik des höfischen Verhaltens ist nicht alles. Einige Male hält der Autor inne, lässt eine Szene sich entfalten, die ihr eigenes Gewicht erhält. Dazu gehört weniger die Stunde, in der Ludwig die Sterbesakramente erhält, weil sie sich im Rahmen eines gesellschaftlich eingebetteten und ritualisierten Sterbens, einer *mort apprivoisée* (Ph. Ariès), bewegt, als vielmehr das Gespräch, das Ludwig mit dem Dauphin führt, und das Saint-Simon ein „spectacle [...] extrêment touchant" (Saint-Simon, 1985, 461) nennt, oder der letzte Tag und die letzte Nacht des Königs, die Saint-Simon abscheulich nennt, weil sie dem Bild des höfisch gerahmten und religiös überhöhten, des rechten Todes, nicht entsprechen. Der Autor lässt das Sterben des Königs zum Memorabile werden. Es ist bezeichnend, dass die Erzählung mit einer Negation einsetzt, das Geschehen entspricht nicht den Erwartungen, die der Vortrag geweckt hat. Natürlich weiß jeder am Hof, dass das Ende unmittelbar bevorsteht, auf den Fluren des Schlosses und in den Appartements des Adels bringt man sich für die anstehende Régence in Stellung. Während des Tages hat Ludwig noch Geistesgegenwart bewiesen, dem Schlosspriester sagt er, es gehe nicht mehr um sein Leben, sondern um sein Seelenheil, dafür möge man beten. Auch den Lapsus, den Dauphin als König anzureden, vermag er noch durch eine kluge Replik auszubügeln. Dann aber nimmt er wieder das Elixier des Quacksalbers ein, stumme Anerkennung, dass die Mittel der Schulmedizin erschöpft sind.[8] Die körperlichen und geistigen Ressourcen kollabieren, der Kopf ist verwirrt, *embarrassée*, während der Untersuchung des vom Wundbrand zerfressenen Beins verliert der König das Bewusstsein. Er verlangt nach Mme de Maintenon, die sich nach Saint-Cyr zurückgezogen hat und schließlich an das Sterbebett zurückkehrt, über ihre Gefühle und ihre Einstellung erfährt der Leser nichts, schließlich verlässt sie wieder Versailles, noch ehe Ludwig, mit dem sie in einer Ehe zur linken Hand verbunden ist, tot ist. Während der König zwischen Apathie und Verwirrung hin und her geworfen ist, legt der Hofstaat Geschäftigkeit an den Tag. Die Diener versehen ihre Pflichten, Ärzte und Priester kommen und gehen und walten ihres Amtes, manchmal, in lichteren Momenten, vermag der König noch der Aufforderung zu gottergebener Frömmigkeit nachzukommen. Natürlich hilft auch das Pockenmittel, das man nun verabreicht, nicht weiter. Angesichts der desolaten Verfassung des Königs spricht man Sterbegebete, das Geräusch bringt den König zu sich, er stimmt ein, seine letzten Äußerungen sprechen Worte des *Ave Maria* und eines Vespergedichtes nach. Die lange Agonie endet erst am folgenden Morgen, Saint-Simon lässt ihnen eine knappe Chronik folgen und teilt die Ergebnisse der Autopsie mit.

Der Autor der *Mémoiren* schreibt aus einem zeitlichen Abstand von etwa zwanzig Jahren. Er kennt das Geschehen nicht aus eigener Anschauung, sondern aus Berichten, mündlichen wie schriftlichen.[9] Die Erzählung indes fingiert Augenzeugenschaft, nirgendwo werden Informationsquellen genannt oder Interpretationen des Geschehens diskutiert. Das Auge, das Saint-Simon in Szene setzt, ist ein kaltes Auge. Es beobachtet ein merk- und denkwürdiges Geschehen, das in irritierender Offenheit präsentiert wird. Die Selektivität der Erzählung ignoriert die Differenz von Privatheit und Öffentlichkeit, sie macht, anders als die Anekdote, kein Geschehen öffentlich, das besser diskret verschwiegen würde, schließlich geht es um den Tod des Königs, aber sie präsentiert auch nicht den gottgefälligen Tod eines Herrschers von Gottes Gnaden. So figuriert sie, was Jolles das Konkrete

---

8 Fagon, der Hofarzt, „en science et en expérience le premier médecin de l'Europe" / „an Wissen und Erfahrung der erste Arzt in Europa" (Saint-Simon 1985, 410), und die anderen hinzugezogenen Ärzte hatten ausdrücklich zugestimmt, dass der König das Mittel gegen den Wundbrand einnimmt, das der Quacksalber, „espèce de manant provençal fort grossier" / „ein höchst grobschlächtiger provenzalischer Flegel", vorschlägt: „Le roi était si mal et les médecins tellement à bout, qu'ils y consentirent sans difficulté en présence de Mme de Maintenon et du duc du Maine" / „Der König war in so schlechter Verfassung und die Ärzte so am Ende, dass sie ohne Schwierigkeit allem zustimmten, in Anwesenheit der Mme de Maintenon und des Herzogs von Maine" (Saint-Simon 1985, 463).
9 Dazu zählen vor allem der Bericht des Marquis de Quincy und das Tagebuch Dangeaus.

nennt. Die Beziehung des Königs zu jener Frau, an die er in seinen letzten Stunden appelliert und die ihn doch wieder verlassen wird, bleibt bei Saint-Simon in einer irritierenden Schwebe.[10] Ausgiebig verharrt die Darstellung bei jenen Details, welche die ratlose Geschäftsmäßigkeit des Betriebs ausstellen, die frommen Worte, die Louis am Ende äußert, stehen unter dem Vorbehalt möglicher Bewusstseinstrübung, sie können ebenso mechanische Wiederholung wie Ausdruck jener exemplarischen Frömmigkeit sein, die man von dem König erwartet und zu der ihn die anwesenden Priester anhalten:

> Le samedi 31 août, la nuit et la journée furent détestables. Il n'y eut que de rares et de courts instants de connaissance. La gangrène avait gagné le genou et toute la cuisse. On lui donna du remède du feu abbé Aignan, que la duchesse du Maine avait envoyé proposer, qui était un excellent remède pour la petite vérole. Les médecins consentaient à tout parce qu'il n'y avait plus d'espérance. Vers onze heures du soir on le trouva si mal qu'on lui dit les prières des agonisants. L'appareil le rappela à lui. Il récita des prières d'une voix si forte, qu'elle se faisait entendre à travers celle du grand nombre d'ecclésiastiques et de tout ce qui était entré. A la fin des prières il reconnut le cardinal de Rohan, et lui dit: „Ce sont là les dernières grâces de l'Eglise." Ce fut le dernier homme à qui il parla. Il répéta plusieurs fois: *Nunc et in hora mortis*, puis dit: „O mon Dieu, venez à mon aide, hâtez-vous de me secourir." Ce furent ses dernières paroles. Toute la nuit fut sans connaissance, et une longue agonie, qui finit le dimanche 1er septembre 1715 à huit heures un quart du matin, trois jours avant qu'il eût soixante-dix-sept ans accomplis, dans la soixante-douzième année de son règne. (Saint-Simon 1985, 468)

> Am Samstag, dem 31. August, waren die Nacht und der Tag abscheulich. Es gab nur seltene und kurze Momente des Bewusstseins. Der Wundbrand hatte das Knie und den ganzen Oberschenkel erreicht. Man gab ihm ein Mittel des verstorbenen Abbé Aignan, welches die Herzogin von Maine empfohlen hatte, es war ein ausgezeichnetes Mittel gegen die Syphilis. Die Ärzte stimmten allem zu, weil es keine Hoffnung mehr gab. Am Abend gegen elf Uhr fand man ihn in so schlechter Verfassung, dass man ihm die Gebete der Sterbenden vorsprach. Die Zeremonie brachte ihn zu Bewusstsein. Er sprach die Gebete mit so lauter Stimme, dass sie die der großen Zahl der Kirchenmänner und aller, die eingetreten waren, übertönte. Am Ende der Gebete erkannte er den Kardinal Rohan und sagte zu ihm: „Das sind nun die letzten Gnadenbezeigungen der Kirche." Es war der letzte Mensch, zu dem er sprach. Er wiederholte mehrfach: *Nunc et in hora mortis*, dann sagte er: „O mein Gott, kommt mir zu Hilfe, beeilt Euch mir beizustehen." Das waren seine letzten Worte. Die ganze Nacht war ohne Bewusstsein und eine lange Agonie, die am Sonntag, dem 1. September 1715, eine Viertelstunde nach Acht am Mor-

---

10 Mme de Maintenon selbst liefert später in einem Brief an die Princesse des Ursins eine orthodoxe Version des Todes, indem sie ein Sehen bemüht, das ihr höchstens metaphorisch zukommt: „J'ai vu mourir le Roi comme un saint et un héros [...]" / „Ich habe den König wie einen Heiligen und einen Helden sterben sehen [...]" (zit. n. Saint-Simon 1985, 1353).

gen, endete, drei Tage, ehe er sein siebenundsiebzigstes Lebensjahr vollendet hätte, im zweiundsiebzigsten Jahr seiner Herrschaft.

Bei Saint-Simon stirbt der König weder als Held noch als Heiliger, als Person ist er kein wie auch immer geartetes Imitabile, aber er endet auch nicht nur als bloße Kreatur, als Gottesgeschöpf, dessen Lebensspanne abgelaufen ist. Die Qualität des Exemplarischen geht ihm entschieden ab, aus seinem Tod ist nichts zu lernen außer der banalen Einsicht, dass medizinische Inkompetenz auch die robusteste Natur ruiniert. Die Krankheit schreitet sichtbar voran. Der Sonnenkönig ist das Objekt ratloser Zuwendungen, Teil ritualisierter Vollzüge und zugleich reflexhaft reagierende Person, deren subjekthafte Autonomie dahin ist. Dieser Spielraum konstituiert das Terrain des Memorabile. Bereits zu Beginn seiner Erzählung vom Sterben des Königs hatte Saint-Simon mit einem exzessiven Gebrauch der Formel vom ‚letzten Mal' die Geschichte des königlichen Handelns abgeschlossen: Am 9. August verfolgt Ludwig zum letzten Mal die Hirsche im Park, am 12. geht er zum letzten Mal eigenständig aus, am 13. empfängt er in seiner letzten *action publique* den persischen Botschafter, am 14. lässt er sich zum letzten Mal zur Messe tragen. Aber die Markierung der letzten Male gehört nicht dem König, sondern dem Erzähler. Nach dem Ende des Handelns legt die Erzählung einen Raum des Geschehens frei, dessen sperrige Konkretion sich zur suggestiven Denkwürdigkeit des Memorabile konfiguriert.

Trauma zwischen Maler und Autor: Gastone Novelli, Claude Simon

Le Jardin des Plantes, 1997 erschienen, ist der letzte große Roman Claude Simons. Noch einmal greift der Autor auf die zentralen Motive seines Œuvres zurück, von der traumatischen Erfahrung des Krieges bis zur leeren Geschwätzigkeit des Literaturbetriebs. Er tut es in heterogenen Textfetzen, deren fragmentarische Splitter im Fortgang des Romans um- und weitergeschrieben werden. Das Weiterschreiben ist dabei in den meisten Fällen ein Wiederschreiben, eine *réécriture* früherer Romane, die kein Zu-Ende-Schreiben kennt. Zwischen der Substanzlosigkeit öffentlicher Diskurse und der Sprachlosigkeit einer verkapselten traumatischen Erfahrung arbeitet ein Textgeschehen, das Erzählformen und Diskursschemata aufruft, um sie durch Negation und Selektion neu zu organisieren. Diese dynamische Intraintertextualität ist jedem Leser von Simons Romanen vertraut, ebenso wie die sukzessive Anreicherung dieses Repertoires. Auch im *Jardin des Plantes* gibt es neues Material, eine zentrale Textserie gruppiert sich um die Figur des italienischen Malers Gastone Novelli (1925–1968), mit dem Simon in den sechziger

Jahren befreundet war.[11] W. G. Sebald wird dieser denkwürdigen Beziehung in seinem Roman *Austerlitz* ein Denkmal setzen. 1962 hatte Simon unter dem Titel „Novelli ou le problème du langage" ein Vorwort für eine New Yorker Ausstellung des Malers geschrieben. 35 Jahre später, im *Jardin des Plantes*, erscheint Novelli bereits in den fragmentarischen Eingangssequenzen des Romans, später werden einzelne Gemälde in knapper Ekphrasis ins Spiel gebracht, aber erst im dritten Teil wird Novelli selbst zum Erzähler einer einschneidenden biographischen Episode, die Simon mit Kommentaren und Hypothesen anreichert. Es ist kein Zufall, dass dieser Teil mit einem Zitat aus Joseph Conrads *Heart of Darkness* eröffnet wird, welches emphatisch die Unmöglichkeit der Kommunikation lebendiger Erfahrung behauptet:

> Non, c'est impossible: il est impossible de communiquer la sensation vivante d'aucune époque donnée de son existence – ce qui fait sa vérité, son sens – sa subtile et pénétrante essence. C'est impossible. Nous vivons comme nous rêvons – seuls.[12]   (Simon 1997, 219)

> Nein, es ist unmöglich: es ist unmöglich, die lebendige Empfindung einer bestimmten Zeit seines Lebens mitzuteilen – das, was ihre Wahrheit, ihren Sinn ausmacht – ihr subtiles und eindringliches Wesen. Es ist unmöglich. Wir leben, wie wir träumen – allein.
> (Simon 1998, 213)

Diese fundamentale Skepsis im Blick auf die Mitteilbarkeit der *sensation vivante* markiert im Roman den *basso continuo* eines immer wieder ausschnitthaft zitierten Interviews Simons mit einem namenlosen Journalisten: „c'était comme si je lui parlais dans une langue inconnue" (Simon 1997, 83) / „es war, als spräche ich in einer unbekannten Sprache mit ihm" (1998, 80). Und sie grundiert auch jene Geschichte, die von Novellis Überleben und seinem Weg in die Kunst, vom Verlust der Sprache und der Erfindung eines neuen ästhetischen Codes, von den Grenzsituationen des Menschen und ihrer Inszenierung in der Kunst, handelt. Dabei korrespondiert der Uneinholbarkeit der eigenen Ge-

---

[11] Novellis früher Tod in einem Mailänder Krankenhaus hat Anlass zu Spekulationen gegeben, zu denen sich auch Simon veranlasst sieht, vgl. Simon 1997, 120–121: „Quelques années plus tard j'ai appris qu'il était mort à l'hôpital de Milan dans des circonstances mal élucidées (on a parlé de médicaments pris en contre-indication après une opération bénigne – quelqu'un a laissé entendre qu'il s'était suicidé)." / „Einige Jahre später habe ich erfahren, daß er unter ungeklärten Umständen im Krankenhaus von Mailand gestorben war (es war die Rede von kontraindiziert eingenommenen Medikamenten nach einer leichten Operation – jemand hat durchblicken lassen, er habe Selbstmord begangen)" (Simon 1998, 116).

[12] Die Stelle lautet im Original: „No, it is impossible; it is impossible to convey the life-sensation of any given epoch of one's existence – that which makes its truth, its meaning – its subtle and penetrating essence. It is impossible. We live, as we dream – alone..." (Conrad 1990, 172).

schichte, die Simons Romane austragen, eine denkwürdige Prägnanz der fremden Episode des Malers, die zum Spiegel eigener Ungreifbarkeit wird. Während Simons Roman die eigene Traumatisierung in einer Nachträglichkeit der Fiktion variiert, die durch Negation Räume des Um- und Wiederschreibens eröffnet, kondensiert Novellis brasilianische Geschichte zum Memorabile eines denkwürdigen Überlebens.

Simon nähert sich dem Freund, der seit fast drei Jahrzehnten tot ist, zunächst von außen, mit (teilweise umstrittenen) biographischen Informationen. Als achtzehnjähriger Widerstandskämpfer wird Novelli verhaftet und in das Konzentrationslager Dachau verschleppt. Über das dort Erlittene habe der Maler nie gesprochen, außer in der knappen Auskunft, nach der Befreiung sei ihm nicht nur der Anblick der Deutschen, sondern überhaupt aller zivilisierten Menschen unerträglich geworden, daher sei er mit dem ersten Schiff nach Südamerika geflohen. Dort habe es ihm die Erfahrung des Konzentrationslagers erlaubt, eine Urwaldexpedition zu überleben, nachdem ihn der indigene Führer ausgeraubt und mit einem kranken Kompagnon zurückgelassen hatte. Von nun an ist die Geschichte zunehmend markiert als Verschriftlichung einer mündlichen Erzählung Novellis, auch der Ort des Erzählens, eine Taverne in Trastevere, wird erwähnt. Novelli, der Überlebende des Konzentrationslagers, der dieses Überleben nie erzählt hat, erzählt nun ein zweites Überleben, das er erzählen kann, weil das stumme erste Überleben das reflektierte zweite Überleben erst möglich gemacht hat.[13]

Eines Tages tritt Novelli aus seinem Zelt und bemerkt, dass das provisorische Lager von einem Zaun aus Pfeilen umgeben ist.[14] Die Urheber der Aktion sind

---

[13] Es gibt eine Szene im Roman, wo Novelli (am Strand) bereit zu sein scheint, über Dachau zu reden, aber durch zwei Frauen, die aus dem Wasser kommen, unterbrochen wird: „[...] brusquement il m'a dit qu'à Dachau on l'avait pendu attaché par les poignets jusqu'à ce qu'il s'évanouisse. Peut-être aurait-il parlé encore mais à ce moment les deux jeunes femmes, la Grecque et l'Espagnole, sont sorties des vagues et sont revenues vers nous en tordant leurs cheveux. [...] Par la suite, il ne m'a jamais reparlé de son arrestation, de la prison, ni de ce qu'il avait subi au camp." (Simon 1997, 120) / „als er auf einmal sagte in Dachau habe man ihn an den Handgelenken aufgehängt bis er in Ohnmacht fiel. Vielleicht hätte er weitergesprochen aber in diesem Augenblick sind die beiden jungen Frauen, die Griechin und die Spanierin, aus den Wellen gestiegen und sich die Haare auswringend zu uns zurückgekommen. [...] Danach hat er mir gegenüber nie wieder seine Verhaftung, das Gefängnis erwähnt und was er im Lager durchgemacht hatte" (Simon 1998, 116).

[14] Vgl. Simon 1997, 237: „sortant donc un matin de la tente et s'immobilisant tout à coup, en train de regarder ce qu'il prit d'abord pour des bâtons plantés verticalement en terre à intervalles réguliers, environ tous les trois mètres [...] comme si (pensa-t-il dans un premier moment) on avait commencé à les enfermer dans une clôture, jusqu'à ce qu'il comprît que c'étaient des flèches. / Et rien d'autre." / „[A]ls er also frühmorgens aus dem Zelt trat und

nirgendwo zu sehen. Nun aber kommt Novelli, wie er selbst sagt, die Erfahrung des Konzentrationslagers zur Hilfe, er ignoriert die Pfeile, verzichtet auf die Jagd, der Gebrauch des Gewehrs könnte missverstanden werden, er fängt Fische, die er auf die Spitzen der Pfeile verteilt. Am nächsten Morgen sind die Fische verschwunden, die Pfeile geblieben. Novelli begreift das als eine *invitation à déguerpir* (Simon 1997, 240; 1998, 232), eine Aufforderung zu verschwinden, der er allerdings wegen seines fiebernden Kompagnons nicht nachkommen kann. So wiederholt er das Ritual der Fische, alles kommt nun darauf an, dass die Objekte als Zeichen friedlicher Absicht verstanden werden und schließlich zu Reziprozität und Verständigung führen. Novelli ist sich der prekären Qualität des semiotischen Angebots bewusst, „les nerfs à vif [...] il jouait sa vie mais apparemment impassible" (Simon 1997, 242) / „mit blankliegenden Nerven, dem Gefühl, sein Leben aufs Spiel zu setzen, aber nach außen hin gleichmütig" (Simon 1998, 233). Erst nach der zehnmaligen Wiederholung der einen Geste werden die aufgespießten Fische als Friedensappell verstanden. Die Pfeile verschwinden, bald werden die Mitglieder des Stamms sichtbar. An die Stelle des Zeichentauschs tritt die Interaktion der Personen, man zelebriert gemeinsame Mahlzeiten, der Erzähler des Romans vermutet erotische Verwicklungen des Malers mit den indigenen Frauen. Novelli wird später zu dem Stamm, dessen Sprache den Linguisten noch unbekannt ist, zurückkehren und ein rudimentäres Wörterbuch anlegen. Der Vokalismus dieser Sprache, die keine Konsonanten zu kennen scheint, findet Eingang in seine Malerei, das gilt vor allem für den in zahllosen Varianten verwendeten Vokal A, der auch Titel eines Gemäldes werden wird.[15]

> [...] une langue pratiquement dépourvue de consonnes et composée presque uniquement de voyelles parmi lesquelles le son A qui, modulé et accentué d'une infinité de façons, ondulant, tantôt grave, tantôt sur une note assez haut placée, tantôt continu, tantôt saccadé, haché, signifiait une incalculable quantité de choses. [...] Plus tard il exécutera ces peintures où se répétera une construction en damiers aux lignes flottantes [...] dans les cases desquels alternent avec des motifs purement géométriques (triangles, losanges, disques, dentelures – ou encore petits damiers noirs et blanc dans le damier), des lettres, des chiffres, des fragments de phrases plus ou moins effacés, de vagues graffiti où l'on parvient parfois à reconnaître confusément des corps, des membres emmêlés, de maladroites silhouettes ithyphalliques, des mamelles. Une fois même il remplira toute la surface de lignes de

---

plötzlich stehenblieb, etwas betrachtend, was er zunächst für Stöcke hielt, in regelmäßigen Abständen, etwa alle drei Meter, rings um ihr Lager senkrecht in die Erde gerammt, [...] als ob (dachte er im ersten Moment) man begonnen hätte, sie hinter einem Zaun einzusperren, bis er begriff, daß es Pfeile waren. / Und sonst nichts" (Simon 1998, 230).

15 Zur Bedeutung des Vokals A für Novelli vgl. auch die Beschreibung eines medizinischen Eingriffs, auf den er nur mit einem langgezogenen Schrei AAAA etc. (Simon 1997, 85–86; 1998, 82) reagiert.

A irrégulièrement tracés [...] les lignes superposées de lettres irrégulières, ondulant comme un cri [...].   (Simon 1997, 243–245)

[...] eine[] Sprache, die praktisch keine Konsonanten besaß und fast nur aus Vokalen bestand, unter denen der Laut A, der, auf unendlich viele Arten moduliert und betont, sich wellend, eine Unzahl [...] verschiedener Dinge bezeichnete. [...] Später malte er jene Bilder, auf denen sich eine schachbrettartige Konstruktion mit schwebenden Linien wiederholte, [...] in deren Feldern sich feine geometrische Motive (Dreiecke, Rauten, Scheiben, Zacken – oder auch kleine schwarz-weiße Schachbretter im Schachbrett) abwechseln mit Buchstaben, Zahlen, mehr oder weniger verwischten Satzfetzen, undeutliche Graffiti, wo man bisweilen dunkel Körper erkennen kann, verschlungene Gliedmaßen, unbeholfene ithyphallische Silhouetten, Brüste. Einmal füllte er sogar die ganze Fläche der Leinwand mit unregelmäßig gezeichneten A aus, [...] in die er [...] die Reihen unregelmäßiger Buchstaben ritzt, wogend wie ein Schrei [...].   (Simon 1998, 236–237)

Simon lässt Novelli eine Geschichte des Überlebens erzählen, das durch ein stumm gebliebenes erstes Überleben möglich wurde. Das Memorabile ist denkwürdig, es treibt die ekphrastisch induzierten Reflexionen des Romans an. Seine Erzählbarkeit gründet in einer Vertrautheit zweier Überlebender, sie erwächst aus einem Gespräch, in dem es um die Darstellbarkeit kryptisch verschlossener Erfahrung geht. Zweifellos dient Novellis Erzählung auch als eine *mise en abyme* der Romanfiktion, als komplementäre Spiegelung der Erfahrung des Autors in der des Malers, vom Trauma des Kriegs bis zur Entdeckung des Schreibens. Zum Memorabile wird die Geschichte Novellis aber durch die Herauslösung aus biographischer Kontinuität und durch die Fokussierung auf die Grenzerfahrung des Überlebens, die in der Wiederholung, welche Sprachlosigkeit in Geschichte verwandelt, erzählbar wird. Novellis zweites Überleben ist denkwürdig aus sich selbst, weil seine Möglichkeit sich einer sprachlos gebliebenen, vorgängigen Situation des Überlebens verdankt und das Wiederfinden von Sprache möglich macht. Zugleich verweist es durch seine semiotische Produktivität auf das erste Überleben, ohne es durch das Erzählen einzuholen.

3 Gedächtnis und Kommunikation

Der Gattungsname ‚Memorabile' hat sich kaum durchgesetzt. Die Verbindung zwischen den antiken Textformen des Merk- und Denkwürdigen und jenen modernen Reprisen zwischen Historie und Fiktion, die einen Ort im kulturellen Gedächtnis beanspruchen und doch stets auf die konkreten Umstände ihres historischen Augenblicks verweisen, scheint fragil, der Weg von den Memorabilia zum Memorabile unwegsam. Es ist indes auffällig, dass das Memorabile im Ensemble der kleinen kommunikativen Formen insofern eine Sonderstellung einnimmt, als sein Name gerade nicht auf Kommunikation, sondern auf Speicherung und Verarbeitung im Gedächtnis zielt. Diese Differenz wird noch einmal virulent, wenn das Gedächtnis nicht mehr von seiner rhetorischen Funktion her gedacht wird. Die in der Rhetorik selbstverständliche Kopplung von Gedächtnistopoi und kommunikativer Performanz ist für die neuzeitlichen Formen des Memorabile suspendiert. Letzteres situiert sich auf der einen Seite der Systemdifferenz von Gedächtnis (Psyche) und Kommunikation (Gesellschaft). Die Differenz wird deutlich, wenn man auf konkurrierende Gattungen blickt, deren Namen bereits die kommunikative Funktion bezeichnen. Die Legende ist das zu Lesende, ihr Inhalt präsentiert eine Gestalt, die Nachahmung fordert. Die Novelle hat es mit dem Neuen, gar mit einer ‚unerhörten Begebenheit' zu tun, von ihren Anfängen, etwa bei Boccaccio, erscheint sie im kommunikativen Rahmen der Geselligkeit einer *brigata*, die sich mit dem Erzählen die Zeit vertreibt, Nützliches und Unterhaltendes verbindend. Die Anekdote schließlich handelt vom Unveröffentlichten, ‚Noch-nicht-Herausgegebenen'; indem sie ein charakteristisches, unterhaltsames biographisches Ereignis erzählt, spielt sie, als indiskretes Genre par excellence, mit der Schwelle von Privatheit und Öffentlichkeit.

In dieser Situation ist das Memorabile zu einem Genre der Selbstirritation geworden. In der Darstellung des Ereignisses, ob es um Merkwürdigkeiten der Geschichte oder Schwellensituationen der Biographie geht, operiert es mit semantischen und referentiellen Widerständen, diskursiven Asymmetrien und quereinschießenden Details, die kommunikative Einsinnigkeit und umstandslose Pragmatisierung verhindern. Die Heterogenität dieser Differenzen erschwert die gattungstypologische Merkmalsanalyse. Sie blockiert zugleich jene rubrizierende Speicherung im Gedächtnis, welche das Exemplum und teilweise auch den Kasus auszeichnet. Das Memorabile der neuzeitlichen Literatur irritiert das Gedächtnis, in ihr ist das Merkwürdige stets ein Denkwürdiges. Insofern es heterogene Semantiken inszeniert, widersetzt es sich dem Transfer vom kommunikativen ins kulturelle Gedächtnis, es löckt wider den Stachel seiner Stillstellung. Das unterscheidet das Memorabile auch von jenen modernen Mediengenres wie dem *fait divers*, dessen Überraschungs- und Neuigkeitswert an dem berichteten Ereignis hängt, das indes in seiner ornamentlosen Linearität auf folgenlose Konsumierbarkeit setzt – es sei denn, es finden sich, wie im Roman des 19. Jahrhunderts, Autoren, denen der *fait divers* zum Memorabile wird, das die Abarbeitung in der Romanform provoziert. Als Genre ohne Gattungspoetik und Erwartungshorizont wird das Memorabile zu einer Inszenierungsform kognitiver Differenz, es spielt mit der Hierarchisierung und der Dissonanz seiner Repertoireelemente. Diese mehrfach codierte Selektivität irritiert Wissensdiskurse und das narrative *emplotment* von Historiographie und Fiktion gleichermaßen.

Literaturverzeichnis

Art. „mémorable". *Grand Larousse de la langue française en sept volumes. Tome quatrième IND–NY*. Hg. Louis Gilbert, René Lagane und Georges Niobey. Paris: Larousse, 1989. 3231.

Art. „mémorandum". *Grand Larousse de la langue française en sept volumes. Tome quatrième IND–NY*. Hg. Louis Gilbert, René Lagane und Georges Niobey. Paris: Larousse, 1989. 3231.

Art. „mémorial". *Grand Larousse de la langue française en sept volumes. Tome quatrième IND–NY*. Hg. Louis Gilbert, René Lagane und Georges Niobey. Paris: Larousse, 1989. 3231.

Art. „memorable". *Oxford English Dictionary* [OED]. https://www.oed.com/view/Entry/116339?redirectedFrom=memorable (13.04.2020).

Art. „memorabilia". *Oxford English Dictionary* [OED]. https://www.oed.com/view/Entry/116337#eid37223010 (13.04.2020).

Bodin, Jean. *Methodus ad facilem historiarum cognitionem*. Genf: Stoer, 1595.

Conrad, Joseph. *Heart of Darkness and Other Tales*. Hg. Cedric Watts. Oxford: Oxford University Press, 1990.

Jauß, Hans-Robert. *Ästhetische Erfahrung und literarische Hermeneutik*. Frankfurt am Main: Suhrkamp, 1982.

Jolles, André. *Einfache Formen* [1930]. Tübingen: Niemeyer, 1968.

Moos, Peter von. *Gesellschaft als Topik: Das rhetorische Exemplum von der Antike zur Neuzeit und die historiae im ‚Policraticus' Johanns von Salisbury*. Hildesheim: Olms, 1988.

Neuber, Wolfgang. Art. „Memoria". *Reallexikon der deutschen Literaturwissenschaft. Neubearbeitung des Reallexikons der deutschen Literaturgeschichte*. Hg. Georg Braungart, Harald Fricke, Klaus Grubmüller, Jan-Dirk Müller, Friedrich Vollhardt und Klaus Weimar. 3 Bde. Bd. 2: H – O. Stuttgart und Weimar: Metzler, 2007. 562–566.

Norden, Eduard. *Die antike Kunstprosa: Vom VI. Jahrhundert v. Chr. bis in die Zeit der Renaissance*. Leipzig: Teubner, 1915.

Pfeiffer, Helmut. „Römerinnen". *Rom rückwärts*. Hg. Judith Kasper und Cornelia Wild. München: Fink, 2015. 143–151.

Saint-Simon. *Mémoires*. Hg. Yves Coirault. 8 Bde. Paris: Gallimard, 1983–1988. Bd. 5: *Mémoires (1714–1716)*. Paris: Gallimard, 1985.

Simon, Claude. *Le Jardin des Plantes*. Paris: Les Éditions de Minuit, 1997.

Simon, Claude. *Jardin des Plantes*. Aus dem Französischen übers. v. Eva Moldenhauer. Köln: Dumont, 1998.

Valerius Maximus. *Facta et dicta memorabilia*. Hg. Ursula Blank-Sangmeister. Ditzingen: Reclam, 1991.

Xenophon. *Memorabilia. Oeconomicus. Symposion. Apology*. Cambridge, MA: Harvard University Press, 1923.

Marie Czarnikow
Umpragmatisierung durch Verkleinerung: Die Genese des *Kriegstagebuchs zu dem Weltkriege 1914*

Am 29. Mai 1915 schaltete der Oskar Eulitz Verlag in der Lehrerzeitschrift *Pädagogische Woche* eine Annonce für seine neueste Kriegspublikation:

> **Für den Lehrer jetzt unentbehrlich!**
> Kriegs-Tagebuch
> zu dem Weltkriege.
> In vornehme dauerhafte Leinendecke mit 4 farbigem Aufdruck gebunden.
> 264 Seiten auf Kanzlei-Schreibpapier mit anhängender Dokumententasche. Buchformat 28: 21 cm. Preis 3 Mark.
> Ein Buch, dessen Wert als Kriegschronik ein unvergänglicher bleiben wird. Jeder, der jetzt ein solches Kriegstagebuch führt, schafft sich dadurch
> für spätere Zeiten ein wertvolles Dokument!
> **Zahlreiche Schulen und Lehrer haben dieses Buch bereits angeschafft.** – Prospekt gratis –[1]

Als dieser Vordruck erschien,[2] den der Verlag als „Kriegs-Tagebuch" annoncierte, dauerte der Erste Weltkrieg bereits zehn Monate an – und seine existentiellen Folgen treten den Adressaten aus dem Satz der Zeitungsseite selbst entgegen. Über der Verlagsannonce stehen Todesanzeigen gefallener Lehrer, die einen starken Kontrast bilden zum Appell, „*jetzt* ein solches Kriegstagebuch [...] für spätere Zeiten"[3] zu führen. Der Vordruck trägt ein dokumentarisches Versprechen in sich: Er kann sowohl Dokumente aufnehmen als auch selbst zum „wertvolle[n] Dokument" werden.[4]

Tatsächlich erscheint dieser Vordruck recht spät – wurde der Erste Weltkrieg doch vom ersten Kriegstag an in zahlreichen Formen, seien es Kriegssammlungen, Chroniken oder eben auch (Kriegs-)Tagebüchern, dokumentierend begleitet. Für die Prominenz speziell der Tagebücher spricht der Einsatz der Schreibwarenindustrie,

---

1 *Pädagogische Woche*, 29.05.1915, 179. In einer späteren Ausgabe wird der Tagebuchvordruck in der Rubrik „Kriegsliteratur" rezensiert. Vgl. *Pädagogische Woche*, 18.09.1915, 294.
2 *Kriegstagebuch zu dem Weltkriege* 1914. Lissa i. P. 1915.
3 *Pädagogische Woche*, 29.05.1915, 179, Kursivierung M.C.
4 Vgl. zu Vordrucken (*Blank Books*) als Mikrogenres, denen die Dokumentwerdung materialiter eingeschrieben ist Gitelman 2014, 23.

https://doi.org/10.1515/9783110612394-009

Abb. 1: Annonce des Oskar Eulitz Verlages in der *Pädagogischen Woche*.

die bereits kurz nach Kriegsbeginn zahlreiche eigens für die Dokumentation des Krieges konzipierte Tagebuchvordrucke herausbrachte: sogenannte Kriegsmerkhefte, Kriegs-Taschen-Notizbücher oder Kriegskalender mit integrierten

Tagebuchseiten.[5] Der Vordruck des Oskar Eulitz Verlages reiht sich in diese dezentrale Bewegung ein, die das private Tagebuchschreiben über den Krieg fördert, und kommt doch eigentümlich spät. Darauf deutet nicht zuletzt die Spannung zwischen der Rhetorik der Knappheit der Vordrucke in der Annonce und dem Hinweis auf die bereits starke Verbreitung des Tagebuchschreibens an den Schulen hin.

Die Rahmung der Annonce mit Todesanzeigen lässt das Tagebuchschreiben in Kriegszeiten zudem als Pflichtaufgabe für die Menschen an der sogenannten Heimatfront erscheinen. Letzteres hebt diesen Vordruck auch von vielen weiteren ab, die nicht zwischen dem Schreiben an den Fronten oder in der Heimat differenzieren. Das *Kriegstagebuch zu dem Weltkriege* richtet sich hingegen dezidiert an Schulen und Lehrer, was in der programmatischen Ausrichtung des Oskar Eulitz Verlages begründet liegen mag, der bis dato vor allem Ratgeberliteratur für Pädagogen und Kriegsliteratur veröffentlicht hat.[6] Obgleich der Verlag in der Kleinstadt Lissa in Posen ansässig ist, zielt der Vordruck auf das gesamte Kaiserreich und lässt sich gleichsam an dessen West-Ost-Ausdehnung nachweisen: Die Anzeige erscheint in der *Pädagogischen Woche* mit Sitz in Bochum in Westfalen, ein Exemplar wird in die Kriegssammlung der Königlichen Bibliothek Berlin aufgenommen, ein anderes findet schließlich Verwendung als Kriegstagebuch der Königlichen Präparandenanstalt in Rastenburg, einer Garnisonsstadt in Ostpreußen unweit der Ostfront.

Das *Kriegstagebuch zu dem Weltkriege 1914* des Oskar Eulitz Verlages ist damit ein paradigmatisches Beispiel für die neuen Entwicklungen des Kriegstagebuchschreibens im Ersten Weltkrieg: Es erklärt die Heimatfront, und dort insbesondere die Schulen, zum Schreibort, und gibt ihnen gleichzeitig ein Instrument der Schreibförderung an die Hand. Auch hinsichtlich der *Benutzung*, das soll im Folgenden anhand des Beispiels aus Rastenburg gezeigt werden, lassen sich an ihm typische Praktiken des Kriegstagebuchschreibens – verschiedene Verfahren der Verkleinerung – nachweisen.[7]

---

[5] Verschiedene Tagebuchvordrucke finden sich im Bestand des Deutschen Tagebucharchivs Emmendingen. Vgl. außerdem *Kriegstagebuch 1914/15 für___. Was ich sah und erlebte.* München 1914/15.
[6] Vgl. bspw. *Deutschland, Deutschland über alles! Stoffe zur Feier des Gedenktages*, herausgegeben von Oskar Leschhorn, 1913; Buchreihe *Patriotische Festspiele für Mädchenschulen*, wahrscheinlich 1914; *Die Weihnachtsfeier in Schule und Kirche*, wahrscheinlich 1914; *Tannenberg. 1914 und 1410*, wahrscheinlich 1915.
[7] Die Behandlung dieses paradigmatischen Tagebuchvordrucks steht im Kontext meiner im Graduiertenkolleg „Literatur- und Wissensgeschichte kleiner Formen" entstehenden Dissertation, in der ich Gebrauchsroutinen und Schreibpraktiken von Kriegstagebüchern im Ersten Weltkrieg im Rahmen einer Privathistoriographie untersuche.

Am 26. August 1915 füllt der Direktor der preußischen Präparandenanstalt, einer Ausbildungsanstalt für Volksschullehrer in Rastenburg, das formularartige Feld auf der ersten Seite aus und beginnt damit das Kriegstagebuch der Schule zu schreiben.[8] Bereits am 17. Dezember 1914 hatte sich Kultusminister August von Trott zu Solz an die königlichen Provinzialschulkollegien in Preußen mit der Bitte gewandt, alle Anstaltsleiter zu instruieren, dass sie für die Aufarbeitung des Krieges im Frieden „eine zusammenhängende Schilderung der Verhältnisse an den öffentlichen höheren Lehranstalten während des Krieges sowie von Kriegserlebnissen der Angehörigen der höheren Schulen" an den Schulen selbst sammeln und an das Ministerium senden sollten.[9] Möglicherweise erhielt auch der Schuldirektor Basarke diese Aufforderung. Mit dem Schreiben begann er jedoch erst nach Erwerb des Vordrucks, der in diesem Sinne als Schreibgenerator gelten kann.

Abb. 2: Das Kriegstagebuch der Präparandenanstalt in Rastenburg.

---

8 Das Tagebuch befindet sich heute im Geheimen Staatsarchiv Berlin, Signatur: Kriegstagebuch der Anstalt zum Weltkrieg, GStA 1. HA Rep. 76 Nr. 13402. Die Seitenangaben beziehen sich auf den Vordruck, nicht auf die vom Archiv eingefügten, gestempelten Blattangaben.
9 *Die Sammlung von Briefen und Tagebüchern aus deutschen Kriegszeiten.* Geheimes Staatsarchiv Berlin, 1. HA Rep. 76 Vd Sekt. 31 Nr. 77 Bd. 1, Blatt 199–199r.

Es spricht einiges dafür, dass das *Kriegstagebuch zu dem Weltkriege* die Schreibhürde senken möchte. So folgt auf die erste Formularseite ein Vorwort des Verlags, das dessen Aufbau und Funktion erklärt: Der so bezeichnete „Entwurf zu einem Kriegstagebuche" möchte eine „bescheidene Hilfeleistung für die Eintragungen" sein, und – trotz des Formularcharakters – den „Schreiber [... nicht] beengen". Die Gruppierung in drei Abschnitte diene nur der „Bequemlichkeit": In Teil 1 sollen die Ereignisse an der Front in Zeittafeln eingetragen werden, Teil 2 bietet Platz für „die heimatlichen Geschehnisse" in chronologischer Folge und all das, was die „Zeitfolge" stört. „[D]ie neuen Kriegs- und Vaterlandsgesänge, Soldatenbriefe, Berichte aus dem Felde, Zeitungsausschnitte, Erzählungen und Anekdoten, Zeugnisse von Edelmut bei Freund und Feind, Kriegsgreuel" sollen in den dritten Teil, die Sammlung, einfließen. Der dritte Teil hebt sich auch in der Materialität von den vorhergehenden Teilen ab, denn in ihn soll „Gedrucktes [...] sauber eingeklebt werden."[10] Über die vorgegebene Formatierung schreibt sich dieses Kriegstagebuch auch in eine breitere Dokumentationsgeschichte des Krieges in Tagebuchform ein. Seit der Mitte des 19. Jahrhunderts gilt es in jedem Armeeregiment ein protokollartiges Kriegstagebuch zu führen, dessen Form per Bestimmung definiert wird: So sollen in Aktenform beispielsweise Standortwechsel, Witterungsverhältnisse und die Aufgaben des einzelnen Regiments innerhalb großer Einheiten entweder tageweise oder in Ruhephasen notiert werden; eine Abschrift der Aufzeichnungen soll anschließend dem Generalkommando und schließlich dem Kriegs-Archiv der Armee übergeben werden.[11] Im Ersten Weltkrieg werden diese Bestimmungen überarbeitet und schreiben nun das Schreiben in einer stärker vorformatierten, tabellenartigen Form vor (Otto 1925), die wir auch in diesem für die Heimatfront konzipierten Beispiel finden.

Obgleich der Verlag nur von einer „bescheidene[n] Hilfeleistung" spricht, wird deutlich, dass zum Schreiben aktiv aufgefordert wird und die Leerstellen geradezu zum Ausfüllen einladen – davon zeugt auch das bereits angelegte Inhaltsverzeichnis. Die Schreibarbeit wird formatiert, prozessiert und uniformiert, und Formalisierungsprozesse werden dadurch geradezu paradigmatisch gesteuert (Vismann 2001, 161). Dies lassen zumindest die Konzeption und Programmatik des Kriegstagebuchs vermuten, der der Schuldirektor zunächst ganz offensichtlich folgt. Als er im August 1915, mithin mehr als ein Jahr nach Kriegsbeginn zu schreiben beginnt, thematisiert sein erster Eintrag – ganz wie es das Vorwort empfiehlt – die Ermordung des österreichischen Thronfolgers Franz

---

10 *Kriegstagebuch zu dem Weltkriege* 1914, Vorwort o. S.
11 Vgl. *Bestimmung über Führung von Kriegstagebüchern durch höhere Truppenbefehlshaber und Truppenteile vom 22. April 1850*, Geheimes Staatsarchiv Berlin, IV. HA, Rep. 16, Nr. 44.

Ferdinand, von der Schüler und Lehrer während eines Schulausflugs aus der Zeitung erfuhren. Es folgen Berichte über die Einquartierung von Soldaten in Rastenburg, die Kriegsumstellung des Unterrichts und immer wieder Erwähnungen der sogenannten Liebesgabensammlung. In diesem Sinne handelt es sich rein thematisch um ein typisches Kriegstagebuch der Zeit. Dabei stellt sich die Frage, ob wir es statt mit einem Tagebuchautor nicht eher mit einem „Benutzer" oder „Lückenfüller" zu tun haben,[12] der mit gängigen Annahmen über das Tagebuchschreiben bricht, wie etwa der Subjektivität und freien Themenwahl, aber auch dem freien und wenig formatierten Schreiben, und stattdessen auf eine andere mediale Genealogie als das private Tagebuch verweist.

Auf den ersten Blick präsentiert sich dieses Tagebuch als große Form: Es handelt sich um ein stabiles Buch im Format A4, das mit 264 Seiten hochwertigen Papiers eine stattliche Dicke erreicht. Verfahren der Verkleinerung, so die im Folgenden zu belegende These, sind jedoch grundlegend für die dokumentarischen Praktiken im Tagebuch sowie für seine Gattungskonstitution. Dies soll mithilfe eines praxeologischen Ansatzes gezeigt werden: In drei Schritten wird erläutert, welche Verfahren der Verkleinerung zum Einsatz kommen, wie sich diese zu den medialen Genealogien und zur Form dieses Kriegstagebuchs verhalten und welche Spannungen aus der Akkumulation von Materialien und Verfahren der Verkleinerung im Tagebuch hervorgehen. Wie das Kleine *klein* und das Kleine *Form* wird, steht mithin im Zentrum dieses Aufsatzes.

1 Verfahren der Verkleinerung des Kriegsgeschehens im Tagebuch

Das Tagebuch wird an der Heimatfront geführt und stellt damit die Frage nach der Kriegswahrnehmung per se. Es liegt nahe, an dieser Stelle noch einmal die Programmatik des Vordrucks hinzuzuziehen, die eine zeittypische Gegenüberstellung der ‚Größe' der historischen Ereignisse und der Involvierung jedes Einzelnen in diesen Krieg vornimmt. Die „tausend und aber tausend Zeichen unserer Zeit" sollen von dem je „eignen Lebenskreise aus gesehen" im Kriegstagebuch gesammelt werden, denn so schlage dieses „die Brücke zwischen den Großtaten des Volkes und den Ereignissen um den heimatlichen Herd".[13] Die subjektive Perspektive auf das Kriegsgeschehen über die Auswahl eines kleinen

---

12 Zum Zusammenhang von Vordrucken, Autorschaft und ‚Nutzern' Gitelman 2014, 25, 31.
13 *Kriegstagebuch zu dem Weltkriege* 1914, Vorwort, o. S.

Elements aus dem großen Ganzen wird auf diese Weise stark aufgewertet. Ein Tagebuchvordruck gewinnt seinen Reiz schließlich nicht nur durch die geringe Hürde, überhaupt zu schreiben, sondern durch den Vorschlag, das Unfassbare, Ungeheuerliche, Gigantomanische, ja ‚das Große' des Krieges in ein handliches und überschaubares Format zu bringen.

Dies spiegelt sich auch auf der Ebene der dokumentarischen Praktiken wider, im Wechselspiel aus Akkumulation und Verkleinerung. Beim Verfassen seines Kriegstagebuchs nutzt der Schuldirektor seine Zeitungssammlung aus den ersten Kriegsmonaten, die Blätter der *Rastenburger*, *Marienburger* und *Königsberger Allgemeinen* sowie diverse Extrablätter enthält. Von manchen Tagen sind Blätter aus verschiedenen Zeitungen erhalten, die für deren Bedeutsamkeit sprechen, aber auch einen Vergleich der Berichterstattung ermöglichen. Insofern ist zunächst eine Anhäufung von Materialien zu beobachten, die dem Tagebuchschreiben vorausgeht. Im Prozess des Tagebuchschreibens werden diese Zeitungsblätter sortiert und verschiedenen Verfahren der Verkleinerung unterzogen.

In einem ersten Schritt unternimmt Basarke eine Auswahl relevanter Artikel aus dem Zeitungsstapel. Umfasst die Sammlung der diversen Artikel viele Ereignisse der ‚großen Kriegsgeschichte' – etwa Extrablätter mit den Kriegserklärungen –, so selektiert Basarke für das Tagebuch vorwiegend solche Zeitungsartikel, die einen konkreten Bezug zur Präparandenanstalt oder zumindest zur Stadt Rastenburg aufweisen. Die nahe der Ostfront gelegene Kleinstadt erlebt den Durchzug und die Einquartierung deutscher Truppen, die Einberufung von Lehrern und Schülern und die Eroberung der Stadt durch russische Soldaten.

Ist ein inhaltlich relevanter Zeitungsartikel für das Tagebuch ausgewählt, kann dieser in den eigenen Text aufgenommen werden. Dies verdeutlicht ein Eintrag über die Augusttage des Jahres 1914. Nach den Unruhen der ersten Kriegstage, an denen der Unterricht ausfiel und Soldaten in der Präparandenanstalt untergebracht waren, kehrt am 10. August Normalität in die Schule zurück. Dazu notiert der Schuldirektor:

> Nach gründlicher Säuberung der Anstalt, die sehr notwendig gewesen war, konnte der planmäßige Unterricht in den Klassenräumen am 10. August wieder einsetzen.
> Die Schüler fanden sich allmählich ziemlich vollzählig wieder ein. Wenn auch verschiedentlich Tartarengerüchte durch die Flüchtlingszüge, die von Mitte August unsere Route durchzogen, über die Grausamkeiten beim Vorrücken der Russen verbreitet wurden, so konnte doch im allgemeinen die Ruhe unter den Schülern gewahrt werden. Erst als während der Sonnenfinsternis am 21.8. ein besorgter Vater aus Schippenbeil erschien u. energisch die Beurlaubung seines Sohnes verlangte, weil er mit seiner Familie flüchten müsste, wurde die allgemeine Unruhe stärker. Am Sonnabend, den 22.8. früh, war die Post geschlossen, nur dringende Telegramme wurden noch angenommen, ohne jedoch, wie sich später herausstellte, weitergeleitet werden zu können.

Die Zustände der 3. Augustwoche schildert treffend u. wahrheitsgetreu ein Bericht der „Rastenburger Zeitung" vom 22.8.15; ich lasse ihn im Auszug daher hier folgen:
„Rastenburg, als hinter dem befestigen Klassenplatz Lötzen gelegen, war bald nach Beginn des Krieges das Ziel eines großen Teils der Flüchtlinge aus den ost- und südöstlichen Grenzbezirken. Schon vor der Besatzung Lyks durch die Russen am 19. August suchten masurische Flüchtlinge in unserer Stadt Zuflucht. [...]"[14]

Der Beschreibung der Wiederaufnahme des Unterrichts folgt die Abschrift eines Berichts aus der Rastenburger Zeitung, und zwar „im Auszug" – es wird also eine Selektion vorgenommen und diese als solche ausgewiesen. Die Konturen des Verkleinerten werden dabei offen ausgestellt: durch die Quellenangabe des Zeitungsartikels, die Ankündigung als Auszug und die Verwendung von An- und Ausführungszeichen, also die Markierung als wortwörtliches Zitat. Der dokumentarische Anspruch des Schuldirektors tritt hier klar hervor: Die Reproduktion des Zeitungsauszugs bestätigt dessen Dokumentcharakter (Gitelmann 2014, 1), genau wie sie den dokumentarischen Wert des Tagebuchs erhöht. Spezifisch dokumentarisch wird diese Darstellungsform, indem das Signifikante ausgewählt und hervorgehoben wird, sie damit mehr als eine bloße Aufzeichnung des Geschehens ist (Wöhrer 2015, 22).

Dabei bricht die handschriftliche Abschrift – so könnte man etwa in der Tradition des Exzerpts interpretieren (Décultot 2014, 33–34) – mit der typographischen Anonymität der Massenware Zeitung. Die Zeitungsseite selbst, Grundlage für den nun verarbeiteten, integrierten Artikel, wandert vermutlich in den Papierkorb. Zumindest befindet sie sich nicht mehr unter dem gesammelten Material und hat dadurch nicht nur das Kleiner-Werden des Eintrags, sondern auch das Leichterwerden des Tagebuchs zur Folge.

Häufiger als ausgewählte Auszüge aus Zeitungsartikeln abzuschreiben, greift der Direktor zu Schere und Leim, um mittels der Operationen Schneiden und Kleben ausgewählte Ausschnitte ins Tagebuch aufzunehmen. Die Selektion folgt dabei nicht nur inhaltlichen Kriterien, sondern auch der Beschaffenheit des Materials. Die gesammelten Extrablätter im A4-Format werden nicht gefaltet eingelegt oder eingeklebt. Ins Tagebuch aufgenommen werden vielmehr Zeitungsausschnitte von berichtenden Artikeln, die mit dem Schreibstil des Lehrers korrespondieren.

---

14 *Kriegstagebuch der Anstalt zum Weltkrieg*, 18–22 (meine Hervorhebung, M.C.).

Als am 6. September 1914 hoher Besuch die Stadt Rastenburg beehrt, gibt dies den Anlass für einen neuen Eintrag im Kriegstagebuch. Der Schuldirektor schreibt:

> Sonntag, den 6. September, rückte eine Division in die Stadt ein, der Prinz Joachim als Ordonnanzoffizier zugeteilt war. Es war ein fesselndes militärisches Bild und stand im wohltuenden Gegensatz zu dem gerade vor einer Weile erfolgten Durchzug russischer Heeresteile. Singend zogen die Feldgrauen aller Waffengattungen an uns vorüber. Bagagen, Munitions- u. Proviantkolonnen, Pontons und Feldküchen in wechselnden Reihen. Unter den Fahrzeugen bemerkte man viele den Russen in der Schlacht bei Tannenberg abgenommene Bagagewagen u. zweirädrige Feldküchen die besonderes Interesse erregten. Auch ein Park von Automobilen befand sich in dem Train der Division. In Rasthöhe wurde eine Funkerstation eingerichtet u. längs den Straßen Leitungen gelegt. Vorbereitungen zur kommenden Schlacht waren in vollstem Zuge. Der Kaisersohn, dem von der Bevölkerung manche Ovationen bereitet wurden, schrieb in der Küßnerschen Konditorei das Telegramm des Großen Hauptquartiers nieder, das die Erfolge der Kluckschen Armee vor Paris und die Erhöhung der Tannenberg-Beute auf 90 000 Gefangene meldete.[15]

Die Lektüre des Tageseintrags erfolgt in dem Bewusstsein, dass es sich um einen selbst verfassten Eintrag handelt, eine eindrückliche Beobachtung des Durchzugs der Armee in Richtung Front in Form eines Kriegspanoramas, das durchaus den im Vorwort formulierten „tausend Eindrücken der Zeit" entsprechen möchte. Auf der nächsten Seite wird jedoch deutlich, dass der handschriftliche Text direkt in den Zeitungsartikel übergeht – und zwar mitten im Wort. Zwischen dem handschriftlichen Eintrag und dem Zeitungsausschnitt entsteht eine Naht, welche die Konturen des Verkleinerten offen ausstellt. Der Artikel wurde zurechtgeschnitten oder war auf die Vorder- und Rückseite der Zeitung gedruckt, so dass ein Teil abgeschrieben werden musste. Wir können nicht nachvollziehen, wo die eigene Formulierung aufhört und die Abschrift des Zeitungsausschnitts einsetzt.

Zweierlei wird an der Montage des Zuschnitts deutlich: Zum einen wird auch dieser Ausschnitt als Dokument ausgestellt, allerdings nicht, indem die Zeitungsausgabe als Quelle angegeben wird, sondern indem der Ausschnitt über den Zeitungssatz auf seine Quelle verweist (Garvey 2013, 21). Zugleich greift hier die von Lisa Gitelman so bezeichnete „know-show function" des Dokuments: Dokumentation ist eine epistemische Praxis, die ihre Kraft im Zeigen – in der Darstellung – gewinnt (Gitelman 2014, 1). Zum anderen stellt die Transposition des Ausschnitts dar, wie Verkleinerung und Vergrößerung miteinander interagieren: Der Ausschnitt, „das mit Rand versehene Unabgeschlossene schlechthin" (te Heesen 2006, 60), lädt offenbar zum Ergänzen eigenen Texts ein. Er führt damit direkt zur Transposition des Verkleinerten in einen neuen Kontext und in ein anderes Medium. Es handelt sich bei diesem Kriegstagebuch eben nicht um ein *Scrapbook*,

---

[15] *Kriegstagebuch der Anstalt zum Weltkrieg*, 51–52 (meine Hervorhebungen, M.C.).

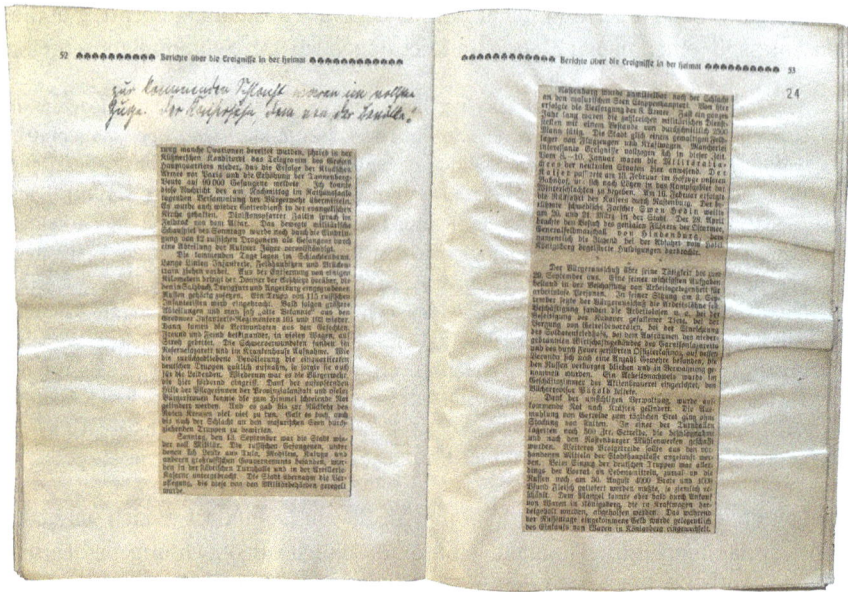

Abb. 3: Abschrift und Montage im Kriegstagebuch aus Rastenburg.

in dem vorwiegend durch Kleben arrangiert wird (Garvey 2013, Kap. 3), sondern es wird mithilfe der verkleinerten Textbausteine ein eigener Eintrag verfasst.

Der Stil der berichtenden Artikel korrespondiert – im Gegensatz zu stichwortartigen Extrablättern, die nur in die Sammeltasche eingelegt werden – mit dem Schreibstil des Schuldirektors und fügt sich in sein Tagebuch ein. Darüber hinaus tritt hier auch die Verwandtschaft von Tagebuch und Zeitung vor Augen: Die Transposition des Zeitungsausschnitts dient nicht nur dem Zitieren von Informationen über den Krieg, sondern auch der Imitation des Formats Zeitung durch das Tagebuch (Oesterle 2008, 102). Es stellt sich daran anschließend die Frage, ob das Kriegstagebuch mehr ist als eine Abschrift und Montage von Zeitungsauszügen und -ausschnitten. Der chronikale Stil legt zumindest nahe, dass die Artikel häufig Grundlage für Einträge sind, ohne dass sie als solche ausgewiesen werden. Eine dezidierte Bewertung des Kriegsgeschehens, die Ausstellung widersprüchlicher Zeitungsmeldungen oder einen emotionalen Zugang zur Kriegsverarbeitung findet man in diesem Tagebuch hingegen nicht. Basarke nimmt sich die Zeitung als Vorbild und kleidet sich in die Rolle des nüchternen Chronisten.

Die Transposition zuvor selektierter Artikel bedient sich verschiedener Praktiken – des Abschreibens auf der einen, des Ausschneidens und Einklebens auf der anderen Seite – mit je verschiedenen Konsequenzen für die Verkleinerung des ausgewählten Materials. Über die Abschrift werden die Artikel nicht kleiner, sondern durch die Handschrift größer. Vielleicht ist dies auch ein Grund dafür, dass der Schuldirektor vom Abschreiben zum Ausschneiden und Einkleben übergeht, und damit auf zeit- wie medienökonomische Zwänge reagiert. Führt man die Dauer und Kontinuität des Kriegstagebuchs eng mit der Dauer des Krieges, dessen Ende im August 1915 in weite Ferne gerückt ist, mag dies eine Reaktion auf Verknappungszwänge des Vordrucks in Anbetracht der Kriegsdauer sein – es werden schlichtweg Zeit und Seiten gespart für die kontinuierliche Dokumentation eines Krieges, dessen Ende nicht absehbar ist.

2 Umpragmatisierung durch Verkleinerung: Das Kriegstagebuch aus Rastenburg und seine medialen Genealogien

Bin ich bislang davon ausgegangen, dass der Vordruck im Sinne eines Schreibgenerators den Schuldirektor erst zum Tagebuchschreiber gemacht hat, so offenbart der Blick in den Nachlass der Präparandenanstalt eine komplexere Konstellation, anhand derer sich die Kriegsspezifik der Verfahren der Verkleinerung noch einmal schärfen lässt. Von 1911 bis zum Juni 1914 führte der Schuldirektor eine Schulchronik anlässlich besonderer Ereignisse im Schulalltag.[16] Ab Kriegsbeginn legte er zudem die bereits erwähnte Zeitungssammlung mit Extrablättern und Ausschnitten lokaler Zeitungen an, deren Überreste sich heute in der integrierten Sammeltasche des Vordrucks befinden. Das chronologisch zuletzt erschienene gesammelte Stück ist ein Sonderblatt der Marienburger Zeitung vom 25. Februar 1915; danach wurde das Sammeln offenbar eingestellt. Der letzte Eintrag in der Schulchronik beschreibt ein Schulereignis vom 14. Juni 1914; es folgen die Worte: „Fortsetzung der Chronik im Kriegstagebuch", die auf den 26. August 1915 datiert sind und eine Kontinuität zum Vordruck herstellen. Der Vordruck wird also zum Aktanten und Schreibgenerator, der jedoch zwei bereits vorangehende Dokumentationsformen nach einer längeren Pause *im* – oder *als* – Kriegstagebuch zusammenführt: das unterbrochene Schreiben der Schulchronik und das unterbrochene Sammeln der Zeitungsmaterialien.

An der Schnittstelle von Zeitungsausschnitten und Schulchronik entsteht im Vordruck ein Kriegstagebuch, das alle drei Vorformen vereint. Verfahren der Verkleinerung, wie ich sie eben beschrieben habe, sind dabei elementarer Teil der Umpragmatisierung der dem Kriegstagebuch vorausgehenden Formen hin

---

16 *Chronik der Königlichen Präparandenanstalt zu Rastenburg O./Pr.*

zum Kriegstagebuch. Die Hinwendung zum Schreiben über den Krieg findet nicht nur thematisch statt, sondern auch durch formale Veränderungen in Bezug auf die drei Vorformen, bei denen Verfahren der Selektion, Reduktion und Transposition eine wichtige Rolle spielen.

Die zunehmende Beschränkung und Verkleinerung der Zeitungssammlung, die in die Verkleinerung der Zeitung selbst (das Sammeln in Ausschnitten) mündet, reagiert auf die Proliferation von Informationen, schließlich ist die Zeitung zu Kriegsbeginn *das* Schlüsselmedium der Aktualität, das es zu verarbeiten gilt. Das Ausschneiden und Sammeln kann zudem als „individuelle Bewältigungsform der jeden Tag aufs Neue einströmenden Meldungen" (te Heesen 2007, 80) interpretiert werden, als „eine Ersatzhandlung des zur Untätigkeit verdammten Daheimgebliebenen" (te Heesen 2007, 84). Der Platz in der Sammelmappe ist begrenzt, und die Verarbeitung – also die Verkleinerung der Artikel – dient der Reduktion von Informationen, der Selektion von Relevantem und dem Aussortieren von Redundantem.

Die seit 1911 in unregelmäßigen Abständen, meist nach besonderen Anlässen verfasste Chronik wird im Kriegstagebuch quasi fortgeführt, darauf hatte die letzte Eintragung – „Fortführung der Chronik im Kriegstagebuch" – hingewiesen. Das in diesem Aufsatz diskutierte Kriegstagebuch weist wahrscheinlich mehr Merkmale einer Schulchronik als eines Tagebuchs auf,[17] denn geht man von einer Minimaldefinition des Tagebuchs aus – dem zeitnahen Schreiben in Tagen – geschieht dies ganz offensichtlich nicht.[18] Die ersten Einträge behandeln die Augusttage 1914, werden aber erst im August 1915 verfasst: Die ästhetische Eigenzeit dieses Vordrucks ist die der nachträglichen Verarbeitung einst aktueller Informationen.[19] Gleichwohl unterscheidet sich die im Vordruck als Kriegstagebuch geführte Schulchronik deutlich von ihrer Vorgängerin: Die Einträge werden durch die verwendeten Zeitungsausschnitte, ob als Abschrift oder eingeklebter Ausschnitt, fragmentarischer. Die Umpragmatisierung hin zum Tagebuch findet darüber hinaus über eine nachträgliche Ergänzung von Datumsangaben im Fließtext statt.

---

[17] Ausführlicher zu Schulchroniken im Ersten Weltkrieg am Beispiel Österreich-Ungarns Langthaler 2015, 101–110.

[18] Die neuere Tagebuchforschung schließt sich Philippe Lejeunes grundlegender Bestimmung des Tagebuchs als Reihe datierter Spuren in Serie an (Lejeune 2015). Merkmale wie Subjektivität oder Introspektion werden hingegen als sekundär bzw. nur für bestimmte Tagebuchformen charakteristisch erachtet.

[19] Und dies in doppelter Hinsicht: Zum einen betrifft dies die Darstellung von Zeit, mithin die „Erscheinungsformen von Temporalität", andererseits wird deutlich, wie der Darstellungsprozess selbst zeitlich organisiert ist (Gamper und Hühn 2014, 7).

Auch in Bezug auf die Programmatik des Vordrucks nimmt der Lehrer eine nicht intendierte Verkleinerung vor. Vorwort und Formularcharakter legen eine Dreiteilung des Schreibens und Sammelns nahe, mit einem Schwerpunkt auf einer chronologischen und berichtenden Dokumentation der Kriegsereignisse in der Heimat (Teil 2). Kleine Formen sollen hingegen in der Dokumentenmappe gesammelt und für den Abschnitt „Sammlung" ausgeschnitten und eingeklebt werden. An diese Vorgabe hält sich der Schuldirektor nun gerade nicht: Er montiert vielmehr Zeitungsausschnitte und selbst verfassten Text. Als er im Vordruck den Abschnitt „Sammlung" erreicht (der an dieser Stelle mit „Allerhand Kriegsliteratur" überschrieben ist), streicht er die Abschnittsübersicht kurzerhand durch und fährt mit seiner üblichen Schreibpraxis fort, weicht demnach vom Vordruck ab.[20]

Der Lehrer bricht mithin mit allen drei Dokumentationsformen und kreiert stattdessen ein Hybrid, das durch verkleinerndes Abschreiben, Ausschneiden und Einkleben charakterisiert werden kann. Verschiedene Verfahren der Verkleinerung sind somit ganz wesentlich an der Gattungskonstitution dieses Kriegstagebuchs beteiligt. Das Tagebuch als ‚klein gemachte Form' bietet zudem eine Ergänzung zu einer jüngeren Forschungsperspektive auf das Tagebuch als kleiner Form, wie sie Claudia Öhlschläger anhand der Untersuchung von Roland Barthes' *Tagebuch der Trauer* vorschlägt (Öhlschläger 2016).

3 Von der Verkleinerung zur Verdichtungsexpansion

Die anhand der Trias Schulchronik, Vordruck und Zeitungssammlung vorgeführte Verkleinerung als Umpragmatisierung zum Tagebuch entfaltet eine eigene Dynamik und verweist darüber hinaus auf den ‚Vorzug für Kleines' im Kriegstagebuch, der abschließend noch kurz skizziert werden soll. So nimmt der Lehrer neben den Zeitungsausschnitten verschiedene andere Belege der besonderen Lage der Schule im Krieg auf, etwa eine wortwörtliche Abschrift des von ihm verhängten Erlasses, die Schule zu schließen,[21] das Schreiben einer „Ordonnanz",

---

20 *Kriegstagebuch der Anstalt zum Weltkrieg*, 131.
21 *Kriegstagebuch der Anstalt zum Weltkrieg*, 23. Hier bestätigt sich einmal mehr die Dokumentaffirmation durch Reproduktion, wie sie Lisa Gitelman (2014, 1) beschreibt.

die aufgrund der Kriegsgefahr die Schließung der Schule empfiehlt[22] oder Übersichten zur „vaterländischen Tätigkeit" der Schüler im Krieg.[23]

Allen Versuchen und Verfahren der Verkleinerung stehen jedoch Länge und Dicke dieses Schulchroniktagebuchs entgegen: Zwar füllt der Lehrer nicht alle 264 Seiten des Vordrucks, durch die zahlreichen eingeklebten Artikel sowie die Abschriften kleiner Formen gewinnt das Tagebuch dennoch eine stattliche Dicke – es lässt sich kaum schließen. Es ließe sich also über ein Scheitern der Verkleinerung in Anbetracht des über vier Jahre andauernden Krieges nachdenken, das der Oskar Eulitz Verlag bei der Erstellung des Vordrucks im Mai 1915 nicht bedenken konnte. In der Praxis mündet das Kriegstagebuchschreiben in diesem Fall in eine Verdichtungsexpansion.

Die starke Verdichtung verzeichnungswürdiger Informationen über die Schule im Krieg mittels Verkleinerung verdeutlicht der letzte Eintrag über die Kriegszeit aus dem Jahr 1919. In Form einer Liste wird der Werdegang der Schüler im Krieg kondensiert, ihr Schicksal rein enumerativ dargestellt:

> In den Heeresdienst traten 37, in den Grenzschutz (1919) 3 Zöglinge: 1. Erich Bater, 2. Hermann Brockmann, 3. Ewald Brandstäter, 4. Herbert Czappe, 5. Ernst Gippe, 6. Georg Hellwig, 7. Walter Jeromin [...]
>
> *Es sind im Kampfe gefallen:*
> 1. Willi Ahlenberg (27.9.15), 2. Fritz Möller (13.7.16) 3. Herbert Czopyn (?) (27.7.16) 4. Otto Schibilla (23.10.16) 5. Max Burzilowski (21.3.18), 6. Georg Hellwig (30.8.18) Im Felde an Lungenentzündung gest. Erich Spreng (23.10.18)[24]

Verkleinerung erweist sich damit als ein zentrales Verfahren des Kriegstagebuchschreibens, denn die Aufzählung leistet eine enorme Verknappung heterogener Kriegsbiographien, von der Einberufung in die Armee über die Beförderung zum Offizier bis zum Tod im Kampf. Darüber hinaus manifestiert sich in dieser Liste eine eigentümliche Parallele zu der dem Tagebuchschreiben vorausgehenden Werbeannonce des Verlags aus dem Jahr 1915: den Todesanzeigen bereits gefallener Lehrer, die die Annonce rahmten und den Appell zur Kriegsdokumentation an der Heimatfront verstärkten.

---

22 *Kriegstagebuch der Anstalt zum Weltkrieg*, 67.
23 *Kriegstagebuch der Anstalt zum Weltkrieg*, 113–117.
24 *Kriegstagebuch der Anstalt zum Weltkrieg*, GStA 1. HA Rep. 76 Nr. 13402, 129–130 (meine Hervorhebungen, M.C.). Danach folgt nur noch ein Eintrag vom 30. April 1921, der die Schließung der Präparandenanstalt behandelt.

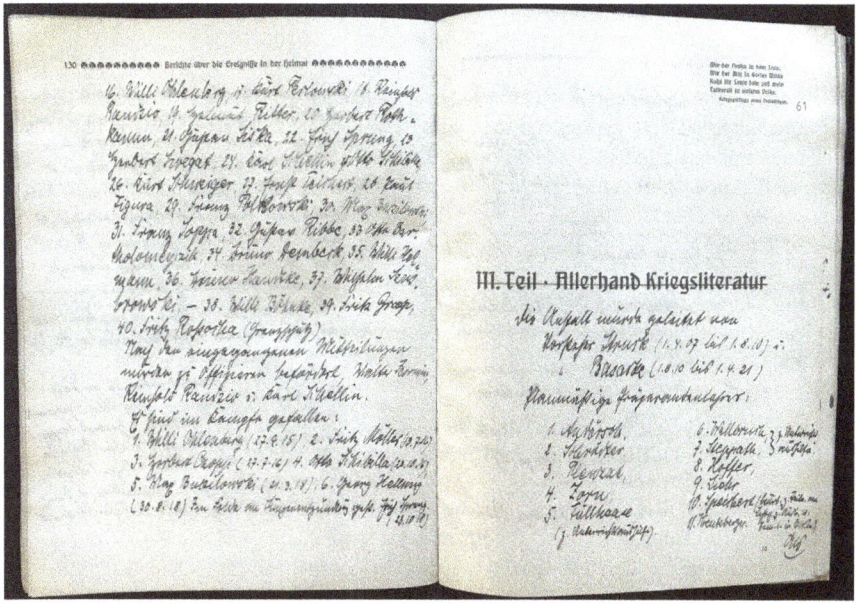

Abb. 4: Todesliste im Kriegstagebuch aus Rastenburg.

Literaturverzeichnis

[Anzeige des Oskar Eulitz Verlags] *Pädagogische Woche* 11.22 (29.05.1915): 179. Scripta Pedagogica Online; https://goobiweb.bbf.dipf.de/viewer/browse/ (16.05.2020).

Décultot, Elisabeth. „Einleitung: Die Kunst des Exzerpierens. Geschichte, Probleme, Perspektiven". *Lesen, Kopieren, Schreiben. Lese- und Exzerpierkunst in der europäischen Literatur des 18. Jahrhunderts*. Hg. Elisabeth Décultot. Berlin: Ripperger & Kremers, 2014. 7–47.

Gamper, Michael, und Helmut Hühn. „Einleitung". *Zeit der Darstellung. Ästhetische Eigenzeiten in Kunst, Literatur und Wissenschaft*. Hg. Michael Gamper und Helmut Hühn. Hannover: Wehrhahn, 2014. 7–23.

Garvey, Ellen Gruber. *Writing with Scissors. American Scapbooks from the Civil War to the Harlem Renaissance*. Oxford: University Press, 2013.

Gitelman, Lisa. *Paper Knowledge. Toward a Media History of Document*. Durham und London: Duke University Press, 2014.

te Heesen, Anke. *Der Zeitungsausschnitt. Ein Papierobjekt der Moderne*. Frankfurt am Main: Fischer, 2006.

te Heesen, Anke. „Schnitt 1915. Zeitungsausschnittsammlungen im Ersten Weltkrieg". *Kasten 117. Aby Warburg und der Aberglaube im Ersten Weltkrieg*. Hg. Gottfried Korff. Tübingen: Vereinigung für Volkskunde, 2007. 71–85.

„Kriegsliteratur". *Pädagogische Woche* 11.28 (18.09.1915): 294. Scripta Pedagogica Online; https://goobiweb.bbf.dipf.de/viewer/browse/ (16.05.2020).

Kriegstagebuch zu dem Weltkriege 1914. Lissa in Posen: Oskar Eulitz, 1915.

Langthaler, Ernst. „Schulchroniken als Quellen zur Alltagsgeschichte des Ersten Weltkriegs". *Kindheit und Schule im Ersten Weltkrieg*. Hg. Hannes Stekl, Christa Hämmerle und Ernst Bruckmüller. Wien: new academic press, 2015. 97–111.

Lejeune, Philippe. „Datierte Spuren in Serie. Tagebücher und ihre Autoren". *Selbstreflexionen und Weltdeutungen. Tagebücher in der Geschichte und der Geschichtsschreibung des 20. Jahrhunderts*. Hg. Rüdiger Graf und Janosch Steuwer. Göttingen: Wallstein, 2015. 37–46.

Oesterle, Günter. „Die Intervalle des Tagebuchs – Das Tagebuch als Intervall". *Absolut privat!? Vom Tagebuch zum Weblog*. Hg. Helmut Gold und Wolfgang Albrecht. Heidelberg: Braus, 2008. 100–103.

Öhlschläger, Claudia. „Roland Barthes' *Tagebuch der Trauer* als kleine Form". *Comparatio. Zeitschrift für Vergleichende Literaturwissenschaft* 8.2 (2016): 305–319.

Otto, Ernst. „Die Kriegstagebücher im Weltkriege". *Archiv für Politik und Gesellschaft* 3.12 (1925): 647–661.

Vismann, Cornelia. *Akten. Medientechnik und Recht*. Frankfurt am Main: Fischer, 2001.

Wöhrer, Renate. „Einleitung". *Wie Bilder Dokumente wurden. Zur Genealogie dokumentarischer Darstellungspraktiken*. Hg. Renate Wöhrer. Berlin: Kadmos, 2015. 7–24.

Archivmaterialien

Bestimmung über Führung von Kriegstagebüchern durch höhere Truppenbefehlshaber und Truppenteile vom 22. April 1850, Geheimes Staatsarchiv Berlin, IV. HA, Rep. 16, Nr. 44.

Chronik der Königlichen Präparandenanstalt zu Rastenburg O./Pr., Geheimes Staatsarchiv Berlin, 1. HA Rep. 76 Nr. 13401.

Die Sammlung von Briefen und Tagebüchern aus deutschen Kriegszeiten, Geheimes Staatsarchiv Berlin, 1. HA Rep. 76 Vd Sekt. 31 Nr. 77 Bd. 1, Blatt 199–199r.

Kriegstagebuch der Anstalt zum Weltkrieg, Geheimes Staatsarchiv Berlin, 1. HA Rep. 76 Nr. 13402.

III Verdichtung

Philip Kraut
Gestaltungen der Fabel. Nacherzählungen und Inhaltsangaben der Brüder Grimm zwischen philologischer Praxis und literarischer Kleinform

Die Textsorte Nacherzählung hat einen schweren Stand.[1] In einschlägigen Lexika und Handbüchern wird ihr – sofern sie überhaupt Erwähnung findet – der Status einer literarischen Gattung verweigert (sie fehlt z. B. in Anz 2007; Burdorf et al. 2007; Braungart et al. 2007).[2] Genauso steht es um die Inhaltsangabe. Von der Literaturwissenschaft werden diese Textsorten weitgehend ignoriert, sind jedoch in Schule und Journalismus allgegenwärtig und äußerst beliebt. Im Idealfall erleichtern sie die Lektüre ihrer Referenztexte, strukturieren deren Rezeption vor, verkürzen Lesezeit und verdichten Inhalte. So können z. B. mittelalterliche Urkunden mit Regesten zusammengefasst, tausendseitige Romane auf einen einspaltigen Lexikoneintrag reduziert oder Märchen und Sagen auf ihre Motivkerne zurückgeführt werden.

Nacherzählungen und Inhaltsangaben sind kleine pragmatische oder wissenschaftliche Gebrauchsformen, deren Kleinheit sich in quantitativer Kürze (relativ zu einem Referenztext) und literarischer Marginalisierung gleichermaßen zeigt. Besonders Inhaltsangaben sind *relativ* kurz, aber auch während des Nacherzählens kann es je nach Länge des Referenztexts nötig sein, „Informationen auszuwählen und zu Makropropositionen zu bündeln" (Zabka 2010, 62). Solche Texte können als Produkte epistemischer Verfahren der Verständlichmachung beobachtet werden, mit denen ihre Ausgangstexte greifbarer gemacht werden sollen. In der Alltagspraxis ist ihr offizieller Auftrag nicht Literarisierung einer Vorlage, sondern vielmehr deren Deliterarisierung. Sie erheben daher in der Regel keinen Anspruch auf den Status eines autonomen Kunstwerks und werden als vereinfachende Wiederholungen abgewertet. Ihr Zweck liegt außerhalb ihrer selbst: in der Schule in

---
[1] Mein Titel *Gestaltungen der Fabel* ist der Vorrede von Wilhelm Grimms Edition *Der Rosengarte* entnommen (siehe unten Abschnitt 2); mit Fabel ist an der Stelle nicht die tierepische Form gemeint, die ich in meinem Artikel gleichwohl auch zitiere, sondern das elementare Handlungsgerüst eines literarischen Texts (Plot); siehe auch Jacob Grimm (1862, 1214), hier aber aufgrund der verfügbaren lexikalischen Belege auf die Dramatik verengt: „*die handlung, der factische inhalt eines schauspiels heiszt* die fabel des stücks *und schon bei den Römern* fabula" im Gegensatz zur „*aesopische*[n] *fabel*, thierfabel, ἀπόλογος".
[2] Sie wird vor allem in der Fachdidaktik behandelt (siehe etwa Zabka 2010, 61–65).

der praktischen Übung von Textreproduktion und zusammenfassender Textkürzung, mit der z. B. Textverständnis ausgewiesen werden soll, in der Philologie und im Journalismus in ressourcensparenden Überblicken über längere, unverständliche, fremdsprachliche Texte.[3] Sie werden vor allem als *little tools of knowledge* (Becker und Clark 2001) genutzt.[4] Kann man diesen Texten nicht mehr zutrauen?

In den Werken der Brüder Grimm, in Monographien, in Vorreden von Editionen, in Rezensionen, stößt man oft auf Abschnitte, in denen literarische Texte – meist recht kurz – referiert werden. Mal mehr, mal weniger erinnern diese Miniaturen an die sogenannte *Gattung Grimm* (Jolles 1999 [1930], 219), an den Ton der Grimm'schen Märchen, was zunächst irritiert, da diese Texte meist in dezidiert wissenschaftlichen Kontexten stehen. Es verwundert aber nicht, dass sie bisher der philologischen Aufmerksamkeit entgangen sind. Sie sind in den Textfluss materialreicher Abhandlungen integriert und nicht leicht aufzuspüren. Wenn ich nun tentativ einige Beispiele vorstelle,[5] geht es mir nicht um die Festschreibung von historisch kontingenten Gattungsgrenzen, die dem hier zu analysierenden Material nicht gerecht werden würden. Die in ihrer konkreten Ausgestaltung unterschiedlichen Texte treffen sich in ihrer Funktion als Exzerpte oder Rekonstrukte von zentralen Handlungsgerüsten älterer Literatur oder als möglichst vollständige Sammlungen von bestimmten Überlieferungsvarianten zum Zweck des literatur- und motivgeschichtlichen Vergleichs. Diese philologisch-pragmatischen Funktionen sind den konkreten literarischen Ausgestaltungen der Texte, die einen mal mehr nacherzählenden, mal mehr zusammenfassenden Charakter haben, übergeordnet. Trotz ihres hohen Verkleinerungspotenzials haben viele dieser Texte aber eine eigene literarische Ästhetik, die sie von einer bloß pragmatischen Funktionalität abhebt.

In meiner Studie möchte ich zeigen, dass die kleinen Formen Nacherzählung und Inhaltsangabe im Grimm'schen Werk sowohl hinsichtlich ihres philologischen Zwecks als auch ihrer literarischen Form mit den Grimm'schen Märchen verwandt sind. In einem ersten Schritt stelle ich die Kürze der Texte in Relation zu ihren Ausgangstexten vor und arbeite heraus, dass philologische

---

3 Künstlerische Ausnahmen wie Gustav Schwabs *Schönste Sagen des klassischen Alterthums* bestätigen eher die Regel (ein paar literarische Nacherzählungen nennt Zabka 2010, 62).
4 Indem diese Texte durch Verkürzung und Vereinfachung eine Form von Evidenz erzeugen sollen, rücken sie in die Nähe der „microtechniques of visualization, such as images, lists, charts, schemata, tables, and graphs" (Becker und Clark 2001, 18). Die extreme Verkürzung der Wieland-Sage, unten im Abschnitt 1 zitiert, verdeutlicht auch diese visuelle Funktion.
5 Vollständigkeit oder echte Exemplarität kann mein Artikel aufgrund seiner vorgegebenen Kürze nicht beanspruchen. Eine größere Studie über Nacherzählungen und Inhaltsangaben der Brüder Grimm müsste schärfer zwischen den beiden Autoren differenzieren, die unterschiedlichen Kontexte und Ziele der ausgewerteten Publikationen stärker berücksichtigen u. a. m.

Skalierungsoperationen der Verkleinerung die Möglichkeiten von Literarisierung einschränken können. Nachdem ich die Grimm'schen Nacherzählungen und Inhaltsangaben als Produkte von spezifischen Sammlungsaktivitäten erfasst habe, zeige ich in einem nächsten Schritt konkrete Techniken einer verkleinernden und zugleich literarisierenden Textbearbeitung. Danach schließt sich ein Abschnitt an, in dem weniger quantitativ verkleinernde Textänderungen, als vielmehr modale, auf den philologischen Zweck gerichtete Umformungen analysiert werden.

1 Skalierungen

Wernfried Hofmeister hat Inhaltsangaben in Literaturgeschichten verglichen und ihre postulierte Objektivität, ihre prononcierte Sachbezogenheit und Wertfreiheit problematisiert. Inhaltsangaben seien *„stufig-variable Kondensate"*. „Je nach Bedarf und erwünschter ‚Tiefenschärfe' [...] ist ihr Umfang frei ‚zoombar'" (Hofmeister 2003, 172). Die Grimm'schen Texte haben genau diese graduellen Eigenschaften und könnten auf einer Skala der Erzähldichte angeordnet werden. Als Illustration der Ränder der Skala zitiere ich zwei Texte aus der *Edda*-Ausgabe von 1815 und dem *Reinhart Fuchs* von 1834. Die altnordische Sage von Wieland dem Schmied wird wie folgt zusammengefasst:

> Völundur, ein finnischer Königssohn, wohnt mit zwey Brüdern in Ulfdalir, Valkyrien sind ihre Frauen. Als diese heimlich entfliehen, ziehen die beiden nach ihnen aus, Völundur aber bleibt allein zurück. (1–5.) Nidudr hört das, läßt ihn überfallen und mit zerschnittenen Fußsehnen nach Sävarstadr setzen, wo er für ihn Schmiedearbeit verfertigen muß. (5–15.) Aber Völundr, nachdem er sich an den Kindern des Nidudr gerächt, entfliegt durch die Lüfte. (16 – 41.) (Grimm und Grimm 1815c, 1)

Kondensierung und Amplifikation sind, quantitativ betrachtet, relational zur Vorlage zu bestimmen. In der Edition der Brüder Grimm ist die originale *Völundarkviða* immerhin zehn Seiten lang, sodass der Abstand zwischen Vorlage und Nachbildung sehr groß ist. Maximales ‚Herauszoomen' führt hier zu philologischer Handhabbarkeit, jedoch unter Verlust der ‚Tiefenschärfe'.[6] Die Struktur der

---

[6] Siehe dazu auch Spoerhase und Wegmann 2018, 419: „Aus epistemologischer Perspektive stellt sich hier die Frage, wie die mit unserem Mediengebrauch verknüpfte Maßstäblichkeit unsere Erkenntnispraktiken prägt. Meist müssen Artefakte erst in einen bestimmten Maßstab übertragen werden, um für eine wissenschaftliche Bearbeitung handhabbar zu sein". Die Brüder Grimm (1822, III) reflektierten ihre Skalierungsoperationen, die sie im Märchen-Anmerkungsband vornehmen mussten: „Sodann sind die abweichenden Erzählungen selbst, im Ganzen so

Handlung und ihr grober Inhalt, also die *Fabel* (der Plot), sind augenblicklich erfassbar; viel mehr als das bietet der Text aber nicht. Ganz anders verhält es sich mit dem estnischen Tiermärchen *Fuchs und Sperling*, das Jacob Grimm im ersten Teil seines *Reinhart Fuchs* übersetzte:

> 1. *fuchs und sperling*, rebbane ja warblane. Ein sperling baute sein nest auf den baum eines fuchses. der fuchs kam den baum nieder zu hauen, der sperling begann zu bitten. der fuchs sprach ‚wenn du mir dein kind gibst, will ich mich mit dir vertragen, wenn du mirs aber nicht gibst, haue ich den baum um.' der sperling gab ihm sein kind. Er gieng damit in den wald, frass des sperlings kind, und kam wieder den baum umzuhauen. der sperling bat von neuem. der fuchs sagte ‚wenn du mir noch ein kind gibst, will ich ablassen, gibst du mir es nicht, so haue ich dein nest nieder.' der sperling gab ihm noch das andere kind. er gieng in den wald und frass das andere kind des sperlings auf. Der sperling gieng ins dorf, wo ein grosser hund lag, diesen hund bat er ihm zu hülfe zu kommen. der hund sprach ‚heute ist der dritte tag, dass meine hausfrau zu besuche gieng, mein magen ist leer, deswegen kann ich dir nicht folgen.' der sperling sagte, ‚ich sehe dort eine frau kommen, die eine schüssel brei trägt.' ‚wie kriegen wir den?' der sperling sagte, ‚ich will vor ihr her hüpfen; wenn sie den brei niedersetzt und mich greifen will, so nimm ihn weg.' Und so thaten sie: die frau lief dem sperling nach und dachte ihn zu greifen, der hund frass die schüssel leer, die frau aber konnte den sperling nimmer haschen; zuletzt gieng sie nach ihrem brei und sah die ganze schüssel gefressen. Nun folgte der hund zu des sperlings nest, und legte sich unter den baum schlafen, in eines todten weise. Bald nahte der fuchs und dachte noch ein junges vom sperling zu holen. Der sperling sagte, ‚siehst du nicht das as unter dem baum? magst du es nicht?' der fuchs sprach, ‚wenns as ist, so geh und picke drauf.' der sperling gieng und pickte ihm sachte sachte in die augen. Nun glaubte der fuchs, dass es as wäre, trat hinzu, und begann zu fressen. da erhob sich der hund vom boden und brach dem fuchs den hals. (Grimm 1834, CCLXXXIV)

Die Tierfabel ist in Grimms Buch fast eine Seite lang und kompositorisch abgeschlossen. Grimm schrieb, dass er die estnischen Fabeln „ganz in ihrer kunstlosen einfalt auftreten [lasse]; sie sind von schülern aus mündlicher volkssage niedergeschrieben, und voll naiver, roher motive" (Grimm 1834, CCXC). Steht die Zusammenfassung aus der *Edda* noch im Präsens, ist die Fabel im narrativen Präteritum erzählt. Der Wielandsage fehlen alle Details des *setting* (Zabka 2010, 61), Figuren, Orte, Konflikte werden nur benannt, aber nicht näher geschildert; die Fabel dagegen ist ort- und zeitlos wie ein Märchen, die Geschichte ist ausreichend detailliert erzählt und hat eine für Grimm-Märchen charakteristische Dreigliedrigkeit (Rölleke 2004, 98). Direkte Rede belebt die Interaktion

---

kurz als möglich, im Einzelnen oft so ausführlich als nöthig, mitgetheilt. Wer dabei über zu große Genauigkeit klagen oder diese Behandlung zu ernsthaft finden sollte, mag in einzelnen Fällen Recht haben"; „ein leichteres Anfassen" und komplette künstlerische Freiheit gestanden sich die Brüder Grimm aber nicht zu, weil dann „der wissenschaftliche Zweck dieser Sammlung ganz [...] verloren gegangen seyn" würde.

der Figuren. Der Stil der Fabel ist nicht der Stil des Grimm'schen Märchens mit seiner intendierten und kunstvoll erarbeiteten volkstümlichen und kindlichen Sprache (Rölleke 2004, 86), aber die Fabel ist auf dem Weg dorthin. Beide Texte sind Übersetzungen aus fremden Sprachen, beide Texte versammeln älteres Erzählgut in einem philologischen Kontext. Die estnische Tierfabel kongruiert aber viel stärker mit der Vorlage (Rosenplänter 1817, 120–121) und präsentiert sich im Stil einer nacherzählenden Übersetzung literarisch wesentlich ausgearbeiteter als die dünne Inhaltsangabe der Wieland-Sage. Literarizität und ‚Tiefenschärfe' korrelieren in den beiden Beispielen auffällig und scheinen sich gegenseitig zu bedingen.

2 Sammelaktivitäten

Die Beispiele sind Ergebnisse von lebenslangen Sammelaktivitäten der Brüder Grimm, deren bekanntestes Produkt die *Kinder- und Haus-Märchen* (zuerst Berlin: Realschulbuchhandlung, 1812) sind, die von vornherein zugleich einen literarisch-unterhaltenden und wissenschaftlichen Zweck hatten. Die Märchensammlung war nur eines von mehreren damaligen Forschungsinteressen der Grimms.[7] Entzündet durch die Begeisterung für das Nibelungenlied stöberte Wilhelm Grimm Reflexe dieses Stoffkreises etwa in altdänischen Heldenliedern auf, und aus dem gleichen Grund bereiteten die Brüder zusammen die Publikation der eddischen Heldenlieder vor; schon um diese Zeit begannen sie, tierepische Stoffe um Fuchs und Wolf zu sammeln. In den zusammengetragenen Zeugnissen sahen sie mannigfaltig modifizierte Überreste eines, um Ludwig Tieck (1803, VII) zu zitieren, „Epischen Zeitalters", das vergangen sei, dessen Reflexe aber in den verschiedensten literarischen und auch mündlichen Quellen aufschienen. Mithilfe der historisch-vergleichenden Methode erhofften sich die Brüder Grimm, den Schleier der ihrer Meinung nach oftmals korrupten Überlieferung von den zu rettenden kulturellen Überresten zu heben (Ehrismann 1999 zur *Deutschen Heldensage*).

Ihr Ziel der Rekonstruktion von solchen Urzuständen hing eng mit den Vorstellungen romantischer Geschichtsphilosophie zusammen. Besonders wirkungsstark wurde die historisch-vergleichende Methode in der Sprachwissenschaft, die

---

[7] Zum Untersuchungskorpus einer längeren Studie zum Thema würde z. B. auch der Kommentarband der *Kinder- und Haus-Märchen* von 1822 zählen, in dem die Brüder Grimm eine umfangreiche deutsche Version von Giambattista Basiles *Pentameron* abdruckten (Grimm und Grimm 1822, 276–371; dazu auch Ginschel 1989; zu den Grimms und dem *Pentameron* auch Friemel 2012, 39–42).

sich noch zur Zeit der Brüder Grimm zur Aufgabe machte, jene mehr spekulativen Aspekte kultureller Rekonstruktion mithilfe einer prononcierten wissenschaftlichen Strenge einzuhegen. Aber auch in den Bereichen Recht, Religion und in der Literatur versuchten sich die Brüder Grimm an der Rekonstruktion eines urgermanischen, ureuropäischen Altertums. Die publizierten Nacherzählungen und Inhaltsangaben der Brüder Grimm sind Produkte philologischer Praktiken der Lektüre, des Exzerpierens der – übrigens nicht nur ältesten – vorhandenen Quellen und des Sammelns unter bestimmten inhaltlichen Kategorien, wie sie auch in den nachgelassenen Arbeitsmaterialien der Brüder noch sichtbar sind, sowie der Rekontextualisierung im eigenen Werk.

Dass die Motive der estnischen Tierfabel *roh* und *naiv* sind, wie Jacob Grimm schreibt, ist für ihn ein Glück. Der Text zeigt sich seinem Verständnis nach nah am verlorenen Urzustand und muss nicht von Verderbnissen der Überlieferung befreit werden. Für Winckelmann wäre die *kunstlose Einfalt*, wie sie Grimm in der estnischen Fabel erblickte, noch ein Oxymoron gewesen, für Grimms volkspoetisches Projekt hatte diese Formel Programmcharakter. Sie gilt auch für seinen Bruder. In der Vorrede zur Edition der mittelhochdeutschen dietrichepischen Dichtung *Der Rosengarte* schrieb Wilhelm Grimm: „ich wollte, da auch Abschriften der pfälzischen und straßburger Handschrift mir zugekommen waren, eine Untersuchung über die verschiedenen Gestaltungen der Fabel und ihr Verhältnis zu dem Sagenkreiße hinzufügen" (Grimm 1836, (V)). Der Sagenkreis ist nicht an sich, sondern nur durch die überlieferten *Gestaltungen der Fabel* (des Plots) rekonstruierbar, die gesammelt, verzeichnet und im Hinblick auf ihre reinen, ursprünglichen Erzählkerne ausgewertet werden müssen. Wie eng in der Arbeit der Brüder Grimm historisch-vergleichende Rekonstruktion, Textkritik und gleichermaßen philologische wie literarische Bearbeitung ineinanderwirken, zeigt auch Wilhelm Grimms Bemühen um seine Wiederherstellung der keineswegs kanonischen mittelhochdeutschen *Graf-Rudolf*-Dichtung, die er „eins der trefflichsten und merkwürdigsten [gedichte] des deutschen alterthums" (Grimm 1844, 54) nannte. In seiner vorangestellten zwölfseitigen Inhaltsangabe fügt er die wenigen überlieferten Fragmente wieder zu einem Ganzen zusammen, rekonstruiert auch diejenigen Handlungsabschnitte, die nicht überliefert wurden,[8] und schreibt so in gewisser Weise selbst an der Dichtung mit.

---

[8] Siehe etwa zum Fragment β^b: „Was die lücke enthielt lässt sich leicht erraten, die versammlung zu Rom hatte das kreuz genommen [...]" (Grimm 1844, 29).

3 Bearbeitungsstrategien

Die meisten der von mir gefundenen Texte sind Inhaltsangaben in sachlicher Diktion und sollen aus Interpretenperspektive wesentliche Handlungszusammenhänge und Motive der jeweiligen Geschichten herausheben. Sie stehen oft – um eine Formulierung Käte Hamburgers (1953, 354) aufzugreifen – in einem „reproduzierenden Präsens". In den *Altdänischen Heldenliedern* fängt eine Inhaltsangabe Wilhelm Grimms (1811, 467–468) aus dem persischen *Buch der Könige* so an: „Cai Caus, König von Iran, ist ausgezogen gegen den König von Mazenderan, ihm sein Land zu nehmen [...]". Die Zusammenfassung des Roland-Stoffes in seiner Edition beginnt: „Zu Saragossa herrschen die Könige Marsilius (Marsirius) und Beligand (Belvigand) [...]" (Grimm 1838, XXXIV). Einen ganz anderen Ton haben die Texte, die die Brüder Grimm in ein narratives Präteritum kleiden. In ihrer Einleitung zu den *Irischen Elfenmärchen* kompilieren sie Erzählungen, um dem Wesen der Elfen auf die Spur zu kommen. Eine Geschichte über die Kunstfertigkeit des kleinen Volkes beginnt so: „Ein Weber ward einmal Mitternachts durch ein starkes Geräusch aus seinem Schlaf aufgeweckt. Als er aus dem Bett sah, erblickte er seine Stube voll arbeitender Elfen, welche sich seines Werkzeugs ohne Umstände bedienten" (Grimm und Grimm 1826, XXXI).

Eine Mischform bilden die Textstellen, in denen Wilhelm Grimm das Tempus unvermittelt wechselt, und zwar nicht nur vom Präteritum ins Präsens, sondern auch umgekehrt. In einer Übertragung aus Saxo Grammaticus heißt es: „Aber Hagbarth kommt noch mit voller Macht an, und seine Brüder rächend, tödet er beide: Hildigsleus an schimpflicher Stelle verwundet, entflieht. / Nun zog Hagbarth Frauenkleidung an [...]" (Grimm 1811, 511). Das reproduzierende Präsens gleitet in das narrative Präteritum, die distanzierte Interpretation in die Fiktionalität. Der überraschende Tempuswechsel ist hier nicht vordergründig erzählerisch motiviert, etwa in dem Sinn, dass Wilhelm Grimm zuerst bewusst das historische Präsens verwendet. Er beginnt die nüchtern übersetzende Inhaltsangabe aus Saxo im Präsens, wechselt dann im zweiten Absatz in ein nacherzählendes Präteritum, das er bis zum Schluss der Geschichte beibehält. Es scheint hier eine stilistische Kraft am Werk zu sein, der sich Grimm selbst wohl kaum bewusst war, denn es gibt keinen Grund, das Tempus an der Schwelle zum zweiten Absatz der Erzählung zu ändern. Vielmehr markiert dieser Bruch genau die Stelle im Schreiben Grimms, an der der recht steife philologische Kommentar in eine literarische Form umschlägt.

Zu den zusammenfassenden Textstrategien der Grimms gehört die Einführung der indirekten Rede. In der Edition des *Armen Heinrich* sind Erzählungen zum Topos der Aussatzheilung versammelt; über den leprösen biblischen Feldhauptmann Naaman heißt es: „da räth ihm eine Dirne, die aus Israel weggeführt war, nach dem Propheten Elisa zu ziehen, der könne ihn von der Krankheit befreien" (Grimm und Grimm 1815a, 177). In der Bibel steht direkte Rede und das Mädchen spricht gar nicht mit dem Hauptmann, sondern nur mit dessen Frau (2. Kön. 5, 3): Die eigentlich nur mittelbare Interaktion der Figuren fällt der reproduzierenden Straffung zum Opfer. Wilhelm Grimm erzeugt Kürze durch Partizipialkonstruktionen und Nominalisierungen und verdichtet damit den propositionalen Gehalt eines Satzes. In seiner *Deutschen Heldensage*, in der Geschichte von Mime dem Schmied, findet sich bezüglich Siegfried die Formulierung: „So gestärkt, erwartet er ohne Furcht den herannahenden Drachen" (Grimm 1829, 75). Und an anderer Stelle wird durch Grimm eine ganze abenteuerliche Flucht parenthetisch eingehegt: „Walther auf der Flucht mit Heldegund fügt sich dem Gesetz [...]" (Grimm 1829, 158). Er löst den Inhalt von *Altdänischen Heldenliedern* in stark verkürzte Parataxen auf: „trotzig sitzt er unter den Helden, ihre Anerbietungen gefallen ihm nicht, er reitet heim, erschlägt zwölf Zauberweiber, die ihm entgegen kommen, dann seine Mutter, endlich zernichtet er auch sein Saitenspiel, damit kein Wohllaut mehr den wilden Sinn besänftige" (Grimm 1811, XXVII).

Die *Umschreibung* des Hildebrandsliedes kommt der Anforderung des jungen Wilhelm Grimm an Übertragungen älterer Literatur entgegen, dass in ihnen das Original noch durchscheinen solle (Paul 1992, 13; Kraut 2018, 504). Der Text enthält viele grammatische, lexikalische und poetische Archaismen und ist ein gutes Beispiel für den Versuch einer *halbtreuen* Übersetzung altdeutscher Poesie. Die Schwerter werden über die „Ringe" gegürtet, nicht über die Rüstung. Vater und Sohn grüßen „sich Kampfes" im Genitiv, die Lanzen überbieten sich im Stabreim, indem sie „scharf schneidend fahren, daß sie standen in den Schilden" (Grimm und Grimm 1812a, [7]–[8]). Andere Nacherzählungen knüpfen an den von Wilhelm Grimm erst geschaffenen volkspoetischen Ton mit seiner kunstvollen Einfachheit und seiner simulierten archaischen Mündlichkeit an. In Grimms Einleitung zu den *Irischen Elfenmärchen* heißt es: „Vor langer Zeit lebte in der Nachbarschaft von Cairngorm in Strathspey eine Wehmutter. Eines Abends spät, als sie eben im Begriff war zu Bett zu gehen, klopfte jemand heftig an ihre Thüre" (Grimm und Grimm 1826, XXX). Der Beginn der Geschichte trifft mit seinen vorangestellten, Zeitlosigkeit evozierenden Temporaladverbialen den Ton der Grimm'schen Märchen (Rölleke 2004, 96).

Die Texte sind, wie gesagt, in philologische Kontexte eingebettet, die aber mit den Erzählungen eng verwoben werden können. Jacob Grimm schreibt in der Zusammenfassung der altenglischen Andreas-Legende: „Und als die widersacher zum viertenmal den heiligen zum kerker leiteten, nahte sich gott, grüsste ihn und verlieh seinem verwundeten leibe stärke und gesundheit, wie von anfang. / An dieser stelle der erzählung bekennt der dichter sein unvermögen, die wunderthaten des helden ihrem ganzen umfang nach zu preisen" (Grimm 1840, XI).

In der Zusammenfassung des mittelhochdeutschen *Reinhart Fuchs* kommentiert er die handschriftliche Überlieferung: „3. Reinhart scheidet sich von des wolfs gesellschaft und stösst auf den schwer beladenen esel, dem er ein leichteres leben verheisst, wenn er sich zu ihm gesellen wolle. Hier haben beide hss. eine ungleiche lücke [...]" (Grimm 1834, CIII). Mitunter schoben die Brüder Grimm auch Sachinformationen in Klammern in ihre Zusammenfassungen ein (Grimm und Grimm 1812a, [58]–[59]). Der narrative Fluss der Nacherzählungen kann mit philologischer Kommentierung also immer wieder unterbrochen werden – Kommentare werden kommentiert. Solche Stellen zeigen einen noch grundsätzlicheren Bruch in der Erzählung als der oben dargestellte Tempuswechsel. Die philologische Bearbeitung, in deren Zuge diese nacherzählenden Texte ja erst entstanden, verletzt paradoxerweise gerade die Integrität der literarischen Form; eine formale Geschlossenheit der Texte wird an solchen Stellen durch den einbrechenden philologischen Kommentar gar nicht erst erreicht.

4 Modusverschiebungen

Schon 1812 besprach Jacob Grimm mit Friedrich von Schlegel eine indische Tierfabel,[9] die er 1834 in den monographischen Teil seines *Reinhart-Fuchs*-Buches aufnahm. Es handelt sich um die in Sanskrit überlieferte Fabel vom blaugefärbten Schakal, die Grimm aus der englischen Übersetzung von William Jones kannte. Grimm (1834, CCLXXIII) schrieb:

> Ein schakal, nachts über das gebiet der stadt Ujjayani streifend, fällt in eine kufe indigo, und kann nicht heraus. frühmorgens wirft der färber das scheintodte thier auf den boden hin, es erhebt sich schnell und lauft zu walde. als der schakal gewahrt, dass sein haar überall die schönste *dunkelblaue farbe* angenommen hat, ruft er aus: ‚ich trage nun die göttliche farbe Krischnas, und werde die höchste ehre erreichen.' er ruft die übrigen schakals zusammen und verkündigt, die gottheit dieser wälder habe ihm mit dem saft himmlischer kräuter göttliche farbe verliehen. alle fallen nieder und huldigen ihm als ihrem könig; löwen, tieger und andere thiere ziehen in seinem gefolge. Hochmütig beginnt er die thiere seiner eignen art gering zu achten und von sich zu weisen. da ersinnt ein alter, den trug durchschauender schakal das mittel ihn zu stürzen: er heisst alle seine gesellen

---

[9] Siehe den Brief Jacob Grimms an Friedrich von Schlegel vom 24. März 1812 in Gürtler und Leitzmann 1923, 123–125; Schlegels Antwort vom 24. Juli d. J. ist noch unediert (Berlin, Staatsbibliothek zu Berlin – Preußischer Kulturbesitz, Autogr. I/1541, Bl. 1–4) und soll in der *Kritischen Ausgabe* des Briefwechsels der Brüder Grimm erscheinen; in Jacob Grimms nächstem Brief vom 21. Dezember d. J. erwähnt er das Thema nur noch ganz kurz am Rande (Stammler 1919, 144).

abends ihr durchdringendes geschrei erheben. als es der blaue schakal hört, unterlässt er nicht, seiner natur folgend, mit einzustimmen. Da erkennen die löwen und tieger, dass seine farbe blosser schein war, und zerreissen ihn alsbald.

Die Geschichte stammt aus der moralisch-gnomischen Fabelsammlung *Hitopadesha*. Obwohl Grimm William Jones eng zu folgen scheint, sind seine Änderungen doch symptomatisch für seine Bearbeitungstechnik. Er entkleidet die Geschichte ihrer Rahmenhandlung. Bei Jones heißt es noch: „There is, said the minister, in the city of *Ujjayani* a shakàl [...]" (Jones 1799, 117). Grimm eliminiert den expliziten Erzähler. In Jones Übersetzung merkt der Schakal, „that he was of dark blue colour", bei Grimm trägt der Schakal immerhin „die schönste *dunkelblaue farbe*" (Grimm 1834, CCLXXIII). Das Tier wird also mit dem konventionellen märchenhaften Epitheton *schönste* ausgestattet (Moenninghoff 2009, 20). Das Ende der Geschichte weicht nicht unerheblich von Jones' Fassung ab. Bei Jones verharrt ihre Pointe in der Potentialität: Die Entlarvung des Hochstaplers bleibt nur ein Vorschlag des listigen alten Schakals, die erzählerische Ausführung der List liegt in der Latenz. Seine Artgenossen fordert er auf: „one evening, when you are all collected before him, set up a loud cry; when he hears it, his nature will prompt him to join in it. [...] The tigers, &c. knowing his voice, will destroy him. This being done, the consequence followed" (Jones 1799, 118–119). So endet Jones' Fassung. Für Grimm ist die Lösung der Geschichte dagegen ein essentieller Teil der Fabel, der es wert ist, entgegen seiner Vorlage im *modus realis* zu Ende erzählt zu werden. Aber es gibt noch eine weitere Änderung: Die moralische Sentenz i. S. v. *Schuster, bleib bei deinem Leisten*, die im Original mitten in die Erzählung eingeschaltet wird, verschweigt Grimm ganz: „should a dog be made a king, he will still gnaw leather" (Jones 1799, 118).

Im Grimm-Nachlass finden sich handschriftliche Vorstufen zu Erzählungen in der Art, wie ich sie hier vorgestellt habe, z. B. Wilhelm Grimms Vergleich von Konrads von Würzburg *Silvester* mit der Fassung des byzantinischen Hagiographen Symeon Metaphrastes.[10] Grimms Exzerpt aus Symeon demonstriert seine kompositorische und stilistische Arbeit auf dem Weg zum gedruckten Text. Seine Änderungen sind wiederum keine nennenswerten quantitativen, sondern modale Umformungen, indem er den Rhythmus von direkter und indirekter Rede umstrukturiert, proleptische Verfahren anwendet, um den Eindruck von Mündlichkeit zu intensivieren etc. Der Grimm-Nachlass müsste hinsichtlich solcher Arbeitsmaterialien noch weiter ausgewertet werden.[11]

---

10 In Krakau, Biblioteka Jagiellonska, Sammlungen der ehemaligen Preußischen Staatsbibliothek, Ms. germ. quart. 978, Bl. 37; gedruckt in Grimm 1841, XV–XVI.
11 Siehe z. B. Friemel 2012, 44 zur Grimm'schen Praxis, Inhaltsangaben handschriftlich auf Vorsatzblätter ihrer Handexemplare einzutragen. – Vielversprechend für genauere Analysen

5 Die Fabel wiedererzählen

Die eingangs angedeuteten deliterarisierenden Funktionen treffen für die nacherzählenden und zusammenfassenden Texte der Brüder Grimm kaum zu. Ganz im Gegenteil verwendeten sie neben bloßer Reproduktion oder nüchterner Verkürzung verschiedene Techniken der Literarisierung. Neben den Zweck des philologischen Kommentars tritt die mehr oder weniger kunstvolle divinatorische Rekonstruktion der Fabel durch den Philologen, mit der ältere literarische, manchmal nur noch in Residuen vorhandene Stoffkreise erschlossen werden sollten.

Anfangs habe ich die Abgrenzung zwischen den Textsorten Nacherzählung und Inhaltsangabe im Werk der Brüder Grimm problematisiert und der gemeinsamen philologischen Funktion der Texte untergeordnet. In der Analyse hat sich gezeigt, dass die Differenzen instabil bleiben: Die Brüder Grimm wechseln Tempora, unterbrechen den ruhigen Erzählfluss durch eigene Kommentare, nutzen das reproduzierende Präsens, das an den Stil nüchterner Inhaltsangaben erinnert, dann wieder dezidiert narrative Stilelemente.

Auch die relative Kürze gegenüber der Vorlage ist nur bedingt aussagekräftig. Dass *brevitas* nicht einfach das Ergebnis einer bloß subtraktiven *abbreviatio* ist, hat Hans Jürgen Scheuer (2017, 59) an den mittelalterlichen Fortschreibungen des ovidischen Apollon-und-Daphne-Mythos gezeigt. Laut Quintilian sind die *brevitas* und ihr Gegenbegriff der *copia* Modalitäten der Rede; sie sind fähig, die „dynamische Intensität des Dargestellten" (Scheuer 2017, 59) zu erhöhen. Die Neuperspektivierung der Zeitlichkeit durch die Brüder Grimm, ihre grammatischen und syntaktischen Verdichtungen, ihre archaisierenden Stilisierungen sind primär keine Operationen der Quantität, sondern eines „Ein-, Aus- und wieder Zurückfaltens" (Scheuer 2017, 58) der überlieferten *materia*.

Die vorgestellten Beispiele zeigen, dass die Brüder Grimm selbst literarisch an ihren gesammelten Texten arbeiteten, auch wenn sie sie in dezidiert wissenschaftliche Werke integrierten, für die sich überhaupt ein starker ästhetischer Gestaltungswille feststellen lässt. So bilden die Brüder Grimm selbst ein Glied in der Kette der textuellen Überlieferung (dazu auch Denecke 1971, 65).[12] Ihr Stil ist

---

ist z. B. auch das Konvolut *Sammlung von Zetteln mit Inhaltsangaben mittelalterlicher Dichtungen* der Brüder Grimm in Berlin, Staatsbibliothek zu Berlin – Preußischer Kulturbesitz, Nachlass Grimm 258.

12 Ganz explizit betonen die Brüder Grimm (1815b, VII) diesen Doppelcharakter in der Vorrede zum zweiten Band der *Kinder- und Haus-Märchen*: „Wir wollten indeß durch unsere Sammlung nicht blos der Geschichte der Poesie einen Dienst erweisen, es war zugleich Absicht, daß die Poesie selbst, die darin lebendig ist, wirke". Dazu auch weiter Denecke 1971, 193, zu Wilhelm

getreu, jedoch nicht wortgetreu, sondern *form*getreu hinsichtlich poetischer Formeln und Motive (Denecke 1971, 73; Ginschel 1989, 463–464). Eine umfassendere Analyse dieser Texte hängt von einem genaueren Verständnis der Grimm'schen Theorie der Überlieferungstreue ab, in der Edition und Bearbeitung, Wiederholung und Veränderung ineinander verschränkt sind.[13] Die Erzählungen werden von den Brüdern Grimm aus ihren ursprünglichen Kontexten herausgenommen, neu akzentuiert und rekombiniert. Die Akzidentien der Überlieferung, die die reine Fabel eintrüben, sind wie der Schakal in der indischen Fabel: „Da erkennen die löwen und tieger, dass seine farbe blosser schein war, und zerreissen ihn alsbald" (Grimm 1834, CCLXXIII).

Literaturverzeichnis

Anz, Thomas (Hg.). *Handbuch Literaturwissenschaft. Gegenstände – Konzepte – Institutionen.* 3 Bde. Stuttgart und Weimar: Metzler, 2007.
Becker, Peter, und William Clark (Hg.). *Little Tools of Knowledge. Historical Essays on Academic and Bureaucratic Practices.* Ann Arbor, MI: The University of Michigan Press, 2001.
Burdorf, Dieter, Christoph Fasbender und Burkhard Moenninghoff (Hg.). *Metzler Lexikon Literatur.* Begründet von Günther und Irmgard Schweikle. 3., völlig neu bearbeitete Auflage. Stuttgart und Weimar: Metzler, 2007.
Braungart, Georg, Harald Fricke, Klaus Grubmüller, Jan-Dirk Müller, Friedrich Vollhardt und Klaus Weimar (Hg.). *Reallexikon der deutschen Literaturwissenschaft. Neubearbeitung des Reallexikons der deutschen Literaturgeschichte.* 3 Bde. Berlin: De Gruyter, 2007.
Denecke, Ludwig. *Jacob Grimm und sein Bruder Wilhelm.* Stuttgart: Metzler, 1971.
Derrida, Jacques. „Signatur Ereignis Kontext" [1971]. Jacques Derrida: *Die différance. Ausgewählte Texte.* Hg. Peter Engelmann. Stuttgart: Reclam, 2004. 68–109.
Ehrismann, Otfrid. „Vorwort". Wilhelm Grimm: *Die Deutsche Heldensage.* Hg. Reinhold Steig, Karl Müllenhoff, Oskar Jänicke und Otfrid Ehrismann. Hildesheim, Zürich und New York, NY: Olms Weidmann, 1999. 1*–28*.

Grimms Übersetzungen älterer Dichtungen als „künstlerische[r] Leistung, die der des früheren Schöpfers durchaus adäquat ist".
13 Wiederholung ist immer schon Veränderung; dazu etwa Derrida (2004 [1971], 83–84): „Aufgrund seiner wesensmäßigen Iterabilität kann man ein schriftliches Syntagma immer aus der Verkettung, in der es gefaßt oder gegeben ist, herausnehmen, ohne daß es dabei alle Möglichkeiten des Funktionierens und genau genommen alle Möglichkeiten der ‚Kommunikation' verliert", wobei Iterabilität aus Wiederholung und Andersheit bestehe. Auch wenn Derridas Argument in der Sache einleuchtet, ist seine etymologische Herleitung linguistisch überaus fragwürdig (zur Iterabilität heißt es in Parenthese: „*iter*, nochmals, kommt von *itara, anders* im Sanskrit, und alles Folgende kann als Ausbeutung dieser Logik gelesen werden, die die Wiederholung mit der Andersheit verknüpft", Derrida 2004 [1971], 80).

Friemel, Berthold. „Aus der Märchen-Handbibliothek der Brüder Grimm". *Rotkäppchen kommt aus Berlin! 200 Jahre Kinder- und Hausmärchen in Berlin*. Hg. Carola Pohlmann und Berthold Friemel. Berlin: Staatsbibliothek zu Berlin – Preußischer Kulturbesitz, 2012. 35–63.
Ginschel, Gunhild. *Der junge Jacob Grimm 1805–1819*. 2. Auflage. Berlin: Akademie-Verlag, 1989.
Grimm, Jacob. *Reinhart Fuchs*. Berlin: Reimer, 1834.
Grimm, Jacob (Hg.). *Andreas und Elene*. Kassel: Theodor Fischer, 1840.
Grimm, Jacob. Art. „Fabel". Jacob Grimm und Wilhelm Grimm. *Deutsches Wörterbuch*. Bd. 3. Leipzig: S. Hirzel, 1862. 1213–1214.
Grimm, Wilhelm (Übers.). *Altdänische Heldenlieder, Balladen und Märchen*. Heidelberg: Mohr und Zimmer, 1811.
Grimm, Wilhelm. *Die Deutsche Heldensage*. Göttingen: Dieterich, 1829.
Grimm, Wilhelm (Hg.). *Der Rosengarte*. Göttingen: Dieterich, 1836.
Grimm, Wilhelm (Hg.). *Ruolandes Liet*. Göttingen: Dieterich, 1838.
Grimm, Wilhelm (Hg.). *Konrads von Würzburg Silvester*. Göttingen: Dieterich, 1841.
Grimm, Wilhelm (Hg.). *Graf Rudolf*. 2. Ausgabe. Göttingen: Dieterich, 1844.
Grimm, Wilhelm. *Sammlung von Abschriften, Notizen und Fragmenten mittelhochdeutscher Dichtung*. Krakau, Biblioteka Jagiellonska, Sammlungen der ehemaligen Preußischen Staatsbibliothek, Ms. germ. quart. 978.
Grimm, Jacob, und Wilhelm Grimm (Hg.). *Die beiden ältesten deutschen Gedichte aus dem achten Jahrhundert: Das Lied von Hildebrand und Hadubrand und das Weißenbrunner Gebet*. Kassel: Thurneisen, 1812a.
Grimm, Jacob, und Wilhelm Grimm. *Kinder- und Haus-Märchen*. Berlin: Realschulbuchhandlung, 1812b.
Grimm, Jacob, und Wilhelm Grimm (Hg.). *Der arme Heinrich*. Berlin: Realschulbuchhandlung, 1815a.
Grimm, Jacob, und Wilhelm Grimm. *Kinder- und Haus-Märchen*. Bd. 2. Berlin: Realschulbuchhandlung, 1815b.
Grimm, Jacob, und Wilhelm Grimm (Hg.). *Lieder der alten Edda*. Bd. 1 [mehr nicht erschienen]. Berlin: Realschulbuchhandlung, 1815c.
Grimm, Jacob, und Wilhelm Grimm. *Kinder- und Haus-Märchen*. Bd. 3. Berlin: Reimer, 1822.
Grimm, Jacob, und Wilhelm Grimm (Übers.). *Irische Elfenmärchen*. Leipzig: Friedrich Fleischer, 1826.
Grimm, Jacob, und Wilhelm Grimm. *Sammlung von Zetteln mit Inhaltsangaben mittelalterlicher Dichtungen*. Berlin, Staatsbibliothek zu Berlin – Preußischer Kulturbesitz, Nachlass Grimm 258.
Gürtler, Hans, und Albert Leitzmann (Hg.). *Briefe der Brüder Grimm*. Jena: Frommann, 1923.
Hamburger, Käte. „Das epische Präteritum". *DVjs* 27 (1953): 329–357.
Hofmeister, Wernfried. „‚Inhaltsangaben' als literarhistorische Herausforderung dargestellt am Beispiel von Heinrich Wittenwilers Versepos ‚Der Ring'". *Jahrbuch für Internationale Germanistik* 35.2 (2003): 169–201.
Jolles, André. *Einfache Formen. Legende. Sage. Mythe. Rätsel. Spruch. Kasus. Memorabile. Märchen. Witz* [1930]. 7., unveränderte Auflage. Tübingen: Niemeyer, 1999.
Jones, William. *The Works*. Bd. 6. London: Robinson und Evans, 1799.
Kraut, Philip. „Grimms *Lieder der alten Edda*. Neuere Untersuchungen zur skandinavistischen Fachgeschichte". *Wirkendes Wort* 68.3 (2018): 497–506.
Moenninghoff, Burkhard. *Stilistik*. Stuttgart: Reclam, 2009.

Paul, Fritz. „Heldenlieder der Edda in der Übersetzung der Brüder Grimm. Einleitung und Edition der Texte aus dem Nachlaß". *Jahrbuch der Brüder Grimm-Gesellschaft* 2 (1992): 7–62.

Rölleke, Heinz. *Die Märchen der Brüder Grimm. Eine Einführung.* Stuttgart: Reclam, 2004.

Rosenplänter, Johann Heinrich (Hg.). „Ehstnische Fabeln". *Beiträge zur genauern Kenntniß der ehstnischen Sprache* 8 (1817): 120–142.

Scheuer, Hans Jürgen. „Faltungen. *Brevitas*, Allegorie und Exemplarität in mittelalterlichen Transformationen Ovids". *Die Kunst der brevitas. Kleine literarische Formen des deutschsprachigen Mittelalters.* Hg. Franz-Josef Holznagel und Jan Cölln. Berlin: Erich Schmidt, 2017. 57–75.

Schlegel, Friedrich von. Brief an Jacob Grimm vom 24. Juli 1812. Berlin, Staatsbibliothek zu Berlin – Preußischer Kulturbesitz, Autogr. I/1541, Bl. 1–4.

Stammler, Wolfgang. „Zur Geschichte der deutschen Philologie". *Hundert Jahre A. Marcus und E. Webers Verlag 1818–1918.* Hg. Albert Ahn. Bonn: A. Marcus und E. Weber, 1919. 140–149.

Schwab, Gustav. *Die schönsten Sagen des klassischen Alterthums. Nach seinen Dichtern und Erzählern.* 3 Bde. Stuttgart: Liesching, 1838–1840.

Spoerhase, Carlos, und Nikolaus Wegmann. Art. „Skalieren". *Historisches Wörterbuch des Mediengebrauchs.* Hg. Heiko Christians, Matthias Bickenbach, Nikolaus Wegmann, Judith Pietreck (Redaktion) und Josef Ulbig (Mitarbeit). Köln, Weimar und Wien: Böhlau, 2018. Bd. 2. 412–424.

Tieck, Ludwig (Bearb., Hg.). *Minnelieder aus dem Schwäbischen Zeitalter.* Berlin: Realschulbuchhandlung, 1803.

Zabka, Thomas. „Texte über Texte als Formate schriftlicher Leistungsprüfung: Nacherzählung, Inhaltsangabe, Analyse, Interpretation und benachbarte Aufgaben". *Lese- und Literaturunterricht. Bd. 3: Erfolgskontrollen und Leistungsmessung. Exemplarische Unterrichtsmodelle.* Hg. Michael Kämper-van den Boogaart und Kaspar H. Spinner. Baltmannsweiler: Schneider Verlag Hohengehren, 2010. 60–88.

Sabine Mainberger
‚Listen', Alineas, Artaud

1 Listen bei Artaud?

> Entre Port-Arthur
> et Lhassa,
> Hydérabad,
> Kaboul,
> Erzéroum,
> Prague,
> Florence,
> Le Havre,
> Lyon
> et Paris,
> il y a une certaine ligne noire,
> où l'on ne peut pas dire que les gris-gris d'Artaud Mômo n'ont pas agi.
> (Artaud 2004a, 1425)[1]

Das ist zweifellos eine Liste: Zehn Ortsnamen werden aufgezählt, durch sie lässt sich eine Linie vom fernsten Osten nach Europa ziehen. Doch was bedingt die Auswahl? Haben die Städte jeweils eine besondere biographische Bedeutung? In Le Havre z. B. wurde Artaud bei seiner Rückkehr aus Irland mit der Zwangsjacke in die Psychiatrie gebracht (1752). Und was verbindet diese Topographie mit den *gris-gris* genannten Zeichnungen? Die Form Liste ist eindeutig, aber die ihr entsprechende enumerative Praxis bleibt unklar.

Das nächste Beispiel eines Auflistens ist komplexer:

> Je hais et abjecte en lâche tout être dit de la sensation.
> Je hais et abjecte en lâche tout être qui ne veut être qu'être et ne veut pas vivre pour travailler.
> [...]
> Je hais et abjecte en lâche tout être qui ne veut que se sentir vivre et ne veut pas avoir travaillé à vivre.
> [...]
> Je hais et abjecte en lâche tout être qui accepte de ne pas s'être fait et qui accepte et reconnaît l'idée d'une nature matrice comme moule de son corps déjà fait.
> [...]

---

[1] Seitenzahlen in Klammern ohne weitere Angaben stammen im Folgenden immer aus Artaud 2004a. Zum hier nicht ausführbaren Themenkomplex ‚Linie' vgl. Mainberger und Ramharter 2017.

> Je hais et abjecte en lâche tout être qui ne reconnaît pas que la vie ne lui est donnée que pour refaire et reconstituer son corps et son organisme tout entier.
> Je hais et abjecte en lâche tout être qui [...]. (1577)

Insgesamt gibt es 22 derartige Sätze. Das Thema ist klar benannt, die Auswahl der einzelnen Items freilich von nichts abzuleiten. Die Liste muss mit den genannten verhassten Erscheinungen nicht enden, aber der Leser könnte sie nicht fortsetzen; denn die Items stammen weder aus einem Set (wie etwa ,die zwölf Monate') noch aus einem zählbaren Bestand (,die Stücke Shakespeares'), auf den er rekurrieren könnte (Mainberger 2017a, 95–96; 2003, 10–11). In diesem Sinn ist die Aufzählung potentiell ,endlos'. Die einleitende Formel artikuliert Abscheu, Hass, Verachtung, Verdammung. Wenn andere moderne Schriftsteller Listen ihrer Vorlieben oder Abneigungen verfassen, hat das oft spielerischen Charakter (Mainberger 2017b, 341–347). Artauds ,Listen' der Zurückweisungen fehlt dagegen jegliche selbstironische Leichtigkeit. Sie wirken oft nicht nur wie Litaneien, sie bitten und flehen (freilich als individuelle Äußerung), invertieren die preisende oder lobende Anrufung zur Beschimpfung, das Credo zu einem negativen Bekenntnis (,Ich glaube nicht mehr an...'), sie klagen und klagen an, verwünschen, beschwören, kurz: Ihre Muster sind oft Arten rituellen Sprechens, deren Funktion privatisiert und deren Inhalte ins Blasphemische oder Exorzistische verkehrt werden. Sie haben mit Praktiken des Katholizismus zu tun, mit archaischen und außereuropäischen Ritualgesängen, wie sie Artaud in Mexiko faszinierten, mit seiner religiösen Manie, mit seiner Besessenheit von Magie, die nur durch Gegen-Magie zu bekämpfen ist, etc. Er aktualisiert erkennbar Formen aus diesen Bereichen, aber dabei handelt es sich nicht nur um literarisierende Adaptionen.

Die folgende Sequenz ist nach dem gleichen Prinzip konstruiert: Jede Zeile besteht aus einem gleichlautenden, formelhaft wirkenden Anfang und einer variierenden Fortsetzung. Formal ist es eine Liste, aber weder ist die Semantik verständlich noch die sprachliche Handlung oder ihr Modell identifizierbar:

> O vio profe
> O vio proto
> O vio loto
> O théthé (1451)

Und wie steht es mit der folgenden Passage?

> poiol
> elti
> shenets
> enetis
> elsid
> aste (1498)

Wenn überhaupt, macht nur das Schriftbild diese Sequenz zu einer Liste. Sie erscheint im Druck als Kolumne, jede Zeile enthält nur eine Einheit, ein ‚Wort' eines Privatidioms. Dass die listentypische Vertikale nicht nur ein Effekt der Typographie ist, zeigt die Handschrift auf der Heftseite: Die einzelnen Elemente sind vertikal angeordnet.[2] Das Ganze gehört zu den Glossolalien, jenen erfundenen Lauten, die Artaud sorgfältig als Teil einer poetischen Artikulation produziert. Auch sie sind Formen, keine Sprache der Schizophrenie (Mèredieu 2006, 949–950; Rogozinski 2011, 161–162).

All diese Beispiele entstammen Schriften des Jahres 1947, d. h. Texten aus der Zeit nach Artauds Rückkehr aus der psychiatrischen Anstalt in Rodez. Sie könnten beliebig vermehrt werden um weitere Texten aus dieser letzten Lebensphase; sie ließen sich aber auch ergänzen um frühe aus der Zeit des Surrealismus und aus den 30er Jahren; Manifeste und Appelle favorisieren das Aufzählen. In Artauds Schreiben begegnet es in vielen Varianten, und zwar – sofern es hier überhaupt identifizierbare Gattungen gibt – quer zu Gedichten, Briefen, Essays, Aufrufen, Notaten u. a. Artaud ist ein Schreiber dieser und anderer ‚kleiner Formen'.

Unter Bedingungen modernen literarischen Schreibens fungieren Listen oft als Verneinung der Form, sie lösen Gattungen auf oder verhindern, dass überhaupt ein Genre erkennbar wird, dem sich ein Text zuordnen ließe. Vermutlich könnte man Artauds ganzes Anti-Werk durchgehen und anhand dieser Nicht-Form sehen, wie es sich allen möglichen Erwartungen an Literatur entzieht.

2 Aufzählen als körperliche Praxis

Aus schrifttheoretischer und -historischer Perspektive sind Listen eine spezielle Funktion des Schrift*bilds*, d. h. eine Leistung der Spatialität der Schrift. In Listen begegnet Schrift als redeunabhängige Technologie. Zumindest im Hinblick auf die europäische Schriftentwicklung gilt diese Art der Verwendung als die älteste; die frühesten Schriftdokumente sind Listen zum administrativen Gebrauch. Schrift ist darin dem Zählen und Rechnen enger verwandt als der Notation des gesprochenen Worts (Goody 1977).

Bis heute haben Listen in Alltag, Bürokratie, Wissenschaft, elektronischen Medien ihre Funktion als Ordnungsverfahren; sie selektieren und kondensieren Informationen, machen sie im wörtlichen Sinn über-sichtlich. Sie leisten diesen Dienst allemal in der Wissensgesellschaft und im Zeitalter der Globalisierung, in

---

2 Vgl. Abb. 1497, oben rechts (Rand).

dem das Internet auf jegliche Fragen Listen von Antworten bereithält, d. h. von irgendwelchen Parametern gemäß ausgewählten und gesammelten Daten. Listen sind omnipräsent. Wegen ihrer vielfältigen Leistungen sind sie unentbehrlich. Auch literaturgeschichtlich hatten und haben sie seit jeher viele Auftritte, vom epischen Katalog bis zur gegenwärtigen Datenpoesie. Sie erfüllen die verschiedensten Funktionen, fügen sich in alle möglichen Zusammenhänge ein, sind extrem flexibel, einfach zu produzieren, schnell (oder gar nicht) zu lesen. Nicht überall aber werden sie auch kultiviert, epistemologisch und poetologisch reflektiert, wird mit ihnen gespielt und experimentiert. Jenseits traditioneller Poetiken und der rhetorischen Matrix des Wissens hat sich das moderne Schreiben des Enumerativen angenommen und testet seine Potentiale aus (Mainberger 2017a, 2017b, 2003).

Üblicherweise werden Liste, Schriftlichkeit und Ordnen identifiziert. Dieser Konnex bestimmt häufig auch das aktuelle literaturwissenschaftliche Interesse an Listen – etwa am archivierenden Zug der Popliteratur oder am Verhältnis literarischer Formen zu Instrumenten epistemischer und politischer Machtausübung (Register, Inventar, Rankingliste, Positionskatalog, Stammbaum etc.). Listen sind wie das Schreiben selbst eine Kulturtechnik. Darüber wird jedoch vergessen, dass der Akt des Auflistens, das Aufzählen als Praxis, selbst auch ein körperliches Tun ist, dass Kulturtechniken auch Körpertechniken implizieren. Epische Kataloge oder Litaneien werden, was immer die Schrift zu ihnen beiträgt, mündlich performiert. Aber auch das Schreiben hat neben seiner Materialität seine Physiologie und Gestik. Bei Artaud ist das zentral: Schreiben, Zeichnen, Kritzeln, Gesten der Hände und des Körpers, Sprechen, Schreien, Atmen... – im Graphieren sind sie miteinander verquickt, es ist ein körperliches Agieren; alles kommt aus dem Körper und kreist um ihn, auch das orale Aufzählen und das skripturale Auflisten. Sie haben mit rituellen, sexuellen, künstlerischen, obsessiven Gesten zu tun. Grenzen zwischen diesen Kategorien sind prinzipiell schwer zu ziehen, bei Artaud scheint es allemal unmöglich.

Das Wort ‚Liste' steht im Titel dieses Aufsatzes in Anführungszeichen, um darauf hinzuweisen, dass das Schriftbild Liste hier vor allem als Indiz dient; es geht um im Körper verankerte, von diesem vollzogene aufzählende Praktiken. Auf einer Papierseite, gedruckt oder handschriftlich, begegnen kolumnenförmig disponierte distinkte schriftliche Elemente. Sie sind die Spuren jenes Tuns, ihre Relikte. Oder auch Skripte für eine (erneute) mündliche Realisierung, etwa eine Sprechaufführung im Radio.

Im Folgenden versuche ich, dieses aufzählende Agieren an einigen Beispielen genauer zu betrachten und es wenigstens andeutungsweise als eine räumliche, materiale, körperlich-gestische Szene zu rekonstruieren. Der nächste Abschnitt gilt enumerativen ‚Prädizierungen' des Körpers und dessen Anatomisierung, der letzte dem Verhältnis von kolumnenförmiger Graphie und Alineas zu ihrem Schreibgrund.

3 Den Körper aufzählen: ‚prädizieren', anatomisieren, rekonstruieren

Bei Artaud veranlasst der Körper das Aufzählen,[3] er ist sein Medium und immer wieder sein Gegenstand. In den *Interjections* von 1947 nennt eine mehrere Seiten lange Liste, was ein Körper alles nicht ist:

> pas d'esprit,
> pas d'âme,
> pas de cœur,
> pas de famille,
> pas de familles d'êtres,
> pas de légions,
> pas de confréries,
> [...]
> pas de concepts
> pas d'affects,
> pas de langue,
> [...]
> pas d'inconscient,
> pas de subconscient
> pas de rêves,
> pas de races,
> [...]
> pas de zone,
> pas d'irradiation,
> pas de physiologie,
> pas de classes,
> [...]
> pas de vertu,
> pas de vice,
> pas d'honneur,
> *pas de péché*. [...] (1336–1339, Hervorh. im Original)

Ermüdend an dieser Auflistung sind neben der Länge auch die Wiederholungen von Items – „pas de classe(s)" kommt dreimal vor – und stereotype Gegensatz-

---

[3] Als 1940 die (Über-)Lebensbedingungen in der Anstalt zunehmend schwieriger werden, enthalten die Briefe oft lange Litaneien von Nahrungsmitteln (1755).

paare wie Analyse/Synthese, Tugend/Laster, Liebe/Hass, Auferstehung/Tod, ... Dass die ersten Items ‚Geist' und ‚Seele' heißen, gehört zu diesem Erwartbaren. Die Aufzählung wird zwischendurch unterbrochen, dann franst sie in Wiederholungen des Themaworts *corps* und des Alarmwortes *coups* aus und endet mit den vier Syntagmen „Pas de détachement,/ pas d'attachement./ Pas de monde,/ pas de création." (1340) Offenbar sind aus den Notizheften mehrere Aufzeichnungen zusammengezogen worden; das erklärt die Wiederholungen, den redigierenden Schreiber aber stören sie offenbar nicht. Hält die Liste der negativen Bestimmungen des Körpers in puncto Semantik kaum Überraschungen bereit, so sind auch die (in einem anderen Text von 1947 gegebenen) positiven zumeist einfach Synonyme.

> Je suis un corps
> une masse
> un poids
> une étendue
> un volume
> une dimension
> un biseau
> un versant
> une façade
> une paroi
> une latéralité
> un phénomène
> un fait
> une expansion
> une extension (1490);

dann aber folgt doch noch etwas Neues:

> une pression
> une oppression
> un mordant
> une portée
> (constitution
> institution
> collusion
> cohésion)
> une tropulsion
> un quelque chose. (1492[4])

---

4 Die schließende Klammer umfasst im Manuskript alle vier Zeilen; vgl. 1491.

Das Wort *tropulsion* existert im französischen Vokabular nicht. Ist es eine Verstümmelung von *rétropulsion* (An-/Trieb nach rückwärts), ein Kofferwort aus *trop* und *pulsion* (zu viel Trieb) oder aus *trop* und *propulsion* (zu viel Fortbewegung, Antrieb)? Das wäre das Gegenteil von *rétropulsion*. Macht sich etwas Derartiges im langen Aufzählen geltend? Der gleiche Impuls geht immer weiter, ohne ein Ende zu finden. Hier kommt er mit einem unverständlichen Wort oder einem völlig insignifikanten Item zum Stehen; nach viel (prädizierendem) Aufwand also: „Ich bin ein Etwas." Ist das eine Zurücknahme von allem (die doch, da das Geschriebene nicht gelöscht wird, auch unterbleibt) oder nur ein Sich-Zurückziehen ins Enigmatische, denn die Fortsetzung heißt: „Ma pototersion n'est pas une cohésion" (1492)? Auch das bleibt unverständlich, und dass sich keine Kohäsion ergibt, auch keine, die *cohésion* und *dissolution* vereint, wie die Fortsetzung lautet, ist tautologisch. Einige Zeilen weiter heißt es denn auch, das, was er sei, sei mit den menschlichen Vorstellungen vom Raum und von der Zeit, vom Wesen und vom Prinzip der Dinge nicht definierbar. Eine Liste der das Ich bestimmenden Prädikate also dient dazu, dessen Bestimmbarkeit zu leugnen. Diese Art Zu- und Absprechen gemahnt an Verfahren theologischer (oder mystischer) Rede, an kata- und apophatische Äußerungen über Gott (oder ein divinisiertes Objekt der Liebe), die in religiösen Schriften oft als lange Listen begegnen.

Auf quasi anatomische Weise wird ‚der Körper' auch detailliert und Stück für Stück verneint: Offenbar rückblickend auf die Zeit der Internierung heißt es z. B.

> J'étais vivant
> [...]
> Mangeai-je?
>
> Non
> [...]
>
> Dormé-je?
>
> Non, je ne dormais pas
> il faut être chaste pour savoir ne pas manger.
> Ouvrir la bouche
> c'est s'offrir aux miasmes.
> Alors, pas de bouche!
> Pas de bouche
> pas de langue
> pas de dents
> pas de larynx
> pas d'œsophage

pas d'estomac
pas de ventre
pas d'anus. (1581)

All diese Zurückweisungen von Organen – und mit ihnen von Funktionen des Essens, Sprechens, Verdauens, Ausscheidens – dienen der expliziten Aussage nach der Herstellung von ‚Keuschheit' (also wohl dem Vermeiden von Masturbation), aber der Akt ihrer je einzelnen Benennung, ihres sukzessiven Aufrufens, dient nicht nur dieser Obsession: Der Zurückgekehrte versucht vielmehr, seine Gesundheit wiederzugewinnen, und dies tut er unter anderem sprachlich, unter anderem Listen aufstellend.

Am Ende dieser Aufzählung negierter Körperteile steht die Funktion dieses Tuns: „Je reconstruirai l'homme que je suis." Aufzählend findet also eine Arbeit der Wiederherstellung statt. Die Teile des von Elektroschocks zerstückelten Körpers (und des verlorenen Ichs) müssen wieder eingesammelt und zusammengesetzt werden. In der Liste sind sie als distinkte Elemente ohne Interaktion präsent; was einen Organismus ausmacht, fehlt mithin. Die Negation weist sie zurück, doch die Signifikanten stehen auf dem Papier; als geschriebene und lesbare werden sie sprachlich realisiert. Eine Rekonstruktion des Körpers oder gar des ‚Menschen, der ich bin', ist das freilich noch nicht: Das Verb steht im Futur. Einzelne Teile ergeben noch kein Ganzes – das signalisiert hier, könnte man sagen, auch die Liste, denn eine solche bietet eben keinen ‚organisch' artikulierten Zusammenhang, sondern nur einen aggregativen. Man beachte aber, was die Items dieser Aufzählung kohärent macht: Sie sind nicht nur formal einander ähnlich und semantisch homogen, sie folgen auch einer strengen Reihenfolge: dem physiologischen Itinerar vom Mund zum Anus. Die Sequenz entspricht dem körperlichen Vorgang der Nahrungsverwertung, sie läuft von oben nach unten, vom Anfang zum Ende, ist also geordnet und vollständig.

Artauds Anliegen war laut Grossman, die Richtung der Zeit und des Lebens umzukehren: Anhand einer berühmten Passage von 1948[5] erinnert sie daran, dass mit der Topographie des oral-analen Trakts symbolisch alle möglichen Wertsetzungen und Hierarchien verbunden sind – bis hin zu der von Zeugung, Geburt und Tod. Sie gelte es auszuheben; diese angestammte Linearität suche er mit allen Mitteln außer Kraft zu setzen, auch und gerade in der Unordnung sei-

---

5 „L'homme est malade parce qu'il est mal construit./ [...]/ Lorsque vous lui aurez fait un corps sans organes/ alors vous l'aurez délivré de tous ses automatismes et rendu à sa véritable liberté./ Alors vous lui réapprendrez à danser à l'envers/ comme dans le délire des bals musette/ et cet envers sera son véritable endroit" (1654).

ner Notate in den Heften, also in der Nichtlinearität des Schreibens (2006, 15–18). Widerspricht dem indes nicht diese wohlgeordnete Liste? Ihr Verlauf hält sich (wie die rhetorisch geprägte Ekphrasis, wie der anatomische Blason) an die bekannte Ordnung der Dinge. Leistet diese Disposition etwas wie eine vorgreifende Wiederherstellung des Zerstörten, eine wenigstens virtuelle *restitutio ad integrum*? Oder bestätigt sie jenes Anliegen? Muss der Körper in seinen einzelnen Funktionen systematisch verneint werden, damit an seine Stelle ein neuer treten kann, damit *reconstruire* eben nicht ‚wiederherstellen' sondern ‚neu machen' heißt („refaire son anatomie"; 1654)? Der Passus zeigt jedenfalls, dass von einem Unvermögen zum klaren Ordnen keine Rede sein kann.

Der Schlusssatz lautet ‚ich *werde* den Menschen rekonstruieren, der ich *bin*' (nicht ‚der ich war'), und ‚ich werde ihn *rekonstruieren*' (nicht konstruieren). Damit bleibt in der Schwebe, ob ‚der Körper' nur Stück für Stück negiert oder auch im Zeichen der Negation als ganzer beschworen wird. Ein Ringen um Genesung sucht den anatomischen, sexualisierten Körper zu überwinden, aber nicht um eines entdifferenzierten Zustandes willen; es sucht vielmehr, Verlorenes wiederzugewinnen (Rogozinski 2011, 154–164).[6] Zu dieser Ambiguität aber trägt hier auch das aufzählende Verfahren bei, und zwar gerade die quasi-systematische, finite ‚Liste'.

4 Zeilenwechsel haptisch

Die schriftbildliche Gestalt der Liste ist die Kolumne. Die Schrift bricht vor dem Zeilenende ab und lässt Platz bis zum rechten Rand; die Hand zieht sich von der Schreibfläche zurück, springt an die gegenüberliegende Seite und setzt mit der Bewegung erneut ein; links folgen die Zeichen im Druckbild exakt, in der Handschrift mehr oder weniger bündig aufeinander, nach rechts flattern sie aus – diese visuelle Form teilen Listen und Gedichte. Beide sind Komplemente zur *prorsus*, geradeaus, gerichteten Bewegung der Prosa. Wenn eine neue Zeile beginnt, ohne dass die laufende ausgefüllt ist, spricht man von Alinea: Der Etymologie nach negiert es die Zeile, benennt ein Abstandhalten, Sich-Zurückziehen von ihr oder auch, einer anderen Erklärung nach, das Zurückkehren zur Linie, nämlich zur Senkrechten auf der linken Seite. Es generiert einen Absatz, weshalb es diesen

---

[6] Er kritisiert luzide Deleuzes Konzept des ‚organlosen Körpers' und die fatalen Folgen für die Artaud-Interpretation.

auch metonymisch bezeichnet. Er kann obendrein durch Zeileneinzug oder das Überhängen der ersten Zeile markiert sein. Beides unterbricht den gleichförmigen Verlauf auf der Linken, lockert die begrenzende Gerade auf. Auch Leerzeilen sind eine Variante. All diese Verfahren aber gliedern eine vollgeschriebene Seite optisch deutlicher. Bei einer Kolumne lassen Einzug und Überhängen den Umriss einer Treppe oder einer abwechselnd breiter und schmaler werdenden Säule entstehen. Der händische Schreibvorgang erfordert am Ende einer Zeile immer das Anheben des Instruments und den Seitenwechsel, bei Kolumne und Alinea geschieht dies, bevor Platzgründe es erzwingen.[7] ‚Kontingenter' Zeilenwechsel ist in Maßen normal und erwünscht, er unterstützt die Lesbarkeit, indem er Pausen gewährt. Wenn er gehäuft oder ständig auftritt, nähert sich das Schriftbild der Kolumnenform. Beide Verfahren fallen im Rahmen westlicher Schreibkonventionen auf. Sie heben das Geschriebene aus dem Kontinuum heraus, isolieren es, indem sie die leere Fläche um es herum vergrößern. Sie machen an Schrift das Schrift*bildliche* sichtbar, führen ihre sonst nur genutzte, aber nicht bemerkte Räumlichkeit ostentativ vor. Indem sie derart an das Auge appellieren, signalisieren sie eine andere Art zu lesen als die übliche: im Fall formal gleichförmiger Listen ein schnelles Abtasten des Sichtbaren nach einer bestimmten Information und Herauspicken des Gefundenen, im Fall ständig wechselnder Zeilen im Gegenteil ein immer wieder innehaltendes, vor- und zurückspringendes, Beziehungen suchendes Lesen – das intensive, das Gedichte erfordern.

Artauds Texte haben im Druck sehr häufig eine vorrangig vertikale, schmale Gestalt. Aber auch die Hefte aus Ivry zeigen immer wieder ein Schriftbild mit viel Weißraum;[8] zwischen breiten Rändern rechts und links stehen manchmal nur einige Wörter, oft nur eines in einer Zeile. Auf den ersten Blick würde man in dem senkrecht Disponierten Poesie oder eben Listen vermuten, bei näherem Hinsehen zeigt sich indes, dass auch Texte, die man weder als das eine noch als das andere ansehen würde, sich so präsentieren; alles tendiert dazu, das Weitergehen der Prosa aufzuhalten, den Textblock auf- und die Zeile umzubrechen. Oft ersetzt der Sprung auf die nächste Zeile die Interpunktion (Grossman 2006, 10); die visuelle Rhythmisierung übernimmt die Funktion des Satzzeichens. Man könnte auch in

---

[7] An der Schreibmaschine griff die Hand einst noch vor dem Klingelzeichen schnell zu jenem Hebel, der den Schlitten mit einem unverwechselbaren Geräusch nach links zurücksausen ließ. Am Notebook vollziehen die Bewegung nach links nur noch die Augen.

[8] Die Hefte aus Rodez sind dicht beschrieben, und dies nicht nur aus Gründen der Papierknappheit; die bis zum Rand vollgestopften Seiten weisen eine für psychisch Kranke typische Weise der Raumnutzung auf („bourrage"). In den Heften aus Ivry zeigt sich dagegen eine veränderte kinetische und psychische Ordnung (Mèredieu 2006, 995–999).

diesen Praktiken eine ‚kleine Form' sehen, eine der kleinsten, die das Schreiben erlaubt. Eine Form – und nicht nur eine Formatierung – ist das Alinea, weil es nicht nur beim händischen Schreiben durch eine Geste zustandekommt, d. h. eine mehr oder weniger körperliche, zugleich soziokulturelle, mit anderen geteilte, bedeutsame und zur Bedeutungsproduktion fähige Praxis. Diese wird als Körpertechnik gelernt und realisiert, aber sie kann auch ergriffen, ausgebaut, überformt und gezielt eingesetzt werden, nicht zuletzt zu ganz anderen als den üblichen Zwecken. Ihr exzessiver Gebrauch zerstreut die Aufmerksamkeit, statt sie zu konzentrieren, erschwert die Lesbarkeit, verhindert die Realisierung von Bedeutung u. ä., aber er kann auch prinzipiell die schriftbildliche Ordnung der Seite untergraben.

In dieser forcierten Weise begegnen in Artauds Schreiben ständig Zeilenwechsel und Zeileneinzug. Sie lassen seine beschriebenen Seiten zerrissen wirken; Absätze springen hin und her, als würden gegensätzliche Kräfte sie bald schieben, bald zerren. Eine Liste nimmt sich mit ihrer relativen Regularität darin wie eine Beruhigung aus: Wenigstens wiederholt sich die Bewegung erkennbar; inmitten frenetischer, wüster Aufzeichnungen ist sie an diesen Stellen zumindest momentweise vorhersehbar. Mehr an Stabilität aber bietet auch die approximative Säulenform selten; ihr entspricht keine architektonische Funktion. Auch diese Erscheinungen durchzieht vielmehr eine furiose Dynamik.

Artauds Hefte sammeln nicht Notate, sondern zerstreuen sie, säen sie aus. Sie kennen keine Ordnung, wiederholen sich, folgen nicht einmal der Chronologie; Artaud selbst hatte keinen Überblick (Grossman 2006). Ähnliches lässt sich von den Aufzählungen darin sagen: Auch sie haben oft weniger sammelnde als disseminierende Funktion, sie bündeln nicht, sondern multiplizieren, verbreitern einen Ausdruck, singularisieren, intensivieren. Wenn sie sprachliche Elemente unter einem identifizierbaren Thema versammeln, dann nur als Moment, in dem die heftige, intrinsisch endlose Schreibbewegung auf sich selbst rekurriert; sie tritt vorübergehend auf der Stelle, bildet eine Art Wirbel. Auch eine extensive Liste von Synonymen zu *corps* führt, wie gesehen, nur zur Behauptung von dessen Undefinierbarkeit; das Sammeln von Prädikaten hat kein Telos. Aufzählendes Zusammenballen entleert die Wörter vielmehr und macht sie epistemisch dysfunktional. Und wie die Semantik den Leser im Stich lässt, hält auch das Ordnung suggerierende Schriftbild der Liste nicht, was es zu versprechen scheint. Als repetitives Tun ist das Aufzählen weniger ein Organisieren als ein Insistieren. Damit ähnelt es einer anderen von Artaud immer wieder vollführten Geste: einem Bohren und Stechen. Diese begegnet nicht nur im metaphorischen Sinn. Im Manuskript des Textes *50 dessins pour assassiner la magie* vom Januar 1948 z. B. findet dergleichen tatsächlich materialiter statt.

Das Papier ist mit einem spitzen Instrument durchstochen;[9] die Hand hat auf das Heft wieder und wieder eingestoßen, offenbar von hinten, wie in einen Körper, den sie erdolchen wollte. Punktstechen und Bohren haben bei Artaud viele Konnotationen; sexuelle liegen nahe, aber zumindest der Stoß mit dem überspitzen Stift verweist auch auf die Elektroschocks, die Fläche auf den Operations- und Foltertisch (1513; Derrida 2002, 24). Die Zeichnung gilt ihm als Wiederherstellung (*restitution*) einer Bohrung, als Vordringen eines Bohrers in den immer verborgenen Körper (1514). Zeichnungen wiederholen also erlittene Gewalt, fungieren aber ihrerseits, wie der Titel der fünfzig zusammengestellten *dessins* besagt, als Gewalt und Gegenkraft gegen die Magie.[10]

Die über die Seite verteilten Löcher wiederholen sich auf den mit Tinte beschriebenen Blättern, auf der aufgeschlagenen Doppelseite erscheinen sie achsensymmetrisch, auf Vorder- und Rückseite jeweils spiegelverkehrt zueinander. Notiert ist ein einleitender Begleittext zu ausgewählten Zeichnungen aus verschiedenen Cahiers. Die Äußerungen zu den Zeichnungen betreffen aber auch das Schreiben, verschwindet dieser Unterschied doch in Artauds körperlichem Agieren. Die Graphismen sind die plane Wiedergabe einer Geste,

> [...] purement
> et simplement la
> reproduction sur le
> papier
> d'un geste
> magique
> que j'ai exercé
> dans l'éspace vrai
> avec le souffle de mes
> poumons
> et mes mains,
> avec ma tête
> et mes 2 pieds
> avec mon tronc et mes
> artères etc, – (2004b, 27–28).

Die ‚Szene' des graphischen Tuns ist literaliter eine solche; Zeichnungen und verbale Notate gehen aus Gesten hervor, die der Notierende genau beschreibt:

---

[9] Es ist wohl kein Bleistift wie in den ersten Heften in Rodez.
[10] Die Zahl der Zeichnungen ist hoch, weil die Verfolgungen immens sind und mit gleicher Exzessivität beantwortet werden müssen, und sie ist symbolisch auf 50 von Elektroschocks bewirkte Komas bezogen (Mèredieu 2006, 1001). Driesen spricht von Abwehrzauber (2016, 404).

Er begnüge sich nicht mit einer Aufzeichnung in einem Zug, sondern versuche die Aktion des in die Atmosphäre Geschriebenen zu verlängern:

> je me lève
> je cherche
> des consonances,
> des adéquations
> de sons,
> des balancements du corps
> et des membres
> qui fassent acte,
> [...]
> puis je me rapproche
> de la page écrite
> et
> ...
> [...]
> je souffle, je chante,
> je module (2004b, 31).

Artauds ununterbrochenes Schreiben ist ein vielfältiger körperlicher Vorgang: Er singt, spuckt, stöhnt, schreit, hält im Gehen an, um zu notieren, in seinem Zimmer in Ivry schlägt er mit einem Hammer auf einen Holzklotz ein... Barthes spricht von einer Stereophonie des Fleisches, Grossman von einer Artikulation des Körpers in oralen oder analen Auswürfen, wie bei einem Vulkanausbruch (2006, 15).

Die fünfzig Zeichnungen seien nur zu verstehen, wenn man den Raum der Seite verlasse und den realen betrete, diesen wiederum verlasse zugunsten des surrealen, außerrealen, übernatürlichen etc. Die Seiten der Hefte können als Artauds neues Theater gelten (Grossman 2004). Denn Schreiben und Zeichnen sind wirklich Aktion und Geste; das Manuskript zeigt ein gewaltsames Tun nicht nur mit Sprache, Schrift, Hand, Schreib- und Zeichenwerkzeug; es ist vielmehr eines mit dem ganzen Körper, am Papier, gegen dieses, quer dazu, durch es hindurch. Statt der üblichen Operationsfläche wird es als dreidimensionales Objekt behandelt oder besser misshandelt. Die Blätter hat Artaud nicht einzeln bearbeitet (wie seine mit Brandlöchern versehenen *sorts*), sondern als kompakte Einheit. Als Stapel oder Heft sind die Blätter der Einleitung Gegenstand des wütenden Angriffs. Papier, Zeichnung, Schrift müssen transzendiert werden – das Zweidimensionale ist im Verhältnis zur Aktion nur ‚Reproduktion', entscheidend dagegen die Performanz. Das sind freilich Ansprüche des Theaters, die sich in Heften und Büchern nicht erfüllen lassen. Hier tritt an ihre Stelle das handgreifliche Tun mit den Blättern: Die beschriebene Seite verlassen, vordringen zum realen Raum – dergleichen geschieht tatsächlich: als Durchstoßen des Papiers. Die glatte Decke wird perforiert. Danach kommt das Beschreiben. Die Reihenfolge ist gut erkennbar, denn das Schreiben in Kolumnen und mit Einrückungen weist hier eine Besonderheit auf: Die Anordnung der Wörter auf der Zeile und die Alineas richten sich nach den Löchern im Papier. Die Einstiche befinden sich vor allem im linken unteren Viertel. Dementsprechend beginnen die Zeilen auf der recto-Seite in diesem Bereich erst in der Mitte, auf der verso-Seite enden sie dort. Fast immer werden die Löcher sorgfältig ausgespart. Sie fungieren als ‚Gestaltung' der Seite wie auf anderen Blättern die Zeichnungen. Zugleich sind sie eine Gegen-Gestaltung: zum vorgedruckten Raster, den zweifachen (einmal eins und vier mal vier Millimeter großen) Karos und der Randmarkierung des Papiers. Sie geben dem Schreibgrund eine weitere Struktur, die Glätte, Geometrie, Rechtwinkligkeit, Homogenität, Maße verneint; es ist eine sowohl optische wie haptische aus unregelmäßig verteilten, rhythmischen, schräg liegenden Marken. Einer der Stiche befindet sich etwa in der Mitte der Blätter. Ist es der erste, bildet er ein Kraftzentrum? Es ist das einzige Loch, das bei diesem Text immer von Schrift umgeben ist. Das Beschreiben richtet sich nach dem Zustand des materialen Trägers; es weicht aus, platziert die Spuren rechts oder links von den durchbohrten Stellen; nur auf der ersten und der letzten Seite zieht jeweils ein Strich durch die Öffnung in der Mitte und wird von ihr unterbrochen. Wenn das Papier ein attackierter Körper ist, dann sind die Einstiche Wunden. Die gebrochenen Zeilen sorgen dafür, dass die Stigmata sichtbar bleiben. (Abb. 1)

Der reale Raum jenseits des Blattes enthält das Physiologische, den das Sprechen skandierenden Atem, die Stimme, den Schreibakt mit seinen Pausen, Gesten, die das Heft traktieren... Artaud fragt sich selbst: Ich scheine Schriftsteller zu sein, aber schreibe ich? Er schreibe Sätze ohne Subjekt, Verb, Attribut oder Komplement (1516). Der Ausfall des Syntagmatischen nähert dieses Tun dem Aufzählen. Eine mögliche Antwort wäre: Nicht ‚ich' schreibe, sondern der ganze Körper schreibt. Dessen Artikulationen können nichts anderes sein als ‚kleine Formen': Glossopoesie, Interjektionen, Fragmente, ‚Listen', Alineas...

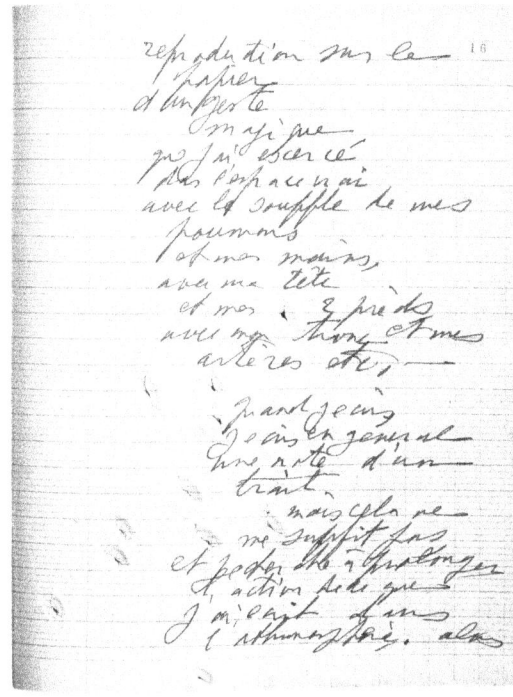

Abb. 1: Antonin Artaud: *50 dessins pour assassiner la magie,* 31. Januar 1948, Heft 396, fol. 16r (Artaud 2004b, 29).

Literaturverzeichnis

Artaud, Antonin. *Œuvres*. Hg. Évelyne Grossman. Paris: Gallimard, 2004a.

Artaud, Antonin. *50 dessins pour assassiner la magie*. Hg. Évelyne Grossman. Paris: Gallimard, 2004b.

Artaud, Antonin. *Cahier. Ivry, janvier 1948*. Hg. Évelyne Grossman. Paris: Gallimard, 2006.

Derrida, Jacques. *Artaud le Moma*. Paris: Galilée, 2002.

Driesen, Christian. *Theorie der Kritzelei*. Wien und Berlin: Turia + Kant, 2016.

Goody, Jack. *The Domestication of the Savage Mind*. Cambrige: Cambridge University Press, 1977.

Grossman, Évelyne. [Vorwort]. Antonin Artaud. *50 dessins pour assassiner la magie*. Hg. Évelyne Grossman. Paris: Gallimard, 2004. 5–11.

Grossman, Évelyne. „Quitter la lettre écrite". Antonin Artaud. *Cahier. Ivry, janvier 1948*. Hg. Évelyne Grossman. Paris: Gallimard, 2006. 9–19.

Mainberger, Sabine, und Esther Ramharter (Hg.). *Linienwissen und Liniendenken*. Berlin und Boston, MA: De Gruyter, 2017.

Mainberger, Sabine. *Die Kunst des Aufzählens. Elemente zu einer Poetik des Enumerativen*. Berlin und New York, NY: De Gruyter, 2003.

Mainberger, Sabine. „Ordnen/Aufzählen". *Literatur und materielle Kultur*. Hg. Susanne Scholz und Ulrike Vedder. Berlin und Boston, MA: De Gruyter, 2017a. 91–98.

Mainberger, Sabine. „Exotisch – endotisch oder Georges Perec lernt von Sei Shonagon. Überlegungen zu Listen, Literatur und Ethnologie". *LiLi* 48.3 (2017b): 327–350.

Mèredieu, Florence de. *C'était Antonin Artaud*. Paris: Fayard, 2006.

Rogozinski, Jacob. *Guérir la vie. La passion d'Artaud*. Paris: Cerf, 2011.

Liam Cole Young
Lists and other fragments from a general history of compression

Abstract: Die Liste als Resultat kompakter Datenverarbeitung, das sich einer asyntaktischen und enumerativen Logik unterwirft, ist ein blinder Fleck der Wissensgeschichte. Dabei sind Listen nicht nur omnipräsent – etwa in Form von Playlists, Blockchains, algorithmisch generierten Empfehlungs- und Suchlisten usf. –, sondern seit den Anfängen menschlicher Aufzeichnungssysteme essentieller Bestandteil von Wissenskulturen. Als archetypische Selbsttechniken, die unser Leben, Denken und Handeln überschaubar, kontrollierbar und memorierbar machen, regulieren sie das Informationsmanagement von Einzelpersonen und Institutionen.

Der Beitrag zeigt anhand dreier Beispiele, die einen je anderen Blick auf Modi der Wissensproduktion und -dissemination werfen, welche verkleinernden Operationen solche Listen vornehmen und wie sie unser Verständnis kognitiver und epistemischer Infrastrukturen zu erweitern vermögen. Diese sind (1) das archivarische Findbuch, das als Wegweiser und Schnittstelle zwischen Forscher und Sammlung bzw. Benutzer und Datenbank tritt, (2) das Florilegium als mobiles Komprimat kanonischer Exzerpte und Zitate in Mittelalter und Früher Neuzeit, und (3) Feld- und Lesenotizen, hier konkret: des kanadischen Ökonomen Harold Innis als Exempel einer individuellen Praxis der Wissensorganisation und -generierung.

Die operative Kleinform der Liste erscheint so als Ergebnis epistemischer und textueller Kompression, insofern sie große Mengen verstreuter Daten auf einen überschaubaren Umfang verdichtet – sowie zugleich der Selektion, da (nicht selten folgenschwere) Prozesse der In- und Exklusion für sie konstitutiv sind.

The year 2020 seems an important moment to consider the list. Whenever the calendar turns to a new decade, we are inundated with 'best of' collections across the culture but particularly in online environments: best films or novels, most important moments, greatest sports matches, and so on. Beyond these familiar canonizing bits of cultural criticism, we have seen in recent years a plethora of listing with higher and lower stakes. The move to streaming music services like Spotify and Apple Music has intensified our reliance on the 'playlist' as perhaps the dominant mode of musical engagement (a remediation of earlier fan practices such as 'mixtapes' of the 1980s and 1990s). Elsewhere, the much-hyped Blockchain ledger is itself a gigantic list of transactions, another example of a 'new' media repurposing 'old' techniques – in this case, techniques of accounting that have been in use since at least the 16th century. In scholarship, we have seen recent calls to diversify disciplinary canons and course syllabuses, and now alternative reading lists proliferate across Twitter and other platforms of scholarly communication. Elsewhere, the #metoo movement against sexual harassment and assault owes its origins, some argue, to a list of 'shitty media men' that began to circulate in 2017 amongst woman working in media industries. This unofficial, crowd-sourced list had important information sharing and protective functions for women working in environments of extreme and often violent power asymmetries.

These examples capture the complexity and contradictions of the list as a form. It is a humble informational structure with a long history, a small form that tells big stories. That historic and contemporary practices of listing have received so little scholarly and cultural attention until recently is surprising.[1] As Anthropologists Jack Goody (1977, 74–111) and Denise Schmandt-Besserat (1982; 1996) both showed, the form was present at the onset of human inscription systems and continues to structure our institutions and imaginations. It has for millennia performed vital functions associated with information management and administration for individuals and institutions alike. It is a primary but little-studied operator in the vast paperwork apparatuses of modernity and also a technique that helps us get things done in day-to-day life. Today, new species of lists proliferate across digital cultures as both *content* (e. g. the listicle) and *form* (e. g. the algorithm). Lists are a quintessential power technology. Most of history turns on a list: who or what is included or excluded can have dire or merciful consequences. Blacklists subject those included to power and surveillance, sometimes from the top down, as in state-sponsored lists of 'terrorists', or the bottom up, as with crowd sourced lists such as 'bad media men'.[2] The agency that inscribes and controls a list writes the world into existence. Susan Sontag captured this idea in her reflections on her self-proclaimed "compulsion" to list: "I *perceive* value, I *confer* value, I *create* value, I even create – or guarantee – *existence*" (quoted in Schmidt and Ardam 2014). For most of history such agencies were human; this can no longer be assumed in a world of machine learning and A.I. Increasingly, algorithmically-produced search result lists, playlists, or executable programs inscribe borders around fields of possible data. Such small forms of inscription therefore demand more attention from scholars.

---

[1] Jack Goody's chapter "What's in a list?" remains the earliest and most wide-ranging discussion of the list as a form (1977, 74–111). More recent takes include those by Doležalová et al. (2009); von Contzen (2016, 2017); Werbin (2017); Passoth and Wehner (2018) and Young (2017a). But lists continue to crop up as examples or case studies in media-theoretical work that does not focus on the list as the specific object of inquiry, such as Vismann (2008); Straw (2015); Peters (2015); and Birkin (2016).

[2] For an analysis of watchlists, 'no-fly' lists and governmentality, see Werbin (2009).

The allure of lists has to do with how they spring forth from the "abyss of non-meaning" that Bernhard Siegert describes as the zone in and from which all media operate as processors of non-sense into sense (2015, 4). Lists also incorporate and move across multiple and seemingly incongruent scales. They scale *down* by compressing complex phenomena to a smaller and more manageable scope (e. g. a list of observations or field notes). They scale *out*, across time and space, by programming action to be performed in the future (e. g. a to-do list, a recipe, or a set of instructions). They also scale *up* by giving form to what Umberto Eco (2009, 49) called the "*topos* of ineffability", which is a gesture toward the infinite and the endless (e. g. the '*and, and, and*' of the chronology). In tracing and comparing various 'species' of lists throughout history we can start to discern a picture of how the borders they draw – between 'best' and 'worst', 'us' and 'them', or 'important' and 'inconsequential' – confound, confuse, and motivate human behaviour and ideas, opening comparative vistas on knowledge, media and power.

In this essay, I show how compressive textual forms like lists are foundational to processes of knowledge production and assembly. Scholars use lists for innumerable purposes, but almost always in an effort to scale down. Field notes gather impressions, observations, and details from the world. To-do lists make life and labour more manageable. Reading notes compile select moments from texts for later retrieval. Syllabuses carve particular pathways through the endless archive of possible material on a given topic. In each case, the list performs functions of compression, streamlining material down to a manageable scope. But each act of compression is one of selection: certain items are chosen and others discarded or left aside. Data is organized using formal principles very different from the presentation of other scholarly material. The 'tissue' that connects prose – grammar, syntax, paragraph, narrative, and so on – is either absent or of secondary importance to the formal properties of a list, which abides by the logic of lines, numbers, commas, vertical stacks, boxes, and so on. Not all lists are the same, of course, but all are united in their difference from narrative and grammatical forms of writing and presentation.

These processes of compression and selection, observable in small textual forms such as the list, have important cognitive and conceptual implications on how we write, theorize, and disseminate knowledge. To demonstrate, I will offer some notes on the relationship between 'compression' and 'selection' before exploring three examples of scholarly listing practices. Each offers a view on a different layer of knowledge production: the *archival finding aid* on knowledge institutions, *florilegia* of medieval and early modern scholarly communities, the *field and reading notes* of Harold Innis on individual scholarly practice. The collection of examples is partial, incomplete, and subject to addition and revision (every list is). I hope simply to suggest how our understanding of knowledge and intellectual culture is given more precision when we look to small forms and processes of 'Verkleinerung'.

1 Lists, compression, selection

In his book *MP3: The Meaning of a Format*, Jonathan Sterne writes conjecturally about a "general history of compression". Such a history, he suggests, could encompass not just technical formats like MP3, but also symbolic forms, and thus could "easily extend back to the invention of the point and the number zero, the codex and the scroll form of the book, the wheel, and perhaps even some kinds of ancient writing and number systems" (2012, 6). For Sterne 'compression' holds much potential as a critical concept in media analysis, not as a teleological catch-all, but as another crowbar with which to pry open questions, objects, and histories of media and communication that do not fall under the purview of more traditional categories like representation, production, reception, structure, or subject. He argues that compression has structured the Western media-technological imagination for millennia though it has not been, until recently, much discussed. For instance, dreams of compression in the name of total information awareness and navigability have long informed desires about gathering and organizing "all the world's knowledge", such as H. G. Wells's "world brain", Diderot's *Encyclopédie*, idealist visions from the 1990s of a countercultural world wide web, and the rather more corporately-inflected reality of Google in 2020.

To compress large aggregations of data, signs, and knowledge is to render noisy information environments navigable and controllable. Such dreams of total data or informational awareness are rarely questioned in popular discourse, which reinforces them through narratives of progress and innovation (one needs only flip through *Wired* or any Silicon Valley trade magazine to find them). Fiction, on the other hand, has long been a zone for soberer or at least more ambivalent explorations of media change, effects, and imaginaries. Examples of this 'compressive imaginary' are evident in, for instance, Borges's epistemic fiction of libraries, encyclopaedias, and classification systems, or in more recent takes on media-technologies of the present, such as the television program *Silicon Valley*. In the former, Borges's characters seek compressive solutions to the overwhelming problem of too much information. In the latter, computer programmers chase after a 'lossless' compression algorithm that will allow them to build a "new internet" that is less noisy, inefficient, and confusing for programmer and user alike. Indeed, compression is in many ways central to the project of "platform capitalism" (Srnicek 2017) given its promises of seamless connectivity and smooth user interfacing. But the quest for pure and efficient data, cleansed of impurities and redundancies, is an old desire.

In material terms, *compression* is about drawing together and condensing disaggregated items (whether words, atoms, or bits). Less remarked upon is the fact that in every act of compression, physical or symbolic, something is expelled, whether air and water, in mechanical acts of compression, or words and data, in the compression of the symbolic. The concept always describes shrinking the volume of something without eliminating whatever is deemed essential about the original. The goal of compression is to reduce the *quantity* of a thing (in size, area, or complexity) without losing its *quality* (mass, contents, meaning, functionality, etc.). Compression, today, carries residue of these technical considerations, particularly given the cultural ubiquity of conversations about digital data compression, though Alexander R. Galloway and Jason LaRivière (2017) remind that we should not let these technical considerations over-determine our understanding and use of this concept.[3]

Lists seem to be an archetypal compressive form. They streamline and economize large aggregations of data for functional and poetic purposes alike, stripping away grammar and syntax in creating a different economy of knowledge organization and transmission. But this collection of essays, and the conference that preceded it, provoke us to test the limits of the compression concept. As the book's sections show, to subsume all techniques of 'Verkleinerung' under the rubric of compression misses crucial distinctions. For instance, any act of compression is also one of selection. Lists are uniquely situated to remind us of this. The list wears the fact of its selective nature as an exoskeleton, visible for all to see: a border. Even if this border is not a clearly-inscribed line, the formal properties of any list, vertical or horizontal, cleave it off from its surroundings. A bullet point list is set apart from the text or other informational material that comes before, after, or beside it. Such lists:

– offer insights in an economical way,
– are not required to follow the rules of prose,
– carve a particular pathway through a text,

---

[3] Galloway and LaRivière (2017) explore compression metaphorically in the realm of philosophy. Most philosophers and especially those interested in the relationship between technology and nature, they argue, lament the "abstract" compression of nature and pure experience by humankind's technical innovations and institutions. It's another tired iteration, they argue, of the Biblical fall, the corruption of experience by human technics. They seek to elaborate a second stream, "generic compression", which conceives of compression in terms of non-philosophy. It is about reclaiming opacity and retreat as critical philosophical concepts and even ethical tenets.

- are always incomplete,
- are always the result of a writer's choices,
- end.

Similarly, a horizontal list, even if embedded in a larger text, abides by a different syntax than prose. This, often, is the source of its poetic power. Too many literary figures to mention have explored this capacity (see Belknap 2004, Eco 2009, Young 2017a). It is immediately obvious in both cases, vertical and horizontal list, that *some* items have been included and thus many others have been excluded. The list is thus an archetypal "cool" medium, which McLuhan (2003 [1964]) described as any media form that activates the reader, demanding an intensity of engagement, and, in the case of lists, begs us to question its logic. This attribute has been suggested as one of the primary factors in the proliferation of lists in, and of, culture, such as popular music charts (Parker 1991; Hakanen 1998; Huber 2010). Fans articulate, compare, and explore their cultural tastes and habits through lists of favourite songs, books, films, celebrities, historical moments, or whatever. When an institutionally-sanctioned list, such as Billboard's *Hot-100* song chart or the American Film Institute's *100 Best Villains*, omits our favourites, we are outraged and sometimes compelled to write counter lists. These formal properties and operations of selection are at least part of the story as to why lists have become so ubiquitous in digital cultures.

Indeed, lists traverse each of the sections of this volume. In addition to the processes of compression and selection outlined above, lists are an output of processes of 'reduction' and a technique by which it occurs. Similarly, lists 'transpose' and transform other textual data into an economized form that can be used for purposes that larger textual forms cannot – particularly in contexts that demand efficiency or clarity of communication (such as in a list of talking points in a speech or press conference). But because of the close connection between compression and selection described above, these two concepts are most suitable for describing the complex operations of lists in the production and circulation of knowledge.

2 Lists and the making of knowledge

One of the areas in which the list abounds is that of intellectual culture. It is surprising how rarely scholars, even those attuned to questions of media and communication, train their eyes on the tools, techniques, and administrative tricks of the scholarly trade. We overemphasize *outputs* of the research process, such as the essay, book, or lecture, at the expense of the operative chains that produce them. When we do turn our attention to the 'infrastructure' of scholarship, conversations are often overdetermined by programmatic considerations of methodology, or frustrations about institutional settings and protocols (such as grant proposals, curriculum development, or committee work) that distract or preclude us from doing the 'real' work of thinking and writing. This is a mistake. Traditional outputs are of course important, as are political and philosophical debates about what scholars should be allowed to do and how. But as Mary Poovey (1998, 17) writes, "ideas are not separable from their articulation", and the seemingly banal forms, formats and techniques by which scholarly work unfolds, circulates, and is preserved offer us a glimpse into the processual aspects of knowledge assembly and how 'intellectual culture' is made. Very often, these processes unfold through lists. Lists are, in this sense, infrastructural, basic building blocks and containers of knowledge. They are flexible, easy to use, easy to transport, and thus proliferate across every corner of administrative and imaginative life (scholarship is always located at the nexus of administration and imagination). Lists are, as John Peters (2015) describes all media, infrastructural "moorings" of thinking, doing, and being.

Finding Aid

My first example is an institutional and seemingly 'authorless' list: the archival finding aid. This is typically the first and primary interface between a researcher and a collection (today we might use the words "user" and "database"). Every finding aid lists items in a collection, which are categorized according to chronology, name, theme, geographic location, or some mix of categories. To take one example from my immediate context, the Marshall McLuhan fonds at Library and Archives Canada has two-hundred twenty-eight volumes organized into the following series: "Personal and Family", "Correspondence", "Manuscripts", "Projects", "Reference Notes", "Subject Files", "Manuscripts by Other Authors", "University", "Books and Periodicals", "Eric McLuhan Material", "Letters of Marshall McLuhan", and "Oversize Material". Internally, each category has subheadings. Under "Correspondence", for instance, we find "Nominal Correspondence", "Fan and Crank Mail", "Invitations to Lecture (Part One)", "Invitations to Lecture (Part Two)", and "Recommendations". Within these subcategories, material is generally arranged alphabetically according to type (i. e. all correspondence with one person) and chronologically within the type (Library and Archives Canada 1987).

The logic of classification in a finding aid will differ according to the material in the collection and its institutional location. However some general principles can be identified. First, any finding aid compresses a larger aggregation of items (documents, objects, folders, boxes, shelves, buildings) onto a two-dimensional surface that is used for the purposes of retrieving, cross-referencing, and tracking the usage of the material it lists. Each item listed indexes a material object located elsewhere. In this way, a finding aid uses a system of *addressability* in order to triangulate researchers with archivists, reading rooms, items, and storage locations. A finding aid, as with any system that uses addressability, whether postal networks or digital computers, programs action to unfold according to a certain logic. A researcher opens a binder, flips pages, finds the proper category, scans the entries for the desired item, writes the accession number (address) on the proper form, hands the form to an archivist who then locates the item according to the architecture of the storage system (shelves, boxes, files, etc.). The item is brought back to the reading room for the researcher's use before it is returned, and the process unfolds in reverse.

The finding aid is the arbiter and mediator of this process. It is an informational and wayfinding document shared between researcher, archivist, and institution. Its formal properties marshal each toward the desired result: storage, access, consultation and return of materials. Finding aids control transfer operations and we typically think about such documents only in terms of function and present-based use. But they have histories. They are designed epistemological structures, not ontological *a priori*. They are *made*. Hundreds, if not thousands, of hours of labour produce them. Intense reflection and debate determine their structure, form, and order. 'Metadata' appended to finding aids, such as prose introductions written by archivists, stand as reminders that they are designed objects in terms, both, of form and content. For instance, the introduction to the fonds of Canadian economic historian and proto-media theorist Harold Adams Innis has an author attribution, to Sharon Larade, who helped assemble the finding aid and wrote its introduction in 1985, and to Garron Wells, who updated it in 2003 and 2010. The presence of their names testifies to the labour of compression, selection, and revision that feed in to this, as any other, archival collection. As does the content of the introduction itself. As Larade writes, "While the archives reflect Harold Innis' life and career, some of the series are based on artificial creations by Mary Quayle Innis as her husband's personal secretary and editor. The press clippings and scrapbooks are her creation, as are the bibliographic card file and the editorial records for the Communications manuscripts" (Larade and Wells 1985, 3–4). This note about Innis's wife, Mary Quayle, and her role in processing the disarray of her husband's papers and office remind us that the transformation of a scholar's 'operational' papers into an archival collection involves processes of compression and selection. Such infrastructural work receives little attention from researchers – like all infrastructure, it is designed not to be noticed – and is almost never referenced in intellectual histories or discussions of a discipline's 'key figures'. Furthermore, the decisions made in these processes have important consequences for how the subject of an archival collection is remembered, understood, and written into future histories. In the case of Innis, almost every trace of his personal life was eliminated from the papers by Mary Quayle, perhaps at his request, including important details about his struggles with depression and what would now likely be diagnosed as post-traumatic stress disorder, stemming from his time as a signaller in World War I (Watson 2006, 110–111).

These functions suggest we consider finding aids as 'boundary objects' in at least three senses: First, in Star and Griesemer's (1989) original conception, as documents that facilitate the coming together of groups with different goals, training, and knowledge bases, such as archivists, researchers from different disciplines, and institutional administrators, among others. But finding aids are about 'boundaries' in a second sense, in that they exist at the boundaries of our thinking about, and making of, intellectual culture. They are produced by figures marginalized from the history of knowledge production, by archivists and research assistants that often remain nameless and certainly are never given credit for the complex cognitive and intellectual labour they put into organizing and ordering an archival collection. We should recall that such work actively shapes the way any researcher interfaces with a collection, and thus how the historical stories that emerge out of archives are written (Young 2020). Finally, the third sense regards boundaries as edges and borders. To draw a border or edge is to separate, contain, gather, delineate, to select. In its visible borders, a finding aid (like every list) wears these principles of organization on its sleeve: Some items have been included while others have not. Closely reading archival finding aids thus reminds us that any act of compression is also one of selection (and vice versa).

Florilegia

My next example of scholarly lists shows similar practices of selection and compression but in settings that prefigure and anticipate the form and protocols of modern archives and libraries. Florilegia were lists, produced by medieval scholars and scribes, of quotations and excerpts that, according to the list-maker's expertise, experience, and assessment, compiled the 'best' or 'most important' passages from a given text (the term comes from the Latin *flos*, 'flower', and *legere*, 'to gather'). In helping scholars to share, learn, debate, and otherwise communicate about texts and ideas in a form other than a treatise or disputation, florilegia were important units around which communities of scholarship and learning came to emerge.

Anne Blair (2010, 35) writes that the earliest medieval florilegium is likely Defensor of Ligugé's *Liber scintillarum*, composed at the end of the seventh century, which arranged extracts in chapters hierarchically according to the authority of their sources (from the Gospels to St. Paul and the apostles, other books of the Bible, and finally to the doctors of the church). Techniques of classification varied, but all florilegia selected the 'best' passages from any given work (whether classical or Christian) rather than simply summarizing it. These documents were explicitly aimed toward sharing and disseminating knowledge and were thus a popular teaching tool. Blair notes that their earliest incarnations address the problem of "information underload"; that is, a lack of access to learned material. However, as more and more texts were copied and produced from about the twelfth century, their function shifted to address the problem of information 'overload', the condition of there being "too much to know" (2010, 35–36).

For our purposes, the fact that the florilegia took list form has important implications. First, this practice compressed much larger texts into economical form that could be more easily transported than the larger manuscript volumes from which they had been extracted (Blair 2010, 36). This meant the authors of the original works found a much larger reading audience than would otherwise have been available. Second, because the compression of manuscripts into florilegia involved acts of selection, the decisions of scribes had implications for which parts of what texts by which authors circulated as "authoritative". Blair highlights that florilegia thus reinforced and in some cases were constitutive of theological and eventually scholarly and literary canons. At the same time, she notes, florilegia offered a means for the words of unknown authors or obscure texts to circulate more broadly than otherwise would be possible; inclusion in the right compendium could see one's ideas land with readers at far flung locales (Blair 2010, 35). The list form of florilegia made them amenable to movement, and to access, given its streamlined presentation and relatively low threshold to understanding (lists are easy to scan and their items easy to repurpose in teaching or commentary).

The scholarship on florilegia and the rise of universities is wide-ranging. My desire here is simply to show how florilegia, as lists of excerpts from other texts, had implications for the production and dissemination of knowledge in the medieval and early modern periods. In composing florilegia, scholars experimented with various modes of organizing information for the purposes of retrieval, citation, and forms of oratory like preaching that Blair suggests were important in the emergence of later forms of information organization, such as running headers, indexes, pagination, tables of contents, and finding aids (2010, 37–61; Rouse and Rouse 1979). The florilegium is another technique of compression and selection that is too often overlooked in histories of knowledge and intellectual culture at the expense of more 'scholarly' forms of writing such as the treatise, essay, or digest. But we see here that the list allowed communities of scholars and students to process, store, and transmit knowledge in new ways that expanded the scope of learning across Europe and beyond.

Field and Reading Notes

For the final example, let us cast our eyes toward an individual scholar. The Canadian economist Harold Adams Innis is widely acknowledged as one of the 'founding fathers' of media and communication theory. Still relatively unknown outside of Canada, Innis began his career as an economic historian. But just as he scaled the utmost heights of that discipline, being elected President of the American Economic Association in 1952 and delivering, in 1948, the prestigious Beit Lectures on Imperial Economic History at Oxford, his attention turned away from traditional objects of economics. He began instead to study histories of writing and the materiality of communication systems from Mesopotamia to his own period. Though now considered foundational texts in communication and media studies, the essays and lectures he delivered on these topics (including at Oxford, published as *Empire and Communication*) baffled his contemporaries. Their important contributions to understanding the relationship between techniques of knowledge production, media of communication, and power in any given civilization were not realized until later. Important in this reassessment of his late work was Marshall McLuhan, who wrote numerous essays and introductions to Innis's communication works (see McLuhan 1953), and who always cited him as an influence on McLuhan's seminal studies of media.

This late phase has until recently been considered a 'break' from Innis's economic history work. But there is more in common between the two periods than previously understood. One of the ways they can be synthesized is through his techniques of research and textual production (Young 2017b; 2019). Early in his career, Innis made extensive use of field notes. He travelled to 'marginal' zones of the North American continent to study staple economies in action: the fur trade of the McKenzie River basin in the North, the cod fisheries of Atlantic Canada, and British Columbia's placer gold mining, among others. He lamented the retreat of his 1920s and 1930s contemporaries into the realm of pure analytical abstraction and sought instead to re-inscribe the dirt of place and practice into economic theory and history. This could, he argued, break the monopoly held by concepts such as 'supply and demand', 'market', 'price', and so on.

We are used to thinking about the position of the scholar in the field, but it is rare we consider the material forms their data and observations take. Innis's field notes from this period survive as a complex array of lists. He used this compressive form, as so many scholars do, to gather the world: impressions, observations, snippets of conversation with people, numbers, figures, and so on; to select events, items, questions (but not others) for future reference, that were somehow emblematic of the forces and relations he sought to understand and analyze. This practice is not unique. Virtually any scholar's field notes can be read in such a way. What makes Innis's field notes worth our specific attention is that they stand as a precursor to his later turn to matters of communication. As he did so, Innis began to employ new techniques of reading, writing, and managing information. He crafted his own florilegium-like reading notes. According to his biographer, Alexander Watson, Innis would take notes in his reading chair, writing in the margins of books or by inserting small sheets of paper before moving to his desk to transfer them to foolscap paper, writing on both sides in an impossibly small script (Watson 2006, 265–266). These notes would then be processed one step further into what Innis referred to as his "idea file". Watson describes it as three related but separate accounts into which Innis would deposit research matter, and from which he would draw in preparing publications. One contained a collection of quotations; the second, his voluminous reading notes; the last, Innis's own ideas, aphorisms and anecdotes (2006, 261–278).

Archival material and commentary on this period of Innis's scholarship generally suggest that he developed these techniques to keep his research efforts afloat as his time became ever more scarce. Less consideration has been given to the notion that they had the effect – intended or not – of leading him to develop more experimental methods of reading, thinking, and writing. He took photostat copies of the reading notes and began to cut them up, creating textual collages from the words of others. According to Elspeth Chisholm, who studied Innis's method of working closely after his death, "he assembled like with like on a given personality, then suddenly switched to something totally unlike, juxtaposing in well-known Innis manner a provocative neighbouring chunk on another topic entirely" (Chisholm 1970, iv). Often these textual experiments would be moved wholesale into Innis's own essays and lectures. Bracketing the obvious ethical implications of his citation practices, there is little doubt that this "cut-up" method, as it has for artists from William Burroughs to Thom Yorke, helped Innis to forge surprising connections, productive contradictions, and strange new pathways through the historical record. He was learning about how media techniques and technology structure cognition and argumentation by probing the boundaries of his own media environment. He pushed the limits, whether he meant to or not, of what paper and writing could do. By breaching conventions of the media environment in which he and all contemporaries were embedded, these techniques brought the limitations and parameters of textual media to the surface for contemplation. Form mirrored content. Hence the lectures and texts he produced during this period have a very peculiar character. They are strange forms of poetry that demand much from the reader. He skips and jumps across vast expanses of time and geography. Five thousand years of history in a few dozen pages. The sentences have very little connective tissue. One idea is simply juxtaposed with the next.

The list form is here, again, central to these processes of concept creation and methodological experimentation. Though field and reading notes serve important memory functions, we see here that such lists are not only mnemonic devices. They allow us to de-contextualize excerpts and quotations from their original textual setting, transporting them into a new collection. Because such de-contextualization enables items to be inspected, ordered, and categorized in new ways, this has been the list's primary cognitive contribution, according to Goody, since the earliest listing practices emerged over five-thousand years ago on the fertile crescent (1977, 81–82). Innis's reading notes similarly opened his excerpts to new possibilities: retrieval, yes, but also closer reading, modes of comparison and "remix" with other excerpts, and the crafting of surprising and productive juxtapositions. This operative technique seemed to help push Innis's thinking about media and communication in new directions (Young 2020). It invited surprise and incongruity into the space of writing. The effect, when these listing techniques were used to craft essays, was to force the reader into a more active mode – to explore the discontinuity and strange resonances produced by this mode of argumentation through aggregation. The technique proved highly effective, given the degree to which Innis's ideas about communication, dismissed by so many of his contemporaries as lacking rigour, have been pondered, extended, inverted, and otherwise *used* by scholars in subsequent generations to craft interpretive schemas suitable for changing media and cultural environments.

3 Conclusion

The three examples above show important operations performed by lists as an 'infrastructural' form of intellectual culture. Much of their power derives from the compressive function of listing, by breaking complex arrays of data, impressions, texts, and other elements from the world down into a form that is, in various instances, summative and mnemonic, but also programmatic and generative. Scholars use lists to manage their labour and materials but also, crucially, to create concepts and articulate pathways through archives, texts, and other material that is grist for the intellectual mill. Too often histories of knowledge are blind to the banal 'small' forms of information processing and documentation used by scholars. Published essays, books, arguments, and correspondence are, of course, important considerations in understanding how knowledge is assembled and circulates. But we should not ignore the humble forms that enable these second-order activities to occur. Small forms such as the list structure and shape what we do and how we think. In focusing on their operations, we expand the scope of our understanding about the infrastructure of reasoning and cognition. As these human activities are increasingly mediated by new species of lists – algorithms, computational stacks, Blockchain registers, A.I.-generated recommendation and search lists – this shift in focus seems necessary.

References

Belknap, Robert E. *The List. The Uses and Pleasures of Cataloguing*. New Haven, CT: Yale University Press, 2004.
Blair, Ann. *Too Much to Know. Managing Scholarly Information Before the Modern Age*. New Haven, CT: Yale University Press, 2010.
Borges, Jorge Luis. "The Library of Babel". *Collected Fictions*. Trans. Andrew Hurley. New York, NY: Penguin, 1998. 112–118.
Birkin, Jane. "Describing the Archive: Preservation of Space, Time and Discontinuity in Photographic Sequences". *Networking Knowledge* 9.5 (2016): 1–19.
Chisholm, Elspeth. "Innis's Method of Working". *Harold Innis Fonds*, B1972-0003/036(06). University of Toronto Archives and Records Management, 1970.
Contzen, Eva von. "The Limits of Narration: Lists and Literary History". *Style* 50.3 (2016): 241–260.
Contzen, Eva von. "Die Affordanzen der Liste". *Lili* 48.3 (2017): 317–326.
Doležalová, Lucie (Ed). *The Charm of a List. From the Sumerians to Computerized Data Processing*. Newcastle upon Tyne: Cambridge Scholars Publishing, 2009.
Eco, Umberto. *The Infinity of Lists*. Trans. Alastair McEwen. New York, NY: Rizzoli, 2009.
Galloway, Alexander R., and Jason R. LaRivière. "Compression in Philosophy". *boundary 2* 44.1 (2017): 125–147.
Goody, Jack. *The Domestication of the Savage Mind*. Cambridge: Cambridge University Press, 1977.
Hakanen, Ernest A. "Counting Down to Number One: The Evolution of the Meaning of the Popular Charts". *Popular Music* 17.1 (1998): 95–111.
Huber, Alison. "Making Time Stand Still: How to 'Fix' the Transient Top 40". *International Journal of Cultural Studies* 13.2 (2010): 147–162.
Larade, Sharon, and Garron Wells. "Scope and Content Note". *Finding Aid – Harold Innis Fonds*. B1972-0003 and B1972-0025. Toronto: University of Toronto Archives and Records Management, 1985.

Library and Archives Canada. "Finding Aid No. 1645: H. Marshall McLuhan". *H. Marshall McLuhan Fonds*, MG 31, D 156. Prepared by Staff of the Social and Cultural Archives. Ottawa: Library and Archives Canada, 1987.

McLuhan, H. Marshall. "The Later Innis". *Queen's Quarterly* 60.3 (1953): 385–394.

McLuhan, H. Marshall. *Understanding Media: The Extensions of Man, Critical Edition* [1964]. Ed. W. Terrence Gordon. Berkeley, CA: Ginko Press, 2003.

Parker, Martin. "Reading the Charts – Making Sense with the Hit Parade". *Popular Music* 10.2 (1991): 205–217.

Passoth, Jan-Hendrik, and Josef Wehner. "Listen, Daten, Algorithmen. Ordnungsformen des Digitalen". *Bedeutende Daten. Modelle, Verfahren und Praxis der Vermessung und Verdatung im Netz*. Eds. Thorben Mämecke, Jan-Hendrik Passoth, and Josef Wehner. Wiesbaden: Springer VS, 2018. 51–68.

Peters, John Durham. *The Marvellous Clouds. Towards a Philosophy of Elemental Media*. Chicago, IL: University of Chicago Press, 2015.

Poovey, Mary. *A History of the Modern Fact. Problems of Knowledge in the Sciences of Wealth and Society*. Chicago, IL: University of Chicago Press, 1998.

Rouse, Richard H., and Mary A. Rouse. *Preachers, Florilegia, and Sermons. Studies on the Manipulus florum of Thomas of Ireland*. Toronto: Pontifical Institute of Medieval Studies, 1979.

Schmandt-Besserat, Denise. "How Writing Came About". *Zeitschrift für Papyrologie und Epigraphik* 47 (1982): 1–5.

Schmandt-Besserat, Denise. *How Writing Came About*. Austin, TX: University of Texas Press, 1996.

Schmidt, Jeremy, and Jacquelyn Ardam. "On Excess: Susan Sontag's Born-Digital Archive". *LA Review of Books*. 26 October 2014. http://lareviewofbooks.org/essay/excess-susan-sontags-born-digital-archive (16 September 2019).

Siegert, Bernhard. "Cultural Techniques, or, The End of the Intellectual Postwar in German Media Theory". *Cultural Techniques. Grids, Filters, Doors, and Other Articulations of the Real*. Trans. Geoffrey Winthrop-Young. New York, NY: Fordham University Press, 2015. 1–17.

Srnicek, Nick. *Platform Capitalism*. London: Verso, 2017.

Star, Susan Leigh, and James R. Griesemer. "Institutional Ecology, Translations and Boundary Objects: Amateurs and Professionals in Berkeley's Museum of Vertebrate Zoology, 1907–39". *Social Studies of Science* 19.3 (1989): 387–420.

Sterne, Jonathan. *MP3. The Meaning of a Format*. Durham: Duke University Press, 2012.

Straw, Will. "Mediality and the Music Chart". *SubStance* 44.3 (2015): 128–138.

Vismann, Cornelia. *Files: Law and Media Technology*. Trans. Geoffrey Winthrop-Young. Stanford, CA: Stanford University Press, 2008.

Watson, Alexander John. *Marginal Man. The Dark Vision of Harold Innis*. Toronto: University of Toronto Press, 2006.

Werbin, Kenneth. "Fear and No-Fly Listing in Canada: The Biopolitics of the 'War on Terror'". *Canadian Journal of Communication* 34.4 (2009): 613–634.

Werbin, Kenneth. *The List Serves. Population Control and Power*. Amsterdam: Institute of Network Cultures, 2017.

Young, Liam Cole. *List Cultures. Knowledge and Poetics from Mesopotamia to BuzzFeed*. Amsterdam: Amsterdam University Press, 2017a.

Young, Liam Cole. "Innis and Infrastructure. Dirt, Beavers and Documents in Material Media Theory". *Cultural Politics* 13.2 (2017b): 227–249.

Young, Liam Cole. "The McLuhan–Innis Field: In Search of Media Theory". *Canadian Journal of Communication* 44.4 (2019): 527–544.

Young, Liam Cole. "Harold Innis's Office. Techniques of Scholarship and Textual Production". *Amodern* 9 (April 2020): *Techniques and Technologies*. https://amodern.net/article/innis-office/ (17.05.2020).

Christoph Hoffmann
(Oreskes 2004): Über die Herstellung von Literaturtatsachen

Es ist in allen Wissenschaften ein alltäglicher Vorgang: Eine Publikation entsteht und hinter einem Satz wird in Klammern oder in einer Fussnote eine Literaturangabe eingefügt. Genau das ist auch an den drei Stellen geschehen, die im Folgenden wiedergegeben sind. In ihnen geht es jedes Mal um den Klimawandel:

> A great deal of evidence shows that human activity, especially greenhouse gas production, has changed the earth's climate (Lambeck et al., 2014; Oreskes, 2004; Solomon et al., 2009). (Pelham 2018, 421)

> Instead, recent changes in the Earth climate are related to human activity and human-produced greenhouse gases, GHG (IPCC, 2014; Lockwood, 2009; NASA, 2018; Oreskes, 2004). (Lipczynska-Kochany 2018, 1549)

> Although there has long been a consensus among climate scientists that anthropogenic warming poses serious risks (Oreskes 2004), there does not appear to be an emerging consensus concerning this issue among the American public at large (McCright and Dunlap 2011). (O'Connor und Weatherall 2018, 855)

Die Stellen unterscheiden sich in ihrer Aussage. In der ersten und zweiten geht es um den menschlichen Einfluss auf den Klimawandel, insbesondere durch die Erzeugung von Treibhausgasen. Das jeweils gewählte Verb bewirkt dabei eine Nuancierung: Einen Zusammenhang zu zeigen („show"), ist nicht ganz dasselbe wie Dinge zueinander in Beziehung zu setzen („relate"). Aus der dritten Stelle erfahren wir, dass anders als unter Wissenschaftlerinnen und Wissenschaftlern in der breiteren amerikanischen Öffentlichkeit anscheinend kein Konsens über die mit dem Klimawandel einhergehenden ernsten Risiken besteht. Alle drei Stellen stimmen wiederum im Modus ihrer Formulierung überein. Es handelt sich jeweils um faktuale Aussagen. Und schließlich stimmen die Stellen darin überein, dass die getroffenen Aussagen jedes Mal unter anderem mit der Literaturangabe (Oreskes 2004) verknüpft werden. Mit dieser Verknüpfung werde ich mich im Weiteren beschäftigen.

Die Beziehung zwischen Aussage und beigeordneter Literaturangabe lässt sich nach zwei Seiten durchdenken. Erstens kann ich überlegen, welche Funktionen Literaturangaben und ein eventuell damit verknüpftes Zitat in wissenschaftlichen Veröffentlichungen übernehmen. Zweitens kann ich mich dafür interessieren, was mit der angegebenen Literatur und einem aus ihr herausgezogenen Zitat veranstaltet wird, damit sie diese Funktionen erfüllen können.

Mein Schwerpunkt wird eher auf dem zweiten Aspekt liegen. Dafür verstehe ich Literaturangabe und Zitat als kleine Formen, in denen Selektion, Reduktion, Verdichtung und Transposition zusammenspielen. Zunächst werde ich aber auf den ersten Aspekt eingehen, denn die Funktionen von Literaturangaben und Zitaten in wissenschaftlichen Publikationen regulieren maßgeblich ihre Produktion.

Grob betrachtet lassen sich drei Funktionen unterscheiden. Erstens dienen Literaturangaben und Zitate als Belege für Aussagen; in eben dieser Weise wird (Oreskes 2004) in den drei Stellen benutzt, die ich eingangs herangezogen habe. Zweitens kann der Verfasser seinen Text, wie dies Björn Krey gezeigt hat, über Literaturangaben und Zitate in eine Genealogie von vorhergehenden Publikationen und mit diesen Publikationen assoziierten Aussagen und theoretischen Positionen „einreihen" (Krey 2011, 27–30 und 72–81). Drittens können Literaturangaben und Zitate bei der Entfaltung eines in einer Aussage enthaltenen Arguments helfen, indem anderenorts geäußerte Gedanken, Ideen, Begriffe usw. herangezogen werden, um die eigenen Einsichten und Positionen weiter auszuführen. Genau dies habe ich eben mit meinem Verweis auf die Überlegungen Björn Kreys getan.

Die drei Funktionen lassen sich allerdings nicht sauber voneinander trennen. Als Verfasser einer wissenschaftlichen Publikation reihe ich mich mit meinen Belegen aus der Literatur unvermeidlich auch in eine Genealogie ein. Dasselbe gilt, wenn ich meine Überlegungen durch den Bezug auf anderenorts Geäußertes weiter ausführe. Und die Belegfunktion ist in den anderen zwei Funktionen von Literaturangaben und Zitaten immer mit präsent. Statt die drei Funktionen voneinander abzutrennen, ist es deshalb richtiger davon zu sprechen, dass sie in jeder Literaturangabe und in jedem Zitat in verschiedenen Mischungsverhältnissen vorliegen. Mal überwiegt die Belegfunktion, mal geht es eher darum sich einzureihen, mal steht die weitere Ausführung der eigenen Einsichten und Positionen im Vordergrund.

Damit noch einmal zurück zu den drei Stellen, in denen auf (Oreskes 2004) verwiesen wird. Ich habe bereits erwähnt, dass die Literaturangabe hier jeweils als Beleg für die getroffenen Aussagen dient. Diese Einschätzung folgt aus dem faktualen Modus der Formulierungen. Die Geste ist: Dieses, was hier gesagt wird, wird durch jenes gestützt, was dort – in den Publikationen, die durch die Literaturangaben bezeichnet werden – geschrieben steht. Ebenfalls ist bereits klar, dass (Oreskes 2004) als Beleg für drei mehr oder minder verschiedene Aussagen dient. Eine Publikation, die durch eine Literaturangabe angeführt wird, kann also in mehrerlei Hinsicht zum Beleg werden. Anders gesagt: Es besteht kein eindeutiges Verhältnis zwischen (Oreskes 2004) und der mit der Angabe belegten Aussage.

Wie sieht es nun mit der zweiten und dritten Funktion von Literaturangaben und Zitaten aus? Um mit der dritten, das heißt der weiteren Ausführung eigener Einsichten und Positionen zu beginnen: Hierzu lässt sich ohne eine genauere Beschäftigung mit dem Kontext, in den die drei Stellen eingebettet sind, nichts sagen. Das wäre eine eigene Arbeit, ich klammere diesen Punkt daher aus. Für die zweite Funktion, wenn man sich also über eine Literaturangabe oder ein Zitat in eine Genealogie einreiht, muss man sich zunächst klarmachen, dass es hierbei um eine Positionierung geht: Indem man sich einreiht, schließt man sich an; sei es affirmativ oder in spezifischer Differenz. Dazu kommt, dass man mit diesem Schritt Verbündete für die vorgebrachte Aussage einsammelt (Latour 1987, 33). IPCC und NASA, die in der zweiten Stelle erwähnt werden, sind in dieser Hinsicht, für das adressierte wissenschaftliche Publikum leicht erkennbar, nicht die schlechtesten Referenzen, die man sich an Bord holen kann. Dasselbe gilt aber auch für den Verweis auf (Oreskes 2004).

Das Kürzel steht für den Aufsatz „The Scientific Consensus on Climate Change", der im Dezember 2004 in *Science* erschienen ist. Die Verfasserin, die ausgebildete Geologin und Wissenschaftshistorikerin Naomi Oreskes, widerspricht dort gestützt auf eigene Erhebungen dem Eindruck, dass unter Klimaforschern Uneinigkeit über die Realität eines anthropogenen Klimawandels besteht. Eine noch größere Öffentlichkeit erreichten Oreskes' Ergebnisse durch Al Gores als Film und Buch vorliegende Präsentation *An Inconvenient Truth* aus dem Jahr 2006, in der sie prominent erwähnt werden (Gore 2006, 262). Vor allem aber wird der Aufsatz in der wissenschaftlichen Literatur sehr häufig zitiert. In der *Scopus*-Datenbank waren – Stand 5. Dezember 2018 – Zitationen für 729 Publikationen vermerkt; die drei zu diesem Zeitpunkt neuesten habe ich für meine Eingangsüberlegungen ausgewählt. Eine Suche in *Google Scholar* ergab für denselben Stichtag sogar über 1900 Verweise. Das sind Zahlen, die selbst von Publikationen in *Science* selten erreicht werden.

Wer auf (Oreskes 2004) verweist, bindet die eigene Aussage an eine Referenz, die durch eine lange Reihe von Zitationen bekräftigt worden ist. Es handelt sich nicht um eine einfache Literaturangabe, sondern um eine Standardreferenz, über fünfzehn Jahre hunderte Male angeführt, die im Ergebnis für etwas in diesem Augenblick nicht weiter Hinterfragtes steht. Oder wie Bruno Latour schreibt: „This rare event is what people usually have in mind when they talk of a ‚fact'." (Latour 1987, 42) Wer (Oreskes 2004) als Beleg heranzieht, verweist demnach auf eine Tatsache. Oreskes Aufsatz hat aber noch eine zweite Seite. Nicht nur wird dessen Aussage in der wissenschaftlichen Literatur heute als Tatsache behandelt. Diese Tatsache beruht selber auf einer ausgreifenden Literaturarbeit. Ich habe dabei nicht die rhetorischen Elemente im Sinn, die sich an jeder wissenschaftlichen Veröffentlichung aufweisen lassen. Nicht Oreskes' „literary technology" (Shapin 1984) soll interessieren, sondern die Art und Weise, wie sie Referenzen einsetzt.

Den Eindruck, „that there might be substantive disagreement in the scientific community about the reality of anthropogenic climate change" (Oreskes 2004, 1686), widerlegt Oreskes dadurch, dass sie die einschlägige Literatur verwertet. Dies geschieht auf zwei Weisen: Nämlich einerseits direkt vor den Augen der Leserschaft, indem Oreskes eine Reihe von Zitaten in ihre Ausführungen einbindet, und andererseits indirekt, indem Oreskes das Ergebnis einer extensiven Literaturrecherche in den Aufsatz einbringt. Ich komme damit zu der Frage, wie mit wissenschaftlicher Literatur umgegangen wird, damit sie die eben skizzierten Funktionen in einem wissenschaftlichen Argument übernehmen kann. Dabei beschränke ich mich auf die Belegfunktion, die in dem Aufsatz dominiert. Dessen Aufbau folgend, werde ich mich zunächst mit den Zitaten beschäftigen, die dort auftauchen, dann mit der Literaturrecherche, deren Ergebnis die Argumentation weiter stützt.

Die einleitende Überlegung, ob unter Klimaforschern eventuell Uneinigkeit hinsichtlich der Realität eines anthropogen herbeigeführten Klimawandels besteht, schließt Oreskes mit einer einfachen Feststellung ab: „This is not the case." (Oreskes 2004, 1686) Diese Wendung wird typischerweise von einer zweiten begleitet: ‚Dies ist nicht der Fall, richtig ist vielmehr.' In Oreskes Aufsatz tritt an die Stelle dieser zweiten Wendung eine Serie von Zitaten aus Berichten und Verlautbarungen relevanter Expertengremien und wissenschaftlicher Gesellschaften. Im Folgenden stelle ich jeweils dem Zitat in Oreskes Aufsatz die entsprechende Passage im zitierten Ausgangstext gegenüber (Tabelle 1). Die übernommenen Teile sind dort fett hervorgehoben. Mein Augenmerk gilt dabei den Verfahren, die bei der Produktion der Zitate durch Oreskes zum Einsatz kommen.

Das erste Zitat stammt aus dem Sachstandsbericht des *IPCC* (Intergovernmental Panel on Climate Change) aus dem Jahr 2001 und zwar aus dem Teilbericht der Arbeitsgruppe 2, der sich mit den Folgen des Klimawandels beschäftigt (Tabelle 1, oben). Im Vergleich fällt auf, dass die Auslassungen in Oreskes Zitat relativ umfänglich sind. Sie machen etwa die Hälfte der Ausgangspassage aus. Weggelassen werden zusätzliche Erläuterungen, ferner eine Quellenangabe, wodurch unkenntlich wird, dass es sich bei der zweiten Hälfte der zitierten Stelle selber um ein Zitat handelt, und aus diesem wird wiederum eine Einschränkung ausgelassen. Zusammengenommen wird hier mit Reduktion und Verdichtung gearbeitet: Die Ausgangspassage wird ausgedünnt und deren Aussage bündig zugespitzt.

Hieran anschließend folgen zwei Zitate aus einem Bericht des „Committee on the Science of Climate Change" der *National Academy of Science*, ebenfalls aus dem Jahr 2001. In diesen Zitaten wird der Ausgangstext ohne Auslassungen übernommen. Stattdessen arbeitet Oreskes im ersten Zitat mit dem Ausschnitt, den sie aus der Ausgangspassage wählt (Tabelle 1, Mitte). Aus dem Äußerungszusammenhang der Ausgangspassage wird der erste Teil übernommen, der

Tabelle 1: Vergleich zwischen zitierten Stellen bei Oreskes (2004) und denselben Stellen im Originalzusammenhang.

In its most recent assessment, IPCC states unequivocally that the consensus of scientific opinion is that Earth's climate is being affected by human activities: "Human activities ... are modifying the concentration of atmospheric constituents ... that absorb or scatter radiant energy.... [M]ost of the observed warming over the last 50 years is likely to have been due to the increase in greenhouse gas concentrations" [p. 21 in (4)].	**Human activities** – primarily burning of fossil fuels and changes in land cover – **are modifying the concentration of atmospheric constituents** or properties of the surface **that absorb or scatter radiant energy.** The WGI contribution to the TAR – *Climate Change* 2001: *The Scientific Basis* – found, "In the light of new evidence and taking into account the remaining uncertainties, **most of the observed warming over the last 50 years is likely to have been due to the increase in greenhouse gas concentrations."**
(Oreskes 2004, 1686)	(McCarthy et al. 2001, 21)
For example, the National Academy of Sciences report, *Climate Change Science: An Analysis of Some Key Questions*, begins: "Greenhouse gases are accumulating in Earth's atmosphere as a result of human activities, causing surface air temperatures and subsurface ocean temperatures to rise" [p. 1 in (5)].	**Greenhouse gases are accumulating in Earth's atmosphere as a result of human activities, causing surface air temperatures and subsurface ocean temperatures to rise.** Temperatures are, in fact, rising. The changes observed over the last several decades are likely mostly due to human activities, but we cannot rule out that some significant part of these changes is also a reflection of natural variability.
(Oreskes 2004, 1686)	(Climate Change Science 2001, 1)
The report explicitly asks whether the IPCC assessment is a fair summary of professional scientific thinking, and answers yes: "The IPCC's conclusion that most of the observed warming of the last 50 years is likely to have been due to the increase in greenhouse gas concentrations accurately reflects the current thinking of the scientific community on this issue" [p. 3 in (5)].	Are greenhouse gases causing climate change? **The IPCC's conclusion that most of the observed warming of the last 50 years is likely to have been due to the increase in greenhouse gas concentrations accurately reflects the current thinking of the scientific community on this issue.**
(Oreskes 2004, 1686)	(Climate Change Science 2001, 3)

zweite Teil hingegen, der den ersten Teil unter einen Vorbehalt stellt, beiseitegelassen. Für das zweite Zitat kommt es auf dessen Einbettung in Oreskes Aufsatz an (Tabelle 1, unten). Die Frage, mit der bei Oreskes das Zitat verknüpft wird, entspricht nicht der Frage, die als Zwischentitel über der Ausgangspassage steht. Wir haben es hier mit einem Effekt der Transposition zu tun: Als Zitat in den neuen Kontext eingebettet gewinnt die Ausgangspassage einen anderen Sinn. Sie belegt nun nicht mehr, dass Treibhausgase den Klimawandel verursachen, sondern steht dafür ein, dass es sich bei der Einschätzung des IPCC um ein „fair summary" handelt.

Reduktion, Verdichtung, Ausschnitt, also Selektion und Transposition bilden übliche Verfahren im zitierenden Gebrauch von wissenschaftlicher Literatur. Die damit einhergehenden Sinnverschiebungen liegen in der Natur der Sache begründet. Der amerikanische Soziologe Andrew Abbott hat einmal untersucht, in welcher Weise seine Schrift *The Systems of Professions*, im Original 1988 erschienen, in 105 Aufsätzen aus dem Jahr 2008 zitiert wird. Sein Resümee lautet wie folgt:

> Zusammenfassend verwendeten etwa 12 Prozent aller Artikel mein Buch in zentraler Argumentation und auch richtig; weitere 13 Prozent verwendeten es zwar nicht an zentraler Stelle, benötigten es aber und zitierten es korrekt; bei ungefähr 20 Prozent war die Angabe nicht unbedingt erforderlich, sie war jedoch zumindest stichhaltig und korrekt, wenn sie erfolgte; 15 bis 20 Prozent führten das Buch unnötiger- und trivialerweise, immerhin aber einzeln an; rund 35 Prozent machten die Angabe unnötiger- und trivialerweise und in einer Reihung (von typischerweise drei oder mehr Angaben); und bei über 10 Prozent war die Angabe unnötig, belanglos und unrichtig. (Abbott 2010, 26–27)

Ich bin sicher, dass man für jede beliebige andere Veröffentlichung, sofern sie überhaupt zitiert wird, zu einem ähnlichen Ergebnis kommt. Insgesamt geht Abbott mit seinem Unterfangen aber in die Irre. Wann, in welchem Zusammenhang und mit welcher Bedeutung ein Verweis auf eine wissenschaftliche Publikation oder ein Zitat aus dieser nötig, belangvoll und richtig ist, entscheiden nicht deren Verfasser, es entscheiden die Verfasser der zitierenden Schriften. Diese wiederholen nicht einfach, was anderenorts geschrieben steht, sondern fügen die Referenz oder die übernommene Stelle jedes Mal in einen von ihnen neu geschaffenen Sinnzusammenhang ein. Entsprechend weisen Sinnverschiebungen nicht, wie Abbott meint, auf die Unwissenheit der Zitierenden hin, sondern bilden eine Grundbedingung des Verweisens und Zitierens. Michail Bachtin hat dies so ausgedrückt:

> Das in den Kontext der Rede eingebettete fremde Wort tritt mit der es einrahmenden Rede nicht in einen mechanischen Kontakt, sondern geht mit ihr eine chemische Verbindung (in der Schicht von Sinn und Expression) ein; der Grad der wechselseitigen dialogisierenden Einwirkung ist mitunter enorm. (Bachtin 1979 [1934–35], 227)

Dieser Effekt ist nicht problematisch, er ist unvermeidlich. Er würde sich genauso geltend machen, wenn – um zum Ausgangspunkt dieser Abschweifung zurückzukommen – Oreskes die von ihr zitierten Passagen ungekürzt und im vollen Zusammenhang übernommen hätte; denn selbst dann wären sie immer noch Bestandteil eines anderen Arguments. Problematisch ist vielmehr, dass im Umgang mit wissenschaftlichen Texten dieser durch Reduktion, Verdichtung, Selektion und Transposition erzeugte Effekt nicht hinreichend berücksichtigt wird. Dies gilt insbesondere für die Belegfunktion von Literaturangaben und Zitaten.

Eine Literaturangabe oder ein Zitat als Beleg für eine Aussage zu behandeln, ist eine äußerst interessante Sache. Ich habe oben angedeutet, dass damit eine Zeigegeste einhergeht: Das, wovon ich hier schreibe, wird durch die Literaturstelle, die ich zitiere, oder durch die Referenz bzw. die Reihe von Referenzen, mit der ich den Satz abschließe, gestützt. Diese Geste wird dabei noch gestärkt, wenn ich besonders angesehene Referenzen benutze. Björn Krey hat diese Geste als eine „textuale Praxis" bezeichnet, mit deren Hilfe „aktiv ein Dort-Draußen" hergestellt wird (2011, 69). Er folgert: „Das Sosein eines Claims oder eines Objekts wird durch die extratextuale Instanz autorisiert und bezeugt, deren Position bzw. Version in den Text eingeschrieben und darin und damit reformuliert wird" (2011, 70).

Der Nachsatz ist wichtig, weil er noch einmal klarstellt, dass dieses „Dort-Draußen", das mit der Geste des Zitierens und Referenzierens eingespielt wird, eines ist, das von dem Da-Drinnen der vorliegenden Publikation geschaffen und mit seiner spezifischen Bedeutung erfüllt wird. Dies im Hinterkopf lässt sich sagen, dass die Literaturangabe oder das Zitat, wo sie eine Belegfunktion besitzen, denselben Status zugeordnet bekommen wie die Natur im Labor. Sie werden als ein unabhängig vom eigenen Tun und Wollen bestehendes Außen fingiert, welches die vorgebrachten Aussagen und Überlegungen bestätigt. Anders gesagt sind die Literaturangabe und das Zitat, als Beleg gebraucht, durch eine konstitutive Ambivalenz charakterisiert: Sie sollen dafür einstehen, dass eine Aussage oder Ansicht in der Publikation durch eine von dieser unabhängige „extratextuale Instanz" garantiert wird, und zugleich ist dieses Außen in seiner Aussage durch Zuschnitt und Rahmung in der zitierenden Publikation bestimmt.

Wie erwähnt stärkt Oreskes ihr Argument in einem zweiten Schritt durch eine Recherche in der klimawissenschaftlichen Literatur. Auf die Ergebnisse kommt sie mit einem „foreclosing" zu sprechen (Latour und Bastide 1986, 59–62). Gemeint ist damit, dass ein möglicher Einwand gegen das vorgebrachte Argument von der Verfasserin selbst formuliert und im gleichen Zug entkräftet wird. Im vorliegenden Fall liegt der Gedanke nahe, dass in den Stellungnahmen wissenschaftlicher Gremien Minderheitspositionen eventuell nicht hinreichend repräsentiert werden. Gegen diesen Einwand setzt Oreskes eine Metastudie auf der Basis von 928 Forschungsaufsätzen aus der Zeitspanne von 1993 bis 2003. Diese sind aus der *ISI Web of Knowledge*-Datenbank (heute *Web of Science*) mit den Schlagwörtern *global climate change* herausgefiltert worden.

Ausgewertet werden nicht die Aufsätze selbst, sondern die Abstracts. Jede Publikation wird einer der sechs folgenden Kategorien zugeordnet: „explicit endorsement of the consensus position, evaluation of impacts, mitigation proposals, methods, paleoclimate analysis, and rejection of the consensus position." (Oreskes 2004, 1686) Im Ergebnis fallen 75 Prozent der Publikationen in eine der ersten drei Kategorien und bestätigen damit explizit oder implizit die Konsensposition, weitere 25 Prozent fallen in die nächsten zwei Kategorien, ohne direkt auf die Realität eines anthropogenen Klimawandels einzugehen, keine einzige Publikation widersprach hingegen der Konsensposition; das heißt, auf keine Publikation traf die letzte Kategorie zu (Oreskes 2004, 1686).

Aus Oreskes' Aufsatz geht nicht hervor, wie im Einzelnen vorgegangen wurde. Die Leserschaft erfährt hierzu nur: „The 928 papers were divided into six categories" (2004, 1686). Wofür das Verb „divided" steht, anhand welcher Kriterien eine Publikation einer Kategorie zugeordnet wird und mit welchen Arbeitsschritten dies geschieht, bleibt hingegen offen. Das ist keineswegs ungewöhnlich. Oreskes Aufsatz ist in der Essay-Sektion von *Science* erschienen und von daher von dem üblichen formalen Ballast befreit. Aber selbst in einem gewöhnlichen wissenschaftlichen Aufsatz enthält der dort vorgeschriebene Abschnitt zu *methods & material* nur eine Skizze der Vorgehensweisen. Niemand kann allein auf dieser Grundlage eine Untersuchung im Detail nachvollziehen und wiederholen. Aus diesem Grund (und weil sich die Datenbasis seither geändert haben kann) ist es mir nicht möglich gewesen, Oreskes' Auswahl aus der *ISI*-Datenbank sicher zu rekonstruieren. Wenn ich im Folgenden versuche, den Prozess der Zuordnung an zwei Abstracts durchzuspielen, kann ich deshalb nicht garantieren, dass die zugehörigen Aufsätze zu dieser Auswahl gehört haben.

Der erste Aufsatz ist unter dem Titel „Energy and Carbon Emissions – Sub-Saharan African Perspective" im Januar 1993 in der Zeitschrift *Energy Policy* erschienen. Es folgt der Abstract:

> This paper illustrates the importance of the full involvement of sub-Saharan African countries in the international debate on global climate change despite the relatively minor contribution these nations make to worldwide emissions of greenhouse gases. The paper suggests policies that will allow these African nations to support the growth in energy services required to foster economic development through the use of less carbon-intensive technologies. Such an energy strategy would raise the quality of life of the sub-Saharan African people, and simultaneously restrain the growth of energy-related carbon emissions. Given the necessary infrastructure and political commitment, these countries can overcome the barriers that could prevent the successful implementation of these policies without sacrificing their developmental goals. (Davidson 1993, 35)

Oreskes' Suchwörter fallen in der Wendung „the international debate on global climate change". Der Titel allein gestattet noch keine Zuordnung zu einer der sechs Kategorien, entsprechende Stichwörter fehlen dort (der Erscheinungsort liefert aber eine erste Andeutung). Dasselbe gilt für den Text des Abstracts: Auch hier findet sich keine Wendung oder Aussage, die mit einem der Kategorientitel übereinstimmt. Liest man den Abstract durch, beschäftigt sich der Aufsatz mit Strategien, die ökonomische Entwicklung der Subsahara-Staaten von kohlenstofflastigen Technologien abzukoppeln, ohne die Entwicklungsziele zu gefährden. Der Halbsatz, der sich am ehesten mit Oreskes' Kategoriensystem verknüpfen lässt, lautet: Eine solche Strategie „[would] restrain the growth of energy-related carbon emissions." Demzufolge würde ich den Aufsatz der dritten Kategorie, „mitigation proposals", zuordnen.

Der zweite Aufsatz mit dem Titel „Analysis of the duration, seasonal timing, and location of North Atlantic tropical cyclones: 1950–2002" ist im Dezember 2003 in den *Geophysical Research Letters* erschienen. Im Abstract heißt es:

> Many scientists have suggested that a warmer world with elevated atmospheric moisture levels could increase the frequency, intensity, or duration of future tropical cyclones or alter their mean locations. While others have examined historical patterns in tropical cyclone frequency and intensity, and generally found no trends in recent decades, we analyzed tropical cyclone records from the Caribbean, Gulf of Mexico, and tropical sector of the western North Atlantic over the period 1950–2002 with a focus on the duration, seasonal timing, and geographic position of the events. We found no significant trends in the start date, ending date, or duration of the storm season (defined in various ways) and no trends in the average geographic position of the storms. Furthermore, these measures of hurricane season timing and storm locations were not related to regional sea surface temperature or the northern hemispheric or global temperatures.
> (Balling und Cerveny 2003, CLM 3–1)

Die Suchwörter *global climate change* sind im Abstract selbst nicht enthalten, stattdessen sind sie in etwas anderer Kombination unter den *Index Terms* aufgeführt (Balling und Cerveny 2003, CLM 3–1). Der Titel des Aufsatzes fasst den Gegenstand der präsentierten Untersuchung bündig zusammen, enthält aber keinen Hinweis, der eine Zuordnung zu Oreskes' Kategorien erlaubt. Im Abstract selbst wird deutlich, dass das Interesse am Auftreten von tropischen Wirbelstürmen im Nordatlantik mit einem Augenmerk auf die Umgebungstemperatur verknüpft ist: Dies geht aus dem einleitenden Hinweis auf eine „warmer world" hervor sowie aus dem abschließenden Hinweis, dass die ermittelten Werte für den Beginn der Wirbelsturmsaison und den Ort der Stürme nicht in Abhängigkeit zur Oberflächentemperatur des Seewassers, der Temperatur der nördlichen Hemisphäre und der des gesamten Globus stehen. Demzufolge würde ich den Aufsatz der zweiten Kategorie, „evaluation of impacts", zuordnen. Genau genommen habe ich in dieser Zuordnung aber einen Zwischenschritt ausgelassen. Um den Aufsatz auf der Basis des Abstracts als „evaluation of impacts" zu rubrizieren, muss ich wissen, dass mit der Wendung „warmer worlds" ein zentraler Indikator des Klimawandels ins Spiel gebracht wird; einzig hierdurch kann der Text des Abstracts mit diesem Problemfeld in Verbindung gebracht werden. Im Vergleich zum ersten Beispiel beruht meine Zuordnung damit auf einer zusätzlichen Schlussfolgerung: Ich muss nicht nur erkennen, in welcher Weise in dem Abstract der Klimawandel thematisiert wird, ich muss zunächst erkennen (auch wenn das nicht schwer fällt), dass überhaupt ein Zusammenhang zum Klimawandel hergestellt wird.

Die an Hand des Abstracts erfolgte Zuordnung der zwei Aufsätze zu Oreskes zweiter und dritter Kategorie impliziert, dass in ihnen die Konsensposition nicht in Frage gestellt wird. Dies ist richtig, an keiner Stelle wird, um Oreskes' Formulierung zu benutzen, „the reality of anthropogenic climate change" bestritten oder relativiert (allerdings auch nicht direkt angesprochen). Wir können uns aber trotzdem fragen, wie weit die summarische Feststellung, dass „none of the papers disagreed with the consensus position", durch die Aussagen in den zwei Abstracts sinngemäß gedeckt ist. Im ersten Beispiel bildet „the international debate on global climate change" den Hintergrund, vor dem energiepolitische Strategien zur Begrenzung von Kohlenstoffemissionen ins Spiel gebracht werden. Der globale Klimawandel ist so gesehen den Überlegungen vorausgesetzt. Dasselbe gilt für dessen anthropogene Verursachung, die durch den Fokus auf „carbon-intensive technologies" ins Spiel kommt. Die Konsensposition kann deshalb als die unausgesprochene Basis der präsentierten Untersuchung bezeichnet werden.

Mehr Schwierigkeiten macht das zweite Beispiel. Wie bereits erwähnt wird der Klimawandel hier durch den Verweis auf eine „warmer world" als latenter Hintergrund der Untersuchung eingeführt. Dies geschieht in der Form, dass auf die Auffassung vieler Wissenschaftler („many scientists") verwiesen wird, nach der sich in einer wärmeren Welt die Aktivitätsmuster und die Verbreitung von Wirbelstürmen verändern können. Eingespielt wird damit eine mögliche Folge des Klimawandels, die sich jedoch für die untersuchte Region und Periode nicht zu bestätigen scheint. Nach den im Abstract angeführten Ergebnissen finden sich in den Daten keine entsprechenden Trends und ebenso kann kein Bezug zu den Umgebungstemperaturen hergestellt werden. Was diese Ergebnisse mit Blick auf die Konsensposition bedeuten, muss offenbleiben, solange nur der Abstract ausgewertet wird.

Bei dem Versuch, Oreskes' Vorgehen zu rekonstruieren, hat das Augenmerk auf den hierfür notwendigen Arbeitsschritten gelegen. Alle anderen Umstände, die das Ergebnis der Literaturanalyse beeinflussen könnten: Suchperiode, Suchwörter, ausgewählte Datenbank, *negative bias*, Fokussierung auf die Abstracts usw., habe ich ausgeblendet. Mir ging es nicht darum, die gewählte Vorgehensweise zu kritisieren. Mein Ausgangspunkt war die Frage, was das Verb „divided", mit dem Oreskes den Zuordnungsprozess charakterisiert, konkret beinhaltet. Die zwei Beispiele zeigen, dass es sich hierbei um eine komplexe kognitive Tätigkeit handelt. Aus den Abstracts geht nicht unmittelbar hervor, welcher Kategorie die jeweiligen Aufsätze zugehören. Ausgestattet mit einem Hintergrundwissen muss ich Aussageelemente in den Abstracts isolieren, die Aufschluss über den thematischen Fokus der Artikel geben. Diese Aufgabe lässt sich noch recht leicht lösen. Erheblich schwieriger ist es hingegen, den Punkt zu klären, um den es Oreskes geht: die Haltung der Verfasser zur Konsensposition. In einer längeren Fassung ihrer Überlegungen bezeichnet Oreskes selbst es als „challenging to determine exactly what the authors of a paper do think about global climate change." (Oreskes 2007, 72) Klare Statements hierzu fehlen – was wenig überrascht, wenn man bedenkt, dass Forschungsaufsätze in der Regel einen kleinen, eng umgrenzten Aspekt eines Problemfelds behandeln, der selten Anlass für Stellungnahmen zu übergreifenden Sachverhalten geben wird. Um zu einer Einschätzung zu kommen, muss ich mir deshalb mit impliziten Hinweisen behelfen. Im ersten Beispiel haben wir gesehen, dass die Forschungsfrage ihre Sinnhaftigkeit und Relevanz aus der Konsensposition bezieht. Das zweite Beispiel lässt hingegen keine Entscheidung zu: Ich kann auf der Grundlage des Abstract nur sagen, dass eine vermutete Auswirkung des Klimawandels für einen bestimmten geographischen Ausschnitt in der untersuchten Periode durch die gewonnenen Daten nicht bestärkt worden ist.

Die kognitiven Tätigkeiten bei der Auswertung der Abstracts gleichen den Tätigkeiten, die beim Zitieren von Literatur vorkommen: Hier wie dort isoliere ich Textstücke, schneide sie aus ihrem Kontext heraus und belege sie mit Bedeutungen, das heißt, ich rahme sie neu. Ich kann die Informationen, die ich für die Kategorisierung der Aufsätze benötige, den Abstracts nicht ablesen, sondern muss sie mir zusammensuchen. Ich muss festlegen, unter welche Kategorie ein Aufsatz nach seinem Abstract fällt, und ich muss, weil direkte Hinweise fehlen, von einer Metaebene aus beurteilen, welche Haltung die Verfasser zur Konsensposition einnehmen. Dabei rekontextualisiere ich jeden einzelnen Aufsatz, indem ich ihm zwei neue Bedeutungen beilege, die so ausdrücklich von den Verfassern nicht formuliert werden: Nämlich erstens in welcher Weise der Aufsatz einen Beitrag zur Klimaforschung darstellt, und zweitens welche Haltung die Verfasser zur Konsensposition beziehen.

Ich fasse zusammen. Unter Bezug auf Björn Krey habe ich davon gesprochen, dass Zitate und Literaturangaben, die in einem Text als Beleg gebraucht werden, den Status einer „extratextualen Instanz" gewinnen. Oreskes' Recherche in klimawissenschaftlichen Forschungsaufsätzen zeigt, dass man in analoger Weise ein ganzes Feld wissenschaftlicher Literatur verwenden kann. Aber auch in diesem

Fall bedarf es einiger Operationen, um 928 Aufsätze in das eigene Argument einzureihen. Die Literatur liefert nicht für sich sprechende Belege, sondern wird durch Auswahl, Zuschnitt, Rahmung und Rekontextualisierung in Belege verwandelt. Dies zu sagen, ist eine Trivialität. Notwendig ist es nur deshalb, weil die Arbeitsschritte, aus denen Belege hervorgehen, im Ergebnis unsichtbar werden. Nicht die vorausgehenden Aktivitäten ziehen die Aufmerksamkeit auf sich, sondern die mit der Anführung der Literatur verknüpfte Zeigegeste: Da steht es geschrieben, da in den Stellungnahmen der Expertengremien, da in 928 Aufsätzen wird belegt, was ich hier sage.

Un fait est fait – eine Tat*sache* ist eine *Tat*sache (Latour 1992/93, 210). Bruno Latour schreibt diese Formel Gaston Bachelard zu, er weist sie aber in seinem Aufsatz nicht als Zitat nach. Ich weiß also nicht, ob Bachelard sich so geäußert hat und, wenn ja, in welchem Zusammenhang. In gewisser Weise ist das aber auch egal, denn ein Zitat ist genau das, was in der Formel zum Ausdruck kommt: eine gemachte Tatsache. Wenn Wissenschaftlerinnen und Wissenschaftler Literatur heranziehen, geht es nicht anders zu, als wenn sie an ihren Gegenständen arbeiten: Sie bereinigen, isolieren, bringen hervor, statten mit Bedeutungen aus. In diesem Sinne ist der Konsens über die Realität des anthropogenen Klimawandels eine Literaturtatsache. Wie eingangs gesehen führt diese Tatsache inzwischen wiederum ein Eigenleben, wird ihrerseits zum Beleg für Aussagen, die im ersten und zweiten Beispiel nicht mit Oreskes' Fragestellung übereinstimmen. Statt für den Konsens der Klimaforscherinnen und Klimaforscher hinsichtlich der Realität eines anthropogenen Klimawandels steht der Verweis auf (Oreskes 2004) dort dafür ein, dass menschliche Aktivitäten das Klima verändert haben beziehungsweise in Beziehung zum Klimawandel stehen. Aus einer durch die Literatur belegten sozialen Tatsache, dem Konsens der Forschergemeinde, wird auf diese Weise eine durch die Literatur belegte naturwissenschaftliche Tatsache: Wir sind es, die durch unser Verhalten zum Klimawandel beitragen oder diesen verursachen; so steht es geschrieben.

Literaturverzeichnis

Abbott, Andrew. „Varianten der Unwissenheit". *Nach Feierabend* 6 (2010): 15–33.
Bachtin, Michail M. „Das Wort im Roman" [1934–35]. *Die Ästhetik des Wortes*. Hg. Rainer Grübel. Frankfurt am Main: Suhrkamp, 1979. 154–300.
Balling Jr., Robert C., und Randall S. Cerveny. „Analysis of the Duration, Seasonal Timing, and Location of North Atlantic Tropical Cyclones: 1950–2002". *Geophysical Research Letters* 30.24 (2003): Article Number 2253. https://doi.org/10.1029/2003GL018404.

Climate Change Science: An Analysis of Some Key Questions. Hg. Committee on the Science of Climate Change, National Research Council. Washington, DC: National Academy Press, 2001.

Davidson, Ogunlade R. „Energy and Carbon Emissions – Sub-Saharan African Perspective". *Energy Policy* 21.1 (1993): 35–42.

Gore, Al. *Eine unbequeme Wahrheit. Die drohende Klimakatastrophe und was wir dagegen tun können*. München: Riemann, 2006.

Krey, Björn. *Textuale Praktiken und Artefakte. Soziologie schreiben bei Garfinkel, Bourdieu und Luhmann*. Wiesbaden: VS, 2011.

Latour, Bruno, und Françoise Bastide. „Writing Science – Fact and Fiction. The Analysis of the Process of Reality Construction Through the Application of Socio-Semiotic Methods to Scientific Texts". *Mapping the Dynamics of Science and Technology. Sociology of Science in the Real World*. Hg. Michel Callon, John Law und Arie Rip. Basingstoke: Palgrave Macmillan, 1986. 51–66.

Latour, Bruno. *Science in Action. How to Follow Scientists and Engineers through Society*. Cambridge, MA: Harvard University Press, 1987.

Latour, Bruno. „Eine Tat*sache* ist eine Tat*sache*". *Philosophischer Taschenkalender* 2 (1992/93): 210–220.

Lipczynska-Kochany, Ewa. „Effect of Climate Change on Humic Substances and Associated Impacts on the Quality of Surface Water and Groundwater: A Review". *Science of the Total Environment* 640–641 (2018): 1548–1565.

McCarthy, James J., Osvado F. Canciani, Neil A. Leary, David J. Dokken und Kasey S. White (Hg.). *Climate Change 2001: Impacts, Adaptation, and Vulnerability. Contribution of Working Group II to the Third Assessment Report of the Intergovernmental Panel on Climate Change*. Cambridge: Cambridge University Press, 2001.

O'Connor, Cailin, und James Owen Weatherall. „Scientific Polarization". *European Journal for Philosophy of Science* 8 (2018): 855–875.

Oreskes, Naomi. „The Scientific Consensus on Climate Change". *Science* 306, Issue 5702 (2004): 1686.

Oreskes, Naomi. „The Scientific Consensus on Climate Change: How Do We Know We're Not Wrong?". *Climate Change. What It Means for Us, Our Children, and Our Grandchildren*. Hg. Joseph F. DiMento und Pamela Doughman. Cambridge, MA: MIT Press, 2007. 65–99.

Pelham, Brett W. „Not in my Back Yard: Egocentrism and Climate Change Skepticism Across the Globe". *Environmental Science and Policy* 89 (2018): 421–429.

Shapin, Steven. „Pump and Circumstance: Robert Boyle's Literary Technology". *Social Studies of Science* 14 (1984): 481–520.

IV Transposition

Volker Hess
Aphoristische Kürze: Eine Wissenstechnik der Medizin des frühen 18. Jahrhunderts

„The plainest and surest way of practising and improving physick" versprach eine kleine Schrift, die 1731 in London erschien (Clifton 1731, 174–175).[1] Ihr Autor adressierte die zentrale Herausforderung jeder wissenschaftlichen Medizin: Wie lassen sich aus partikulären Beobachtungen allgemeine Aussagen gewinnen, und wie schließt der Arzt aus solchen Allgemeinsätzen, Regeln oder Gesetzen auf die notwendig individuelle Behandlung von Kranken? Trotz Sydenhams *Methodus curandi* (1666), Baglivis *Praxis medica* (1696) oder Boerhaaves *Institutiones* (1719), trotz all der Anstrengungen der letzten Jahrzehnte um eine empirische Begründung des ärztlichen Handelns war Francis Clifton (gest. 1736) überzeugt: „Hippocrates did really know 'em better". Er habe bei jeder Behandlung gewusst, „what the consequences would be, many days before". Und warum? Weil er seine Patienten oft gesehen, ihre Symptome und Beschwerden Tag für Tag „in the best manner he cou'd" notiert – und „by a number of observations" jene Fertigkeit erworben habe, „that has made his name immortal" (1731, 12).

Bemerkenswert ist jedoch weniger die Analyse als der Vorschlag zur Lösung. Clifton verband die zeittypische Rückbesinnung auf eine hippokratische Empirie mit dem Einsatz einer neuen Aufzeichnungstechnik: der *tabular observation*. Da ein britischer „Gentlemen of great Business" keine Zeit für die traditionelle Kunst hippokratischer Beobachtung habe, bedürfe es auch bei der Beobachtung am Krankenbett jener wissenschaftlichen Revolution, die in jenen Jahren von der Royal Society vorangetrieben wurde: Gemeinsam und mit Hilfe seiner Tabelle seien auch mäßig begabte Ärzte „in a few years" in der Lage, „to write as well upon the Diseases of England" wie weiland Hippokrates über die in Griechenland.

Mit Tabellen schreiben wie Hippokrates? Aus vier Gründen ist Cliftons Vorschlag einer *tabular observation* einer genaueren historischen Betrachtung wert: Erstens gilt seine Mustervorlage als „Urform" der formalisierten Dokumentation einer Fallgeschichte (Hess 2010). Zweitens wird die Einführung der Tabelle als entscheidender Schritt auf dem Weg zur Dokumentation und Verarbeitung serieller

---

[1] Der folgende Beitrag entstand im Rahmen des vom *European Research Council* geförderten Forschungsprojektes „How Physicians Know". Eine ausführlichere Fassung ist im *Medizinhistorischen Journal* 55.2 (2020) veröffentlicht.

Informationen betrachtet (Rusnock 2002b; Hess und Mendelsohn 2010). So knüpft Cliftons Vorschlag medientechnisch nahtlos an jene Tabellenvorlagen an, die Robert Hooke (1635–1702) und Christopher Wren (1632–1722) bereits in den 1660er Jahren zur Aufzeichnung des Wetters propagiert hatten.[2] Der dritte Grund ergibt sich beim zweiten Blick: Cliftons hippokratische Tabellen verweigerten sich einer kollektiven Wetterbeobachtung. Zwar hatte Clifton über mehrere Jahre hinweg das Wetter bei der täglichen *tabular observation* mitgeführt, seine Vorlage verzichtete jedoch auf eine Spalte fürs Wetter, für das er ein eigenes Buch vorsah (1732, 174–175). Dennoch hielt Clifton an der tabellarischen Darstellung der Krankenbeobachtung fest:

> [F]irst, I'll give the histories of the case from my own book, then the description at large, with the proper method of cure; and after that the Aphorisms, deducible from the foregoing account, that the reader may see at once how just or unjust the inferences are. Nor I will write ever upon any subject, as a Physician, for which I have not *tabular authority*. (180)

Der Aphorismus – ein Ausdruck wissenschaftlicher Autorität und Resultat einer tabellarischen Rechnung (*account*)? Die rhetorische Kunstform (klassisches Beispiel: „ars longa, vita brevis") kann kaum als Ausfluss jener kaufmännischen Rechentechnik begriffen werden, die Rusnock in den medizinischen Tabellen der Zeitgenossen aus dem Umfeld der Royal Society identifiziert. Diese Form einer Quantifizierung hatte Clifton jedoch nicht im Sinn. Seine aphoristische Tabellentechnik sollte vielmehr, wie ich im Folgenden zeigen will, als Beispiel für eine andere Technik der Generalisierung verstanden werden. Die *tabular observation* wurde nicht zur arithmetischen Verarbeitung von Messungen, sondern zur narrativen Prozessierung textförmiger Informationen eingesetzt. Diese Technik kam beispielsweise auch bei der großen Enquete der *Société Royale de Médecine* zum Einsatz, bei der die allgemeine Beschreibung einer Krankheit (*Histoire générale*) durch die tabellarische Form der Wetterbeobachtung strukturiert wurde (Mendelsohn 2011).

Cliftons Tabellen eröffnen viertens einen neuen Einblick in eine Wechselbeziehung zwischen Wetter- und Krankenbeobachtung, die meist als Vorgeschichte der modernen Metrologie und Meteorologie, als Neohippokratismus oder gar als Kulturgeschichte des britischen Wetters abgehandelt wird (Rusnock 2002b; Rusnock 2002a; Golinski 2007). Selten wird aber gefragt, was diese Konjunktur der Medizin antrieb. Daher stehen im Folgenden jene Versuche im Mittelpunkt, die an Bacons Forderung einer sorgfältigen Beobachtung der äußeren Umstände anknüpfend die Regelhaftigkeiten von Erkrankungen zu bestimmen versuchten, anderseits nicht dem Forschungsprogramm der Royal

---

[2] Zur *environmental medicine* s. Riley 1983; zu *medical meteorology* s. Rusnock 2002a.

Society zugerechnet werden können. So stellte die Beobachtung des Wetters, wie andernorts gezeigt (Mendelsohn 2011; Hess und Mendelsohn 2013), ein methodisches Gerüst für die Verallgemeinerung ärztlicher Empirie bereit, allerdings nicht in der Weise, die von der Royal Society vorangetrieben wurde, als Wetterbeobachtungen in Form numerischer Daten zu langen Tabellen zusammengestellt. Stattdessen wurden Tabellen für eine Form der Generalisierung herangezogen, die heute höchst antiquiert erscheint, sich damals aber als geeigneter erwies, um am Krankenbett allgemeine Schlussfolgerungen für das ärztliche Handeln zu ziehen. Der Aphorismus sollte daher, so möchte ich argumentieren, nicht nur als literarisches Genre, sondern als eine besondere Wissenstechnik verstanden werden.

Dieses Argument wird in drei Schritten entfaltet: Zunächst soll das Forschungsprogramm der Royal Society rekapituliert werden.[3] Warum diese *medical meteorology* (Rusnock 2002a) eher als eine *meteorological medicine* verstanden werden sollte, wird im zweiten Abschnitt gezeigt, der sich der kontinentaleuropäischen Geschichte dieser Wetter-Medizin widmet. Der dritte Abschnitt geht schließlich der in der medizin- und wissenschaftshistorischen Forschungsliteratur kaum untersuchten Konjunktur des Aphorismus an der Wende zum 18. Jahrhundert nach (Schiffner 2017), um zu zeigen, wie komplexe Beobachtungen mit Hilfe einer tabellarischen Aufzeichnungstechnik auf aphoristische kurze Schlussfolgerungen reduziert wurden.

1 Tabellarische Wetterbeobachtung

Schauen wir uns zunächst an, was aus dem ambitionierten Projekt wurde, das Robert Boyle und seine Mitstreiter der Royal Society Mitte der 1660er Jahre mit der Veröffentlichung der *General Heads* für eine Naturgeschichte Englands auf den Weg gebracht hatten (Boyle 1666). John Locke fiel die ehrenvolle Aufgabe zu, das Werk aus dem Nachlass zu vollenden. Doch selbst dem *Virtuosus* des Registers (Yeo 2014) gelang es nicht, die über Jahrzehnte zusammengetragenen Zuschriften synoptisch zusammenzustellen. So konnte selbst der *Virtuosus* den disparaten Eindruck nicht verhindern, als ein erster Teil dieses gemeinschaftlichen Beobachtungsprogramms 1692 – also 26 Jahre nach der Veröffentlichung der *General Heads* – unter dem Titel *General History of the Air* erschien (Boyle 1692). Einige der vorgegebenen Stichwörter bestanden nur aus einem *Titel III* („On the Aether");

---

[3] Zu John Locke s. Yeo 2014, 3 (Abb. 1.1); zum *weather-diary* Golinski 2007, 1–3; zur *Forma diarii* Jurin 1724.

andere hingegen waren gefüllt wie der *Titel XXX* („Weight of the Air") mit einem Umfang von 57 Seiten. Der letztere ist ein gutes Beispiel, wie die Beiträge aus unterschiedlicher Hand zusammengestellt wurden – angefangen von Boyles Mitteilung über das Baroskop über tabellarische Barometermessungen eines Mr. Townly, der wiederum Lockes Oxforder Messreihen aus der Mitte der 1660er Jahre folgte. Auf dessen 19-seitige Tabelle folgten weitere Beschreibungen von Geräten, Experimenten, Berichte mehrstündiger Luftdruckmessung und schließlich ein Exzerpt aus Pascals „De la pesanteur de l'air" [sic] (1651–1653). Der naturhistorische *locus* versammelt somit – gereiht, nicht integriert – acht ‚Beobachtungen' unterschiedlichster Art. Synoptisch zusammengefasst wurden sie jedoch nicht. In dieser Hinsicht ähnelt Boyles *Allgemeine Geschichte des Wetters* eher einem Auszug aus Conrad Gesners Zettelkasten (Zedelmaier 1992) denn einem Klassifikationssystem der natürlichen Welt (Daston 2016). *General* meint nicht allgemeine Darstellung, sondern die logische Spreizung der *loci communes*.

Ein ähnlicher Befund gilt für die instrumentellen Messungen von Temperatur oder Luftdruck. Weder Boyle noch Locke haben je versucht, numerisch notierte Angaben zu „verdaten". Selbst wenn mehrere Datenreihen für denselben Ort vorlagen oder Daten von mehreren Messorten für den gleichen Tag, wurden die Messwerte nicht aggregiert. Stattdessen wurde das erwähnte Register von „Mr. Townly" und die von Locke in Oxford geführte Tabelle direkt aus dem Aufschrieb in den Druck überführt, ohne den Versuch einer weiteren Verarbeitung, ob als Aggregation in einer Tabelle oder Berechnung von Durchschnitten. Numerische Werte aufzuschreiben ist aber keine Quantifizierung. Die Erwartung, dass eine chronologische Auflistung von zwei oder drei Zahlenwerten in Form einer Tabelle den ersten Schritt auf dem Wege zu einer proto-statistischen Datenverarbeitung darstellt, ist ein anachronistischer Fehlschluss.

Nicht über das Messen, sondern über astronomische Tafeln hatte die tabellarische Darstellungstechnik Eingang in die Wetteraufzeichnung gefunden.[4] Als instrumentelle Beobachtungen Ende des 17. Jahrhunderts verschriftet wurden, tauschten Messwerte und astrologische Daten den Platz. Wer Hookes präzisen Anweisungen eines „punctual diary" folgte, erhielt eine mehrspaltige Tabelle unterschiedlich breiter Spalten:[5] schmale für Zahlen oder Chiffren, zwei breite für den „state of the air" und sonstige Beobachtungen (Wolkenform, Meteore etc.) in Prosa. War es in den astrologischen Kalendern der Stand der Gestirne, der in Zahlen und Zeichen angegeben war (und die man mit den

---

4 Zotter 1983; vgl. hierzu die Regionalstudien von Fritz Klemm 1973–1983.
5 Extract of a Letter from Mr. Hooke, May 4, 1665 [...] To Dr. Wren in Oxford (Wren, Wren und Ames 1750, 222).

Wetterveränderungen zu korrelieren hoffte), so waren es nun die Zahlenwerte von Temperatur und Luftdruck, von denen sich die Naturforscher eine theoretische Begründung für die in der letzten Spalte notierte „Tempestas" (Camerarius 1696) erhofften. Nicht die Beobachtungen in Prosa wurden nachgeführt, sondern die numerischen Angaben zu Temperatur und Luftdruck. Die qualitative Beschreibung erläuterte keine objektiven Zahlen, sondern wurde durch Zahlen unterfüttert und ergänzt. Maßgebend blieb die in Prosa festgehaltene Beschreibung.

2 Meteorologische Medizin

Das ist auch der Weg, über den das Wetter in die medizinischen Aufzeichnungen fand, nämlich als Eintrag in die allgemeine Darstellung der epidemischen Konstitution oder Krankheitslage. So bezog sich beispielsweise Bernardino Ramazzini (1633–1714) explizit auf die astrologischen Kalender, um seine Aufzeichnungen als „unmittelbares Nachhinein" (1690, 5) zu charakterisieren. Ohne Thomas Sydenham mit einem Wort zu erwähnen, baute Ramazzini dessen Modell einer jahresweisen Darstellung der lokalen Krankheitslage (*Genius epidemicus*) systematisch zu einer medizinischen Topographie aus: Er bettete das Auftreten und den Verlauf der häufigen fieberhaften Erkrankungen bei Frauen wie Männern in eine ausführliche Beschreibung der Gegend um Modena ein, bezog die Erkrankungen der landwirtschaftlich genutzten Pflanzen und Tiere ein und setzte alles mit dem vorherrschenden Wetter in Beziehung: Die ersten Anzeichen für das Auftreten von Mehltau oder die Zunahme des Tertianfiebers werden auf die Änderung der Wetterlage bezogen, die Ramazzini mit offenbar regelmäßigen Messungen verfolgte. Was Ramazzini (wie seine Zeitgenossen) als „hippokratische" Gesamtschau verstand, realisiert damit in gewisser Weise jene *General History* eines Landes oder einer Gegend, an der Boyle und Locke gescheitert waren. So referiert Ramazzini – im Gegensatz zu den hippokratischen Epidemien – weder Fallgeschichten noch andere Formen kasuistischer Beobachtung. Auch wenn er keine Messwerte oder gar eine Messtabelle angibt, belegt er seine Darstellung der lokalen Verhältnisse immer wieder mit Verweis auf instrumentelle Beobachtungen (1690, 8). Die numerischen Daten gingen in der Prosabeschreibung auf, deren konzise Argumentation – so darf man vermuten – nicht unwesentlich den zugrundeliegenden tabellarischen Darstellungen der von Ramazzini adressierten Kalenderchronologie geschuldet war. Die *medical meteorology* wurde hier zur *meteorological medicine*, eine um instrumentelle Wetterbeobachtungen erweiterte Krankheitsbeschreibung.

Heute wird der italienische Arzt und Naturforscher als Begründer der Arbeitsmedizin gefeiert (Koelsch 1912; hingegen Goldmann 1990). Damals machte sich Ramazzini mit den *Constitutiones* (für die Jahre 1690 bis 1694) einen Namen. Dazu trug auch Gottfried Wilhelm Leibniz (1646–1716) bei, der nach einer Italienreise Ende 1689 Ramazzinis Ansatz weithin publik machte.[6] Er überzeugte unter anderem den Präsidenten der Leopoldina, diese Abhandlung in die *Ephemeriden* einzurücken (Leibniz 2003, 136–137).

In dieser Meteorologischen Medizin wurden Wetter und Krankheit nicht auf der Ebene der Einzelbeobachtungen verbunden, sondern – als Prosatext – in Form einer *General History*, wie der große Survey der Leopoldina zeigt. Die 1706 veröffentlichten *Constitutiones Epidemicae Germaniae* (Schroeck et al. 1706) dokumentieren ein koordiniertes Unternehmen lokaler Beiträge aus Augsburg (Lukas Schröck), Basel (Johann Jakob Harder), Berlin (Gustav Casimir Gahrliep von der Mühlen), Kiel und Holstein (Günther Christoph Schelhammer), Ljubljana bzw. Laibach (Marcus Gerbezius), Thüringen (Johann Georg Hoyer) und Tübingen (Rudolf Jakob Camerarius). Jeder präsentierte Ramazzinis Vorbild folgend eine allgemeine Darstellung der Wetter- und Krankheitsverhältnisse vor Ort. Alle dürften sich auch auf Temperaturmessungen und Tagebuchaufzeichnungen gestützt haben. Im Unterschied zum Unternehmen der englischen Naturforscher verzichteten sie aber auf eine Veröffentlichung von Tabellen (Derham 1731–1733; Hadley 1738, 1743).[7]

Für eine Generalisierung waren Tabellen somit nicht erforderlich. Vielmehr belegt jede *Constitutio* für sich die Leistungsfähigkeit einer narrativen Darstellung. Sie erlaubte es, heterogene Daten wie Messwerte, Krankenberichte oder Sterbelisten in eine Gesamtschau zu integrieren. Zugleich steht der Survey der *Leopoldina* auch für das Elend dieser Form von Synopsis, da er einem Flickenteppich glich. Eine Synthese der lokalen Geschichten zu einer *Constitutio Germaniae* fand lediglich im Titel statt.

Wie die *Constitutiones Germaniae* zeigen, fällt es einem Beobachter allein nicht schwer, viele Beobachtungen synoptisch zusammenzufassen, ob nun eklektizistisch wie einst Sydenham oder entlang eines tabellarischen Gerüstes wie in der Meteorologischen Medizin. Wie mühsam es jedoch war, gemäß dem Baconischen Programm viele Beobachter zusammenzubringen, lässt sich am Schicksal des meteorologischen Forschungsprogramms der Royal Society verfolgen

---

6 Vgl. Leibniz 2015, Einleitung, XXV. Auch ohne diese Initiativen wurden an verschiedenen Orten mit großem Aufwand Messungen betrieben und tabellarische Protokolle geführt (z. B. Hoffmann 1701).

7 Camerarius' Tabelle des monatlichen Höchst- und Tiefstands des Barometers war kein Beitrag zur *Constitutio* sondern zum sogenannten Barometerstreit.

(Rusnock 1996). Trotz aller Umsicht gelang es nicht, die tabellarisch standardisierten Daten zu aggregieren. Erst nach dem Tod James Jurins, der das Programm initiiert hatte,[8] wurden auszugsweise einige Zusammenstellungen publiziert, die aber weder zu Durchschnittswerten noch zu einer *General History* in Form einer Generaltabelle zusammengefasst wurden.

Was Zahlen nicht bewerkstelligten, war Worten möglich. Fast zeitgleich zu Jurins großem Projekt führte eine kleine Gruppe Breslauer Ärzte um Johann Kanold (1679–1729) eine ähnlich groß angelegte Erhebung durch. Über den Zeitraum von rund 15 Jahren wurden mit Hilfe eines dichten Netzes von bis zu 40 Korrespondenten quer durch Europa Wetterbeobachtungen gesammelt, zusammengetragen und – Monat für Monat – in einer synoptischen Zusammenschau publiziert.[9] Jeder Monat, vom ersten Quartalsband der *Breslauer Sammlungen* für das Jahr 1717 bis zu den beiden letzten Quartalsbänden aus dem Jahre 1730, war in vier Teile oder Klassen gegliedert, von denen der letzte aus einer gelegentlichen Annotation „physikalisch-medizinischer Begebenheiten" im Laufe der Jahre zu einem formidablen Journal im Umfange von rund 300 Seiten anwuchs. Veröffentlicht wurde ein bunter Mix aus Berichten und Beobachtungen von Meteoren, Erdbeben und anderen Ereignissen. Auch Kranken- und Heilungsgeschichten wurden unter dieser Rubrik unter dem Namen ihres jeweiligen Beiträgers publiziert.

Die drei anderen Teile eines Monatsberichts hingegen wurden von der Redaktion verantwortet – (1) die allgemeinen Übersicht der Witterung, (2) die Witterungs-Krankheiten, und (3) die Nachrichten vom „Zustande des Feldes". Mit der Zeit entwickelten die Breslauer Redakteure ein immer größeres Geschick, die von den Korrespondenten zugesandten Beobachtungen auf diese drei Rubriken zu verteilen, auf Monatsberichte herunterzubrechen und schließlich zu einer synoptischen Darstellung zusammenzufassen. Für den Leser entstand der Eindruck eines einheitlichen „Artikels" (so die Bezeichnung der Unterrubriken), der die monatliche Sammlung heterogener Beobachtungsformate – von Tabellen bis zu „Fragmenta" in Prosa in einer knappen Darstellung verallgemeinerte. Fast meint

---

[8] Jurin gab das Protokoll zur Datenerhebung vor, stattete die Naturforscher mit dem gleichen Messgerät aus und beschränkte den Bericht auf eine rein tabellarische Übersicht (1724).

[9] Der vollständige, aber umständliche Titel der 1718 erstmals herausgegebenen *Sammlungen* lautete „Natur- und Medicin- wie auch hierzu gehörigen Kunst- und Literatur-Geschichten, so sich Anno [des Jahres] in den [3 Quartals-] Monaten in Schlesien und andern Ländern begeben". Sie wurden bis 1729 von Johann Kanold (zunächst gemeinsam mit seinen Mitstreitern Johann Georg Bruschwitz und Johann Christian Kundmann) verantwortet. Fortgesetzt wurden die Sammlungen bis 1734 von Andreas Elias Büchner unter dem nicht weniger barocken Titel *Miscellanea physico-medico-mathematica: oder angenehme, curieuse und nützliche Nachrichten von Physical- und Medicinischen, auch dahin gehörigen Kunst- und Literatur-Geschichten*.

man in der folgenden Beschreibung einen Wetterbericht von heute zu lesen, wenn der „Summarische[] Begriff [...] von der October-Witterung 1726" die lokalen Berichte beispielsweise wie folgt zusammenfasst:

> Daß diese Monats-Witterung sehr feuchte, und sehr stürmisch, anbei zuweilen schon ziemlich kalt und mit Schnee und Reiff vergesellschaftet, doch auch mit zu warm und angenehm gewesen, solches können die Diaria und Fragmente aller Orten bezeugen. Wobei denn die Winde den ganzen Monat hindurch aus dem unteren Hemisphärio, von W.SW und NW. herstiessen und Krafft ihrer führenden und Last solcherlei Lufft-Bewegungen mit sich brachten. § 2. Da nunmehro die diesem Jahre gemangelte Feuchtigkeit mit Haufen hereindrang, so musste selbe vornehmlich von der Westl. Plage [Landstrich], aus SW und NW. herbei geführet werden, als die bisanhero am meisten geschwängerte und noch letzthin den denen intercurrirten Sudl. und Ostl. Winden einigermassen verhalten worden. Daher dann auch von solcher eindringenden Last geschehen musste, daß allenthalben die Luft beweget, und vielfältige Stürme causiret wurden. (Kanold et al. 1728, 395)

Es ist hier nicht der Raum, um die zugrundeliegenden Texttechniken im Detail zu rekonstruieren: Fragmentierung der Beobachtungen zu kleinen Elementen (z. B. Regen, Sturm und Windrichtung), Serialisierung und topographische Anordnung (z. B. Breslau, Schlesien, Deutschland, Europa) erlaubten schließlich, die herausgebrochenen Fragmente als eine Beobachtung auf einer imaginären Landkarte zu lesen – wie die *general observation* der oben zitierten herbstlichen Großwetterlage.

Diese summarische Darstellung erlaubte in gleicher Weise die Integration der Witterungs-Krankheiten. Die lokalen Berichte wurden zunächst noch explizit („der Haupt-Genie der Witterung von diesem Monat, in Ansehung unserer Gesundheit, war gegen Juno etc"; 1718, 20), bald mit der Formel: „Die Witterung war diesen Monat [...] für die menschliche Gesundheit noch gar erleidlich" (Juli 1721) respektive „zur Hervorbringung allerhand Kranckheiten gar dispost" (Oktober 1726). Die allgemeine Wetterlage stellte den narrativen Plot bereit, um die Angaben der vielen Korrespondenten einzuordnen, zu harmonisieren und zu bewerten. Aufgrund dieser Verdichtung und Bezugnahme liest sich die monatliche Zusammenschau streckenweise wie das Bulletin einer Topographie der Seuche:

> Aus Regensburg: Von sonderlichen Kranckheiten des Julii kan nichts sagen. Es kommt wohl dann und wann noch ein hitziges Fieber vor, doch ohne Flecken [...]. Aus Zürich: Sanitas satis fuit per decursum Julii firma. Aus Epperies: Die Variola fingen im Jul. viel hefftiger an zu grassiren, und zu dessen Ende wurden sie epidemisch, wovon ein mehreres künfftig [...]. Dantzig: Das nasse Wetter verursache viele Flüsse, Zahn- und Augenschmerzen, rheumatismos, passiones colicae, [...]. Aus Slucko: Die Kinder sterben sehr an den Pocken, sowol unter den Christen, als unter den Juden [...]. Aus Ravicz: Von Kranckheiten wissen wir allhier schon lange Zeit nichts. (1723, 31–32)

Mit einem Wort: Wenn diese Darstellungsform lokal beobachtete Erkrankungen als lokalen Effekt des gleichen Wetters herausstellte, dann rückte die Spezifität des Ortes in den Mittelpunkt, eine Frage, auf die im Laufe der folgenden Jahrzehnte Physikatsberichte, medizinische Topographien und andere Formen territorialstaatlicher Landesbeschreibungen eine Antwort zu geben suchten (Collin und Horstmann 2004; Behrisch 2006).

Der Hippokratismus des frühen 18. Jahrhunderts ist mit Blick auf diese Formen kurzer Prosatexte um zwei Aspekte zu erweitern. Erstens ist zu bedenken, dass der partizipative und egalitäre Charakter der Meteorologischen Medizin für eine korrespondierende Gesellschaft ohne festen Sitz wie die Leopoldina entscheidend gewesen sein dürfte: Was einst nur einem Genie wie Hippokrates gelang, das schien nun, dank neuer akademischer Organisations- und Veröffentlichungsformen, leicht erreichbar – als gemeinschaftliche Aufgabe. Nicht *sharing cases* (Pomata 2010), sondern gemeinsam schreiben war das Versprechen der Meteorologischen Medizin. Und das erlaubten, dank der neuen Wissenschaften, die innovativen Mess- und Aufschreibeverfahren. Mit ihnen ließ sich Beobachtung arbeitsteilig organisieren – von den „Kunstliebhabern" vor Ort bis zu den Redakteuren gelehrter *Miscellanea*.

Über Wetter können bekanntlich nicht nur alle reden, sondern auch schreiben. Die Meteorologische Medizin schuf eine soziale, intellektuelle und organisatorische Plattform des Austausches, an der auch jene Naturforscher und Gelehrten partizipierten, die in kleineren Städten und Ortschaften, als Stadtphysikus oder Leibarzt eines kleinen Duodezfürsten, tätig waren. Die Meteorologische Medizin wurde damit auf doppelte Weise gemeinschaftsbildend: Erstens qualifizierte sie die lokale Beobachtung als wissenschaftlich wertvoll; zweitens erhob sie ihren Beobachter – ob nun Luftdruck messend, Fieberkrankheiten beobachtend oder Mineralien sammelnd – zum Mitglied der großen Gemeinschaft gelehrter Naturforscher. Man könnte hierin eine soziale Funktion der Wetterbeobachtungen sehen: In ähnlicher Weise, wie die meteorologischen Tabellen der Krankenbeobachtung Regelmäßigkeit und Struktur gaben, verlieh deren Korrespondenz einer gelehrten Geselligkeit Form und Struktur.

Der zweite Aspekt des Hippokratismus betrifft die naheliegende Frage, wozu die gemeinschaftliche Beobachtung eigentlich eingesetzt wurde. Das gilt gerade für den englischen Sprachraum, wo Clifton und andere Ärzte mit der Forderung einer hippokratischen Beobachtung keineswegs nur das Baconische Programm legitimierten oder umsetzten. Vielmehr halfen *vice versa* Bacon und die neuen Wissenschaften eine hippokratische Form ärztlichen Wissens zu begründeten. Nicht durch theoretische Erörterungen und experimentelle Demonstrationen, sondern auf dem Wege der Induktion – nämlich durch eine tabellarische Verarbeitung – sollte die ärztliche Beobachtung zu knappen Regeln und Merksätzen kondensiert werden, die Clifton in extenso am Beispiel von zehn hippokratischen

Aphorismen veranschaulichte.[10] Von der Tabelle zum Aphorismus, vom Krankenbett zur Textauslegung:[11] Der sicherste Weg zur Perfektionierung der ärztlichen Kunst mündete – scheinbar paradox – in der Wiederbelebung einer eigentlich lange überlebten medizinischen Prosagattung.

3 Aphoristische Wissenstechnik

Clifton war nicht der einzige, der den Aphorismus als Vorbild für die Verallgemeinerung empirischer Beobachtungen anpries (1732, 185).[12] Bereits der päpstliche Leibarzt Giorgio Baglivi (1668–1707) hatte die „Unterlassung von den Krancheiten Aphoristice zu raisoniren" als das größte Hindernis bezeichnet, das die Ärzte vom „fleißige[n] observiren" abhalte: Die Beobachtung von Krankheiten „mit ihren Zufällen und remediis in gewisse Regeln zu fassen", kurzum: partikuläre Krankengeschichten zu generalisieren (1696).[13] Kein Geringerer als Herman Boerhaave (1668–1738) hatte die antike Gattung aufgegriffen, um das hydromechanische Lehrgebäude in aphoristische Lehrsätze schlichter Schönheit echt hippokratischen Geistes zu fassen, die nicht nur mehr als fünfzigmal aufgelegt wurden (zuletzt 1828), sondern gleich ihrem antiken Vorbild selbst zum Gegenstand exegetischer Kommentierung wurden (Boerhaave 1744 [1707]). In fünf Bänden (Swieten 1742–87), die wiederum dreimal aufgelegt wurden, kommentierte Gerard van Swieten (1700–1772) die Worte seines Lehrers. Andere taten es Boerhaave nach (z. B. Stoll 1786). Es scheint daher nicht weiter erstaunlich, dass viele britische Gelehrte, die in Leiden studiert hatten, sich dieses Formats auch in der Praxis bedienten, ob nun als „Aphoristical Observations" (Hillary 1740, 63), als *Sententia* (Wintringham 1727, 8) oder als „practical Aphorisms" (Arbuthnot 1751, 205). Der wissenschaftliche Aufbruch in ein *experimental life* (Shapin und Schaffer 1985) ging mit einer Konjunktur des Aphorismus einher, den viele als „the true Method of Induction" (Hillary 1740, xi) begriffen. Dazu hatte Francis Bacon selbst entscheidend beigetragen, der die „traditio per aphorismos" vor einer dogmatischen bzw. humanistischen „traditio methodica" bevorzugte (Bacon 1620, lib. 6).

---

10 Vgl. hierzu auch die Vorrede von Clifton 1734.
11 Clifton übersetzte *De Aëre*, die Epidemien-Bücher und das *Prognosticon* neu (1734) als jene Schriften, die ein Arzt als erstes studieren solle.
12 Zum Aphorismus in der ärztlichen Ausbildung siehe Schiffner 2017.
13 Zitiert wird die deutsche Übersetzung Baglivi 1705, 22.

Eine Lektüre dieser Aphorismen verrät jedoch schnell, dass induktives Schließen nicht als logischer Rigorismus begriffen wurde. Was bringt beispielsweise die schwer widerlegbare Feststellung, dass ein „Fieber [...] sich in den Tod, in eine andere Krankheit, oder in Gesundheit" endigt, die Boerhaave aus langen empirischen Beobachtungen zog? (Boerhaave 1828, § 590–91, Bd. 2, 52) Ähnliches gilt für Arbuthnots „practical Aphorisms", die angesichts der weitreichenden Erörterung experimenteller Erkenntnisse eher wie ein hausbackener Ratschlag anmuten: „[T]oo great and sudden Respiration by Ventilation, may be dangerous" (212). Das ist banal. Auch Schlussfolgerungen wie die Erkenntnis, dass in der Bergwelt mit der großen Differenz von Hitze und Kälte ebenso Diät und Kleidung mit der Saison variieren (210), sind eher Ausdruck gesunden Menschenverstandes. Das gilt für viele, wenn nicht die meisten dieser Aphorismen. Sie formulieren keine naturgesetzliche Regel, geben aber bewährten Handlungsanweisungen wissenschaftliche Gewissheit. Mit einem Wort: Sie stellen die lebenspraktische Relevanz der neuen Wissenschaften heraus (Stolberg 1996).

Auch in den *Breslauer Sammlungen* finden wir diese Form der Generalisierung. Jedem „Summarischen Begriff" der Witterung folgte ein weiterer Artikel über „einige Consectaria, Notanda, und Special-Phœnomena". Darunter finden sich Schlussfolgerungen der Form wie: „[n]ordwestliche Nebel ziehen gerne Regen nach sich", oder die Feststellung, „daß viele Regen und Wolcken auch vielen Wind und Sturm geben" (Kanold et al. 1723, 129). Solche aphoristischen Zuspitzungen mögen eine Binsenweisheit sein, doch sie wurden nun empirisch fundiert: „Dieses Jahr hat der heisse und ziemlich trockene Sommer wiederum einen etwas nassen Herbst nach sich gezogen", heißt es beispielsweise im Dezember 1726. Die *Consectaria* sind somit genau genommen keine, d. h. arithmetischen Schlussfolgerungen aus einem empirischen Datenbestand, sondern aphoristische Zuspitzungen.

Die Funktion dieser Form der Generalisierung ist somit eine andere als die induktive Herleitung allgemeiner Aussagen mit gesetzlicher Gültigkeit. Sie zielt auf das praktische Handeln. Im Gegensatz zu statistischen Metaanalysen in Form einer *Evidence Based Medicine* (die das Problem einer Einzelfallentscheidung eher verschleiern denn lösen), geben die aphoristischen Merksprüche eine konkrete Handlungsanweisung. Sie antizipieren die Folgen einer Entscheidung: Bleibt „nach geheilten Seitenstechen ein kleiner Hust[en] zurück" und erregt des Abends „gelinde Wärme [...] den gantzen Leib", dann „magst du den Umstehenden entweder Erneuerung des Seitenstechens oder die Eyterung vorhersagen", ist beispielsweise eine der Regeln, die Baglivi aus seinen Beobachtungen der Pleuritis zieht (1705, 92).

Die Konjunktur zwischen Wetter- und Krankenbeobachtung wurde somit weniger von akademischer Neugier als pragmatischen Bedürfnissen angetrieben:

Wie ändert sich die Wirkung der Arzneimittel mit dem Wetter? Und was muss der Arzt bei einem bevorstehenden Wetterumschwung beachten?

Diese Form des Umgangs mit der Zukunft kennt man aus alten Volksregeln, den Wetterweisheiten der Seeleute – und aus der hippokratischen Medizin (Deichgräber 1933; Thivel 1985). So teilen sich Bauer, Seemann und Arzt die gleiche Herausforderung, die einen akademischen Meteorologen meist wenig kümmert.[14] Die günstige Gelegenheit zur Mahd, das zeitige Setzen des Ankers, die kritische Wendung des Fiebers: Handlungsanweisungen wurden auf aphoristisch kurze Merkregeln reduziert. Ihre prognostische Orientierung beschreibt keine zwangsläufige Folge (wenn Regen, dann nass; wenn Blitz, dann Donner), sondern eine Regelhaftigkeit. Ihr Wahrheitsanspruch wurde mit ‚gerne', ‚oft', ‚pflegen' angegeben. Nicht ein Naturgesetz sollte entdeckt, sondern medizinische Praxis begründet, nicht Theorie erweitert, sondern Handeln angeleitet werden.

In der langen historischen Perspektive bezeichneten Aphorismen von der Antike an empirisch gewonnene Verhaltensmaßregeln, „Endergebnisse des Beobachtens und Erfahrens". Erst durch die französischen Moralisten wurde der Aphorismus auch zum Ergebnis eines reflexiven Überlegens entwickelt (Mautner 1933, 140–144). So gilt aus literaturwissenschaftlicher Sicht der Aphorismus schon länger als eine Form, die das problematische Verhältnis zwischen dem Einzelnen und dem Allgemeinen adressiert – von Hippokrates über Bacon bis hin zu der konfliktreichen Auseinandersetzung zwischen Einzelbeobachtung und Denkzusammenhang in der französischen und englischen Literatur des 18. Jahrhunderts. Es ist nicht mein Ziel, die Debatte um ‚epistemische Genres' (Pomata 2010) um den Aphorismus zu erweitern. Wenn man diesen Begriff jedoch bemühen will, dann für den Aphorismus.

Manche Literaturwissenschaftler gehen davon aus, dass der Aphorismus eigentlich medizinischer Natur sei (Neumann 1976). Das erklärt nicht, warum der Aphorismus just im 17. Jahrhundert diese Konjunktur erfuhr. Das könnte mit der zunehmenden Brüchigkeit der topischen Wissensordnung in Zusammenhang stehen. Ohne topische Ordnung verlor der gelehrte Verweis auf eine genaue Stelle im antiken Schriftkorpus seine ursprüngliche Bedeutung, d. h. den Zusammenhang des Kanons.[15] Das Zitat stand nun für sich und musste sich selbst erklären. Genau das leistet der Aphorismus. Er benötigt keinen Beleg, keine Konkordanz, sondern will gemerkt und behalten werden. Er stellt eine Form der Generalisierung bereit, die Handeln anleitet, aber nicht maßregelt. Er vermittelt keine

---

14 Dem Meteorologen ist es letztlich egal, ob es morgen nun regnet oder schneit, solange die Vorhersage stimmt.
15 Vgl. den Beitrag von Florian Fuchs in diesem Band.

Kenntnisse, sondern bezieht seinen Geltungsanspruch aus der situativen Dringlichkeit. Er aktualisiert und überbietet hippokratische Weisheit mit Beobachtung und Experiment. Das erklärt die Paradoxie, mit Hippokrates das ärztliche Handeln im Baconischen Sinne zu verwissenschaftlichen und zugleich den hippokratischen Textkorpus aus dem humanistischen Korsett zu befreien.

Im medizinischen Schrifttum fristen Aphorismen heute nur noch eine marginale Existenz. Ernst genommen werden sie am ehesten in der satirischen Überbietung ärztlicher Handlungsmaximen („GOMER sterben nie"[16]). Werden sie Gegenstand der akademischen Medizin, dann wird meist nur ihr kognitiver Wissensgehalt auf seine aktuelle Richtigkeit hin untersucht (Koch 1933; Kudlien 1962). Nie jedoch wird (meines Wissens) der Aphorismus als epistemisches Genre reflektiert, d. h. als Form der Generalisierung medizinischen Handlungswissens in der literarischen Gestalt eines zum Aperçu zugespitzten Lehrsatzes.

Warum sind aber gerade Tabellen besonders geeignet für aphoristische Zuspitzungen? Mit dieser Frage nach der epistemischen Funktion dieses Aufschreibeformats schließt sich der Kreis zu Cliftons *tabular observation*. Die Tabelle reduzierte die tägliche Beobachtung fast zwangsläufig auf einen kurzen, knappen und vor allem eindeutigen Aufschrieb. Auf diese Weise generierte bereits der Prozess der Verschriftlichung jene „natürliche" und ursprüngliche Historia, die Zeitgenossen, allen voran Giorgio Baglivi, im Einklang mit Francis Bacon gefordert hatten (Baglivi 1705, 306–307). Die Tabelle übernahm gewissermaßen die Reinigung der täglichen Beobachtung, befreite sie von allem humanistischen Ballast und generierte im Aphorismus ihre Essenz.

Der tabellarische Aufschrieb vereinte in einem Schritt, was in humanistischer Tradition noch zeitlich und epistemologisch getrennte Arbeitsschritte waren: er sammelte, kategorisierte und exzerpierte. Von der einst umständlichen Historia blieben – säuberlich verteilt auf mehrere Rubriken – nur kurze Sätze, Stichworte oder karge Symbole übrig. Cliftons Tabelle hielt vier Spalten vor: eine erste für die *Res non naturales*, eine zweite, breitere Spalte für die *Morbi Phaenomena*, eine dritte für Arzneien und eine vierte für besondere Ereignisse (*Eventus*), in die Tag für Tag die wichtigsten Beobachtungen eingetragen wurden. Hierfür verwendete Clifton Kurzformeln für häufige Begriffe wie Urin, Puls, Stuhl, Hitze etc. Er reduzierte mit anderen Worten eine mögliche Vielfalt auf den vordefinierten Satz kategorialer Elemente, aus denen sich ein tabellarischer Eintrag zusammensetzte. Allein die aphoristische Schlussfolgerung blieb bei der monatlichen Bilanz dem ärztlichen Raisonnement vorbehalten – das *Resumé*, wie ein anderer Tabellenmacher schrieb (Razoux 1762, 10–11).

---

16 GOMER ist die Abkürzung für „Go Out of My Emergency Room" (Shem 1997).

4 Schluss

In der Meteorologischen Medizin des frühen 18. Jahrhunderts sollten – gemeinsam messend und Tabellen schreibend – Krankengeschichten hippokratischen Geistes (kurz, knapp, knackig) und Schlussfolgerungen hippokratischer Weisheit (aphoristische Handlungsanweisungen) nicht nur an die hiesigen Gefilde und neuen Krankheiten angepasst, sondern mit den Mitteln der neuen Wissenschaften sogar überboten werden. In gedrängter Dichtheit und hippokratischer Kürze sollte knapp zusammengefasst werden, worauf es am Krankenbett eigentlich ankommt: Wie gefährlich ist diese Erkrankung? Wann geht es der oder dem Kranken besser? Und was ist jetzt zu tun?

Die Konjunktur von Wetter- und Krankenbeobachtung war mehr als ein Ansatz zur instrumentellen Quantifizierung oder eine legitimatorische Hippokratesrezeption. Solche Verkürzungen verfehlen die strategische Option, welche die hippokratischen Tabellen eröffnen: Die Meteorologische Medizin begriff sich als eine Wissenschaft ärztlichen Handelns, die ihre handlungsleitenden Sätze wissenschaftlich zu begründen und empirisch abzusichern wusste. Ihren Vertretern war sehr bewusst, dass sich ärztliches Handeln weder als Anwendung kausaler Schlussfolgerungen darstellen noch statistisch vorgeben oder gar formalisieren lässt, sondern am ehesten in Form aphoristischer Zuspitzungen präsentiert werden kann, die keine Gesetze, aber Handlungsregeln formulieren. Diese Maximen sind nicht durch eine probabilistische Wahrscheinlichkeit untermauert. Sie erheben weder relativen noch absoluten Wahrheitsanspruch. Das unterscheidet den Aphorismus wiederum von Leitlinien, *guidelines* und sogenannten *gold standards* der heutigen Medizin, denen eine normative Geltung zukommt. Der verallgemeinernde Geltungsanspruch eines Aphorismus bezieht sich hingegen auf situative Konstellationen. Er dient vorzugsweise dem ärztlichen Handeln – dieser schwierigen Kunst oder *ars longa* – als Orientierung im kurzlebigen Alltag.

Literaturverzeichnis

Arbuthnot, John. *An essay concerning the effects of air on human bodies.* London: Tonson and Draper, 1751.
Bacon, Francis. *Instauratio magna. Francisci De Verulamio Summi Angliae Cancellarii Instauratio magna. Novum organum. Paraseve, Ad Historiam Natvralem, Et Experimentalem.* London: Billius, 1620.
Baglivi, Giorgio. *De praxi medica ad priscam observandi rationem revocanda, libri duo.* Rom 1696; dt. Lübeck und Frankfurt am Main: Wiedemeyer, 1705.

Behrisch, Lars (Hg.). *Vermessen, Zählen, Berechnen: die politische Ordnung des Raums im 18. Jahrhundert*. Frankfurt am Main und New York, NY: Campus, 2006.

Boerhaave, Hermann. *Aphorismi de cognoscendis et curandis morbis, in usum doctrinae domesticae digesti* [1707]. Edinburgh: Hamilton & J. Balfour, 1744.

Boerhaave, Hermann. *Dr. Hermann Boerhaave's kurze Lehr-Sätze über Erkennung und Heilung der Krankheiten. Erster Theil*. Gotha: Henning, 1828.

Boyle, Robert. „General heads for the natural history of a countrey, great or small, imparted likewise by Mr. Boyle". *Philosophical Transactions*. London (1666): 186–189.

Boyle, Robert. *The General History of the Air. Designed and Begun by the Honorable Robert Boyle*. London: Awnsham and John Churchill, 1692.

Büchner, Andreas Elias. *Sammlung von Natur- und Medicin- [...] und Literatur-Geschichten, [...] Herbst-Quartal 1726*. Leipzig und Bautzen: David Richter, 1729.

Camerarius, Rudolf Jakob: *Ephemerides meteorologicae Tubingenses, ab anno seculi nonagesimo primo ad quartum Rudolphi Jacobi Camerarii: cum ill. D. Bernardini Ramazzini Ephemeridibus barometricis mutinensibus, anni MDCXCIV*. Augsburg: Kroniger u. a., 1696.

Clifton, Francis. *Tabular observations recommended, as the plainest and surest way of practising and improving physick. In a letter to a friend*. London: Brindley, 1731.

Clifton, Francis. *The State of Physick, Ancient and Modern, Briefly Consider'd: with a Plan for the Improvement of It*. London: Nourse, 1732.

Clifton, Francis. *Hippocrates upon air, water, and situation; upon epidemical diseases; and upon prognosticks, in acute cases especially. To this is added (by way of comparison) Thucydides's account of the plague of Athens*. London: J. Watts, 1734.

Collin, Peter, und Thomas Horstmann (Hg.). *Das Wissen des Staates. Geschichte, Theorie, Praxis*. Baden-Baden: Nomos, 2004.

Daston, Lorraine. „Cloud Physiognomy". *Representations* 135 (2016): 45–71.

Deichgräber, Karl. *Die Epidemien und das Corpus Hippocraticum. Voruntersuchungen zu einer Geschichte der koischen Ärzteschule*. Berlin: De Gruyter, 1933.

Derham, W. „An abstract of the meteorological diaries, communicated to the Royal Society, with remarks upon them. [...] Part I–V". *Philosophical Transactions* 37 (1731): 261–273; 38 (1733): 101–109, 405–412, 458–470.

Goldmann, Stefan. „Zur Ständesatire in Bernardino Ramazzinis ‚De Morbis Artificum Diatriba'". *Sudhoffs Archiv* 74.1 (1990): 1–21.

Golinski, Jan. *British weather and the climate of enlightenment*. Chicago, IL, u. a.: University of Chicago Press, 2007.

Hadley, Geo. „An account and abstract on the meteorological observation communicated to the Royal Society, for the years 1729 and 1730". *Philosophical Transactions* 40 (1738): 154–175; 42 (1743): 243–263.

Hess, Volker. „Formalisierte Beobachtung. Die Genese der modernen Krankenakte am Beispiel der Berliner und Pariser Medizin (1725–1830)". *Medizinhistorisches Journal* 45 (2010): 293–340.

Hess, Volker, und J. Andrew Mendelsohn. „Case and series: Medical knowledge and paper technology, 1600–1900". *History of Science* 48 (2010): 287–314.

Hess, Volker, und J. Andrew Mendelsohn. „Fallgeschichte, Historia, Klassifikation: François Boissier de Sauvages bei der Schreibarbeit". *NTM. Zeitschrift für Geschichte der Wissenschaften, Technik und Medizin* 21 (2013): 61–92.

Hillary, William. *Account of the Principal Variations of the Weather, And the Concomitant Epidemical Diseases, From the Year 1726, to the End of the Year 1734 (addition to Essay on the Small-Pox, 2nd edition)*. London: Hitch, Leake, 1740.

Hoffmann, Friedrich. *Observationes Barometrico Meteorologicæ, & epidemicæ Hallenses Anni MDCC.: præmissæ sunt Curiosæ Physicæ meditationes circa ventorum caussas, vires & operationes in corpora humana ac barometron.* Halle an der Saale: Zeitler, 1701.

Jurin, James. *Invitatio ad observationes meteorologicas communi consilio instituendas.* London: Innys, 1724.

Kanold, Johann, Johann Georg Bruschwitz und Johann Christian Kundmann (Hg.). *Sammlung von Natur- und Medicin- [...] Literatur-Geschichten [...]* Breslau: Hubert / Leipzig und Bautzen: Richter, 2 (1717) – 36 (1728).

Klemm, Fritz. *Die Entwicklung der meteorologischen Beobachtungen in [...].* Offenbach am Main: Deutscher Wetterdienst, 1973–1983.

Koch, Richard. „Auslegung des dritten hippokratischen Aphorismus". *Sudhoffs Archiv* 26 (1933): 281–288.

Koelsch, Franz. *Bernardino Ramazzini: der Vater der Gewerbehygiene (1633–1714). Sein Leben und seine Werke.* Stuttgart: Enke, 1912.

Kudlien, Fridolf. „Zur Interpretation eines hippokratischen Aphorismus". *Sudhoffs Archiv* 46 (1962): 289–294.

Leibniz, Gottfried Wilhelm. *Sämtliche Schriften und Briefe. Fünfter Band: 1691–1693.* Darmstadt: O. Reichl, 2003.

Leibniz, Gottfried Wilhelm. *Sämtliche Schriften und Briefe. Achter Band: 1699–1701.* Berlin und Boston, MA: De Gruyter, 2015.

Mautner, Franz H. „Der Aphorismus als literarische Gattung". *Zeitschrift für Ästhetik und allgemeine Kunstwissenschaft* 27 (1933): 132–175.

Mendelsohn, J. Andrew. „The World on a Page: Making a General Observation in the Eighteenth Century". *Histories of Scientific Observation.* Hg. Lorraine Daston und Elizabeth Lunbeck. Chicago, IL, und London: The University of Chicago Press, 2011. 396–420.

Neumann, Gerhard. *Der Aphorismus: Zur Geschichte, zu den Formen und Möglichkeiten einer literarischen Gattung.* Darmstadt: Wissenschaftliche Buchgesellschaft, 1976.

Pomata, Gianna. „Sharing Cases: The Observationes in Early Modern Medicine". *Early Science and Medicine* 15 (2010): 193–236.

Ramazzini, Bernardino. *De constitutione anni 1690 ac de rurali epidemia quae Mutinensis agri, & vicinarum regionum colonos graviter afflixit, dissertatio. Ubi quoque Rubiginis natura disquisitur, quae fruges, & fructus vitiando aliquam caritatem annonae intulit.* Modena: Julian Cassian, 1690.

Razoux, Jean. *Table nosologique et météorologique très-étendues dressés à la Hôtel-Dieu des Nimes depuis le premier juin 1757 jusques au premier janvier 1762.* Basel: Jean Rodolphe Im-Hof & Fils, 1762.

Riley, James C. „The medicine of the environment in Eigtheenth-Century Germany". *Clio medica* 18 (1983): 167–178.

Rusnock, Andrea Alice (Hg.). *The correspondence of James Jurin (1684–1750), physician and secretary to the Royal Society.* Amsterdam und Atlanta, GA: Rodopi, 1996.

Rusnock, Andrea Alice. „Hippocrates, Bacon, and Medical Meteorology at the Royal Society, 1700–1750". *Reinventing Hippocrates.* Hg. David Cantor. Aldershot: Ashgate, 2002a. 136–153.

Rusnock, Andrea Alice. *Vital accounts. Quantifying health and population in eighteenth-century England and France.* Cambridge: Cambridge University Press, 2002b.

Schiffner, Conrad-Jakob. „Sauvages, Lazerme und die Hippokratischen Aphorismen. Ein Fund aus den Archives départementales de l'Hérault". *Medizinhistorisches Journal* 52.1 (2017): 56–81.

Schroeck, Lukas et al. „Constitutiones Epidemica Germaniae Annorum MDCXCIX usque ad MDCCV". *Ephemeridum academiae caesareo-leopoldinae naturae curiosorum Appendix an. IX. & X. Dec.* III (1706): 1–77.

Shapin, Steven, und Simon Schaffer. *Leviathan and the air-pump: Hobbes, Boyle, and the experimental life*. Princeton, NJ: Princeton University Press, 1985.

Shem, Samuel. *House of God*. Frankfurt am Main: Büchergilde Gutenberg, 1997.

Stolberg, Michael. „‚Mein äskulapisches Orakel!'. Patientenbriefe als Quelle einer Kulturgeschichte der Krankheitserfahrung im 18. Jahrhundert". *Österreichische Zeitschrift für Geschichtswissenschaften* 7 (1996): 385–404.

Stoll, Maximilian. *Aphorismi de cognoscendis et curandis febribus*. Wien: De Kurzbeck, 1786.

Swieten, Gerard van. *Commentaria in Hermanni Boerhaave aphorismos de cognoscendis et curandis morbis*. Hildburghausen: Hanisch, 1742–1787.

Thivel, Antoine. „Diagnostic et pronostic à l'époque d'Hippocrate et à la nôtre". *Gesnerus* 42 (1985): 479–497.

Wintringham, Clifton. *Commentarium nosologicum morbos epidemicos et aeris variationes in urbe Eboracenci locisque vicinis, ab anno 1715, usque ad finem anni 1725, grassantes complectens*. London: J. Clark, 1727.

Wren, Christopher, Stephen Wren und Joseph Ames. *Parentalia: or, Memoirs of the Family of Wrens*. London: T. Osborn, 1750.

Yeo, Richard. *Notebooks, English Virtuosi, and Early Modern Science*. Chicago, IL, und London: The University of Chicago Press, 2014.

Zedelmaier, Helmut. *Bibliotheca universalis und Bibliotheca selecta. Das Problem der Ordnung des gelehrten Wissens in der frühen Neuzeit*. Köln, Weimar und Wien: Böhlau, 1992.

Zotter, Hans. *Tag für Tag, Jahr um Jahr. Kalender aus acht Jahrhunderten*. Ausstellung der Universitätsbibliothek Graz. Graz: Universitätsbibliothek Graz, 1983.

Rebeca Araya Acosta

‚Desunt non-nulla': Verfahren der Verdichtung und Transposition in Jonathan Swifts *A Tale of a Tub* (1704)

1 *Ancients* und *Moderns*

Die Frage nach der Gültigkeit und dem Potenzial der Verkleinerung von Wissenschaftstexten wurde im Großbritannien des 18. Jahrhunderts im Rahmen zweier miteinander konkurrierender epistemologischer Positionen virulent. In der Debatte der sogenannten *Ancients* gegen die *Moderns* stritten Anhänger der althergebrachten klassischen naturwissenschaftlichen und poetischen Lehren mit Herausforderern, die von Francis Bacons Reformprogramm eines „Advancement of Learning" inspiriert waren. Letztere zielten auf die strenge Selektion und Systematisierung des vorhandenen Wissens ab, um in Bacons Sinn die wissenschaftliche Erkenntnis voranzubringen. Mit diesem Programm der *Moderns* setzte sich Jonathan Swift, anglikanischer Priester der Church of Ireland und ein prominenter Befürworter der *Ancients*, in seinem anonym erschienenen *Tale of a Tub* (1704) auf eine eigenartige Weise auseinander. Das *Tale*, ein Konvolut aus scheinbar konfusen Handlungssträngen und Digressionen, wurde sofort zum Bestseller und löste einen regelrechten Rezeptionsfuror aus. Ihm liegt die Geschichte dreier Brüder zugrunde, die von ihrem verstorbenen Vater jeweils einen Mantel bekommen, außerdem ein Testament, das sie zu deuten versuchen. Eine genaue Auslegung bleibt bis zum Ende des *Tale* aus, denn die Erzählung wird durch metadiegetische Einschübe permanent unterbrochen. Eine Reihe an Paratexten, bestehend aus einer kleinen Apologie, einer Widmung, einer Vorrede an den Leser, einem Widmungsbrief an den „Prince Posterity" und einem Vorwort, deutet auf den kumulativen Charakter dieses Textes hin, der in der Tat als ein Florilegium von Swift konzipiert wurde. Allerdings handelt es sich bei dieser Zusammenstellung nicht um eine Blütenlese aus alten Schriften, sondern um von Swift parodierte Textexzerpte aus modernen Autoren.

Im Folgenden soll das *Tale* im Hinblick auf seine Behandlung der modernen Methode zur Wissenssystematisierung untersucht werden. Dabei sind die Verfahren der Transposition und der Verdichtung, derer sich Swift bedient, zentral, um seine genaue Vorgehensweise zu beleuchten. An diesem Text wird nämlich exemplarisch sichtbar, welchen epistemologischen Stellenwert die Verkleinerung im Kontext des beginnenden 18. Jahrhunderts in Großbritannien hatte und wie Swift als Konservativer auf diese Tendenz reagierte.

2 Der Wal im *Tale* – zur Krise der modernen Episteme der Reduktion

Versucht man aus der heutigen Perspektive Swifts Positionierung im Diskurs mit seinem *Tale* zu verstehen, so bietet sich ein Vergleich mit der sogenannten Sokal-Affäre an. In seinem Bemühen zu beweisen, dass postmoderner Theorie jegliche wissenschaftliche Fundierung fehle, hatte der Physiker Alan Sokal 1996 einen parodistischen Artikel verfasst, in dem er eine transformative Hermeneutik der Quantenphysik anpries. Der Beitrag wurde von der kulturwissenschaftlichen Zeitschrift *Social Text* zur Publikation angenommen. Am Tag seines Erscheinens veröffentlichte Sokal eine Replik auf den eigenen Artikel, in dem er die Leichtfertigkeit der *Social Text*-Herausgeber bloßstellte, die seine Betrachtungen für bare Münze genommen hatten. Der gelungene Betrug war für Sokal ausreichender Beweis, um die in seinen Augen dubiosen poststrukturalistischen Prämissen zu denunzieren (Sokal 1998).

Ganz ähnlich machte sich fast dreihundert Jahre zuvor Jonathan Swift an die Aufgabe, eine um sich greifende Praxis der Verarbeitung und Theoretisierung von Wissen anzuprangern. Wie er seine Kritik aufzäumte, soll am Beispiel seines Umgangs mit John Toland, Narcissus Marsh und Peter Browne geschildert werden, die wesentliche Zielscheiben seiner Parodie sind.

Swift nimmt in seinem *Tale* eine andere *persona* (genauer gesagt: mehrere *personae*) an und tritt als Fürsprecher des „modernen" Anliegens auf, Wissensbestände und lang tradierte Lehr- und Lernpraktiken auf das Wesentlichste zu reduzieren. Tatsächlich sah er die neue Mode allerdings nicht minder kritisch als sein Zeitgenosse Alexander Pope. Es gehe nur darum, so meinten beide, eine konsumgesteuerte und denkfaule Gesellschaft samt ihren gewinnsüchtigen Buchhändlern mit klein gemachten Formen wie „systems", „schemes", „abstracts", „compendia", „guides" und „florilegia" zu versorgen.

Dass die Kritik im Fall des *Tale* als solche nicht verstanden wurde und der Text stattdessen seiner Unterhaltsamkeit wegen große Aufmerksamkeit fand, bestärkte Swift nur in seiner Geringschätzung der von ihm angeprangerten „modernen" Episteme. Nichtsdestotrotz schrieb er im Gegensatz zu Sokal keine aufklärende Antwort, sondern überließ es den *Moderns* selbst, die Satire auf sich weiterzutreiben. Diese letzte Konsequenz hatte Swift bereits im Titel bedacht, wie im Folgenden zu zeigen sein wird.

Im Vorwort hebt die Erzählstimme – eine von mehreren im Text – mit einer Beschreibung der Problemlage an, die sich explizit auf den Entstehungskontext des *Tale* bezieht. Die Jahre nach der Wiederherstellung der Stuart-Monarchie (1660) und der kurz darauf folgenden „Glorious Revolution" (1688) sind in der

Buchgeschichte Großbritanniens durch eine immense Textproliferation gekennzeichnet. Das Jahr 1695 wurde zum Kulminationspunkt dieser Entwicklung, als der sogenannte „Licensing Act" von 1662 – ein Versuch seitens Charles' II., die wuchernde Drucklandschaft durch Zensur einzuhegen –, nicht erneuert wurde. Das Vorwort deutet die Folgen dieser Entscheidung an:

> The wits of the present age being so very numerous and penetrating, it seems the grandees of Church and State begin to fall under horrible apprehensions, lest these gentlemen, during the intervals of a long peace, should find leisure to pick holes in the weak sides of Religion and Government. (Swift 1948 [1710], 29)

Der „lange Frieden" ist ein Verweis auf die Lockerung der Zensur nach 1695, welche es „geistreichen" Intellektuellen, den sogenannten *wits*, ermöglicht hat, an Religion und Regierung ungestraft Kritik zu üben. In kriegerischem Vokabular spricht Swift von „new levies of wits", die, mit Feder, Tinte und Papier bewaffnet, jederzeit („at an hour's warning") bereit seien, gefährliche Pamphlete zu produzieren. Um dieser Bedrohung zügig zu begegnen, könne eine Praktik helfen, die bei Seemännern gebräuchlich sei.

Die fünfte Ausgabe des *Tale* (1710) stellt diese Lösung auch bildlich dar (s. Abb. 1). Das Frontispiz zeigt einen Wal, der im tosenden Meer auf ein Fass zuschwimmt, während die Besatzung eines Schiffes im Hintergrund das Fass durch die hohen Wellen hindurch zu steuern versucht. Der begleitende Text lautet:

> [...] [S]eamen have a custom, when they meet a whale, to fling him out an empty tub by way of amusement, to divert him from laying violent hands upon the ship. This parable was immediately mythologized; the whale was interpreted to be Hobbes's *Leviathan*, which tosses and plays with all schemes of Religion and Government, whereof a great many are hollow, and dry, and empty, and noisy, and wooden, and given to rotation: this is the *Leviathan* from whence the terrible wits of our age are said to borrow their weapons. The ship in danger is easily understood to be its old antitype, the Commonwealth.
> But how to analyze the tub, was a matter of difficulty; when, after long enquiry and debate, the literal meaning was preserved; and it was decreed, that, in order to prevent these Leviathans from tossing and sporting with the Commonwealth (which of itself is too apt to fluctuate) they should be diverted from that game by a *Tale of a Tub*. (1948 [1710], 30)

Der letzte Absatz liefert die Übertragung des Sinnbilds auf „Hobbes' Erben". Zum Schutz von Staat und Kirche sollen die „modernen" Intellektuellen durch Ablenkungsmanöver ähnlich hingehalten werden wie der Wal, der sonst das Schiff bedroht. Thomas Hobbes hatte in seinem *Leviathan* (1651) bereits vor Swift das Bild des biblischen Seeungeheuers eingeführt, um die politische Lage in England nach der Wiederherstellung der Monarchie zu umschreiben. Hobbes erhob den Absolutismus darin zur einzig effizienten

Abb. 1: Frontispiz der 5. Ausgabe des *Tale* (1710). British Museum.

politischen Form.¹ Dass Hobbes' Ungeheuer bei Swift zu einem Wal wird, der nicht in der Lage ist zu erkennen, dass er einem Fass statt einem Schiff hinterherschwimmt, macht deutlich, worauf Bild und Kommentar abzielen. Swifts *Tale* parodiert die Revisionen althergebrachter sozialer, religiöser und politischer Strukturen durch „moderne" Empiriker wie Hobbes.

Die vorgeführte Deutung kehrt zugleich ein wesentliches strukturgebendes Element im Text hervor, nämlich die Transposition. Wenn Swift das Vorgehen der *Moderns* mit einem Mann gesunder Verfassung vergleicht, der es für möglich hält, „to reduce the notions of all mankind exactly to the same length and breadth, and height of his own" (1948 [1710], 123), so pathologisiert er in seiner Bildmetapher die *Moderns* und ihre Praxis der Reduktion. Ihr setzt er in seinem *Tale* – so meine These – eine gezielte Verdichtung oder „Verdickung" entgegen, die diese Praxis zugleich imitiert und ironisiert. In Anlehnung an Jerome McGanns Vorstellung von einem „thickening"² literarischer Texte – gemeint ist eine Überlagerung mehrerer sinnstiftender Codes, u. a. linguistischer, bibliographischer, diskursivischer und medialer Art – scheint mir die Transposition eines von mehreren Verfahren zu sein, mit denen Swift unter Beweis stellt, wie gut er die Taktik der Matrosen beherrscht, wenn er seine Leserschaft mit dem Entschlüsseln versteckter Bedeutungen in Fabeln und Allegorien beschäftigt und ihr Sinnverstehen dabei irritiert. Verdichtung hat bei Swift im Rahmen seiner Kritik am zeitgenössischen, allzu marktorientierten Umgang mit Wissen zwei Funktionen: Sie ist ein Verfahren seiner Satire wie auch Symptom des damit angeprangerten Reduktionswahns. Seine Satire

---

1 „The final cause, end, [sic] or design of men, who naturally love liberty, [sic] and dominion over others, in the introduction of that restraint upon themselves, in which we see them live in commonwealths, is the foresight of their own preservation, and of a more contented life thereby [...]. For the laws of Nature, as ‚justice', ‚equity', ‚modesty', ‚mercy', and, in sum, ‚doing to others, as we would be done to', of themselves, without the terror of some power, to cause them to be observed, are contrary to our natural passions, that carry us to partiality, pride, revenge, and the like. And covenants, without the sword, are but words, and of no strength to secure a man at all." (Hobbes 1651, II. xvii. 85.)

2 McGann schließt sogar den fragmentarischen Zustand eines Textes als positiven Bestandteil seiner Verdichtung mit ein. Die Zusammenführung von den dabei erzeugten, sich gegenseitig ausschließenden Codes versteht er gemäß einer sinnstiftenden Funktion der Metapher gegenüber der Metonymie: „A thickened text is a scene where metaphor und metonymy thrive. [...] Thickness is also built through the textual presence and activities of many nonauthorial agents. These agencies may be the artist's contemporaries [...] or they may not; furthermore, the agencies may hardly be imagined as 'individuals' at all. The texts of Sappho, for example, gain much of their peculiar power from their fragmented condition, and the same is true for various ballads and songs, which exploit their textual fractures and absences for poetic results" (McGann 1991, 76).

speist sich aus der Kluft zwischen literalem Wortsinn und metasprachlichem Kommentar, die für Täuschungen Spiel lässt. Das Bild des leeren Fasses, das vom Wal für ein Schiff gehalten wird, transponiert dieses Verhältnis im *Tale* in eine prägnante Karikatur.

Sinn und Zweck des *Tale* bestand mithin darin, Widerstand gegen die modernen Tendenzen der Wissenserfassung und -vermarktung zu leisten, indem sie parodiert dem allgemeinen Leser und den angehenden *wits* wiedergegeben wurden. Die parodistischen Verfahren im *Tale* nahmen jedoch nicht allein stilistische Probleme ins Visier: Von den zahlreichen, teils selbstironischen paratextuellen Rahmungen bis hin zu den Verweisen auf die arbiträre Form der Textproduktion durch irreführende Anmerkungen – stets versuchte Swift die typischen Sujets eines modernen Werkes sowie dessen Entstehungs- und Rezeptionsbedingungen möglichst wahrheitsgetreu zu imitieren. Dabei spielt das Verfahren der Kompilation eine eminente Rolle: zuerst in der Form der *Miscellany* und später des *Commonplace Book*, einer aus der rhetorischen und philosophischen Tradition herreichenden Exzerpierpraxis, die bis weit in die Frühe Neuzeit Anwendung fand. Allerdings erfreute sie sich zu Zeiten Swifts aufgrund der aufgelockerten Copyrightrestriktionen auch einer immensen Popularität im Buchhandel, und das gedruckte *Commonplace Book* wurde schnell zum Verkaufsschlager der Buchhändler schlechthin. Aufgrund ihrer Marktgängigkeit (und als Kompensationen von Lese- und Schreibfaulheit) gerieten solche Kompilationsformate bald in Misskredit.[3] Swift betrachtete diese käuflichen Kollektaneen als trauriges Resultat des angeblich durch die *Moderns* verursachten Niedergangs philologischer Expertise. So lässt er den in der Widmung an Lord Somers auftretenden *bookseller* berichten, dass er seine Angestellten, die – wie sich später herausstellen sollte – kein Wort Latein konnten, einen Tugendkatalog auf der Basis antiker Quellen erstellen:

> They swore to me, that they had ransacked whatever could be found in the characters of Socrates, Aristides, Epaminondas, Cato, Tully, Atticus, and other hard names, which I cannot now recollect. However, I have a reason to believe, they imposed upon my ignorance; because when I came to read over their collections, there was not a syllable there, but what I and everybody else knew as well as themselves: therefore I grievously suspect a cheat; and that these authors of mine stole and transcribed every word, from the universal report of mankind. (Swift 1948 [1710], 18–19)

Anstatt der traditionellen Wissenspraktik des Blütenlesens sieht man hier ihre Pervertierung. Die Angestellten sind Betrüger, die ihrem Chef antikes Pseudo-

---

3 Pat Rogers untersucht den konkreten Fall der Beziehung Swifts zum Buchhändler Edmund Curll, der Swifts Gedichte mehrfach unautorisiert als Teil seiner *Miscellanies* veröffentlicht haben soll (Rogers 2013, 94–95).

Wissen unterschieden. Das Beispiel zeigt den Verfall vom *Commonplace Book* zum *common place*, zum trivialen Gemeinplatz, in dem Swift das unvermeidliche Resultat der Appropriation antiker und humanistischer Exzerpierkunst durch die *Moderns* sah.[4] Die Antike als Legitimationsquelle wird unter den Händen der Betrüger durch die angeblich weitreichendere Autorität des „universal report of mankind" ersetzt.

Im Kontext des *Tale* erscheint Swift nun samt seinen multiplen *personae* in der Rolle des Buchhändlers, der ähnliche Betrugsfälle in zeitgenössischen Werken aufzudecken beabsichtigt. Aber er ist nicht so fahrlässig, das Exzerpieren zu delegieren und kündigt dem Prince Posterity am Anfang des *Tale* an, er werde ihm „a faithful abstract, drawn from the universal body of all arts and sciences", zur Prüfung weiterreichen (Swift 1948 [1710], 27). An späterer Stelle bezieht er sich auf das *Tale* als „a complete and laborious dissertation upon the prime productions of our society", in der nicht nur die „beautiful externals" vorgeführt werden sollen, sondern auch die ihnen zugrunde liegenden „refined systems of all sciences and arts" (48–49).

Dass sich derartige Selbstbeschreibungen des Werks mehr als geringfügig von dem „sole design" unterscheiden, das mit der Walparabel eingeführt wurde, dürfte an dieser Stelle klar geworden sein. Verschwunden sind die Verweise auf die „unquiet spirits", welche die Ködergeschichte ruhigstellen soll. Gleichwohl sind es gerade solche semantischen und strukturellen Inkongruenzen, die das *Tale* ausmachen. So werden zum Beispiel widersprüchliche Erklärungen für die Leerstellen im Text geliefert, die mit ironischen Kommentaren wie „Desunt non-nulla", ‚einiges fehlt', versehen werden – obwohl diese textkritisch markierten Lücken vorderhand von Swift selbst hergestellt wurden. Andernorts heißt es, dass der *bookseller* das auf mysteriöse Weise erhaltene, unvollständige Manuskript „in its naturals", also mit den Leerstellen in die Druckerei geschickt habe, um einer Raubkopie zuvorzukommen, deren Erscheinen, „fitted to the humour of the age", früher zu erwarten war (Swift 1948 [1710], 21). Im Postscriptum berichtet der anonyme Autor von den Elisionen, die erst kurz vor der Veröffentlichung von einem befreundeten *gentleman* vorgenommen worden worden seien, als er das Manuskript in die Druckerei brachte (16). Allerdings weist eine Anmerkung zu einem „Hiatus in MS" darauf hin, dass derartige Auslassungen „very frequent with our author" seien,

---

4 Hierin war Swift nicht der Einzige. Anthony Ashley Cooper, der dritte Earl of Shaftesbury und Zeitgenosse Swifts, zielt in seiner Kritik auf eine neue Funktion von *Commonplace Books*, nämlich als Repositorium zur Förderung des Autoregos: „They [the authors] have their authorcharacter in view, and are always considering how this or that thought would serve to complete some set of contemplations, or furnish out the commonplace book from whence these treasured riches are to flow in plenty on the necessitous world" (Shaftesbury 1999 [1711], 75).

„either when he thinks he cannot say anything worth reading, or when he has no mind to enter on the subject", bei „matter[s] of little moment" – oder sogar „to amuse his reader, whereof he is frequently very fond of", am Ende womöglich „with some satirical intention" (45).

All diese einander überlappenden Verkürzungen tragen mitsamt ihren widersprüchlichen metasprachlichen Erläuterungen zur Dichte des *Tale* bei. In toto stützen sie Swifts Verdikt, die Werke der *Moderns* seien Produkte der Marktlogik, welche den ihnen inhärenten, eher dürftigen Aussagewert überwuchere. Die (bei Swift parodistische) Unterwerfung unter die Gesetze der Ökonomie führt durch Kontingenzen und Handlungen Dritter zwangsläufig zu einer inkommensurablen semantischen Fülle, welche allerdings dem oberflächlichen Wal-Leser verborgen bleibt.

Genau dieses Verfahren der Verkürzung und Kompilation einzelner Texte nach einer arbiträren Logik, die selbst biographischen Koinzidenzen unterworfen sein kann, emuliert Swifts satirische *imitatio*. Die Transposition im Sinne eines Austauschs originaler Textfragmente durch trivialisierte Imitate (wie der Wal als Leviathanersatz) beschließt in einem zweiten Schritt den Prozess satirischer Verkleinerung.

3 „The Mechanical Operation of the Spirit" – oder wie man drei Spinnen mit einer Klappe schlägt

Im Folgenden sollen die drei *Moderns* im Zentrum stehen, deren Texte Swift mithilfe seiner unzuverlässigen Erzähler fast bis zur Unkenntlichkeit transponiert und verdichtet. In seiner dem *Tale* angehängten „Battle of the Books" stellt Swift diese Modernen als Spinnen dar und hält sie den fleißigen Bienen der *Ancients* entgegen.[5]

Anliegen der *Moderns* war es, Wissen möglichst effizient durch Formeln zu systematisieren. Hierbei ging es – anders als Swift dies darstellt – um die eingängige Wissensvermittlung durch das Herstellen von Übersicht in Schaubil-

---

5 In der Cambridge-Ausgabe von *A Tale of a Tub* verweist Marcus Walsh auf die Spinnensymbolik bei Francis Bacon, der das Weben des Tieres mit dem unproduktiven „Spinnen" der Metaphysiker gleichsetzt (Bacon 1999 [1605], 22–23). In diesem Sinne unternimmt Swift, so Walsh, eine Umkehrung, indem er das Symbol auf die *Moderns* – darunter auch Bacon – überträgt (Swift 2014 [2010], Anm. 62).

dern oder statistischen Darstellungen. Das stieß auch im Freundeskreis Swifts auf Interesse. Sein Freund John Arbuthnot, ein schottischer Arzt und Satiriker, hatte Christiaan Huygens' *De Ratiociniis in Ludo Aleae* 1692 unter dem Titel *Of the Laws of Chance, or, A Method of Calculation of the Hazards of Game* ins Englische übersetzt und im Vorwort augenzwinkernd angemerkt, dass sich mit derlei Statistiken das Leben der Menschen ganz im Geist moderner Aufklärung verbessern ließe. Mit der Offenlegung der Wahrscheinlichkeitsregeln des Glücksspiels wollte er nach eigenem Bekunden nicht die britische Leserschaft zum Spiel verführen, sondern Ordnungshüter instruieren, damit sie Schwindlern leichter auf die Schliche kamen (Arbuthnot 1738, iv–v). William Petty, der Mitgründer der Royal Society, nannte eine solche soziale Anwendung der Mathematik „political arithmetic".[6] Damals kamen, begünstigt durch das liberalisierte Druckrecht, auch dubiosere Vorschläge zur Weltverbesserung in Umlauf, sogenannte *proposals*, deren Motive Swift in *Gulliver's Travels* und *A Modest Proposal* parodierte. In seinem *Tale* setzt er sich mit den Ideen solcher Projektemacher ebenfalls auseinander und nimmt zwei *proposals* zur Verbesserung der Bibelexegese sowie eines zur Optimierung der Akustik aufs Korn.

Im ersten Unterkapitel des *Tale* und in dem der ersten Ausgabe ursprünglich angehängten Teil, der den Titel „A Discourse Concerning the Mechanical Operation of the Spirit" trägt, stellt er zwei irische Jünger John Lockes als Parteigänger der „modernen" Episteme an den Pranger: den deistischen Philosophen John Toland und Narcissus Marsh, den Erzbischof von Armagh (Craven 2006 [1992], 17–38, 39–55). Wie Kenneth Craven in seiner Monographie *Jonathan Swift and the Millenium of Madness* (1992) gezeigt hat, ist Swifts *Tale* insgesamt von einem tiefen Misstrauen gegen den Empirismus Lockes geprägt. Dass es sich bei den Schriften der zwei Locke-Anhänger keineswegs um zweifelhafte *proposals* handelte, sondern um eine philosophisch-theologische Abhandlung und eine Theorie der Akustik – Marsh war auch Mitglied der Dublin Philosophical Society –, ist in Swifts verballhornender Transposition der beide Texte nicht mehr zu erkennen. Unter den Titeln

---

6 In der Ausgabe von *Political Arithmetic* (1690) aus dem Jahr 1751 erläutert der Sohn Pettys in der Widmung an den König den Begriff ‚political arithmetic': „[...] [T]hings of government, and of no less concern and extent, than the glory of the prince, and the happiness and greatness of the people, are by the ordinary rules of arithmetic, brought into a sort of demonstration [...] [T]he perplexed and intricate ways of the world, are explain'd by a very mean piece of science" (Petty 1751 [1690], iii–iv). Pettys posthum gesammelten „Several Essays in Political Arithmetic" ist zu entnehmen, dass er sich darunter eine Frühform der demographischen Statistik vorstellte (Petty 1769, 97–99).

„A physico-logical scheme of oratorial receptacles" und „Mechanical Operation of the Spirit" bereitete er die Schriften so auf, dass sie in der Manier von „Vorschlägen" moderner „projectors"[7] daherkamen, dabei aber so verkürzt und verrätselt wirkten, dass deren Argumente *ad absurdum* geführt wurden.

Toland hatte unter dem Titel *Christianity Not Mysterious* (1696) eine empiristische Kritik der hergebrachten Bibelexegese publiziert und damit eine Welle der Empörung bei der anglikanischen Church of Ireland ausgelöst. Der Philosoph hielt Priester als exegetische Vermittlungsinstanzen für entbehrlich, weil die Bibel sich ohne sie verlässlicher deuten ließe. Er richtete sein Werk an „the Vulgar", den ungelehrten Teil der irischen Gesellschaft, „which I'm far from neglecting, like those who in every Preface tell us they neither court nor care for them" (Toland 1702 [1696], xvii–xviii), und klagte über die Mystifizierungen des Bibeltexts durch Schriftgelehrte. Seiner Kritik der „mad Liberty of Allegory" (xix), die er in den hermeneutischen Volten der Deutungsexperten am Werk sah, hatte er, John Locke folgend, die Unterscheidung zwischen *nominal essence* und *real essence* zugrunde gelegt und die These vertreten: „[N]othing can be said to be a Mystery because we have not an adequate Idea of it, or a distinct View of all its Properties at once", andernfalls würde gelten: „everything would be a Mystery." (74) Toland zufolge war das menschliche Verstehen an Regeln gebunden, die auch für Glaubensfragen Gültigkeit besäßen. In seiner Abhandlung listete er Beispiele menschlicher Sinneswahrnehmung auf, welche belegen sollen, dass selbst bei ganz normalen Naturobjekten die menschliche Wahrnehmung an ihre Grenzen stößt. Die Ungewissheit über die *real essence* von Naturobjekten, ihre internen Funktionsmechanismen, ähnele, so behauptete er, der Ungewissheit angesichts des Wirkens Gottes. Wichtig sei nur, dieses Wirken im Sinne der *nominal essence* – also des Wissens über dessen Eigenschaften – nachvollziehen zu können. Am Beispiel seines Schreibtischs erläuterte er, dass dessen Eigenschaften der *nominal essence* angehörten: „a Collection of those Properties or Modes which we principally observe in anything, and to which we give one common Denomination or Name" (Toland 1702 [1696], 82). Als *real essence* fasst Toland einen durch Näherungswerte bestimmten Grad des Wissens auf: „[T]he real Essence is that intrinsick Constitution of a thing which is the Ground or Support of all its Properties, and from which they naturally flow or result." (82)

An diesem Punkt der Argumentation Tolands erkennt Swift eine Lücke, die er in „The Mechanical Operation of the Spirit" – eigentlich eine Parodie auf den Zelotismus der methodistischen und anderer nonkonformistischer Formen der

---

[7] Eine andere Bezeichnung für die Sozialarithmetiker, die ein bestimmtes Verbesserungsvorhaben in der Form eines Proposals darzustellen suchten.

Predigt[8] – auf seine anti-empiristische Art zu füllen versucht, und dies wortwörtlich. Er konkretisiert den hypothetischen Gehalt der Locke'schen *real essence* wie folgt:

> [...] [I]t is the Opinion of choice *Virtuosi*, that the Brain is only a Crowd of little Animals, but with Teeth and Claws extremely sharp, and therefore cling together in the Contexture we behold, like the Picture of Hobbes's *Leviathan*, or like Bees in perpendicular Swarm upon a Tree, or like a Carrion corrupted into Vermin, still preserving the Shape and Figure of the Mother Animal. That all Invention is formed by the Morsure of two or more of these Animals, upon certain capillary Nerves [...]. They hold also, that these Animals are of a Constitution extremely cold; that their Food is the Air we attract, their Excrement Phlegm; and that what we vulgarly call Rheums, and Colds, and Distillations, is nothing else but an Epidemical Looseness, to which that little Commonwealth is very subject, from the Climate it lyes under. (Swift 1704, 304–305)

Indem er die *real essence* im menschlichen Hirn lokalisiert, ist Swift in der Lage, Tolands Raum der möglichen Eigenschaften anschaulich darzustellen. Die Instabilität der nur spekulativ zu bestimmenden *essence* wird in das kontingente Verhalten der „little Animals" übersetzt, die als kleine Verursacher der kognitiven Physiologie ausgemacht werden. Der provisorische Denkraum Tolands erhält damit eine materiale Grundlage, in der sich die Commonwealth-Tierchen tummeln – wie Ungeziefer auf einer Leiche, deren Verwesung so weit fortgeschritten ist, dass die ursprüngliche Form („constitution") des Organismus nur noch von ihnen zusammengehalten wird. Die unterschwellige Aussage, dass der Hobbes'sche Commonwealth die epistemische Lücke der *real essence* füllen kann, sollte nicht übersehen werden. Da es Swifts Ziel ist, die *Moderns* gegeneinander auszuspielen, kommt es hier zu einer scheinbar restlosen Zusammenführung von Aussagen, die Swift für sein *Tale* in der Form eines *Commonplace Book* kompiliert hat. Die Tatsache, dass es die „Virtuosi"[9]

---

8 Dass Tolands Ausführungen zur *real essence* ausgerechnet an dieser Stelle eingebettet und parodiert werden, zeigt den Variantenreichtum der Swift'schen Transposition. Die Parodie übersteigt den Sinngehalt des Prätextes und bezieht den Einbettungskontext mit ein. In dieser Konstellation muss also der Aufklärer dem fanatischen Prediger Gesellschaft leisten.

9 Johnsons *Dictionary* bietet für „Virtuoso" die folgende Definition an: „A man skilled in antique or natural curiosities; a man studious of painting, statuary, or architecture". Craig Ashley Hanson ergänzt, dass der typische englische Virtuoso ein Mitglied der Royal Society war, dessen breitgefächerte Interessen „from human anatomy, to ancient burial sites, to the technical aspect of glass production" sich mit der Institution der „New Science" entwickelt hatten (Hanson 2009, 3). In seiner soziologisch-wissenschaftshistorischen Untersuchung zur Entstehung der „New Science" im 17. Jahrhundert, *A Social History of Truth* (1994), geht Steven Shapin auf den Typus des Virtuoso als adliger Wissenschaftler ein. Im experimentellen Kontext von Bacons Reformprogramm diente der soziale Status des Wissenschaftlers als Bürgschaft für den

waren, die diesen Einblick in die Funktionsweise des menschlichen Körpers überhaupt erst ermöglicht haben, die modernen Dilettanten schlechthin, verweist wiederum auf die „moderne" Epistemologie.

In einem weiteren Schritt der Verdichtung schließt Swift auch Narcissus Marsh, den Erzbischof von Armagh, in seine Satire auf Toland ein. Marsh hatte seinen ehemaligen Studenten Peter Browne mit der Widerlegung von Toland beauftragt. Swift kannte Browne aus seiner Studienzeit am Dubliner Trinity College und mochte ihn schon damals so wenig wie Marsh, der seinerzeit als Universitätsprovost fungierte. Als angehender Kleriker soll sich Swift von Marsh benachteiligt gefühlt haben, der Browne protegierte, indem er ihm zu guten Stellen verhalf (Craven 2006 [1992], 40–43). Swifts Ressentiment gegenüber den beiden zeigt sich in der Form, in der er sie als Doppelkonstellation porträtiert und parodiert.

Ein wichtiger Punkt, den Browne in seiner Widerlegung Tolands anbringt, ist sein Verweis auf die Unmöglichkeit, mittels menschlicher Vernunft Gott als Entität zu erfahren und zu begreifen. Tolands Behauptung, man erkenne Gott an seinen Eigenschaften – also vermittels *nominal essence* – erwidert Browne mit dem Verweis auf den ersten Korintherbrief: „For this reason 'tis said that hereafter *we shall see him as he is*, because we have no knowledge of him now, but by mediation of those Idea's we have of the things of this World" (Browne 1703 [1697], 33). Dieses Argument erlaubt Browne, eine hermeneutische Struktur einzuführen, die zwar Ähnlichkeiten mit Tolands Vorstellung von „mystery" aufweist, letzten Endes jedoch eine sinnstiftende Lösung anbietet – qua Figuration. Browne legt dar, dass alle Verweise auf die menschlichen Aspekte Gottes – Körperteile und deren Eigenschaften – nur eine Art Platzhalter sind, „since we have neither Words nor Idea's to think or speak of him after any other manner; or indeed of any other Objects of another World" (39). Die Funktion dieser Platzhalter ergibt sich, wie Browne erklärt, im Rahmen der Sinnerschließung:

> [T]he Spirit of God in all his Revelations hath made use, not only of the *Words* and *Phrases* commonly receiv'd and understood but likewise of those *common notions* in the minds of Men, of things in the World, to represent Truths, which are in respect of us now unconceivable and for which there are as yet no capacities in our nature. So that in truth all the Idea's we at present have of the things of another World are no other than a sort of *Types* and *Figures* of things, the real nature of which is totally obscured from us. (39)

Wahrheitsgehalt der Aussagen (Shapin 1994, xvii–xix). Die Tatsache, dass die Kompetenzzuschreibung auf einer derartig instabilen Grundlage wie dem sozialen Status fußte, war Zeitgenossen wie Swift oder später dem sozialkritischen Zeichner William Hogarth ein Dorn im Auge. Der Virtuoso wurde in ihrer Sozialkritik zu einem beliebten Typus. Für Hogarths illustrierte Parodien auf den Virtuoso siehe Heyl 2013.

Um Tolands Kritik zu begegnen, es handele sich bei der hinausgezögerten Sinnstiftung, in der Figuration letztendlich besteht, um einen weiteren Fall unnötiger Mystifikation, zieht Browne das Beispiel eines blinden Mannes heran. Ein blinder Mann, so seine Logik, wird das Konzept von Sehen und Licht nur (ansatzweise) verstehen können, sofern man versucht, ihm die Wirkung von Licht unter Bezugnahme auf seine Fähigkeiten näherzubringen – also beispielsweise als etwas, das es ihm erlaubt, sofort zu wissen, wie Objekte in dem Raum positioniert sind, in dem er sich befindet. „Just thus", fährt Browne fort,

> do we conceive the things of another World, so that we may rack our invention, and turn and wind all those Idea's we have into ten thousand different shapes, and yet never make up any likeness or similitude of the real Nature of those Objects of another World. (42)

Man sei daher als Mensch fähig, sich Unbekanntes in Analogie zum bereits Bekannten vorzustellen – aber nur bis zu einem gewissen Grad. Dem Endprodukt dieser Abstraktionsleistung werde es immer an Kohärenz mangeln; erst im Moment heilsgeschichtlicher Erfüllung ergäbe es vollen Sinn.

Aus diesem Widerlegungsversuch entwickelt Swift im *Tale* einen der wichtigsten Typen seiner Satire, nämlich den durch ‚inneres' Licht angetriebenen fanatischen Priester. Das mit diesem Figurentypus eingeführte Element der Rhetorik ist von Bedeutung, denn es stellt die Verbindung zu Brownes Gönner, Narcissus Marsh her. Als Mitglied der Dublin Philosophical Society hatte Marsh 1683 einen Vortrag über die Theorie der Akustik gehalten, der anschließend als *An Introductory Essay to the Doctrine of Sounds, Containing Some Proposals for the Improvement of Acousticks* (1684) in den *Philosophical Transactions* der Society veröffentlicht wurde. Abgeleitet von der Optik entwickelt Marsh analoge Begriffe für seine Lehre der Akustik. Eines seiner Anwendungsbeispiele ist für Swifts Zwecke besonders geeignet. Bei seinen Ausführungen zur Übertragbarkeit von Klang unterstreicht Marsh die Bedeutung von glatten Wänden:

> Hence in a Church, the nearer the Preacher stands to the wall (and certainly tis much the best way to place Pulpits near the wall) the better is he heard, especially by those, who stand near the wall also, though at a greater distance from the Pulpit; those at the remotest end of the Church, by laying their Ears somewhat close to the wall, may hear him easier than those in the middle. (Marsh 1684, 477)

Diese physikalischen Bedingungen für die bessere akustische Wirkung einer Predigt wird Swift sowohl in „The Mechanical Operation of the Spirit" als auch in seinem „physico-logical scheme of oratorial receptacles" im Zusammenhang mit

Brownes bibelexegetischen Ausführungen in einer den *Moderns* würdigen verdichteten Form verarbeiten. So kündigt er in „The Mechanical Operation" an:

> [B]ecause I am resolved, by all means, to avoid giving Offence to any Party whatever; I will leave off discursing so closely to the *Letter* as I have hitherto done, and go on for the future by way of Allegory, though in such a manner, that the judicious Reader, may without much straining, make his Applications as often as he shall think fit. Therefore, if you please, from hence forward, instead of the Term, *Ass*, we shall make use of *Gifted* or *enlightened Teacher*; And the Word *Rider*, we will exchange for that of *Fanatick Auditory*, or any other Denomination of the like Import. [...] [T]he great Subject of Enquiry before us, is to examine, by what Methods this *Teacher* arrives at his *Gifts* or *Spirit*, or *Light*; and by what Intercourse between him and his Assembly, it is cultivated and supported.
> (Swift 1704, 288)

Die Prämisse, welche hier nur zur Hälfte wiedergegeben wurde, folgt der Vorliebe der Erzählstimme für den Esel, der aufgrund seiner religiösen Bedeutung – als Träger Mohammeds und Jesu – und seines edlen Charakters, der dem Menschen ethisch wie physiologisch ähnlich sei, das Beste in sich vereine. So berichtet der Erzähler von seiner Exzerpierpraxis, dass er jedes Detail über Esel, welches ihm beim Lesen begegne, „by way of Common-place" sorgfältig aufbewahre. Sobald sich die Gelegenheit biete, über menschliche Vernunft, Politik, Redegewandtheit oder Wissen zu schreiben, lägen seine „Memorandums" aufgeklappt vor ihm parat, „[to] insert them with a wonderful Facility of Application" (287). Der Erzähler meint im vorliegenden Zitat mit „discursing closely to the Letter" die Transposition Mensch/Esel; indem er die Umkehrung der Transposition *via* Allegorie vorschlägt, vermeidet er es, jemanden durch die Eselaffinität zu beleidigen.

Die scheinbar verrückte Logik der Transposition einerseits und der Rück-Transposition andererseits deutet auf die Komplexität und die Dichte der Aussagentextur hin, welche Swift hier zusammenwebt. Es interagieren mehrere sinnstiftende Codes auf eine Weise miteinander, die als Intertextualität allein nicht zu erfassen ist. Swift lässt sich auf die Aussagen Tolands, Brownes und Marshs ein, um die jeweiligen Argumente als einander abwechselnde Ordnungsprinzipien seiner transponierten Collage gelten zu lassen. So besteht der Erzähler auf Wortwörtlichkeit im streng empiristischen Sinne Tolands, um zwecks Diplomatie auf die Tropen Brownes auszuweichen, sobald es heikle Affinitäten zu verdecken gilt. Das Setting der letzten Stufe der Transposition, die Kirchengemeinde („Fanatick Auditory"), geht über die vorausgegangenen Transpositionen hinaus – und setzt dort an, wo sich Toland und Browne begegnen, und wo auch Marsh seinen Auftritt mit den „Proposals for the Improvement of Acousticks" hat: beim fanatischen Prediger.

Wie oben an den satirischen Angriffen auf Tolands Denken und Schreiben gezeigt wurde, beraubt Swift dessen Ideal vom aufgeklärten Menschen jeglicher Komplexität. Gleiches gilt für Brownes der Figuration zugrundeliegendes ‚inneres Licht', welches unter den Händen Swifts zu Perspiration, Flatulenz oder anderen physiologischen Emanationen wird, die er mit „venting spiritual Gifts" umschreibt. In diesem Sinne legen die Ausführungen des „physico-logical scheme of oratorial receptacles" fest, wo ein Rednerpult (angesichts der Materialität dieser Austritte) stehen müsse:

> [F]or obtaining attention in public, there is of necessity required a superior position of place. But although this point be generally granted, yet the cause is little agreed in; and it seems to me, that very few philosophers have fallen into a true, natural solution of this phenomenon. The deepest account and the most fairly digested of any I have yet met with, is this: the air being a heavy body, and therefore [...] continually descending, must needs be more so, when loaden and pressed down by words; which are also bodies of much weight and gravity, as it is manifest from those deep impressions they make and leave upon us; and therefore must be delivered from a due altitude, or else they will neither carry a good aim, nor fall down with a sufficient force. (Swift [1704] 1710, 43)

Dass hier Marshs Ausführungen zur Akustik mit Verweisen auf die ins Extreme getriebene Wortwörtlichkeit Tolands parodiert werden, ist offensichtlich. Zudem lässt sich beobachten, dass die Gattungen der „proposals" und der Kompilationen mit in die Kritik geraten. Die Satire erteilt der widersprüchlichen Instanz des am besten gekürzten, gleichwohl eingehendsten Berichts („the deepest account and the most fairly digested") epistemologische Gültigkeit; zudem wird versucht, die Rezeption einer Rede mathematisch zu berechnen. In „The Mechanical Operation" heißt es sogar, dass das sogenannte „Mystery [...] of venting spiritual Gifts" nichts anderes sei als ein Geschäft, das nach bestimmten Regeln gestaltet ist. Auf die Ankündigung der Erzählstimme, den Vorgang methodisch zu ermitteln, folgt ein ganzer Absatz von Leerstellen mit dem Randvermerk: „Here the whole Scheme of spiritual Mechanism was deduced and explained, with an Appearance of great Reading and Observation; but it was thought neither safe nor convenient to print it." (303) An diesem einflussreichen[10] Beispiel der kommentierten Auslassung werden Sinn und Zweck des *Tale* graphisch sichtbar: Es führt ein gescheitertes episte-

---

10 Laurence Sternes Experimentalroman *Tristram Shandy* weist eindeutige Swift-Anleihen auf. Die oben zitierte Passage der Auslassung erinnert vor allem an die sogenante „marbled page"-Stelle, wo die Leserin gebeten wird, das Buch beiseite zu legen, wenn sie nicht über das Wissen verfügt, der „marbled page" die Moral der Geschichte zu entnehmen (Sterne [1983] 2000, III: 36, 180). Dass in jedem Exemplar von *Tristram Shandy* die marmorierte Seite jeweils anders aussah, und dementsprechend die ohnehin absurde Interpretationsleistung nicht zu vollbringen war, war Sterne bewusst. Hier liegt ein Beispiel für „thickness" im Sinne McGanns

mologisches Unternehmen vor, dessen auf alle Wissensbereiche angewandte reduktive Systematisierung Sinnerschließung unmöglich macht.

4 Verkleinerung im *Tale*: Schlussbemerkungen

Anhand der Analyse von Mechanismen der Verdichtung und Transposition im *Tale* wurde deutlich, in welchem intrikaten und ambivalenten Verhältnis die Verkleinerung Anfang des 18. Jahrhunderts zu Textproduktion und -rezeption stand. Einerseits versprach der naturwissenschaftliche Versuch zur Systematisierung, der durch die „political arithmetic" auch Anwendung auf soziale Fragen suchte, die Erfüllung des aufklärerischen Fortschrittstraums; andererseits wiesen kritische Kommentare wie Swifts Satire auf die Gefahren der Vermarktung eben solcher Systematisierung hin. Denn die Verkleinerung auf der Inhaltsebene zog eine Vergrößerung auf der Seite der Textproduktion nach sich. Sobald Wissen kompakt und leicht akquirierbar wurde, entstand eine große Nachfrage samt willigen Spezialisten, um sie zu decken. Dass die Wissenslandschaft, die sich dabei bildete, fragmentarisch-kumulativ sein könnte – ‚dicht' in McGanns Sinne – führt Swifts *Commonplacing* eindrücklich vor. Sogar die Rezeption des *Tale* mit Interpretationsschlüsseln wie demjenigen von William Wotton und Imitationen, die – wie Sternes Zeitgenossen erkannten, bis zu *Tristram Shandy* reichten (Ferriar 1794, 45; *The Clockmakers Outcry*, vii) – bestätigen, dass Verkleinerung häufig mit Vergrößerung einhergeht; dass dabei trotzdem immer ‚Einiges' verloren geht, beweist Swifts absichtlich konfuses *Tale*. Im Hinblick auf die satirische Funktionalität der Verkleinerung ist allerdings anzumerken, dass diese als Verfahren Swift zum Handwerkzeug wurde, um seinem Kulturpessimismus Ausdruck zu verleihen. Angesichts der Rezeption des Textes dient sein programmatisch gewählter Titel – *A Tale of a Tub* – letztendlich als Konstatierung der satirischen, wenn nicht epistemologischen Produktivität von Reduktion.

---

vor, denn die textimmanente Ebene der Sinnstiftung – die Gewissheit einer möglichen Interpretation der marmorierten Seite – wird vom bibliographischen Kontext relativiert.

Literaturverzeichnis

[Anon.]. *The Clockmakers Outcry Against the Author of the Life and Opinions of Tristram Shandy. Dedicated to the Most Humble of Christian Prelates*. Dublin 1760. *Eighteenth Century Collections Online*; https://www.gale.com/intl/primary-sources/eighteenth-century-collections-online (05.11.2019).

Arbuthnot, John. *Of The Laws of Chance, or A Method of Calculation of the Hazards of Game, Plainly Demonstrated, And Applied to Games At Present Most in Use*. London 1738. *Eighteenth Century Collections Online*; https://www.gale.com/intl/primary-sources/eighteenth-century-collections-online (05.11.2019).

Bacon, Francis. „The Advancement of Learning" [1605]. *Selected Philosophical Works*. Hg. Rose-Mary Sargent. Indianapolis, IN, und Cambridge, MA: Hackett, 1999.

Browne, Peter. *A Letter in Answer to a Book, Entituled Christianity Not Mysterious* [1697]. London 1703. *Eighteenth Century Collections Online*; https://www.gale.com/intl/primary-sources/eighteenth-century-collections-online (05.11.2019).

Craven, Kenneth. *Jonathan Swift and the Millennium of Madness. The Information Age in Swift's 'A Tale of a Tub'* [Leiden: Brill, 1992]. Lincoln, NE: Authors Guild Backinprint.com Edition, 2006.

[Johnson, Samuel]. *A Dictionary of the English Language; in Which the Words are Deduced from Their Originals and Illustrated in Their Different Significations by Examples from the Best Writers*. London 1755. *Eighteenth-Century Collections Online*; https://www.gale.com/intl/primary-sources/eighteenth-century-collections-online (05.11.2019).

Ferriar, John. „Comments on Sterne". *Memoirs of the Literary and Philosophical Society of Manchester* 4:1 (April 1794); https://search.proquest.com/docview/5658599/D4067B9919C742ABPQ/1?accountid=11531 (05.11.2019).

Hanson, Craig Ashley. *The English Virtuoso. Art, Medicine, and Antiquarianism in the Age of Empiricism*. Chicago, IL, und London: University of Chicago Press, 2009.

Heyl, Christoph. „William Hogarth, Science and Human Nature". *Discovering the Human. Life Science and the Arts in the Eighteenth and Early Nineteenth Centuries*. Hg. Ralf Haekel. Göttingen: V&R Unipress, 2013. 29–52.

Hobbes, Thomas. *Leviathan, or, The Matter, Form, and Power of a Commonwealth, Ecclesiasticall and Civil*. London 1651. *Early English Books Online*; http://eebo.chadwyck.com (11.11.2019).

Marsh, Narcissus. „An Introductory Essay to the Doctrine of Sounds, Containing Some Proposals for the Improvement of Acousticks". *Philosophical Transactions* 14 (1684): 472–488; https://www.jstor.org/stable/102030 (05.11.2019).

McGann, Jerome J. *The Textual Condition*. Princeton, NJ: Princeton University Press, 1991.

Petty, William. *Political Arithmetic; or, A Discourse Concerning The Extent and Value of Lands, People, Buildings; Husbandry, Manufacture, Commerce, Fishery, Artizans, Seamen, Soldiers […]. As the Same Relates to Every Country in General, but More Particularly to the Territories of his Majesty of Great Britain, and his Neighbours of Holland, Zealand, and France*. Glasgow 1751.

Petty, William. „Several Essays in Political Arithmetic". *Tracts Chiefly Related to Ireland*. Dublin 1769. *Eighteenth-Century Collections Online*; https://www.gale.com/intl/primary-sources/eighteenth-century-collections-online (11.11.2019).

Pope, Alexander. *The Major Works* [2006]. Hg. Pat Rogers. New York, NY: Oxford University Press, 2008.

Rogers, Pat. „The Uses of the Miscellany. Swift, Curll, and Piracy". *Jonathan Swift and the Eighteenth-Century Book*. Hg. Paddy Bullard und James McLaverty. Cambridge: Cambridge University Press, 2013, 87–100.

Rousseau, George S. „Discourses of the Nerve". *Literature and Science as Modes of Expression*. Hg. Frederick Amrine. Dordrecht, Boston, MA, und London: Kluwer Academic Publishers, 1989. 29–60.

Shaftesbury, Anthony Ashley Cooper, 3. Earl of. „Soliloquy, or Advice to an Author" [1711]. *Characteristics of Men, Manners, Opinions, Times*. Hg. Lawrence E. Klein. Cambridge: Cambridge University Press, 1999. 70–162.

Shapin, Steven. *A Social History of Truth. Civility and Science in Seventeenth-Century England*. Chicago, IL, und London: University of Chicago Press, 1994.

Siskin, Clifford. „Personification and Community. Literary Change in the Mid and Late Eighteenth Century". *Eighteenth-Century Studies* 15:4 (Summer 1982): 371–401.

Sokal, Alan, und Jean Bricmont. „Introduction". *Intellectual Impostures. Postmodern Philosophers' Abuse of Science*. London: Profile Books, 1998. 1–17.

Sterne, Laurence. *The Life and Opinions of Tristram Shandy, Gentleman* [1983]. Hg. Ian Campbell Ross. Oxford und New York, NY: Oxford UP, 2000.

Swift, Jonathan. *A Discourse Concerning the Mechanical Operation of the Spirit. In a Letter to a Friend. A Fragment*. London, 1704. Eighteenth Century Collections Online; http://find.gale.com (05.11.2019).

Swift, Jonathan. *A Tale of a Tub and The Battle of the Books* [1710]. Hg. Peter Quennell. London: Hamish Hamilton, 1948.

Swift, Jonathan. *A Tale of a Tub and Other Works* [2010]. Hg. Marcus Walsh. Cambridge: Cambridge UP, 2014.

Toland, John. *Christianity Not Mysterious, or A Treatise Shewing, That There is Nothing in the Gospel Contrary to Reason, Nor Above It, And That No Christian Doctrine Can Be Properly Call'd A Mystery* [1696]. London, 1702. Eighteenth Century Collections Online; https://www.gale.com/intl/primary-sources/eighteenth-century-collections-online (05.11.2019).

Hendrik Blumentrath
„Migniaturstück der großen Dichtkunst".
Herders Fabeltheorie

Der Theorie der Fabel hat sich Johann Gottfried Herder in drei Anläufen zugewandt: in „Aesop und Leßing", einem kurzen Text, den er 1767/68 für die (unpubliziert gebliebene) zweite Sammlung der *Fragmente* entworfen hatte; in der Abhandlung „Über Bild, Dichtung und Fabel", enthalten in der dritten Sammlung der *Zerstreuten Blätter* von 1787, sowie schließlich in „Fabel", erschienen 1802 im dritten Stück der *Adrastea*. Man hat die dort angestellten Überlegungen rasch als wenig originellen Rückfall hinter bereits erfolgte Bestimmungen der Gattung verbucht und verworfen. „Minder erheblich oder minder unbedingt zutreffend" (Haym 1954 [1880], 220), was über wenige notwendige Korrekturen hinausgehe; so hatte Rudolf Haym früh das Urteil über „Aesop und Leßing" gesprochen. Allen zugestandenen Errungenschaften zum Trotz bescheinigt er Herder denn auch, nur mit den in Lessings Fabelbuch „niedergelegten Schätzen im Kleinen wie im Großen zu wuchern" (1954 [1880], 219). Aus dem Schatten ihrer Vorgänger ist Herders Theorie der Fabel nie herausgetreten: Nicht zuletzt im Anschluss an diese Einschätzung hat auch die spätere Herder-Philologie seinen Bemerkungen zu der Gattung vergleichsweise wenig Beachtung geschenkt.[1]

Indes entfalten Herders Überlegungen zur Fabel grundlegende Züge seiner Ästhetik – und zwar in den vorgebrachten Einwänden etwa gegen Lessings oder Breitingers Ansätze mindestens so deutlich wie im zustimmenden Referat. Die Folie, vor deren Hintergrund Herder seine Theorie skizzieren kann, ist sein Konzept der Nemesis. Denn im Zeichen der Göttin des Maßes steht nicht nur, dem Programm der Zeitschrift entsprechend, der späte Entwurf aus der *Adrastea*. Schon der systematisch konziseste Text der Trias, „Über Bild, Dichtung und Fabel", folgt Herders später ästhetischer Leitfigur. Die Nähe zu „Nemesis. Ein lehrendes Sinnbild" (1786) sowie zur Spinozastudie „Gott. Einige Gespräche" (1787) ist nicht einfach zeitlicher, sondern unübersehbar auch argumentativer Natur. Die Fabel wird zum Paradigma der Dichtung, vor allem aber auch zum Modell menschlicher Empfindungs- und Erkenntnisvorgänge überhaupt erklärt. Herders Überlegungen entwerfen, und darum soll es im Folgenden

---

[1] Vgl. die Einschätzung der Forschungsentwicklung in Brummack 1987. Neben Brummacks Aufsatz zentral zu Herders Theorie der Fabel: Anger 1982, Schrader 1991, 109–129, sowie Polledri 2006. Weitere Überlegungen, die Herders Fabeltheorie explizit in den Mittelpunkt stellen, finden sich vor allem in Simon 1998 (288–316) sowie Schmidt 2011 (209–227).

gehen, die Fabel über die Frage des Maßes: Sie soll zur Einübung eines menschlichen Maßnehmens dienen, das an ein kosmologisches Maß gebunden ist. Weil sich die kosmologische Ordnung dem Auge nicht ohne Weiteres zeigt, muss die Fabel sie ans Licht bringen: als maßstabsgetreue Verkleinerung, aufgeführt in den Verhältnissen, Abständen und Anordnungen einer kleinen Form.

1 Topologie der Fabel

Die spezifische Kraft der Gattung hat Herder in „Über Bild, Dichtung und Fabel" in Abgrenzung von anderen kleinen Formen der Dichtung herauszustellen gesucht. So sind, Herder zufolge, auch Beispiel oder Parabel zwar durchaus dazu geeignet, eine Lehre oder einen Erfahrungssatz anschaulich vorzustellen. Als *„Zeugnis der Möglichkeit einer Sache"* mag das Beispiel dienen. Indes bleibt seine Überzeugungskraft durch die nächstliegende Möglichkeit des aus der Fülle der Geschichte leicht zu greifenden Gegenbeispiels begrenzt – es „erläutert; aber es zwinget, es überzeugt nicht". Und mag die Parabel als „erdichteter Fall aus der *menschlichen* Geschichte" auch manches wahrscheinlich machen, so geht doch auch ihr der „Punkt der innern Gewißheit" ab (1994b [1787], 665–666). „Andre Dichtungen", resümiert Herder, „können empfehlen; die Fabel allein dringet unausweichlich" (666). Woran aber macht Herder das Zwingende, Drängende der Gattung fest? Die Fabel, so seine Auskunft, zeigt die „innere Notwendigkeit der zu beginnenden Handlung oder des Erfahrungssatzes anschauend", indem sie „handelnde Naturwesen die *moralischen Gesetze der Schöpfung* selbst in ihrer innern Notwendigkeit" vorführen lässt (666). Man kann hier durchaus noch die etablierten Fragen der Fabeltheorie wiedererkennen, deren Erörterung sich seine Abhandlung zugewandt hatte; Herders Antworten stellen sie jedoch allesamt in den Kontext seines Entwurfs einer Geschichte, deren Kontingenz in einem ewig gültigen Maß aufgehoben wird.

Man kann das an seinen Überlegungen zur Rolle des Tiers ebenso festmachen wie an seiner Emphase der Handlung. Dass es nämlich handelnde Naturwesen sein sollen, die die Fabel bevölkern, ist nicht nur Herders Absage an eine Gattungslehre, die auch kurze Bemerkungen oder ästhetische Urteile ohne eigentliche Handlung zu den Fabeln zählt. Vielmehr hat an der von Tat zu Wirkung und Gegenwirkung schreitenden Handlung der feste Gang, die *„Konsequenz der Natur"* augenfällig zu werden, wird das feste *„Band der Ursachen und Wirkungen"* geknüpft, ohne das die menschliche Vernunft selbst nicht existieren könnte (2000 [1802], 236, 235). Und für die Fälle, in denen die Fabel jene Konsequenz nicht im gezeigten Vorgang selbst plausibel machen kann, zeigt sie „wie Dies und Das, wo nicht *aus*, so *nach* einander folgt, durch eine höhere Anordnung" (248). Herder prägt dafür in einer Klassifikation, die ihm zufolge durch nichts anderes als die „*Adrastea der Natur*" selbst diktiert wird, den Begriff der „Schicksalsfabel": „Bei den schönsten Fabeln dieser Art wird unsre Seele groß und weit wie die Schöpfung; *Adrastea-Nemesis*, fühlen wir, ist Die, die im Verborgnen Alles vergilt, Alles lenket, Alles regiert. Sie schützt den Unterdrückten und stürzt den Frevler; sie rächet und lohnet." (245, 248) Was in Anordnung und Fortschritt der naturhaften Handlung sichtbar werden soll, ist die Vernunft der Geschichte.

Der Rolle des Tiers wiederum räumen Herders Abhandlungen zur Fabel viel Platz ein. Als entscheidendes Kriterium der Gattung gilt zunächst, dass es Naturwesen sein müssen, die uns hier entgegentreten. Obschon demnach also auch Menschen oder Pflanzen, Götter oder Dämonen in der Fabel erscheinen dürfen (1994b [1787], 653–656 sowie 666), lässt sich Herders Überlegungen eine deutliche Präferenz für das Tier als bestimmenden Akteur der Gattung ablesen. Er schließt damit durchaus an seine Vorgänger an, akzentuiert jedoch seine Begründung deutlich anders. Weder Breitingers Emphase des Wunderbaren, das ihm zufolge mit dem sprechenden Tier in die Fabel kommt und die Aufmerksamkeit der Lesenden weckt, noch Lessings Plädoyer, Tiere zu Protagonisten zu machen, um eine Verdunkelung der Erkenntnis durch Erregung von Leidenschaften und zu großem Mitleid zu vermeiden, gelten Herder als schlagende Argumente (1994b [1787], 650; 2000 [1802], 251–252).

Den entscheidenden Grund erblickt er stattdessen in der „*unveränderlichen Bestandheit*" (2000 [1802], 244) des Tiercharakters.[2] Während nämlich der Mensch durchaus seinem Charakter untreu werden kann, bleibt der des Tiers unveränderlich in seiner Natur, ist frei von Willkür, liegt offen zutage und ist – gerade über die Fabel – topisch bekannt (1994b [1787], 666 sowie 2000 [1802], 244). Damit ist auch die Frage beantwortet, wie eng der Fabulist das Tier dem Menschen annähern darf – an die Stelle der „[s]chrankenlosen Freiheit" (2000 [1802], 244) des von Lessing großzügig eingeräumten Spielraums setzt Herder eine Ordnung, in der das Tier seinen Platz genau einzuhalten hat, um noch als Protagonist seiner spezifischen Natur sprechen zu können. Herder entwirft eine Topologie der Fabel: Der Verweis auf die „Bestandheit" des Tiers akzentuiert dessen unveränderlichen Ort

---

[2] In „Über Bild, Dichtung und Fabel" wird dieses Argument zunächst noch zugunsten der Frage des „*Habitus* der Tiere" (1994b [1787], 650) zurückgestellt, um dann später wieder Eingang in die Argumentation zu finden (1994b [1787], 666) und schließlich in „Fabel" wesentlich prominenter entfaltet zu werden (2000 [1802], 243–244). Herder übernimmt den Begriff der „Bestandheit" von Lessing, wirft diesem jedoch vor, ihn allzu rasch in das Argument der Bekanntheit der Tiercharaktere zu überführen (2000 [1802], 244). Umfassend zum Tier in Herders Überlegungen zur Fabel: Schmidt 2011, vor allem 209–227.

in einer umfassenden Ordnung, in der Abstände und Relationen zwischen den Wesen aufs Genaueste festgelegt sind. Es ist dabei die mittlere Position des Tiers, die für Herder die Erkennbarkeit der Naturordnung in der Fabel sichert: Fällt der Blick auf niedrigere Klassen, werden die Gesetze der Natur dunkler, schweift er in die Höhe, verliert er sich in den Wolken der Götter (1994b [1787], 668). Herders Verweise auf die Natur sind Verweise auf eine kosmologische Ordnung: Entscheidend für die Akteure der Fabel ist es, exakt in ihrem Charakter wie an ihrem Platz zu bleiben. Synchron wie diachron – in Konstellation und Konsequenz der Naturwesen – zeigt sich das Reich der Fabel damit als ein gut geordnetes.

2 Eintritt in die Schriftlichkeit

Bei alldem ist nicht zu übersehen, dass Herders Theorie der Fabel just in dem Moment auf den Plan tritt, in dem der Gattung offenbar ihr Ende droht, sie schon „ihrem *Naturboden* entrückt" (Herder 2000 [1802], 239) zu sein scheint. „Üppige Zeiten", so Herder, „entwürdigen Alles; so ward auch nach und nach aus der großen Naturlehrerin und Menschen-Erzieherin, der Fabel, eine galante Schwätzerin, oder ein Kindermärchen." (238) Dieser Einzug von Galanterie und Geschwätzigkeit markiert für Herder den gefährlichen Übergang zwischen alter und neuer Fabel: Er macht ihn fest an den Nachfolgern La Fontaines und den unglücklichen Versuchen, nach dessen Manier zu schreiben. Die Tiere sprechen hier nicht mehr so, wie es ihrem Platz zukommt, stattdessen wird ein „freundliches Gespräch zwischen dem Spiegel und Fächer, der Nadel und Schere" (239) geboten; alles konversiert, aber nichts tut mehr seine Wirkung. Es muss, klagt Herder, schlecht um die Menschheit stehen, wenn nurmehr die „spaßhaften Eingänge, die lüsternen Digressionen, oder gar nur die Versifikation" (239) der Fabeln bewundert werden. Statt deutlich vernehmbarer Lehre der Natur drängt nun Stimmengewirr aus einem „Visitenzimmer voll Pro und Contra's" (238); an die Stelle äsopischer Tiere, bei denen „*jede Handlung* ein Einzelnes einfältiges Ganze[s] ist" (1994a [1768], 1317), treten nicht endende Einleitungen; und wo man auf den konsequenten Gang der Natur mit festen Ursachen und Wirkungen hofft, stößt man auf nichts als „Digressionen, denen meistens der Reim ihr curriculum vorzeichnete" (2000 [1802], 240). Für die *„geläuterte Fabellese"* empfiehlt Herder daher den von ihm selbst vorgestellten Entwurf der Gattung, mittels dessen sie wieder einen „reinen Umriß" bekommen soll – und „wie vieles schneidet dieser Umriß weg, das, wenn man es genau prüft, die Fabel eben verächtlich gemacht hat" (253, 252). Dieser Stutzung soll all jener „Schnickschnack" zum Opfer fallen, „der nichts weniger als eine große feste Ordnung der Natur in Lehre darstellt" (252); ebenso die „Erzählungen *zusammengeflickter Situationen*" und schließlich auch die „angebliche *Moral*" der Tiere, denn an ihnen lernen wir nur „*Naturordnung*", „Moral sagt der Mensch sich selbst" (253).

Hält man nach den Gründen Ausschau, die Herder für den Niedergang der Gattung anführt, so kann man ein wiederkehrendes Beschreibungsmuster ausmachen, das seine Klagen strukturiert: Es ist eine mediengeschichtliche Erzählung. „Ihrer Naturwelt entnommen", resümiert Herder etwa, „ist die Fabel eine feingeschnitzte, tote Papierblume worden; in der lebendigen Naturwelt war sie ein wirkliches Gewächs voll Kraft und Schönheit" (2000 [1802], 239). Die Fabel wird entwurzelt, um dann als tote Papierpflanze konserviert zu werden: Szenen wie diese durchziehen alle drei Abhandlungen. Die problematische Schwelle ist der Übergang der Fabel von der oralen Kultur in die Schriftlichkeit.

Das betrifft die schon geschilderten Neuerungen der Fabel; das betrifft aber vor allem ihre Bindung an die Situation ihrer Entstehung. Gegen Lessings Unterscheidung von einfachen und zusammengesetzten Fabeln, von denen nur die letztere eine Anwendung enthalte, während die erstere bloße Lehre sei, führt Herder an, dass jede Fabel zusammengesetzt sein muss: Stets entsprang sie daraus, dass sie „auf einen *gegenwärtigen* Fall des Lebens einen äußerst-passenden Fall der Dichtung darstellte" (1994b [1787], 658). An die Stelle des Diktums vom allgemeinen moralischen Satz der Fabel (welcher auch ohne Anwendung auskäme) setzt Herder damit das Modell einer (äsopischen) Fabel, die tief in der Situation ihrer Entstehung verwurzelt ist. Wo aber bei den alten Fabeln diese Wurzel fehlt, da müssen die Schreiber sie gekappt haben. „Daß die schriftlichen Sammler der Fabeln Aesops die Eine, die wahre und wirkliche Situation nämlich oft ausließen, kam daher, daß sie solche entweder nicht wußten oder daß sie sich die Mühe verkürzten." (658) Mit der Übertragung in die Schrift droht, so Herders Argument, der Bezug verloren zu gehen, der die Fabel an die praktische Situation ihrer Entstehung gebunden hatte; ein Problem, das die Sammlungen weitreichend und ganz generell betrifft: „Das ist aber einmal das Schicksal aller Sammlungen, sie mögen Fabeln, Lieder, Epigramme, Sprüche und was es sei, enthalten: man gibt zerstreute Blätter; Blumen, die ihrer Wurzel entrissen sind und also wie auf einem Totenbett verwelkt trauren." (659) Bei alldem zeigt sich Herders Medienkritik allerdings selbst als eine Position, die nur vom Stand etablierter Schriftlichkeit aus formuliert werden kann. Schließlich ist der Bezug auf die „[e]ine, die wahre und wirkliche Situation" im Fall der mündlich tradierten Fabel alles andere als selbstverständlich vorhanden. Herders Argument stützt sich vielmehr gerade umgekehrt auf eine Schriftkultur, die über Autorschaftszuordnungen und Veröffentlichungsdaten in genealogische Reihe bringt, was in zahllosen gleichzeitigen mündlichen Varianten vorliegt. Dass die Fabel an jeweils eine bestimmbare Ursprungssituation zu binden ist, wie Herder an Menenius Agrippa oder Nathans Ringparabel festzumachen sucht, verdankt sich selbst der Fiktion der Schrift (Ter-Nedden 1994, 92–102).

3 Übung in analogischer Erfindungskraft

Für Herder bedeutet der Eintritt der Fabel in die Schrift gleichermaßen endlose Abschweifung wie entscheidende Verkürzung. Auf den vermeintlichen Verlust der Situierung reagiert Herder, einerseits, mit einer eigenen Sammlung von Fabelnachdichtungen unter der Überschrift „Alte Fabeln mit neuer Anwendung" – eine Anknüpfung an die Gegenwart soll dabei dadurch ermöglicht werden, dass sich auch der Fabeldichter Herder in die Kontinuität alles Lebendigen einrückt und der verwelkten Fabel mit aktueller Situierung wieder neues Leben einhaucht (Schmidt 2011, 224). Aber auch über diese Sammlung hinaus versucht Herder, die fehlende situative Verortung produktiv werden zu lassen. Sie gibt Anlass zu einer von ihm empfohlenen Übung, in der es darum geht, „*die reine* Erzählung der Situation, *auf welche die Dichtung paßt*[,] und zwar eine treffende Erzählung nach allen Umständen der Fabel" (1994b [1787], 660) zu formulieren. Die Aufgabe weist in zwei Richtungen: Sie verlangt zum einen die Suche nach dem Entstehungsanlass der Fabel, zum anderen die „Erfindung ähnlicher Fälle zum wirklichen Gebrauch des Lebens" (1994b [1787], 660). Damit aber ist der an der Fabel Lernende dazu angehalten, „die ganze Situation derselben praktisch anzusehen und die brauchbarste seiner Seelenkräfte, die *analogische Erfindungskraft* zu üben" (660–661). Gerade die vermeintliche Dekadenz der Fabel in der Schrift wird, so ist im Folgenden zu zeigen, für Herder zum Ausgangspunkt einer Übung, die darauf abzielt, über die Bestimmung relationaler Verhältnisse die individuelle Urteilskraft im Erkennen und Anerkennen der Ordnung der Natur zu schulen.

Herder beschreibt damit, was er für eine elementare Technik der Erkenntnis überhaupt hält. Man muss daher zu den Ausführungen über die menschlichen Sinne und Wahrnehmungsmodalitäten zurückblättern, mit denen „Über Bild, Dichtung und Fabel" einsetzt. Ganz grundlegend wird darin der Mensch als Wesen begriffen, das auf die „Empfindung eines viel-organisierten Geschöpfs" (1994b [1787], 636) verwiesen ist und sich nur durch den Einsatz mehrerer Sinne, seien es Gehör, Blick oder Tastsinn, überhaupt in der Welt orientieren kann. Ihre Informationen liefern diese Sinne dabei immer nur in Abhängigkeit von ihren je spezifischen organischen Eigenschaften (637–639). „[J]ede Vorstellung eines Gegenstandes [, die] mit einigem Bewußtsein der Wahrnehmung verbunden" ist, wird von Herder als „Bild" definiert (635). Diese Bilder müssen aus der Gemengelage aller möglichen sinnlichen Gegenstände voneinander gesondert werden und nehmen in einer Art Rückkopplungsprozess zwischen Seele und Umgebung Gestalt an:

> In dem Walde sinnlicher Gegenstände, der mich umgibt, finde ich mich nur dadurch zurecht und werde über das Chaos der auf mich zudringenden Empfindungen Herr und Meister, daß ich Gegenstände von andern trenne, daß ich ihnen Umriß, Maß und Gestalt gebe, mithin im Mannigfaltigen mir Einheit schaffe und sie mit dem Gepräge meines *inneren Sinnes*, als ob dieser ein Stempel der Wahrheit wäre, lebhaft und zuversichtlich bezeichne. (Herder 1994b [1787], 635)

Unser Leben, so spitzt Herder diese Beschreibung zu, „ist also gewissermaßen eine *Poetik*: wir sehen nicht, sondern wir erschaffen uns Bilder. Die Gottheit hat sie uns auf einer großen Lichttafel vorgemalt; wir reißen sie von dieser ab und malen sie uns durch einen feinern [...] als den Pinsel der Lichtstrahlen in die Seele" (1994b [1787], 635). Auch wenn also die Erkenntnis durchaus nicht auf einen göttlich erschaffenen Bezugspunkt verzichten muss, sind doch sämtliche Wahrnehmungsvorgänge wiederum selbst stets schöpfende Akte des Menschen. Der innere Sinn differenziert und formatiert Einheiten und gelangt über das „Gepräge" zu einer Wahrheit, die sich im Modus des Konjunktivs präsentiert. Wahrnehmung besteht demnach aus mehrfachen Übersetzungsprozessen: von Gegenständen zu Sinnesempfindungen, weiter zu Gedankenbildern, schließlich zu Worten – um dann in den verschiedenen Gattungen und Darstellungsformen der Dichtung erneut transformiert zu werden (638–639).[3]

Man kann leicht ersehen, dass Herder mit einem solchen Konzept schöpferisch tätiger, vielfach übersetzter Wahrnehmung ebenso wie mit dem Modell der stets von ihrer jeweiligen Beschaffenheit abhängigen Sinne durchaus ein Risiko eingeht: Er läuft Gefahr, menschliche Erkenntnisprozesse als individuelle und untereinander nicht mehr zu vermittelnde Vorgänge der Subjektivität preiszugeben. Dass er einigermaßen unvermittelt direkt zu Beginn von „Über Bild, Dichtung und Fabel" Protagoras und seinen ambivalenten wie heiklen Satz vom Menschen als *„Maß der Dinge* [...], *die ihn umgeben"* (Herder 1994b [1787], 633), zitiert, verweist auf eben diese Lage. Als Vermögen, das auch unter diesen Umständen die „*Vollkommenheit eines Bildes"* in „Wahrheit, Lebhaftigkeit und Klarheit" garantieren soll, ist der „*innere* Sinn, d.i. *die Regel des Verstandes und Bewußtseins*[,] *der einzige Maßstab"* (636, 637). Dieser ist dafür zuständig, die über die verschiedenen Sinne eintreffenden Empfindungen beständig miteinander ins Verhältnis zu setzen und auf die *„Harmonie zwischen*

---

[3] Zur Rhetorik des Visuellen in Herders Überlegungen zu sinnlicher Wahrnehmung und Arbeit des inneren Sinns vgl. Köhler 2012, vor allem 35–43, sowie Simon 2010.

ihnen" (636) zu befragen. Unterstellt ist dieser Prozess der Vernunft; diese, so definiert Herder, „mißt und vergleicht den Zusammenhang der Dinge, daß sie solche zum daurenden Ebenmaß ordne" (1989 [1784–1791], 655).[4] Die Tätigkeit des inneren Sinns agiert innerhalb eines Naturganzen, dessen Ordnung die einzelnen Glieder in der Kette fest an ihrem Platz hält; gleichzeitig ist sie als individuelles Vermögen, Maß zu geben, unterschiedlich stark ausgeprägt und muss immer wieder geschult und trainiert werden.

Wichtigste Erkenntnispraktik des messenden inneren Sinns und zentrales Instrument der Übung ist nun die analogische Erfindungskraft. Diese geht konjektural vor, denn Wahrheit ist stets nur als *„Wahrheit der Analogie"* erfahrbar; das „Gepräge der Analogie", das der innere Sinn erzeugt, kann sich nicht unmittelbar auf spezifische Erkenntnisinhalte beziehen, sondern nur auf den Abgleich von Verhältnissen (Herder 1994b [1787], 651, 642). Gesichert ist dieses Verfahren in der Haushaltung des Naturganzen, die bei Herder im Rückgriff auf Spinoza den Namen ‚Gott' erhält. Die analogische Erfindungskraft (die, wie Herder klarstellt, nie als autonome Erfindung, sondern immer nur in Rückkopplung mit der Welt schöpft)[5] beschreibt damit also nicht nur die an die Fabel anschließende didaktische Übung. Sie ist vielmehr die grundlegende Tätigkeit jedes Erkenntnisprozesses und reicht, wie Herder betont, von der alltäglichen Erfahrung bis zur Wissenschaft (661). Unter Berufung auf Aristoteles' *Poetik* fasst er das Konzept der Mimesis nun ästhetisch-anthropologisch als allgemeinmenschlichen Trieb, *„Analogien zu schaffen"* (673): Die Ordnung der Welt, die sich den Sinnen nur vermittelt bietet, soll erkannt werden über eine immer wieder auf Stimmigkeit überprüfte Projektion proportionaler Verhältnisse.

Nicht von ungefähr ist es das Erzählen, an das Herder seine didaktische Übung analogischer Erfindungskunst knüpft: „[D]ies Gepräge der Analogie, wenn es Kunst wird, nennen wir *Dichtung.*" (Herder 1994b [1787], 642) Dichtung geht aus der Ordnung der Empfindungen und analogischen Prägungen hervor; sie folgt dabei in ihrer Weltschöpfung einigen immer wiederkehrenden Grundzügen, die Herder den menschlichen *„Habitus"* der *„Bilder-schaffenden Seelenkraft"* (642) nennt und an drei Grundzügen festmacht: der Figuration wirkender Kräfte als Naturwesen, dem Arrangement dieser Wesen zu einem zentralen Konflikt sowie schließlich der Auflösung dieses Konflikts in einer konsequent fortschreitenden Entwicklung. Es ist nicht zu übersehen, dass diese Grundzüge

---
4 Vgl. dazu auch Gaier 1994, vor allem 8–9.
5 „Eigentlich und absolut kann der Mensch weder dichten, noch erfinden; er würde damit der Schöpfer einer neuen Welt. Was er tun kann, ist, Bilder und Gedanken paaren, sie mit dem Stempel der *Analogie,* insonderheit aus sich selbst, bezeichnen; dieses kann und darf er" (Herder 1994b [1787], 645).

der bilderschaffenden Seelenkraft, die Herder zufolge die Dichtung insgesamt strukturieren, auf das hinstreben, was Herder als ideale Fabel vor Augen hat. Und so überrascht es auch nicht, dass er sein anthropologisches Modell der Erkenntnis direkt in eine Ursprungsszene der Fabel überführt:

> [S]o konnte es unmöglich fehlen, daß nicht bald auch *die äsopische Fabel* entstehen mußte. Der Mensch siehet nur, wie ein Mensch siehet; aus seiner Brust trägt er Empfindungen und Leidenschaften in andre Geschöpfe, aus seiner Vorstellungs- und Handlungsweise also auch Absichten und Handlungen zu ihnen hinüber; er siehet alles in seiner Person, nach seinem Maße. Dies nannten wir *Dichtung;* und wenn er diese Anschauungen nun so stellet und ordnet, daß er in ihnen einen Erfahrungssatz oder eine praktische Lehre für sich anerkennet und daraus absondert, so ist die äsopische Fabel gegeben. (1994b [1787], 648)

Die Fabel erwächst unmittelbar aus der Menschheitsgeschichte, ist „Migniaturstück der großen Dichtkunst, wo man die meisten Dichtungsregeln in ihrer ursprünglichen Einfalt und gewissermaßen in Originalgestalt findet" (1994a [1768], 1320). Sie wird aber gerade nicht zum überholten Produkt aus der Naivität mythischer Vorzeit erklärt, sondern bleibt als Übung der analogischen Erfindungskraft anthropologisch konstante Erkenntnistechnik. Das Erfinden von passendem gegenwärtigen Fall wie Entstehungsanlass verlangt das ‚Stellen' und ‚Ordnen' von Fabelakteuren zu einem Tableau, das konstante Relationen topischer Naturwesen garantiert; eine Arbeit mit und an der Fabel, die das Maßvermögen des Menschen innerhalb einer kosmologischen Ordnung auszubilden sucht.

4 „Lehrerin reiner Verhältnisse"

Auf ein solches Verfahren analogischer Erfindung bleibt Herders Entwurf der Fabel stets eng bezogen. Man kann das bis in die geometrische Rhetorik seiner Abhandlungen verfolgen. In seiner Auseinandersetzung mit der Frage etwa, ob man denn bei den Fabeln von Allegorie und Einkleidung sprechen dürfe, gesteht Herder diesen Begriffen Plausibilität zu; allerdings vor allem deshalb, weil man in der „Sprache der Alten" durchaus „*Allegorie*" nennen könne, was ihm entscheidendes Moment der Fabel ist: die „Kongruenz" (1994b [1787], 664). Dass er auf diese Weise den Begriff der Allegorie ohne große Umstände in dem der Kongruenz aufgehen lässt, kommt angesichts der Topik seines Textes nicht mehr ganz unerwartet; immer wieder argumentiert Herder im Rekurs auf die Mathematik und mit Verweisen auf die „*reine[n] Verhältnisse*" (669) der Fabel. Mit dem Begriff des „*kongruenten Fall[s]*" (669) unterstreicht er nochmals die Zusammengesetztheit jeder Fabel, „da für einen gegebnen Fall des wirklichen Lebens ein anderer, ihm kongruenter erdichtet wird" (664). Und auch die zur Stützung des eigenen Gattungsentwurfs nochmals bemühte aristotelische Diskussion von Wahrscheinlichkeit und Notwendigkeit in Geschichtsschreibung und Literatur fasst Herder in beschriebener Topik: Während nämlich der Einzelfall der Geschichte seine Anwendung auf andere Fälle nur nach einem „zweifelhaften Maß der Ähnlichkeit" rechtfertigt, ist in der Fabel das, was aus Notwendigkeit oder Wahrscheinlichkeit folgen muss, dem gegenwärtigen Fall „kongruent gedichtet worden, so daß sich, wie in der Geometrie, beide Fälle *decken*, mithin *gleich* sind" (672).[6]

Mit dieser Verhältnislehre, die sich auf die Analogie, in ihrer Rhetorik auf die Evidenz geometrischer Figuren und ganz allgemein auf die Reinheit der Verhältnisse beruft, knüpft Herder an den Mathematiker und Philosophen Johann Heinrich Lambert an. Herders Lektüre des *Organon* sowie der *Anlage zur Architectonic* ist nicht nur in zahllosen Anstreichungen, sondern auch diversen expliziten wie impliziten Verweisen in seinem Werk dokumentiert. Lambert hat in seiner allgemeinen Zeichenlehre wenig Platz für literarische Formen; die Fabel führt er nur knapp an, er zählt sie zu den Analogien (1771, 103). Er fasst den Begriff der Analogie jedoch nicht als beliebige Ähnlichkeit. Sie ist zu unterscheiden von allen „Bilder[n]", die sich durch „Ähnlichkeit mit der dadurch vorgestellten Sache" (1990b [1764], 479) auszeichnen. Analogie heißt vielmehr Ähnlichkeit von Verhältnissen: „Wenn A sich zu B verhält, wie C zu D: so heißt man dieses eine Proportion, Analogie. [...] Der Name Proportion kömmt eigentlich nur bei den Graden und Größen vor, hingegen ist der Begriff Analogie allgemeiner." (1990a [1764], 242–243) Eine solche Verhältnisbestimmung – neben den Analogieschlüssen sind Lamberts Hauptbeispiele die mathematische Gleichung und die Geometrie – kann ganz *„ohne Rücksicht auf die Sachen, in welchen sie vorkommen"* (241) erfolgen; über die ins Verhältnis gesetzten Dinge muss dabei nichts gesagt werden. Die Analogie kann auf diese Weise auch die Wissenschaften befördern, und auch „[b]ey den nachahmenden Künsten", so Lambert in einem der kurzen Exkurse zur Kunst, „kömmt es auf die Bestimmung der in der Natur vorkommenden Verhältnisse an" (1771, 376).

---

6 Caroline Torra-Mattenklott (2016, 88–93) hat überzeugend dargelegt, dass Herder mit der Rhetorik des ‚kongruenten Falls' nicht zuletzt auf Christian Wolffs Konzeption des Exempels verweist. Statt dessen mathematische Methode einfach für die Fabel zu übernehmen und damit eine mühelose Bewegung vom Allgemeinen zum Besonderen zu behaupten, bleibt ‚Kongruenz' bei Herder an die mehrfachen Übersetzungen der analogischen Einbildungskraft gebunden. Herders Bezug auf Wolff soll hier im Folgenden seine Rezeption von Lamberts Analogiebegriff zur Seite gestellt werden.

In einer polemischen Replik auf Kant hat Herder eine solche Verwendung der Analogie in ganz verschiedenen Gebieten methodisch zu universalisieren gesucht. Kant hatte angesichts des Unterschieds zwischen quantitativen und qualitativen Data in Mathematik und Philosophie geschlossen, dass die Analogie in beiden Feldern etwas vollkommen anderes sei. „Übel wäre es", schreibt Herder daraufhin, „wenn die Wissenschaften in ihren Benennungen Einer Operation des menschlichen Verstandes so disharmonierten; dem ist aber nicht also. In der Mathematik ist Analogie, was sie in der Philosophie ist, *Ähnlichkeit der Verhältnisse.*" (1998 [1799], 436) Sicher können die Größen qualitativer Gebiete nicht so rein sein wie die der Mathematik; „der Begriff der Analogie aber, d. i. die Handlung des Verstandes, die Verhältnisse setzt, ist dort und hier dieselbe", die erste Regel bleibt also dort wie hier, *„die Glieder des Verhältnisses möglichst rein zu setzen"* (437). Herder fordert genau dies auch für die Fabel ein: Indem er sie als Gattung reiner Verhältnisse und geometrisch kongruenter Fälle inszeniert, versucht er ihr jene Züge von Notwendigkeit und Evidenz zu verleihen, wie er sie in Lamberts mathematisch-philosophischer Verhältnislehre entdecken konnte: in den zwingenden Operationen der Gleichungen wie der Anschaulichkeit sich deckender geometrischer Formen.

Um die Fabel auf diese Weise als „Lehrerin *reiner Verhältnisse"* (1994b [1787], 669) präsentieren zu können, bedarf es – das sollte hier gezeigt werden – einiger Vorkehrungen und Zurichtungen. Dazu gehört der Ausschluss all dessen, „was in der Welt willkürlich ist, es möge zur gesellschaftlichen oder politischen, zur häuslichen, gelehrten oder artigen Welt gehören" (669), aus der *narratio* der Fabel: Was nicht ohne Weiteres der Ordnung der Natur zugeschlagen werden kann, muss gestrichen werden. Das umfasst ein ‚Stellen' und ‚Ordnen' einfacher wie anschaulicher Kombinationen: Die Akteure der Fabel werden zu beweglichen Operatoren, die zugleich die Evidenz der Natur beanspruchen. Nur so ist gewährleistet, dass die Protagonisten unter Einhaltung der ihnen zukommenden Abstände, von den Umwegen der Digression ebenso wie vom Ballast anderweitiger Verkomplizierungen der Lage befreit, die folgerichtige Notwendigkeit von Handlungsabläufen aufführen können. Das betrifft die Regelung der Topik mittels einer Topologie, die nicht über Ähnlichkeiten, sondern stets über die Ähnlichkeit von Verhältnissen definiert ist: Der Mensch ist „weder Hecht noch Habicht, noch Sau noch Sperling" und soll sich in diesen auch kein Vorbild für eine Moral suchen; zentral für die Fabel sind nicht nur die Wesen, die sie bevölkern, sondern deren „Verhältnisse zu einander" (667). Das Erkennen, Abgleichen und Ausmessen dieser Relationen steht im Zentrum der didaktischen Praxis der Fabel: Übungen, die auf die vermeintlichen Defizite der schriftlichen Fabel reagieren und für die Herder in Lamberts Ausführungen zum Analogieschluss Anregung finden konnte. Die Fabellektüre wird damit zur Einübung in die Kunst des Maßnehmens in permanenter Rückkopplung an die kosmologische Ordnung der Natur. Mit alldem ist die Fabel nicht einfach kleine Form. Herder reklamiert für sie etwas anderes: Er erklärt die Fabel zum verkleinerten Modell einer Größe, die sich dem direkten Zugriff entzieht. Michel Serres hat einmal die *téchne* der Geometrie als umwegige Messung beschrieben: Sie transportiert, was dem Maßwerkzeug nicht direkt zugänglich ist, in ein vor Ort ausmessbares Modell (Serres 1992, 212–217). Herder gibt die Fabel als maßstabsgetreue Abwärtsskalierung einer umfassenden kosmologischen Ordnung aus, die er damit allererst voraussetzt. Eine reduzierte Form, die auf das volle Ausmaß schließen lassen soll – Herders Fabeltheorie ist die Erfindung einer Verkleinerung. Als „Migniaturstück der großen Dichtkunst" erprobt sie im Arrangement topischer Figuren immer neue Konstellationen, um das Original ihrer verkleinernden Nachbildung zu imaginieren: eine fabelhafte Erfindung.

Literaturverzeichnis

Anger, Alfred. „Herders Fabeltheorien". *Die Fabel. Theorie, Geschichte und Rezeption einer Gattung*. Hg. Peter Hasubek. Berlin: Erich Schmidt, 1982. 134–145.
Brummack, Jürgen. „Herders Theorie der Fabel". *Johann Gottfried Herder, 1744–1803*. Hg. Gerhard Sauder. Hamburg: Meiner, 1987. 251–266.
Gaier, Ulrich. „Poesie oder Geschichtsphilosophie? Herders erkenntnistheoretische Antwort auf Kant". *Johann Gottfried Herder. Geschichte und Kultur*. Hg. Martin Bollacher. Würzburg: Königshausen & Neumann, 1994. 1–17.
Haym, Rudolf. *Herder. Nach seinem Leben und seinen Werken* [1880]. Bd. 1. Berlin: Aufbau, 1954.
Herder, Johann Gottfried. „Ideen zur Philosophie der Geschichte der Menschheit" [1784–1791]. *Johann Gottfried Herder. Werke in zehn Bänden*. Bd. 6: *Ideen zur Philosophie der Geschichte der Menschheit*. Hg. Martin Bollacher. Frankfurt am Main: Deutscher Klassiker Verlag, 1989.
Herder, Johann Gottfried. „Aesop und Leßing" [1768]. *Johann Gottfried Herder. Werke in zehn Bänden*. Bd. 4: *Schriften zu Philosophie, Literatur, Kunst und Altertum 1774–1787*. Hg. Jürgen Brummack und Martin Bollacher. Frankfurt am Main: Deutscher Klassiker Verlag, 1994a. 1311–1322.
Herder, Johann Gottfried. „Über Bild, Dichtung und Fabel" [1787]. *Johann Gottfried Herder. Werke in zehn Bänden*. Bd. 4: *Schriften zu Philosophie, Literatur, Kunst und Altertum 1774–1787*. Hg. Jürgen Brummack und Martin Bollacher. Frankfurt am Main: Deutscher Klassiker Verlag, 1994b. 631–677.
Herder, Johann Gottfried. „Eine Metakritik zur Kritik der reinen Vernunft. Erster Teil: Verstand und Erfahrung" [1799]. *Johann Gottfried Herder. Werke in zehn Bänden*. Bd. 8: *Schriften zu Literatur und Philosophie 1792–1800*. Hg. Hans Dietrich Irmscher. Frankfurt am Main: Deutscher Klassiker Verlag, 1998. 303–490.
Herder, Johann Gottfried. „Fabel" [1802]. *Johann Gottfried Herder. Werke in zehn Bänden*. Bd 10: *Adrastea*. Hg. Günter Arnold. Frankfurt am Main: Deutscher Klassiker Verlag, 2000. 235–255.

Köhler, Sigrid G. „Nationale ‚Hirngemälde'. Bildpoetik, Selbstgefühl und die Schatzkammern der Nation bei Johann Gottfried Herder". *Das Imaginäre der Nation. Zur Persistenz einer politischen Kategorie in Literatur und Film*. Hg. Katharina Grabbe, Sigrid G. Köhler und Martina Wagner-Egelhaaf. Bielefeld: transcript, 2012. 23–48.

Lambert, Johann Heinrich. *Anlage zur Architectonic, oder Theorie des Einfachen und des Ersten in der philosophischen und mathematischen Erkenntniß*. Bd. 1. Riga: Hartknoch, 1771.

Lambert, Johann Heinrich. *Neues Organon oder Gedanken über die Erforschung und Bezeichnung des Wahren und dessen Unterscheidung vom Irrtum und Schein* [1764]. Bd. 1. Hg. Günter Schenk. Berlin: Akademie, 1990a.

Lambert, Johann Heinrich. *Neues Organon oder Gedanken über die Erforschung und Bezeichnung des Wahren und dessen Unterscheidung vom Irrtum und Schein* [1764]. Bd. 2. Hg. Günter Schenk. Berlin: Akademie, 1990b.

Polledri, Elena. „Herders Fabeln oder die Poesie zur Philosophie der Geschichte der Menschheit". *Herder im Spiegel der Zeiten*. Hg. Tilman Borsche. Paderborn und München: Fink, 2006. 203–224.

Schmidt, Dietmar. *Die Physiognomie der Tiere. Von der Poetik der Fauna zur Kenntnis des Menschen*. Paderborn und München: Fink, 2011.

Schrader, Monika. *Sprache und Lebenswelt. Fabeltheorien des 18. Jahrhunderts*. Hildesheim: Olms, 1991.

Serres, Michel. *Hermes II. Interferenz*. Berlin: Merve, 1992.

Simon, Ralf. *Das Gedächtnis der Interpretation. Gedächtnistheorie als Fundament für Hermeneutik, Ästhetik und Interpretation bei Johann Gottfried Herder*. Hamburg: Meiner, 1998.

Simon, Ralf. „Herders Bildtheorie". *Das Bild als Denkfigur. Funktionen des Bildbegriffs in der Philosophiegeschichte von Platon bis Nancy*. Hg. Simone Neuber und Roman Veressov. Paderborn und München: Fink, 2010. 139–151.

Ter-Nedden, Gisbert. „Fabeln und Parabeln zwischen Rede und Schrift". *Fabel und Parabel. Kulturgeschichtliche Prozesse im 18. Jahrhundert*. Hg. Theo Elm und Peter Hasubek. München: Fink, 1994. 67–107.

Torra-Mattenklott, Caroline. *Poetik der Figur. Zwischen Geometrie und Rhetorik: Modelle der Textkomposition von Lessing bis Valéry*. Paderborn und München: Fink, 2016.

Nils C. Ritter
Geschichte als Verkleinerung: Fontane, Virchow, Schliemann und die Allianzen von Anekdote und Archäologie

1 Einleitung: *archē* des Erzählens und *téchne* des Verkleinerns

Die Literatur des poetischen Realismus profitiert umfassend vom enormen Wachstum des Faktenmarkts, der in den zirkulierenden Medien fortdauernde Aktualitätsschübe erfährt. Einen sich stets beschleunigenden Impuls liefert seit Mitte des 19. Jahrhunderts die innovative Archäologie. Mit den spektakulären Grabungen im Mittelmeerraum und in Kontinentaleuropa, in deren Folge Wissen und Methoden am laufenden Band produziert werden, sowie der immensen Popularität und Medienwirksamkeit alles Archäologischen wird die neue Disziplin zugleich zur Alliierten und zur Konkurrentin narrativer Verfahren. Ausgegrabenes, Aufgeschriebenes und Archiviertes werden zum Stoffreservoir und machen von ihrer Lizenz zur reinen Fiktion nur selten Gebrauch (Matala de Mazza und Vogl 2017; Matala de Mazza 2013; Baßler et al. 1996, 51). Doch populären Genres wie dem Professorenroman, in dem sich das rasant anwachsende enzyklopädische Wissen historischer und archäologischer Forschung niederschlägt, fällt es schwer, das explodierende Faktenwissen ihrer Zeit in eine anschauliche Erzählform zu integrieren (Baßler 2015, 93–94), trotz „Nachbarschaft von Historiographie und Literatur" (Baßler et al. 1996, 26), bei denen erstere die Fakten, die zweite die Bilder liefere.

Theodor Fontane bringt – unter Einbeziehung und Verarbeitung der Schreibweisen Rudolf Virchows und Heinrich Schliemanns – Bewegung in das epistemische *und* narratologische Beziehungsgefüge zwischen Literatur und Archäologie. In seinen Texten entfaltet historisches Wissen kein reziprokes Verhältnis zwischen Anschwellen von Daten und Fakten und zunehmender Sklerose der Diegese, ganz im Gegenteil: Archäologie wird zum signifikanten Operator der Verkleinerung. Denn Fontane erzählt Geschichten, nicht Geschichte; nicht epische Geschichtsschreibung, sondern Geschichte im Kleinen ist sein Movens historischen Erzählens. Hierzu bedient er sich in seinen Romanen und Novellen derjenigen archäologischen Verfahren, die schon in seinem Longseller, den *Wanderungen durch die Mark Brandenburg* (1862–1889), archäologische Denkfiguren und Aufschreibesysteme eines *Darunter* produzieren: Geborgenes Wissen, ob in Sagen, Liedern, Anekdoten oder konservierten Ruinen, ausgegrabenen Artefakten und inventarisierten Sammlungen widersteht einer quasi automatischen Zusammenfügung zu großen kohärenten Erzählungen, lässt seine jeweilige relationale Stellung zur Historie jedoch immer erkennen und erzählen. Der inferiore Status des Kleinen, etwa der Anekdote zur Geschichtserzählung oder der Ausgrabung zur Geschichtsschreibung bleibt letztlich Ausschnitt und Kondensat, zu „Plänen, Abbildungen und Formen" (Podgorny 2003, 178) Verdichtetes (Ebeling 2012, 62).

Fontane macht dies literarisch produktiv. Mit der Gewinnung und Isolierung von Fakten durch die positivistisch orientierte Archäologie und ebenso positivistische wie prominente Forscherpersönlichkeiten wie Virchow oder Schliemann werden Verfahren des Erzählens jener Fakten populär (Baßler et al. 1996, 4–5). Besonders Anekdoten entpuppen sich dabei für Fontane als Alliierte der Archäologie, als Modus der Verkleinerung und Gegenentwurf epischer Geschichtsschreibung. Damit gelingt ihm ein narrativer Coup mit weitreichenden Folgen: Denn das Wissen der Archäologie schafft eigene Konfigurationen und fördert und bedingt zugleich bestimmte – verkleinerte – Ordnungen des Erzählens. Oftmals ist es die große Erzählung Roman, in die sich diejenigen archäologischen Kleinstnarrative einnisten, die sich gerade gegen epische Großformen wenden, stattdessen Wissensbestände und ihre Erzählbarkeit gleichermaßen zu kondensieren, zu fragmentieren, wenn nicht gar zu verunsichern vermögen.

Vier Thesen zu den Praktiken und Motivationen des Verkleinerns werden im Folgenden an Fontanes Texten erprobt: 1. Zwischen Anekdote und Archäologie besteht ein poetisches Allianzverhältnis im Suchen, Bergen und Sammeln von Funden. 2. Anekdote und Archäologie haben keinen Autor, aber beide haben einen Erzähler. 3. Im Spannungsfeld von Geschichte versus Geschichten vertreten Anekdoten und Archäologie das Kleine, Marginale, das sich gegen die große Erzählung behaupten muss. 4. Beim Sammeln und Finden von Stoffen wird Archäologie selbst zur Anekdote und affirmiert verkleinertes anekdotisches Erzählen.

Fontanes Texte offenbaren, dass Archäologie Operatoren bereitstellt, historisches Erzählen kleiner zu machen. Archäologie wird für Fontane nicht nur zur *archē* des Erzählens, sondern ebenso zur *téchne* des Ver-Kleinerns. Archäologie und Anekdoten werden zu *tools* der Verkleinerung von Geschichten und somit zum Gegennarrativ des *grand récit*, indem sie „Historie im Diminutiv der Anekdote" (Matala de Mazza 2018, 82) abwickeln. Dies wird im Folgenden stichprobenartig aufgezeigt.

2 Von Wahrheitsschimmern und historischen Molekülen: Allianzen im Finden und Verkleinern

Zur Anekdote hatte Fontane bekanntermaßen zeitlebens eine besondere Beziehung (Wülfing 2010; Rasch 2010; Ewert 2018, 229; Grothe 1984, 90–91; Schäfer 2007; MhicFhionnbhair 1985; Hilzinger 2002). Ihr Oszillieren zwischen Exemplarischem und Singulärem, ihre oft heitere und zugleich informative Struktur und besonders die Tatsache, dass Anekdoten weiter- und wiedererzählt werden und ihnen Merkmale der Mündlichkeit selbst im Stadium der Verschriftlichung noch anhaften, machen sie für Fontanes Schreibverfahren interessant. In Anekdoten akkumuliert, archiviert und re-arrangiert er zu Erzählendes und verdichtet darin poetologische Diskurse über das Potential jener kleinen Form. Besonders im Umfeld von Personen der friderizianischen Zeit sind Anekdoten für Fontane „in der Zeit schwebende Augenblicke, die sich der Einbindung in das große Narrativ der Geschichte widersetzen" (Clark 2018, 126).

Wenn es um Erzählungen des Wissens geht, besonders um Archäologie, offenbaren Anekdoten dieses Potential, das Fontane zunächst in seinen reisejournalistischen Feuilletons, später auch im erzählerischen Werk zum Vehikel macht. In den *Wanderungen* will Fontane Vergangenes aktualisieren und ein historisches wie poetisches Panorama der Mark Brandenburg entwerfen (Ritter 2018, 40–41). Dabei rekurriert er auf das Wissen der Archäologie und das Kolportierte historischer Anekdoten und Sagen. Poetischer Mehrwert entsteht in dieser Gemengelage in der Kombination von Hörensagen und der Evidenz von Spuren und Befunden. In seinen Recherchen zum Fragment gebliebenen *Ländchen Friesack und die Bredows* erhofft sich Fontane von seinen üblichen Informanten, den Pastoren und Dorfschullehrern, Zugang zu Anekdoten und archäologischen Artefakten: „Die Umgegend ist reich an Ausgrabungsstücken, [...] an historischen Erinnerungen, Erzählungen, Anekdoten, Sagen" (Fontane 1997b, 237).

Schrift und Artefakt, Erzählung und Sammlung, Anekdote und Ausgrabung bilden *das* gemeinsame Reservoir, welches die spezifische Mischung der *Wanderungen* aus Literatur und Geschichte ausmacht, eine Mischung, in der Archäologie, Genealogie, Mythologie und Plauderei Bindungen eingehen (D'Aprile 2018, 252). In dieser Melange positioniert Fontane die Anekdote als Scharnier, Wissen zu versammeln und zugleich populär und vor allem kurz zu kommunizieren.[1]

---

[1] Zumal die in unterschiedlichen Formen gesammelte Fülle an Erzählbarem disruptive Verfahren nach sich zieht, die „nicht auf Zusammenhang, sondern zunächst einmal auf Unterbrechungen, Schnitte und die Herauslösung aus alten Kontexten gerichtet waren", so Petra McGillen 2018, 103.

Die Anekdote, von Novalis nicht ganz unpassend als „historisches Molekule" (Novalis 2018, 98) bezeichnet, dringt in Wissensbereiche vor, die jenseits verbürgter Evidenz liegen, sie überliefert gewissermaßen das Nicht-Überlieferte, das Nicht-Verbürgte, aber dennoch Überdauerte.[2] In Anekdoten unterliegt das Historische einem Verfahren der Kompression und Vereinfachung. Historische Anekdoten, als zunächst mündliche Erzählungen eines merk- oder denkwürdigen Ereignisses, sind glaubhaft, aber nicht unbedingt bezeugt (Schlaffer 2007, 87; Schäfer 2007, 24). Darin zeigt sich, wie sehr sie davon zehren, Geschichten zu kolportieren, die Historikern als uneindeutig, ungesichert oder trivial gelten.[3] Kern einer Anekdote ist eine für wahr befundene Begebenheit, auch wenn Übertreibungen und Modifikationen des Gehörten meist untrennbar mit ihr verbunden sind. Auf das Substrat kommt es an. Joel Fineman bezeichnet diesen „Wahrheitsschimmer" (Rasch 2010, 89) griffig als ‚Historem', als „smallest minimal unit of the historiographical fact" (Fineman 1989, 56). Hierin offenbart sich das Potential der Wahlverwandtschaft zwischen anekdotischem und archäologischem Verfahren, in der sich zudem ein gewisser Anti-Historismus Fontanes, sein gespaltenes Verhältnis zur akademischen Geschichtsforschung und das Konkurrenzverhältnis von philologischer und grabender Forschung ausdrückt. Der historische Kern archäologischer Nachrichten macht diese zu kleinen Anschlüssen an die große Erzählung der Vergangenheit, zugleich bilden sie eigene kleine Erzählungen aus, die mitunter quer zur großen Geschichtsschreibung stehen. Denn wie die Anekdote wandert die Archäologie auf der Grenze zwischen Exemplarischem und Singulärem. Jede Ausgrabung ist einmalig und doch an anderem Ort bei gleicher Methodik wieder neu durchführbar. Jeder Fund ist individuell und doch vergleichbar, datierbar, inventarisierbar. Jeder Grabungsbefund verhält sich anonym zu schriftlichen Quellen und ist doch ein eigener Erzähler, der das Gewesene beglaubigt. Archäologische Forschung nimmt in der Folge oft diametral entgegengesetzte Positionen zur vorherrschenden historiographischen Meinung ein und evoziert dennoch eine eigene Wirklichkeit. Ebenso die Anekdote: Sie „soll ‚wirklich' vorkommen, Teil der Wirklichkeit und nicht bloß des literarischen Textes sein" (Baßler 2015, 60). Und schließlich: Eine Ausgrabung hat keinen Autor. Vielmehr hat jede Grabung Initiatoren; die freigelegten Befunde sind jedoch meist

---

2 Zu Überdauerung als archäologischer und literarischer Kategorie vgl. Ritter 2020.
3 Für Jacob Burckhardt ist die griechische Geschichtsschreibung prinzipiell anekdotisch, da das Exakte den Griechen fremd gewesen sei und sich anekdotische Historie generell auf das Charakterlich-Typische konzentriere (Burckhardt 1978, 395; Zill 2014, 35; Matala de Mazza und Vogl 2017, 581).

keinem Individuum zuzuordnen, bestechen dennoch oder gerade deshalb in ihrer unbezweifelbaren Faktizität und Evidenz. Die Archäologie ist als akademische Disziplin ein Kollektivsubjekt, „das im Rahmen anerkannter Wissens-, Methoden- und Verfahrensparadigmen Erkenntnisse sammelt" (Assmann 1999, 90) und diese zu einer Erzählung fügt. Zu diesem Zweck ersetzt der individuelle Archäologe sein subjektives Gedächtnis durch ein diszipliniertes und disziplinäres. Dieses Gedächtnis generiert durch die Anwendung akademischer wie technischer Methoden Wissen, konstruiert Vergangenes, schafft Narrative. Und wie Anekdoten muss sich die Archäologie bemühen, das Individuelle zu erzählen, das Große zu verkleinern und dieses Kleine anschließend *pars pro toto* in eine Erzählung zu transponieren. Fontane macht dies mehrfach produktiv. Oft nutzt er Anekdoten zur Einleitung oder als Rahmenerzählung (D'Aprile 2018, 252). Dieses feuilletonistische Verfahren der „Introductions-Anekdoten" (Fontane 1962, 244) mitsamt dem Zugangshürden senkenden Potential der „Dominanz der Einbildungskraft über den Verstand" (Oesterle 2000, 244) lernt er in den 1850er Jahren in London bei der *Times* kennen (D'Aprile 2018, 198; D'Aprile 2019, 15; Nürnberger 1967, 354). Doch Anekdoten bieten weit mehr, in Allianz mit der Archäologie haben sie für den Sammler Fontane, der immer „eine Unmasse von Stoff [...] aufgespeichert" (Fontane 1997b, 149) hat und „Gelesenes und Gehörtes, Erlebtes, Überliefertes und Erfundenes [...] transformiert und in poetischer Form wiederbelebt" (Ewert 2018, 225), das Potential zur Verkleinerung von Geschichte.

3 Anekdote und Archäologie als Skalierung des Marginalen

In *Frau Jenny Treibel* (1892) steht die Figur des Professors Willibald Schmidt für die Allianz von Archäologie und Anekdote als Produzenten und Vermittlern historischen Wissens. In seinem akademischen Kaffeekranz, den „sieben Waisen Griechenlands" (Fontane 2005, 65) werden Heinrich Schliemanns Arbeiten diskutiert, besonders dessen 1878 erschienener Bestseller *Mykenae. Bericht über meine Forschungen und Entdeckungen in Mykenae und Tiryns* (Samida 2018; Ebeling 2016, 91). Das Verhältnis von anekdotischem Erzählen und wissenschaftlichem Beschreiben in Schliemanns Grabungsberichten erhebt Fontane in *Frau Jenny Treibel* zur dominierenden Gesprächsform zwischen Schmidt und Distelkamp. Dass Schliemanns Geschichten rund um die Bergung der Funde in der Regel frei erfunden sind und der Dramatisierung der Ereignisse dienen, ist zweitrangig, zeigt aber, dass sie – ganz im Sinne des Anekdotischen – durchaus für wahr befunden werden könnten (Samida 2012, 88). Die Erzählung des Ausgrabens ist schon zuvor im Grabungsbericht *Trojanische Alterthümer* (1874) eine „Ikone des Schliemannschen Anekdotenschatzes" (Zintzen 1998, 292), in dem sich Spatenwissenschaft, Abenteuererzählung und Selbststilisierung populär verbinden. In *Frau Jenny Treibel* entpuppt sich diese „Rekurrenz isomorpher anekdotischer Muster" (Zintzen 1998, 291) als ein innovatives und zukunftsweisendes Muster wissenschaftlichen Schreibens, das sich reziprok zu Erzähler- und Figurenrede verhält.

Dass der Pragmatiker Schliemann nicht nur Bewunderung, auslöst, zeigt die Figur des Altphilologen Friedrich Distelkamp. Schliemann steht für faktenorientierte positivistische und anekdotisch präsentierte Forschung, deren Kombination von historischer Wissenschaft mit technischen Methoden der Altphilologie ihre Deutungshoheit entzieht (Thums 2011, 51; Zintzen 1998, 259). Schriftlich überlieferte Geschichte wird für den Epigonen Schmidt zur „Perrückengelehrsamkeit" (Fontane 2005, 70–71), zum dünkelhaften „Geschwätz des Gedruckten" (Ebeling 2012, 34). Distelkamp kontert und rückt Schmidts Argumentation in die Nähe des Kleinen, Herausgegriffenen, Pointierten, Anekdotischen: „Du hast immer das Auge für das Komische gehabt. Das greifst Du nun heraus, spießest es auf Deine Nadel und zeigst es der Welt" (Fontane 2005, 71). Geschichten und Geschichtsschreibung sind für Distelkamp unvereinbar: „Du warst immer fürs Anekdotische, fürs Genrehafte. Mir gilt in der Geschichte nur das Große, nicht das Kleine, das Nebensächliche" (80). Wie archäologische Ausgrabungen zu antiken Texten, so verhalten sich Anekdoten zur Historiographie. Das ist eine zentrale gedankliche Engführung: Distelkamp rückt Anekdotisches und Archäologisches unter dem Signum des Marginalen zusammen. *Ex negativo* offenbart sich darin der Mehrwert des Verkleinerten: Denn Verkleinerungsoperationen können durchaus Episteme formieren und deren Archivierung und Wiederaufnahme mit abgesenkten Zugangsschwellen in anderen Formaten ermöglichen.

Das Anekdotische, Genrehafte, das der Altphilologe Distelkamp am Schliemann-Verehrer Schmidt moniert, führt nicht zufällig in die Kulinarik: Ihre Plauderei über Herkunft, Verbreitung und Geschichte der Oderkrebse bleibt ein Gespräch über Gegennarrative zum *grand récit*: „Mir ist nur immer merkwürdig, daß Du, neben Homer und sogar neben Schliemann mit solcher Vorliebe Kochbuchliches behandelst" (84). Archäologischen Funden ist eine Erzählung, ein Wissen eingeschrieben, sie erscheinen im Plural, füllen Leerstellen aus. Schmidts Engagement für das Kleine, Nebensächliche, scheinbar Irrelevante mündet in den Vorwurf des Schriftgelehrten an die Archäologie, diese kümmere sich um Reste und Abfälle, anstatt schriftlich bereits bekanntes Wissen durch Generierung von materieller Kultur zu bestätigen. In der Debatte mit Distelkamp über den Wert der Feldarchäologie Schliemanns in Troja beruft sich Schmidt auf Rudolf Virchow (Fontane 2005, 75). Dieser Verweis ist erhellend: In dem 1865 gehaltenen Vortrag *Ueber Hünengräber und Pfahlbauten* schlägt Virchow mit der Analyse prähistorischer Küchenabfälle einen neuen Weg zur Erkenntnis ein (Virchow 1866, 6; dazu Freitag 2012, 233). 1876 stellt er in der *Deutschen Rundschau* einen direkten Zusammenhang zwischen der Geschichte des Kochens und der Kultur her (Virchow 1876, 80). Darin erhalten Küchenabfälle archäologische Relevanz und werden in den Kreislauf von Geschichte und Geschichtsschreibung integriert (Thums 2011, 52–53). Reste werden mittels prähistorischer Analyseverfahren zum Movens, Siedlungsspuren nicht nur datierbar zu machen, sondern Tiefenzeiten überhaupt zu skalieren:[4] zum Großen durch das Kleine. Prähistorische Archäologie wird zur Gegenfigur von Geschichtsschreibung im Sinne eines Historismus, der scheinbar Nicht-Geschichtliches übersieht oder unberücksichtigt lässt (Jaeger und Rüsen 1992, 3).

4 Gesellige Migration: Tischgespräch und archäologische Anekdote

Nach Georg Simmel fordert Geselligkeit eine aktive Wechselwirkung, deren Bedeutung in der Bildung einer Einheit aus individualisierten Elementen besteht (Simmel 1970, 46–48; Downing 2018, 279–280). Geselligkeit ist demnach ein Gefühl, eine gemeinsame Erfahrung, ein Modus von Stimmung. Um diesen zu etablieren, bedarf es bestimmter Formen mündlicher Kommunikation. Und genau darin kommt dem anekdotischen Erzählen eine konstituierende Rolle zu. Denn der Gesprächsstoff darf nicht ausschließlich banal, muss jedoch trivial genug sein, damit das Spiel von Wechselwirkung im Plaudern zu Geselligkeit führen kann. Und das bedeutet v. a., der Stoff muss ohne direkten Bezug zu den anwesenden und sich im Gespräch verhandelnden Personen sein.

Wie sich Geselligkeit durch Reduktion und Transponierung von Erzählstoffen formiert, erzählt Fontane im Band *Fünf Schlösser. Altes und Neues aus Mark Brandenburg* (1889). Die Mischung aus Augenzeugenbericht und Poetisierung des Dreilindener Alltags des Prinzen Friedrich Karl von Preußen verbindet zudem Verkleinerungsverfahren mit der Performanz kleiner Formen. Darin überschreiten Wissensformen Gattungen wie Medienformate und migrieren gleichermaßen in neue Kontexte.

---

4 Darin zeigt sich, wie die Genese der Ur- und Frühgeschichte von der Biologie und deren im 19. Jahrhundert virulenten evolutionistischen Theorien und zugleich vom Historismus geformt wurde (Zimmermann 2005, 19).

Als Tisch- und Zeitgenosse dokumentiert Fontane jene Tischgespräche, die sich konsequent anekdotisch um Jagd, Militär und Ausgrabungen bewegen. Der Prinz bildet den Dreh- und Angelpunkt der Gesellschaft. Doch über seine Stellung hinaus ist es seine Begabung für die koordinierte Verkleinerung von Gesprächsthemen, die ihn zur Schlüsselfigur werden lassen. Fontane zufolge entpuppt er sich als Gastgeber, der „eine Vorliebe für Knappheit und Kürze" (Fontane 1997a, 360), besonders für Militäranekdoten und Archäologie besaß: „Ausgrabungen waren überhaupt eigentlichstes Lieblingsthema" (Fontane 1997a, 363–364). Doch ein guter Gastgeber allein macht noch kein Tischgespräch. Die Zusammensetzung der jeweiligen Gruppe ist entscheidend für die Wahl angemessener Textsorten, sie sollte weder zu groß für Anekdoten noch zu klein für Reden sein.[5] Die Gruppe in Dreilinden formiert Geselligkeit, zumal als Männerrunde, als „bevorzugter Ort der Anekdote" (Wülfing 2010, 60). Dort füllt die Anekdote mit ihrem Schwerpunkt auf lokalen und abstrakten Themen wie Archäologie die Leerstelle persönlicher Kommunikation. Dies scheint kein Zufall zu sein: In *Frau Jenny Treibel* und den *Fünf Schlössern* wird archäologisches Wissen konsequent in Tischgesprächen vermittelt, „Tischgespräche archivieren das zeitgenössische archäologische Wissen, und die Leser werden in die Position von Archäologen versetzt, die dieses Wissen zu bergen haben" (Thums 2011, 49).

5 Wie Archäologie zur Anekdote wird und *vice versa*

Die für Anekdoten wesentliche Erzählung des Individuellen weitet Fontane auf Akteure mit Affinität zum Archäologischen aus (Neureuter 1973, 478). Ein paradigmatisches Beispiel ist die Figur Generalmajors von Bamme im Roman *Vor dem Sturm* (1878), der sich gab,

> wie er war, und sein eigenes Leben rückhaltlos in den pikantesten Anekdoten aufdeckte. Seine geistigen Bedürfnisse bestanden in Necken, Spotten und Mystifizieren, weshalb er, wie kein zweiter, von allen Sammlern und Altertumsforschern in Barnim und Lebus gefürchtet war. Um seine Tücke besser üben zu können, war er Mitglied der Gesellschaft für Altertumskunde geworden. Feuersteinwaffen, bronzene Götzenbilder und verräucherte Topfscherben ließ er aussetzen und verstecken, wie man Ostereier versteckt, und war über die Maßen froh, wenn nun die „großen Kinder" zu suchen und die Perioden zu bestimmen anfingen. Turgany, wie sich denken läßt, zog den möglichsten Nutzen aus die-

---

[5] Wie dies in der älteren Forschung oftmals betont wurde, etwa Brownlow 1960, 5 (dazu Zill 2014, 38).

sen Mystifikationen, und jedesmal, wenn Seidentopf etwas Urgermanisches aufgefunden haben und zum letzten Streiche gegen den zurückgedrängten Justizrat ausholen wollte, pflegte dieser wie von ungefähr hinzuwerfen: „Wenn nur nicht etwa Bamme...", ein Satz, der nie beendet wurde, weil schon die Einleitung desselben zur vollständigen Verwirrung des Gegners ausreichte. (Fontane 2011, 181–182)

Bamme personifiziert regelrecht die archäologische Anekdote. Er erzählt anekdotisch und wird anekdotisch erzählt. Und selbst in dieser grotesken Figur wird Wissen eingekapselt. Denn der Verwirrung, die er stiftet, geht ein Bewusstsein der relativen Chronologie archäologischer Funde voraus. Bamme weiß, dass Archäologie immer solidarisch mit dem Unerwarteten ist, sie findet stets „Unabsehbares, Destruiertes, Diskontinuierliches" (Ebeling 2012, 17). Dass Ablagerungen in der Erde nicht immer voneinander zu unterscheiden und zu datieren sind, beschreibt bereits Virchow in seiner Vorrede zu Schliemanns Grabungspublikation zu Troja: „Reihenfolge ist noch nicht Chronologie. Man erfährt durch die erstere, was älter und was jünger ist, aber nicht, wie alt jede einzelne Schicht ist" (Virchow 1881, XI). Das Wissen Virchows wird bei Bamme zur Manipulation komprimiert, er versteht sich darauf, linear-chronologische Topologie zu stören.

Friedrich Christian Emil von Zieten, den Fontane für *Die Grafschaft Ruppin* (1862) recherchiert hat, dient Bamme biographisch und erzähltechnisch als Vorlage. Im Gegensatz zum Vater, dem Husarengeneral und Kampfgenossen Friedrichs II., Hans Joachim von Zieten, wird der Sohn *nur* anekdotisch beschrieben, v. a. dessen Mitgliedschaft im Altertumsverein Ruppins und seine kindliche Freude, Archäologen durch das Vergraben von Artefakten zu ärgern (Fontane 1997c, 23).

6 Ausblick: Verkleinerungen zwischen *grand récit* und *genre mineur*

Die Einbindung von Anekdoten in biographische Kleinformen wie das Charakterbild der *Wanderungen* weist ihnen einen historischen und epistemologischen Platz zu (Ewert 2018, 229; Richter und Hamacher 2009, 139–140). Dieser bleibt zwangsläufig unverbürgt, womit wir wieder bei *Frau Jenny Treibel* wären: Figuren wie Distelkamp positionieren sich offen gegen die Anekdote, die ambig zwischen mündlicher und verschriftlichter Rede, zwischen *genre mineur* und gedruckter Literatur changiert (Hilzinger 2002, 9). Distelkamp sind Verfahren des Verkleinerns suspekt. Die permanente Interferenz zwischen Erzählen, Zuhören, Schreiben und Lesen verunklart, ja belastet in *Frau Jenny Treibel* Monumentales, *grand récit* ebenso wie verbürgte historiographische Studie. Darin liegt ihr Potential zur Verkleinerung.

Im Band *Fünf Schlösser* indes ist Plaudern über Archäologie in Anekdoten ausgelagert und bleibt unproblematisch *genre mineur*. Ganz ähnlich in *Vor dem Sturm* und seinen Vorlagen in den *Wanderungen,* wo Archäologisches konsequent in Plaudereien anekdotisch erzählt wird. Diese Potentiale der Anekdote als literarisches Verfahren der Verkleinerung historischer Stoffe hat Fontane immer wieder aufgegriffen und variiert.

Dass die Allianz von Anekdote und Archäologie durchaus brüchig sein kann, dass es also Fälle gibt, in denen sich nichts verkleinern lässt oder Verkleinerungen scheitern, erzählt Fontane im Roman *Cécile* (1886; dazu Ritter 2018, 50–53). Mit der Schlossbesichtigung in Quedlinburg, die sich als „eine wahre Musterniete" (Fontane 2000, 47) entpuppt, kombiniert der Erzähler Enttäuschungen der Erwartung historischer Einsichten, die mittels Anekdoten die Besucher begleiten. Diese verfehlen jedoch bei Cécile trotz ihrer geringen Zugangshürde jede Wirkung.

Die Verwandtschaft von Anekdote und Ausgrabung offenbart, dass Operationen der Verkleinerung Wissen neuartig formieren und es so nicht nur bewahren, sondern zu dessen Distribution beitragen können, indem sie die Zugangsschwellen erheblich absenken und die Leserschaft zu lenken vermögen. Fontane zeigt, dass *genres mineurs* nicht unbedingt „Produkte verminderter Güte und höherer Flüchtigkeit [sind], sondern Formen mit eigener Elastizität, spezifischer Dichte und ästhetischem Wirkungspotential" (Matala de Mazza 2018, 25). In den *Wanderungen* wie in den Romanen entfaltet Fontane die Fähigkeit von Anekdoten, als Überträger und Übertragenes zugleich, als Reservoir historischen Wissens und Erzählens zu fungieren, vor allem aber bringt Fontane das Potential der Anekdote als Gegennarrativ zur großen Form der Geschichtsschreibung in Stellung. In der Allianz von Anekdote und Archäologie unterläuft Fontane jede systematische Darstellung von Geschehenem ebenso wie die narrative Kohärenz historiographischer Perspektiven. Und darin etabliert er sein literarisches Verfahren der Verkleinerung.

Literaturverzeichnis

Assmann, Jan. „Krypta – Bewahrte und verdrängte Vergangenheit. Künstlerische und wissenschaftliche Explorationen des kulturellen Gedächtnisses". *Archäologie zwischen Imagination und Wissenschaft: Anne und Patrick Poirier*". Hg. Bernhard Jussen. Göttingen: Wallstein, 1999. 83–99.

Baßler, Moritz. *Deutsche Erzählprosa 1850-1950. Eine Geschichte literarischer Verfahren.* Berlin: Erich Schmidt, 2015.

Baßler, Moritz, Christoph Brecht, Dirk Niefanger und Gotthart Wunberg. *Historismus und literarische Moderne. Mit einem Beitrag von Friedrich Dethlefs*. Tübingen: Niemeyer, 1996.

Brownlow, Luis. *The Anatomy of the Anecdote*. Chicago: University Press, 1960.

Burckhardt, Jacob. *Griechische Kulturgeschichte III. Gesammelte Werke VII*. Basel und Stuttgart: Schwabe, 1978.

Clark, Christopher. *Von Zeit und Macht. Herrschaft und Geschichtsbild vom Großen Kurfürsten bis zu den Nationalsozialisten*. München: Beck, 2018.

D'Aprile, Iwan-Michelangelo. „Mimesis ans Medium. Zeitungspoetik und journalistischer Realismus bei Theodor Fontane". *Text+Kritik. Sonderband Theodor Fontane*. Hg. Peer Trilcke. 3. Aufl. München: edition text+kritik, 2019. 7–23.

D'Aprile, Iwan-Michelangelo. *Fontane. Ein Jahrhundert in Bewegung*. Reinbek bei Hamburg: Rowohlt, 2018.

Downing, Eric. „Sprachmagie, Stimmung und Geselligkeit. Überschreitung des Realismus in Fontanes Der Stechlin". *Herausforderungen des Realismus. Theodor Fontanes Gesellschaftsromane*. Hg. Peter Uwe Hohendahl und Ulrike Vedder. Freiburg: Rombach, 2018. 271–295.

Ebeling, Knut. *Wilde Archäologien I. Theorien der materiellen Kultur von Kant bis Kittler*. Berlin: Kadmos, 2012.

Ebeling, Knut. *Wilde Archäologien II. Begriffe der Materialität der Zeit von Archiv bis Zerstörung*. Berlin: Kadmos, 2016.

Ewert, Michael. „Ins Offene und Weite denken. Zur Produktivität der kleinen Formen bei Fontane". *Formen ins Offene. Zur Produktivität des Unvollendeten*. Hg. Hanna Delf von Wolzogen und Christine Hehle. Berlin und Boston, MA: De Gruyter, 2018. 224–236.

Fineman, Joel. „The history of the anecdote. Fiction and fiction". *The New Historicism*. Hg. Aram Vesser. New York, NY: Routledge, 1989. 49–76.

Fontane, Theodor. „Die Londoner Presse". *Theodor Fontane: Sämtliche Werke*. München 1959–1975. XIX: Politik und Geschichte. Unter Mitwirkung von Kurt Schreinert hg. von Charlotte Jolles. München: Nymphenburger, 1962.

Fontane, Theodor. *Große Brandenburger Ausgabe*. Hg. Gotthard Erler. *Wanderungen durch die Mark Brandenburg. Fünf Schlösser. Altes und Neues aus Mark Brandenburg*. Hg. Gotthard und Rudolf Mingau unter Mitarbeit von Therese Erler. Berlin: Aufbau, 1997a.

Fontane, Theodor. *Große Brandenburger Ausgabe*. Hg. Gotthard Erler. *Wanderungen durch die Mark Brandenburg. Das Ländchen Friesack und die Bredows. Unbekannte und vergessene Geschichten aus der Mark Brandenburg II*. Hg. Gotthard Erler unter Mitarbeit von Therese Erler. Berlin: Aufbau, 1997b.

Fontane, Theodor. *Große Brandenburger Ausgabe*. Hg. Gotthard Erler. *Wanderungen durch die Mark Brandenburg. Erster Teil. Die Grafschaft Ruppin*. Hg. Gotthard Erler und Rudolf Mingau. Berlin: Aufbau, 1997c.

Fontane, Theodor. *Große Brandenburger Ausgabe*. Hg. Gotthard Erler. *Das erzählerische Werk*. Hg. in Zusammenarbeit mit dem Theodor-Fontane-Archiv. Editorische Betreuung Christine Hehle. *Cécile*. Hg. Hans Joachim Funke und Christine Hehle. Berlin: Aufbau, 2000.

Fontane, Theodor. *Große Brandenburger Ausgabe*. Hg. Gotthard Erler. *Das erzählerische Werk*. Hg. in Zusammenarbeit mit dem Theodor-Fontane-Archiv. Editorische Betreuung Christine Hehle. *Frau Jenny Treibel oder „Wo sich Herz zum Herzen find't"*. Roman. Hg. Tobias Witt. Berlin: Aufbau, 2005.

Fontane, Theodor. *Große Brandenburger Ausgabe*. Hg. Gotthard Erler. *Das erzählerische Werk*. Hg. in Zusammenarbeit mit dem Theodor-Fontane-Archiv. Editorische Betreuung Christine Hehle. *Vor dem Sturm. Roman aus dem Winter 1812 auf 13*. Erster und zweiter Band. Hg. Christine Hehle. Berlin: Aufbau, 2011.

Freitag, Benjamin. „Von kunstsinnigen Dilettanten, voreingenommenen Grabräubern und geltungs-bedürftigen Schliemännern. Eine archäologiegeschichtliche Spurensuche bei Adalbert Stifter, Wilhelm Raabe und Theodor Fontane". *Literatur der Archäologie. Materialität und Rhetorik im 18. und 19. Jahrhundert*. Hg. Jan Broch und Jörn Lang. München: Fink, 2012. 197–244.

Grothe, Heinz. *Anekdote*. 2. Aufl. Stuttgart: Metzler, 1984.

Hilzinger, Sonja. „Anekdote". *Kleine literarische Formen in Einzeldarstellungen*. Stuttgart: Reclam, 2002. 6–26.

Jaeger, Friedrich, und Jörn Rüsen. *Geschichte des Historismus. Eine Einführung*. München: Beck, 1992.

Matala de Mazza, Ethel. *Der populäre Pakt. Verhandlungen der Moderne zwischen Operette und Feuilleton*. Frankfurt am Main: Fischer, 2018.

Matala de Mazza, Ethel, und Joseph Vogl. „Projektvorstellung Graduiertenkolleg ‚Literatur- und Wissensgeschichte kleiner Formen'". *ZfG* N.F. XXVII 3 (2017): 579–585.

Matala de Mazza, Ethel. „Offene Magazine für Erfahrungswissen. Sprichwörter, Fabeln und Exempel". *GattungsWissen. Wissenspoetologie und literarische Form*. Hg. Michael Bies und Michael Gamper. Göttingen: Wallstein, 2013. 265–284.

McGillen, Petra S. „Poetische Mobilmachung im Textbaukasten. Fontanes Listen und die Kunst der Weiterverwendung – der Fall ‚Allerlei Glück'". *Formen ins Offene. Zur Produktivität des Unvollendeten*. Hg. Hanna Delf von Wolzogen und Christine Hehle. Berlin und Boston, MA: De Gruyter, 2018. 97–119.

MhicFhionnbhairr, Andrea. *Anekdoten aus allen fünf Weltteilen. The anecdote in Fontane's fiction and autobiography*. Frankfurt am Main und Bern: Lang, 1985.

Neureuter, Hans Peter. „Zur Theorie der Anekdote". *Jahrbuch des Freien Deutschen Hochstifts* (1973): 458–480.

Novalis [d. i. Georg Philipp Friedrich von Hardenberg]. *Novalis Schriften* [1901]. Hg. Ernst Heilborn. Teil 2, 1. Hälfte. Berlin und Boston, MA: De Gruyter, 2018.

Nürnberger, Helmuth. *Der Frühe Fontane. Politik, Poesie, Geschichte 1840-1860*. Hamburg: Wegner, 1967.

Oesterle, Günter. „‚Unter dem Strich'. Skizze einer Kulturpoetik des Feuilletons im neunzehnten Jahrhundert". *Das schwierige 19. Jahrhundert. Germanistische Tagung zum 65. Geburtstag von Eda Sagarra*. Hg. Jürgen Barkhoff, Gilbert Carr und Roger Paulin. Tübingen: Niemeyer, 2000. 229–250.

Podgorny, Irina: „Medien der Archäologie". *Archiv für Mediengeschichte 3. Medien der Antike*. Hg. Lorenz Engell, Bernhard Siegert und Joseph Vogl. Paderborn: Fink, 2003. 167–180.

Rasch, Wolfgang. „Schnurren, Lügen und Legenden". *Fontane als Biograph*. Hg. Roland Berbig. Berlin und New York: De Gruyter, 2010. 77–94.

Richter, Myriam, und Bernd Hamacher. „Biographische Kleinformen". *Handbuch Biographie. Methoden, Traditionen, Theorien*. Hg. Christian Klein. Stuttgart und Weimar: Metzler, 2009. 137–142.

Ritter, Nils C. „Artefakte in Aktion. Archäologie, Historismus und der Impetus des Sammelns bei Theodor Fontane". *Museales Erzählen*. Hg. Ulrike Vedder, Klaus Wiehl und Johanna Stapelfeldt. Paderborn: Fink, 2020. 15–36.

Ritter, Nils C. „,Im übrigen ist alles hinüber'. Theodor Fontanes Wanderungen durch die Mark Brandenburg als Reservoir einer Poetik der Enttäuschung". *Fontane Blätter* 105 (2018): 40–60.
Samida, Stefanie. *Die archäologische Entdeckung als Medienereignis. Heinrich Schliemann und seine Ausgrabungen im öffentlichen Diskurs, 1870-1890*. Münster: Waxmann, 2018.
Samida, Stefanie. *Heinrich Schliemann*. Tübingen: Francke, 2012.
Schäfer, Rose Beate. Art. „Anekdote". *Metzler Lexikon Literatur. Begriffe und Definitionen*. Hg. Dieter Burdorf, Christoph Fasbender und Burkhard Moenninghoff. 3. Aufl. Stuttgart: Metzler, 2007. 24–25.
Schlaffer, Heinz. Art. „Anekdote". *Reallexikon der deutschen Literaturwissenschaft*. Hg. Georg Braungart, Harald Fricke, Klaus Grubmüller, Jan-Dirk Müller, Friedrich Vollhardt und Klaus Weimar. 3 Bde. Bd. 1: A – G. Berlin: De Gruyter, 2007. 87–89.
Simmel, Georg. *Grundfragen der Soziologie (Individuum und Gesellschaft)*. 3. Aufl. Berlin: Göschen, 1970.
Thums, Barbara. „Ausgraben, Bergen, Deuten. Literatur und Archäologie im 19. Jahrhundert". *Inszenierte Wissenschaft. Zur Popularisierung von Wissen im 19. Jahrhundert*. Hg. Stefanie Samida. Bielefeld: Transcript, 2011. 43–59.
Virchow, Rudolf. „Vorrede". Heinrich Schliemann. *Ilios, Stadt und Land der Trojaner: Forschungen und Entdeckungen in der Troas und besonders auf der Baustelle von Troja. Mit einer Selbstbiographie des Verfassers und einer Vorrede von Rudolf Virchow*. Leipzig: Brockhaus, 1881. IX–XIX.
Virchow, Rudolf. „Zur Geschichte des Kochens". *Deutsche Rundschau* III (1876): 72–83.
Virchow, Rudolf. „Ueber Hünengräber und Pfahlbauten. Nach zwei Vorträgen im Saale des Berliner Handwerker-Vereins, gehalten am 14. und 18. December 1865". *Sammlung gemeinverständlicher wissenschaftlicher Vorträge*. I. Serie. Heft 1–24. Berlin: Lüderitz, 1866. 5–36.
Wülfing, Wulf. „,immer das eigentlich Menschliche'. Zum Anekdotischen bei Theodor Fontane". *Fontane als Biograph*. Hg. Roland Berbig. Berlin und New York, NY: De Gruyter, 2010. 59–76.
Zill, Rüdiger. „Minima Historia. Die Anekdote als philosophische Form". *Zeitschrift für Ideengeschichte* VIII.3 (2014): 33–46.
Zimmermann, Andrea. „Forschungsgeschichte und Theorien der Ur- und Frühgeschichte". *Bilder von der Vergangenheit. Zur Geschichte der archäologischen Fächer*. Hg. Thomas Fischer. Wiesbaden: Theiss, 2005. 19–38.
Zintzen, Christiane. *Von Pompeji nach Troja. Archäologie, Literatur und Öffentlichkeit im 19. Jahrhundert*. Wien: WUV, 1998.

Personenregister

Aesop 10, 257, 261
Agrippa, Menenius [d. i. Agrippa Menenius Lanatus] 262
d'Alembert, Jean-Baptiste Le Rond 54
Andersen, Hans Christian 19–21, 23, 29
Andreas, Apostel 166
Arbuthnot, John 247
Aristodemus [auch Aristodemos] 127
Aristoteles 91, 109, 111, 114, 120, 264
Arnim, Achim von 48
Artaud, Antonin 8, 173–176, 180, 182, 184–186
Assing, Rosa Maria 19
Augustinus 93

Bachelard, Gaston 216
Bachtin, Michail 210
Bacon, Francis 109–110, 112, 222, 226, 229–230, 232–233, 239, 246, 249
Baglivi, Giorgio 221, 230–231, 233
Barthes, Roland 9, 63, 119, 124, 153
Basile, Giambattista 163
Baumgarten, Alexander Gottlieb 120
Becker, Zacharias 41, 45–46
Bernegger, Matthias 106
Boccaccio, Giovanni 138
Bodin, Jean 99, 102, 128
Boeckler, Johann Heinrich 106
Boerhaave, Herman 221, 230–231
Borges, Jorge Luis 192
Boyle, Robert 223–225
Brehm, Alfred 21
Breitinger, Johann Jakob 257, 259
Brentano, Clemens 48
Browne, Peter 240, 250–253
Bruschwitz, Johann Georg 227
Büchner, Andreas Elias 227
Burckhardt, Jacob Christoph 274
Burroughs, William 200
Butler, Judith 18
Buytewechius, Gerardus 90

Camerarius d. J., Joachim 225
Camerarius, Rudolf Jakob 226

Camus, Jean-Pierre 59–61, 63, 68
Castracani degli Antelminelli, Castruccio 126
Catilina, Lucius Sergius 103
Charles II. 241
Cicero, Marcus Tullius 91
Clifton, Francis 221–222, 229–230, 233
Conrad, Joseph 134
Courcillon, Philippe Marquis de Dangeau de 129, 131
Curll, Edmund 244
Curtius Rufus, Quintus 91

Deleuze, Gilles 181
Derham, William 226
Derrida, Jacques 170
Descartes, René 110–111
Diderot, Denis 192
Dilherr, Johann Michael 61
Donner, Bohild von 23
Duttenhofer, Luise 19, 27

Eco, Umberto 191, 194
Elias, Norbert 129
Elischa 166
Erasmus [d. i. Desiderius Erasmus von Rotterdam] 96, 109, 114

Fagon, Guy-Crescent 131
Fontane, Theodor 10, 271–280
Franz Ferdinand [d. i. Franz Ferdinand Carl Ludwig Joseph Maria von Österreich-Este] 146
Friedrich II. 75, 279
Friedrich Karl (von Preußen) 277
Friedrich Wilhelm I. 75

Garve, Christian 75
Gerbezius, Marcus 226
Gesner, Conrad 224
Goethe, Johann Wolfgang 18, 27, 29, 53
Gore, Albert Arnold, gen. ‚Al' 207
Grillo, Bergmeister 78
Grimm, Jacob 8, 123, 159–161, 163–170
Grimm, Wilhelm 8, 123, 159–161, 163–170

Grotius, Hugo 99
Gruter, Jan 110

Hadley, Geo 226
Harder, Johann Jakob 226
Harsdörffer, Georg Philipp 6, 59–63, 65–69
Hebel, Johann Peter 125
Heiberg, Hermann 30
Heinitz, Friedrich Anton von 77–78
Herder, Johann Gottfried 10, 257–268
Hippokrates von Kos 10, 221, 225, 229–230, 233–234
Hobbes, Thomas 243, 249
Hogarth, William 250
Holtei, Karl von 17
Homer 127, 276
Hooke, Robert 222, 224
Hoyer, Johann Georg 226
Huber, Jean 24
Huygens, Christiaan 247

Immermann, Karl 17
Innis, Harold Adams 191, 196–197, 199–201

Jauß, Hans Robert 27, 31, 125
Jean Paul [d. i. Johann Paul Friedrich Richter] 16, 25–27, 29, 31
Jolles, André [d. i. Johannes Andreas Jolles] 124–125, 132
Jones, William 167–168
Joyce, James 33–34
Jurin, James 223, 227
Justi, Johann Heinrich Gottlob von 43

Kai Kawus, König von Iran 165
Kanold, Johann 227
Kant, Immanuel 267
Kleist, Heinrich von 39, 47–49, 51–52
Konrad von Würzburg 168
Kotzebue, August von 53
Kraus, Karl 32
Krünitz, Johann Georg 43, 45
Kundmann, Johann Christian 227

La Fontaine, Jean de 260
La Rochefoucauld, François de 9

Lambert, Johann Heinrich 266–267
Lamy, Bernard 110
Lang, Joseph 110
Las Cases, Emmanuel de 123
Latour, Bruno 77, 207, 216
Leibniz, Gottfried Wilhelm 40, 67, 226
Lenz, Jakob Michael Reinhold 18, 27
Lessing, Gotthold Ephraim 49, 257, 259, 261
Lichtenberg, Georg Christoph 1–2
Lipsius, Justus 7, 89–94, 96–97, 99, 102–106
Livius, Titus 91
Locke, John 7, 109, 112–119, 223–225, 247–249
Louis XIV. 128–133
Louis XV. 130
Ludwig XI. 105

Machiavelli, Niccoló di Bernardo dei 126
Mme de Maintenon [d. i. Françoise d'Aubigné] 131–132
Marck, Johann Heinrich 18
Marsh, Narcissus 240, 247, 250–253
Massow, Julius Eberhard von 77, 80
McLuhan, Marshall 194–195, 199
Menzel, Adolph von 23
Moncrif, François Augustin de 54
Montaigne, Michel Eyquem de 39, 90, 118
Morhof, Daniel Georg 103
Moritz, Karl Philipp 42
Möser, Justus 41
Mühlen, Gustav Casimir Gahrliep von der 226
Müller, Adam 52

Naaman 165–166
Napoleon [d. i. Napoleon Bonaparte] 29, 123
Nietzsche, Friedrich 4
Novalis [d. i. Georg Philipp Friedrich von Hardenberg] 274
Novelli, Gastone 133–134, 137

Oreskes, Naomi 205–209, 211–216
Ovid 169

Pappenheim, Jenny von 17
Pascal, Blaise 224

Peters, John Durham 195
Petty, William 247
Phokion 99
Plantin, Christopher 104
Platon 91
Plinius [d. i. Gaius Plinius Caecilius Secundus] 91
Plutarch 99
Polgar, Alfred 1, 5
Poovey, Mary 195
Pope, Alexander 240
Protagoras 263
Pseudo-Demetrius 102

Quincy, Charles Sevin de 131
Quintilian, Marcus Fabius 69–70, 169

Ramazzini, Bernardino 225–226
Ramus, Petrus 109
Raphelengius, Franciscus 104
Reininger, Lotte 19
Renaudot, Théophraste 40
Richelieu, Armand Jean du Plessis de 40
Roland, Markgraf der Bretagne 165
Rosenplänter, Johann Heinrich 163
Runge, Philipp Otto 24, 29

Saint-Simon [d. i. Louis Rouvroy, Duc de Saint-Simon] 129–133
Sallust [d. i. Gaius Sallustius Crispus] 91–92, 98–99, 103
Scaliger, Julius Caesar 90
Schelhammer, Günther Christoph 226
Schiller, Friedrich 53
Schlegel, August Wilhelm 52–53
Schlegel, Friedrich 52, 119–120, 167
Schleiermacher, Friedrich 28, 35
Schliemann, Johann Ludwig Heinrich Julius 271–272, 275–276, 279
Schmitt, Carl 84
Schopenhauer, Adele 16, 19, 25, 27, 29
Schopenhauer, Arthur 16
Schopenhauer, Johanna 29
Schröck, Lukas 226
Schröder, Wilhelm von 40, 43

Schwab, Gustav 160
Schwarzkopf, Joachim von 41
Scott, Sir Walter 123
Sebald, Winfried Georg 134
Seckendorff, Veit Ludwig von 106
Seneca, Lucius Annaeus 7, 91–92, 95, 98–99
Serres, Michel 268
Shaftesbury [d. i. Anthony Ashley Cooper, 3. Earl Of Shaftesbury] 245
Silvester I., Papst 168
Simmel, Georg 277
Simon, Claude 133–137
Sokal, Alan David 240
Sokrates 125–127
Sontag, Susan 190
Sophokles 127
Spinoza, Baruch de 257, 264
Sprickmann, Anton Mathias 47
Sterne, Laurence 253–254
Stiebritz, Johann Barthold 42, 44–47
Sueton [d. i. Gaius Suetonius Tranquillus] 96
Swift, Jonathan 10, 239–241, 243–254
Sydenham, Thomas 221, 225–226
Symeon Metaphrastes 168

Tacitus, Publius Cornelius 7, 92, 94, 98, 102, 105
Thukydides 91
Tieck, Ludwig 53–54, 163
Toland, John 240, 247–253
Trott zu Solz, August von 144

Valerius Maximus 7, 127–128
Varnhagen von Ense, Karl August 15–18, 27–28, 30
Vegetius [d. i. Publius Flavius Vegetius Renatus] 91
Virchow, Rudolf Ludwig Carl 271–272, 276–277, 279
Voltaire [d. i. François-Marie Arouet 54

Wackenroder, Wilhelm Heinrich 54
Watson, Alexander 200
Watts, Isaac 113
Wells, H. G. 192, 196

Wilhelm I. von Oranien 124
Winckelmann, Johann Joachim 164
Wolff, Christian 266
Wotton, William 254
Wren, Christopher 222, 224

Xenophon 92, 123, 125–127

Yorke, Thom [d. i. Thomas Edward Yorke] 200

Zeuxis von Herakleia 127
Zieten, Friedrich Christian Ludwig Emil von 279
Zieten, Hans Joachim von 279
Zwinger, Theodor 110

Beiträgerinnen und Beiträger

Rebeca Araya Acosta ist seit 2014 wissenschaftliche Mitarbeiterin am Lehrstuhl für Englische Literaturen der Humboldt-Universität zu Berlin und war von 2017 bis 2020 assoziiertes Mitglied des DFG-Graduiertenkollegs „Literatur- und Wissensgeschichte kleiner Formen". Sie forscht zu Praktiken der Kompilation an der Schnittstelle zwischen Literatur und Naturwissenschaft im Großbritannien des achtzehnten Jahrhunderts.

Hendrik Blumentrath ist wissenschaftlicher Mitarbeiter am Institut für deutsche Literatur an der Humboldt-Universität zu Berlin. Seine Forschungsschwerpunkte liegen im Bereich der Literatur- und Mediengeschichte ästhetischer Formgebung, insbesondere von Rhythmus und Maß; Literatur und Zeichenpraktiken; Konzepte und Figuren von Feindschaft. Derzeit arbeitet er an einem Projekt zur Nemesis als Göttin des Maßes um 1800. Jüngste Publikationen: Aufsätze zu Herders Theorie der Tragödie (2020) sowie zu Brechts Bühnenbau (2020).

Marie Czarnikow ist wissenschaftliche Mitarbeiterin am Deutschen Historischen Museum in Berlin. Von 2017 bis 2020 war sie Doktorandin am DFG-Graduiertenkolleg „Literatur- und Wissensgeschichte kleiner Formen" und verfasste ihre Dissertation zu Gebrauchsroutinen und historiographischen Praktiken deutscher und französischer Tagebücher aus dem Ersten Weltkrieg. Sie ist Redakteurin des Berliner Wissenschaftspodcasts *microform*, für den sie Interviews, Enzyklopädiebeiträge und Features beisteuert.

Florian Fuchs ist seit 2018 Postdoktorand und Lecturer in Comparative Literature und German an der Princeton University. Sein Beitrag entstammt seiner Promotion an der Yale University über die moderne Emergenz kurzer Erzählformen, an deren Buchversion er zur Zeit arbeitet (erscheint 2021). Er forscht zur Epistemologie und Praxeologie literarischer und medialer Gattungen und Formate. 2020 hat er zusammen mit Hannes Bajohr und Joe Kroll *History, Metaphors, Fables: A Hans Blumenberg Reader* übersetzt und ediert. Einen Sonderband der *Colloquia Germanica* zu „Small Forms" gibt er zusammen mit Christiane Frey und David Martyn heraus.

Volker Hess ist seit 2003 ordentlicher Professor für Geschichte der Medizin an der Charité Universitätsmedizin Berlin und kooptiertes Mitglied des Instituts für Geschichtswissenschaften der HU Berlin. Er forscht zu Wissenstechniken in Medizin und Gesellschaft seit der Frühen Neuzeit, zur Geschichte der Psychiatrie und zu Praktiken der klinischen Forschung im 20. Jahrhundert.

Christoph Hoffmann ist Professor für Wissenschaftsforschung an der Universität Luzern. Er hat zu Robert Musil, Gottfried Benn, den Sinnen der Beobachter und dem Schreiben im Forschen gearbeitet. Im Moment beschäftigt er sich mit Tieren, Kontroversen und spontanen Philosophien (Louis Althusser).

Maren Jäger ist Postdoktorandin im DFG-Graduiertenkolleg „Literatur- und Wissensgeschichte kleiner Formen" an der Humboldt-Universität zu Berlin und forscht zur Rhetorik und Poetik der *brevitas*. Jüngste Publikationen umfassen Aufsätze zur Theorie und Geschichte kurzer Formen sowie zur Lyrik der Gegenwart und ihrer Kritik. Gemeinsam mit Chr. Busch und T. Dembeck ist sie Herausgeberin des Sammelbands *Ichtexte. Beiträge zur Philologie des Individuellen* (2019), mit B. Banoun eines TEXT+KRITIK-Hefts zu Ulrich Peltzer (2020).

Philip Kraut ist seit 2011 Mitglied der Arbeitsstelle Grimm-Briefwechsel und war von 2017 bis 2020 Doktorand am DFG-Graduiertenkolleg „Literatur- und Wissensgeschichte kleiner Formen". 2020 promovierte er über die wissenschaftlichen Arbeitsmaterialien und Praktiken der Brüder Grimm. Er ist Mitherausgeber der kritischen Ausgabe des Briefwechsels der Brüder Grimm sowie einer Quellenedition zum *Grimmschen Deutschen Wörterbuch in der öffentlichen Diskussion 1838–1863*, hat Aufsätze zu den baltischen und nordischen Studien der Brüder Grimm veröffentlicht und forscht zur Geschichte der Philologien und der Linguistik, zu Editionspraktiken und der Mittelalterrezeption in der Romantik.

Sabine Mainberger ist Professorin für Vergleichende Literaturwissenschaft an der Universität Bonn. Sie forscht u. a. zum Verhältnis von Literatur, Künsten und Wissen, zu Ästhetik und Kunsttheorie, zu Graphismen (u. a. hg. mit Neil Stewart: *À la recherche de la 'Recherche'. Les notes de Joseph Czapski sur Proust au camp de Griazowietz, 1940–1941* [frz. u. dt.], 2016), zu Listen und Katalogen (u. a. *Die Kunst des Aufzählens. Elemente zu einer Poetik des Enumerativen*, 2003) sowie zu Linienpraktiken und -diskursen (u. a. *Experiment Linie. Künste und ihre Wissenschaften um 1900*, 2010; hg. mit Esther Ramharter: *Linienwissen und Liniendenken*, 2017). Demnächst erscheint *Linien – Gesten – Bücher. Zu Henri Michaux* (2020). Aktuell befasst sie sich mit historisch veränderlichen Konstellationen von *charis* und Gabe.

Ethel Matala de Mazza ist seit 2010 Professorin für Deutsche Literatur an der Humboldt-Universität zu Berlin. Ihre Forschungsschwerpunkte liegen in der Literatur- und Theoriegeschichte des politischen Imaginären, der Theorie und Ästhetik kleiner Formen sowie in der Verflechtungsgeschichte von Demokratie und Massenkultur. 2018 ist von ihr im Fischer-Verlag *Der populäre Pakt. Verhandlungen der Moderne zwischen Operette und Feuilleton* erschienen. Neuere Aufsätze beschäftigen sich außerdem mit der Presserubrik der *faits divers* (2017), alternativen Fakten (2018), der Rolle von Geräuschen in Spukgeschichten (2020) sowie Roland Barthes' alltagsmythologischen Studien an der französischen Illustrierten *Paris-Match* (2020).

Günter Oesterle ist gegenwärtig Seniorprofessor an der Universität Frankfurt. Bis zu seiner Emeritierung war er Professor für Kulturpoetik an der Justus-Liebig-Universität Gießen. Im Bereich der ‚Literatur- und Wissensgeschichte kleiner Formen' hat er den Kurzbrief bzw. das Billet untersucht (2015/2020). Die jüngsten Publikationen aus seinem Forschungsgebiet Romantik und Vormärz beziehen sich auf die Persiflage und ihre Transformationen im vorrevolutionären Paris, in der Frühromantik und in Büchners Dramen (2020) sowie auf die Landschaftsästhetik bei Eichendorff (2019).

Helmut Pfeiffer war von 1993 bis 2019 Professor für Romanische Literaturen und Allgemeine Literaturwissenschaft an der HU Berlin. Veröffentlichungen vor allem zu den Literaturen der Renaissance, der europäischen Aufklärung und der Moderne. Forschungsschwerpunkte betreffen die Perspektiven der literarischen Anthropologie und der Funktionsgeschichte der Literatur, vor allem unter wirkungs- und rezeptionsästhetischen Aspekten. Neuere Publikationen: *Genuss bei Rousseau*, mit E. Décultot und V. de Senarclans, Würzburg 2014, *Montaignes Revisionen. Wissen und Form der Essais*, München 2018.

Nils C. Ritter ist wissenschaftlicher Koordinator des DFG-Graduiertenkollegs „Literatur- und Wissensgeschichte kleiner Formen" an der Humboldt-Universität zu Berlin und forscht zu Wissens-, Sammlungs-, Bild- und Literaturgeschichte. Archäologische Publikationen zuletzt zur sozialen und symbolischen Bedeutung antiker Glyptik (2017), aktuelle literaturwissenschaftliche Beiträge zu Archäologie und Historismus bei Fontane, Raabe und Stifter (2020) sowie zu obsoleten Kulturtechniken bei Fontane (2020).

Jasper Schagerl war von 2017 bis 2020 Doktorand am DFG-Graduiertenkolleg „Literatur- und Wissensgeschichte kleiner Formen" an der Humboldt-Universität zu Berlin. Sein Dissertationsprojekt beschäftigt sich mit der frühneuzeitlichen Kasuistik und den unterschiedlichen Spielarten des Casus im Zwischenbereich von Recht und Literatur. Von 2010 bis 2017 studierte er Theaterwissenschaft, Sprache, Literatur und Kultur sowie Medienkulturwissenschaft an der LMU München.

Stephan Strunz ist Doktorand an der Humboldt-Universität zu Berlin und war von 2017 bis 2020 Kollegiat am DFG-Graduiertenkolleg „Literatur- und Wissensgeschichte kleiner Formen". Er forscht zu Schreibweisen der Bürokratie und hat sich im Rahmen seiner Dissertation einer Geschichte des Lebenslaufs als Medium der Personalverwaltung um 1800 gewidmet.

Juliane Vogel ist Professorin für Neuere Deutsche Literatur und Allgemeine Literaturwissenschaft mit Schwerpunkt vom 18. Jahrhundert bis zur Gegenwart an der Universität Konstanz. Ihre Arbeitsbereiche sind das europäische Drama, Grundlagen und Grundbegriffe europäischer Dramaturgie, Form und historische Poetik, experimentelle Schreibweisen der Moderne und österreichische Literatur. Aktuell bereitet sie eine Buchpublikation zum Schneiden in Literatur und Kunst der Moderne vor. Publikationen u. a.: *Aus dem Grund. Auftrittsprotokolle zwischen Racine und Nietzsche* (2017); *Die Furie und das Gesetz. Zur Dramaturgie der „großen Szene" in der Tragödie des 19. Jahrhunderts* (2002).

Joseph Vogl ist Professor für Neuere deutsche Literatur, Literatur- und Kulturwissenschaft/ Medien an der Humboldt-Universität zu Berlin und Permanent Visiting Professor an der Princeton University, USA. Zuletzt erschienen *Das Gespenst des Kapitals* (2010), *Der Souveränitätseffekt* (2015) und das *Handbuch Literatur und Ökonomie* (2019, hg. zus. mit Burkhardt Wolf).

Liam Cole Young ist Assistant Professor für Kommunikation und Medienwissenschaften an der School of Journalism and Communication der Carleton University in Ottawa, Canada. Er ist der Autor von *List Cultures: Wissen und Poetik von Mesopotamien bis BuzzFeed* (Amsterdam University Press, 2017). Seine jüngsten Veröffentlichungen befassen sich mit Archiven der Medientheorie und ihrer Protagonisten wie Harold Innis und Marshall McLuhan. Derzeit arbeitet er an einer Medien- und Kulturgeschichte des Salzes.

www.ingramcontent.com/pod-product-compliance
Lightning Source LLC
Chambersburg PA
CBHW070935180426
43192CB00039B/2222